Mitteilungen der Deutschen Dendrologischen Gesellschaft

Nr. 101

Redaktion
PETER A. SCHMIDT, Coswig, OT Sörnewitz

Redaktionsbeirat
GREGOR AAS, Bayreuth
ANDREAS BÄRTELS, Waake
VEIT MARTIN DÖRKEN, Konstanz
EIKE JABLONSKI, Kruchten
MIRKO LIESEBACH, Ahrensburg
HELMUT PIRC, Wien
ANDREAS ROLOFF, Diera-Zehren, OT Nieschütz
FRED-GÜNTER SCHROEDER, Göttingen
BERND SCHULZ, Dresden
GÜNTHER SEEHANN, Reinbek
TENGIZ URUSHADZE, Tbilissi

© 2016 Eugen Ulmer KG
Wollgrasweg 41, 70599 Stuttgart (Hohenheim)
Internet: www.ulmer-verlag.de
Satz: r&p digitale medien, Echterdingen
Reproduktion: timeray, Herrenberg
Druck und Bindung: Friedrich Pustet, Regensburg
Printed in Germany

ISBN 978-3-8001-0861-9

Inhaltsverzeichnis

Vorwort
SCHMIDT, P. A. 5

**Ehrentafel für langjährige
Mitgliedschaft** 7

Abhandlungen

GILLNER, S.; ROLOFF, A.
Das Alter von Olivenbäumen:
Ein wissenschaftlicher Ansatz zur
Altersabschätzung von Olivenbäumen
(*Olea europaea* L.) auf Basis einer
jahrringanalytischen Herangehensweise . . 9

JAGEL, A.; DÖRKEN, V. M.
Die Zapfen der Zypressengewächse
(Cupressaceae) – Teil 2: Unterfamilie
Cupressoideae 19

JAGEL, A.; DÖRKEN, V. M.
Die Zapfen der Zypressengewächse
(Cupressaceae) – Teil 3: Unterfamilie
Callitroideae 41

BARTHA, D.
Eine wenig bekannte Esche: die Ungarische
Esche, *Fraxinus angustifolia* VAHL subsp.
danubialis POUZAR. Teil II: Vergleich mit
den anderen Unterarten von *Fraxinus
angustifolia* und mit der Gewöhnlichen
Esche, *F. excelsior* 55

SCHMIDT, P. A.
Bäume und Sträucher Kaukasiens –
ein Nachtrag 69

SCHLATTI, F.
Afrikanische Sumach-(*Searsia*-)Arten:
exotische Gehölze im Botanischen Garten
Klagenfurt und ihre vielfältigen Nutzungsmöglichkeiten 107

**Kurzfassungen von Bachelor- und
Masterarbeiten**

SCHWEFLER, J.; SCHMAL, A.
(Camillo-Schneider-Preisträgerinnen 2015)
Wildobst im Raum Berlin-Brandenburg
zwischen Ökonomie und Ökologie:
Forschungsgegenstand, Nischenprodukt,
Trendsetter oder Naturschutzobjekt? . . . 117

SCHWAN, J.; LÖSING, H.; SCHEEWE, P.
Die Gattung *Ulmus* als Baum der
Zukunft unter Berücksichtigung der
Holländischen Ulmenkrankheit 127

SCHEFFLER, B.
Gehölzarten mit „Imageproblem" 135

Dendrologische Kurzbeiträge

WALLIS, J.
In 13 Jahren vom Samen bis zum Samen
der *Cathaya* in meinem Garten (Tecklen-
burg, Deutschland) 145

BEYHL, F. E.
Der Rasierpinselbaum, *Pseudobombax
ellipticum* (KUNTH) DUGAND 151

BOUFFIER, V. A.; GANDERT, K.-D.
Carya ovata im Dendrologischen Garten
Glinna (Glien), Polen 157

BOUFFIER, V. A.
Baumreihe aus *Magnolia* ×loebneri
'Merrill' in Bad Zwischenahn OT Aue . . 161

BÖHLMANN, D.
Brombeeren unter Erstaufforstungen
am Niederrhein 163

PACLT, J.
Lycium chinense MILL., ein Synonym
von *Lycium barbarum* L. (Solanaceae)? . . 167

Berichte zu Tagungen und Exkursionen

LIESEBACH, M.; BOUILLON, J.
Bericht zur Jahrestagung der DDG
vom 24. bis 29. Juli 2015 in Osnabrück . . . 171

SCHMIDT, P. A.; LIESEBACH, M.
Bericht zur Studienreise der DDG nach
Marokko vom 24. April bis 7. Mai 2015 . . 183

GERHARDT, H.; unter Mitwirkung von
EHLERT, D.; STADLMAYER, A.; MENG, V.
Unsere Eindrücke von der botanischen
Exkursion nach North Carolina vom
31. Juli bis 17. August 2014 209

Buchbesprechungen 241

Pflanzenregister 253

Hinweise für Autoren 261

Vorwort

Nachdem im Vorjahr Einband und Umfang des Jahrbuches sowie eine besondere Rubrik zur Geschichte und Bedeutung der „Mitteilungen der Deutschen Dendrologischen Gesellschaft" sichtbar werden ließen, dass es sich bei den MDDG 100 um einen Jubiläumsband handelte, halten Sie 2016 wieder ein Jahrbuch mit gewohntem Aussehen und Inhalt in den Händen.

Für das Jahr 2017 wird es allerdings bezüglich des Inhaltes des Jahrbuches wieder eine Besonderheit geben, denn anlässlich eines weiteren Jubiläums (125 Jahre Bestehen der DDG) wollen wir in unserer Zeitschrift auf die Geschichte der Deutschen Dendrologischen Gesellschaft näher eingehen, aber auch Anliegen und Ziele der DDG in Vergangenheit, Gegenwart und Zukunft thematisieren. Außerdem soll 2017 eine weitere Schrift zu diesem Jubiläum erscheinen, in der allen Mitgliedern der DDG die Möglichkeit eröffnet wird, persönliche Kurzbeiträge zu veröffentlichen. Ich hatte Sie bereits mehrfach in den Ginkgoblättern gebeten, hierzu als Autoren aufzutreten und diese Schrift mitzugestalten. Ich möchte allen Mitgliedern, die uns bereits Beiträge zusandten, dafür herzlich danken.

Im diesjährigen Jahrbuch finden sich wieder Abhandlungen und Kurzbeiträge aus dem Gesamtgebiet der Dendrologie, Berichte zur Jahrestagung (Osnabrück) und zu Exkursionen (Studienreise der DDG nach Marokko und eine weitere Exkursion in die USA) sowie Buchbesprechungen. Wie aus dem Inhaltsverzeichnis ersichtlich, wurde eine neue Rubrik mit Kurzfassungen von Bachelor- und Masterarbeiten eingefügt. Nicht nur die Preisträgerinnen des Camillo-Schneider-Preises 2015 stellen ihre Arbeit vor, auch andere Bewerber um den Preis nahmen das Angebot an, ihre Abschlussarbeiten kurz darzustellen.

Die wissenschaftliche Abhandlungen umfassen ein breites thematisches Spektrum von Altersabschätzungen auf der Basis von Jahrringanalysen beim Ölbaum (*Olea europaea*) und der Bedeutung der Zapfen für die Systematik der Familie Cupressaceae (s. l.) über eine lange Zeit verkannte Esche in den Donauauen (*Fraxinus*

angustifolia subsp. *danubialis*) und Bäume und Sträucher Kaukasiens bis zu afrikanischen Sumach-Arten (*Rhus* s. l.: *Searsia*) in einem österreichischen Botanischen Garten. Die Bachelor- und Masterarbeiten widmen sich den Wildobstarten in Brandenburg, der Holländischen Ulmenkrankheit und krankheitstoleranten Ulmen sowie Empfehlungen, wie Gehölzarten mit einem „Imageproblem" durch entsprechende Pflanzungen in den Grünanlagen aufgewertet werden können.

Die dendrologischen Kurzbeiträge sind einer Vielzahl unterschiedlichster Gehölzsippen (z. B. der Gattungen *Cathaya, Carya, Lycium , Pseudobombax*) oder der Problematik der Unterwanderung von Erstaufforstungen durch Brombeeren gewidmet.

In den vierteljährlich erscheinenden „Ginkgoblättern" und auf der Webseite der DDG (http://www.ddg-web.de) wird regelmäßig über Veranstaltungen (Jahrestagung, Winterseminar, Studienreisen ins Ausland, Regionalveranstaltungen), laufende Aktivitäten und Initiativen (z. B. Internetauftritt, Facebook, Projekte wie Rekordbäume/Champion Trees und European Tree of the Year) und weitere Aktivitäten der DDG berichtet. Es sei an dieser Stelle lediglich an Sie appelliert, sich darüber zu informieren und die Bitte geäußert, sich daran aktiv zu beteiligen. Hatte ich im Vorwort des letzten Jahrbuches mitgeteilt, dass bei der Erfassung von „Rekordbäumen/Champion Trees in Deutschland" (Gemeinschaftsprojekt der DDG mit der Gesellschaft Deutsches Arboretum) über 4.000 in Deutschland und den einzelnen Bundesländern besonders bemerkenswerte Bäume in die Datenbank Aufnahme fanden, so sind inzwischen bereits über 5.000 Individuen erfasst worden. Es wächst also beständig die Zahl eingehender Meldungen, aber wir sind stets an weiteren aktiven Mitwirkenden interessiert.

Abschließend möchte ich wiederum freundlichst darum bitten, Manuskripte für die Veröffentlichung in den MDDG bis 1. Oktober einzureichen, wenn die Arbeit im Band des Folgejahres erscheinen soll. Außerdem wird darum gebeten, die Hinweise für die Autoren am Ende des Bandes zu beachten.

Ich bedanke mich bei den Autoren des Jahrbuches für ihre Beiträge und dem Redaktionsbeirat für die Unterstützung bei der Begutachtung eingereichter Manuskripte. Dem Eugen Ulmer Verlag, besonders Herrn M. ULMER und Herrn T. EISELE, möchte ich für die gute Zusammenarbeit und die termingemäße Herausgabe des Jahrbuches in ansprechender Form bestens danken.

PETER A. SCHMIDT, Präsident der DDG

Ehrentafel für langjährige Mitgliedschaft
in der Deutschen Dendrologischen Gesellschaft

Für **40-jährige Mitgliedschaft** werden 2016
folgende Mitglieder mit der Ehrennadel
– Goldenes Ginkgo-Blatt mit Perle – bedacht

Dr. Rainer Callies, Essen
Dr. Günther Dersch, Bovenden
Dorette Freifrau von Dungern, Mechernich-
Kommern
Matthias Hering, Berlin
Bernhard Kogelmann, Holzkirchen
Gerhard Lamprecht, Krautheim-Volkach
Christel Löw-Gerstenberger, Stadecken-
Elsheim
Marlis Nahme, Wedel
Prof. Dr. Erika Schmidt, Dresden
Olaf Schmidt, München
Klaus Stritzke, Lidingö / Schweden
Dr. Lothar Wehse, Prüm/Eifel
Manfred Wenninger, Stuttgart
Angelika Wurzel, Bonn
Baumschule Huben, Ladenburg
Stadt Herten

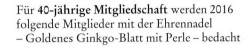

| Mitt. Deutsch. Dendrol. Ges. (MDDG) | 101 | 9-18 | 2016 | ISBN 978-3-8001-0861-9 |

Das Alter von Olivenbäumen: Ein wissenschaftlicher Ansatz zur Altersabschätzung von Olivenbäumen (*Olea europaea* L.) auf Basis einer jahrringanalytischen Herangehensweise

Sten Gillner und Andreas Roloff

Zusammenfassung

Seit dem frühen Altertum wird der Olivenbaum im Mittelmeergebiet kultiviert. Damit zählt er zu einer der ältesten Kulturpflanzen der Erde. Es ist bekannt, dass Olivenbäume ein hohes Alter erreichen können. Bei der Recherche zum Alter besonders alter Exemplare zum Beispiel der Bäume in Elia Bouybôn auf Kreta, Stara Maslina in Montenegro, Tavira in Portugal oder in S'Ozzastru in Italien existieren für die meisten Bäume Angaben zu den Höhen, den Umfängen oder den Durchmessern. Diese Daten sind relativ schnell und unkompliziert durch Messungen zu ermitteln, geben allein aber keine Auskunft über das Alter, sondern eben nur über die enormen Ausmaße der Bäume. Altersangaben bis 2.000 Jahre sind für diese Bäume häufig zu finden, teilweise werden sogar Angaben bis zu 5.000 Jahren gemacht. Diese Informationen werden bis auf wenige Ausnahme ausschließlich ohne Quellen und Dokumentation verbreitet, so zum Beispiel auch für den angeblich ältesten Olivenbaum der Welt in Vouves auf Kreta.

Ziel der vorliegenden Untersuchung war, auf Basis der Dendrochronologie (*dendron* = griech. Baum, *chronos* = griech. Zeit und *logos* = griech. Lehre) das Alter von drei mächtigen Olivenbäumen auf Korfu auf wissenschaftlicher Grundlage zu schätzen. Die Durchmesser der Stämme und die Höhen der Bäume zeichnen sie als besonders imposant aus und liefern vergleichbare Angaben wie für die ältesten Olivenbäume der Welt.

Die Ergebnisse aus dem linearen Regressionsmodell der Untersuchung schätzen das Alter des jüngsten Baumes auf 735 Jahre und das des ältesten Baumes auf 1.120 Jahre.

Summary

Since the antiquity man has cultivated olive trees in the Mediterranean Region. *Olea europaea* is one of the oldest cultivated plants on earth and can reach high age. A closer look into the data for the oldest olive trees such as those at Elia Bouybôn in Crete, Stara Maslina in Montenegro, Tavira in Portugal or in S'Ozzastru in Italy displays information about height, diameter and external girth. Measurement and gaining this information are quickly and easily accessible; however they give not insight into the age, rather than information about the enormous dimensions of the trees. The information about the ages of more than 2,000 years is frequently to find for some individual – sometimes up to 5,000 years. However, this information is regularly indicated without any reference or method used for assessing the age such as for the supposed oldest olive tree in the world in Vouves in Crete.

With this study the age of three olive trees in Corfu has been investigated with dendrochronological methods (dendron = Greek tree limb, khronos = Greek for time, -logia = Greek for the study of). The dimensions via diameter, height and girth of these trees are comparable to the oldest olive trees in the world.

Linear regressions were calculated on the basis of diameter, radii and the included number of tree rings. Results indicate 735 years for the youngest and 1,120 years for the oldest tree.

1 Einleitung

Der immergrüne Olivenbaum (*Olea europaea* L.) wird weltweit in den trockenen Subtropen angebaut (ROSELLI, 1999). Das natürliche Verbreitungsgebiet der Wildform (*O. europaea* var. *sylvestris* (MILL.) BROT.) lässt sich nicht mehr genau lokalisieren, am wahrscheinlichsten gilt jedoch Palästina (TERRAL et al. 2004). Durch den Handel antiker Kulturen, vor allem der Phönizier, Griechen und Römer wurde der Olivenbaum schon frühzeitig im gesamten Mittelmeerraum verbreitet (TERRAL et al. 2004). Er ist eine der ältesten Kulturpflanzen der Welt (LIPHSCHITZ et al. 1991) und bildet heute ein Charakteristikum der mediterranen Kulturlandschaft. Gerade auf Korfu, mit einer geschätzten Anzahl von ca. 4 Millionen Exemplaren, zeigt sich eindrucksvoll die Bedeutung des Olivenbaumes für die Wirtschaft und das Landschaftsbild dieser Insel. Die Geschichte der Insel ist eng mit dem Olivenanbau verbunden. So erfuhr der Olivenbaum im 16. und 17. Jahrhundert unter der Herrschaft der Venezianer eine besonders starke Verbreitung, die bis zum heutigen Tag den Charakter des Vegetationsbildes prägt.

Der Olivenbaum gehört zu den wenigen Baumarten, die ein Lebensalter von mehr als 1.000 Jahren erreichen können (THOMAS 2003). Altersangaben bis zu 2.000 Jahre für besonders mächtige Exemplare sind häufig in der populärwissenschaftlichen Literatur zu finden, basieren bei genaueren Recherchen jedoch rein auf subjektiven Schätzungen. Eine exakte Datierung oder eine Approximation des Alters auf wissenschaftlicher Basis sind bis in die Gegenwart noch äußerst selten (ARNAN et al. 2012). Der Hauptgrund hierfür liegt an der Holzanatomie der Art und den damit verbundenen Schwierigkeiten in der Identifikation der Jahrringe (CHERUBINI et al. 2003, 2013, ARNAN et al. 2012). In temperierten und borealen Klimazonen legen Holzgewächse jedes Jahr einen neuen Jahrring an, der die exakte Zuordnung jedes Jahrringes zum Jahr der Bildung ermöglicht (SCHWEINGRUBER 1983). In den Tropen existieren Jahrringe in der eigentlichen Bedeutung des Wortes oft nicht (BORMANN & BERLYN 1981). So können z.B. mehrere Zuwachszonen pro Jahr gebildet werden, oder es gibt z.T. art- und regionalabhängig überhaupt keine holzanatomisch abgrenzbaren Zuwachszonen (BORMANN & BERLYN 1981). Auch im mediterranen Raum finden sich bei den meisten immergrünen Laubgehölzen Beispiele für irreguläre Jahrringbildner (CHERUBINI et al. 2013). Der Olivenbaum kann ebenfalls in diese Gruppe eingeordnet werden. Das Fehlen einer ausgeprägten Ruhepause des Kambiums während des Jahres z.B. durch Winterkälte in den nördlichen Breiten oder durch Sommertrockenheit in den südlichen Breiten begünstigt ein fortlaufendes Dickenwachstum von Bäumen und Sträuchern und in der Folge werden keine eindeutigen Jahrringgrenzen ausgebildet (CHERUBINI et al. 2013). Neben den Schwierigkeiten beim jahrgenauen Zuordnen stellt die Abgrenzung der einzelnen Jahrringe ein weiteres Problem für dendrochronologisch-motivierte Arbeiten an immergrünen Laubbäumen dar (CHERUBINI et al. 2003). Ungünstige Wachstumsbedingungen, z.B. kurze Trockenperioden gefolgt von einer milden, niederschlagsreichen Witterungsperiode während eines Jahres fördern das Entstehen von sogenannten „falschen Jahrringen", die auch als intraannuelle Dichteschwankungen bezeichnet werden (SCHWEINGRUBER 1983).

Die Ökologie, die Verbreitung und die Bedeutung des Olivenbaumes rücken in den letzten Jahren zunehmend in den Blickpunkt der Öffentlichkeit, und damit stellt sich die Frage zur Möglichkeit der Altersbestimmung immer wieder auf das Neue. Auch in der vorliegenden Untersuchung war das Primärziel die Altersschätzung eines Olivenbaumes in Stroggili auf Korfu in Griechenland. Der Durchmesser des Stammes in 1,30 m Höhe beträgt 2,95 m bei einem Umfang von 9,28 m. Allein diese Kennzahlen unterstreichen die Monumentalität und überregionale Bedeutung des Exemplars, lassen allein jedoch noch nicht auf ein hohes Alter schließen (SCHWEINGRUBER 1996). Beispielsweise zeigen gerade vergleichsweise dünne Bäume von *Pinus aristata* ENGELMANN var. *aristata* ein Alter von über 2.400 Jahren (BRUNSTEIN & YAMAGUCHI 1992). Mit Hilfe wissenschaftlicher Methoden sollte deshalb eine möglichst genaue Schätzung zum Alter des Baumes abgeleitet werden.

Vielversprechende Ergebnisse wurden durch die Anwendung von Regressionsmodellen erzielt, die auf der Basis von Jahrring- und Umfangmessungen etabliert wurden (ARNAN et al. 2012). Damit kann auch das Alter der fehlenden Jahrringsequenzen, hervorgerufen durch die häufige Kernfäule im Zentrum der Bäume, berücksichtigt werden (ARNAN et al. 2012). Um das Alter zu schätzen, wurden auch in der vorliegenden Untersuchung jahrringanalytische Methoden genutzt und zum Durchmesser in Relation gesetzt.

2 Material und Methoden

2.1 Untersuchungsgebiet

Die ionische Insel Korfu zeichnet sich im Landesvergleich mit anderen griechischen Regionen durch eine hohe durchschnittliche, jährliche Niederschlagsmenge von 1.102 mm aus. Der Hauptteil der Regenmenge fällt in den Monaten Oktober bis Februar mit mittleren Maximalwerten von jeweils 180 mm in den Monaten November und Dezember. Die Monate Juni, Juli und August sind durch eine typische mediterrane Sommertrockenheit bei gleichzeitig hohen Temperaturen bis zu durchschnittlichen Maximalwerten von 31,9 °C charakterisiert. Einen Eindruck des Landschaftsbildes des Ortes vermittelt Abbildung 1.

Die Probennahme erfolgte an zwei unterschiedlichen Lokalitäten im Ort Stroggili auf Korfu, Griechenland. Beide Untersuchungsgebiete unterliegen nur einer extensiven Bewirtschaftung und Bodenbearbeitung, die sich auf eine ein- bis zweimalige Mahd pro Jahr und eine extensiven Beweidung durch Ziegen beschränkt.

Die Olivenbäume der Region werden gewöhnlich während der Wintermonate geschnitten. In Abbildung 2 werden die gewaltigen Ausmaße des ersten Probebaumes anhand des Vergleichs mit den abgebildeten Personen deutlich. Einen Überblick über die Geokoordinaten und die Anzahl der beprobten Bäume gibt Tabelle 1.

2.2 Aufnahme der Baumparameter

Zu jedem ausgewähltem Baum erfolgten Aufnahmen des Brusthöhendurchmessers (BHD), der Höhe und der Kronenradien in acht Himmelsrichtungen. Zur Höhenmessung wurde ein VertexHöhenmessgerät mit Transponder der Firma Haglöf, Schweden verwendet. Die Bestimmung der Kronenradien erfolgte mittels Maßband und Kronenablotung durch zwei Personen.

Abb. 1: Landschaftsbild des Probestandortes auf Korfu.

Abb. 2: Abbildung zur Verdeutlichung der Dimension der Olivenbäume.

Tab. 1 Angaben zu den Untersuchungsgebieten bei Stroggili (Korfu, Griechenland) und den Proben.

Untersuchungs-gebiet	Geographische Koordinaten	Gelände-ausrichtung	Beprobte Bäume	Beprobte Radien
Gebiet 1	39°30′41″N 19°54′35″E	südexponiert	Altbaum I Altbaum II 4 Jungbäume	13 18 16
Gebiet 2	39°30′27″N 19°54′34″E	eben	Altbaum III 4 Jungbäume	21 16

2.3 Probenentnahme und Probenaufbereitung

In der Zeit vom 16.-19. August 2014 wurden insgesamt 3 alte und 8 junge Olivenbäume zur dendrochronologischen Bohrkernentnahme in Brusthöhe (1,30 m Stammhöhe) angebohrt. Zur Gewinnung der Bohrspäne kam ein Zuwachsbohrer der Firma Suunto mit einer Standardlänge von 40 cm und einem 0,5 cm weitem Innendurchmesser zum Einsatz. An den Jungbäumen wurden jeweils 4 Radien in diametraler Lage am

Baum entnommen. Für den Altbaum I des Probengebietes 1 wurden 13 Proben durch eine Zuwachsbohrung gewonnen. Der Altbaum I.I. wurde in der Vergangenheit in ca. 1,50 m Höhe gekappt. Auf dieser Höhe konnten daher zusätzlich Stammsegmente mittels einer Kettensäge entnommen werden. Auch im Gebiet 1 konnten durch einen Abbruch im Stamm (Altbaum II) im Jahr der Probenahme ebenfalls mehrere Stammsegmente gewonnen werden. Durch die hohe Probenanzahl können später unterschiedliche Breitenwerte innerhalb des gleichen Jahrringes durch eine Mittelwertbildung reduziert werden.

Die Probenaufarbeitung erfolgte gemäß den Vorgaben von STOKES & SMILEY (1996) und BRÄKER (1981). Die Bohrkerne wurden zunächst auf Probenhalter so fixiert, dass der Querschnitt in der Draufsicht optimal zu erkennen war. Die Stammsegmente wurden nach der Entnahme am Baum nachgeschnitten, sodass auch für dieses Material der Querschnitt bestmöglich zu erkennen war. Anschließend wurden die Proben bis zur Feinpolitur geschliffen. Dafür wurden die Schleifkörnungen 100, 180, 220, 320, 380 und 400 verwendet.

2.4 Datenanalyse

Die aufbereiteten Bohrkerne wurden vordatiert. Dabei wurden ab der Waldkante (Borke) bis zur Markröhre (Zentrum) alle Jahrringe mit Hilfe eines Stereomikroskops der Fa. Carl Zeiss ausgezählt. Die Vordatierung erleichtert die spätere Suche nach falsch datierten Jahrringen als Folge auskeilender Jahrringe, intra-annueller Dichteschwankungen oder schlechter Probenqualität.

Um Zuwachskurven zu erhalten, wurde mittels der Messanlage Lintab 5 der Fa. Rinntech die Jahrringbreiten der einzelnen Bohrspanproben gemessen. Für Aufnahme, Digitalisierung und Darstellung der gemessenen Jahrringbreiten in Form einer Zeitreihe wurde das Software-Programm TSAPwin Basic der Fa. Rinntech verwendet. Die Datierung der Jahrringzeitreihen wurde mit den Programmen TSAPwin Profesional und COFECHA einer Qualitätskontrolle unterzogen (HOLMES et al. 1986, GRISSINO-MAYER 2001).

2.5 Altersschätzung

Als erster Schritt wurde getestet, inwieweit sich die Jahrringbreite mit zunehmendem Alter verändert. Die statistische Prüfung mit einer linearen Regression ergab keine signifikanten Zusammenhänge, sodass im Folgenden mit dem durchschnittlichen Radialzuwachs einer Zeitreihe gearbeitet wurde.

Da die Markröhre nur auf den Proben von vier Bäumen deutlich sichtbar war, musste für die restlichen Bäume die Anzahl der fehlenden Jahrringe mathematisch anhand der Radien hergeleitet werden (CLARK & HALLGREN 2004).

Dazu wurde die folgende Gleichung 1 verwendet (CLARK & HALLGREN 2004):

$$N = \frac{R - L}{G}$$

Im zweiten Schritt wurde eine lineare Regression mit einem Konfidenzintervall von 95 % zwischen der Anzahl der Jahrringe der Radien (≈ Alter) und dem dazugehörigem Umfang berechnet (ARNAN et al. 2012).

3 Ergebnisse und Diskussion

3.1 Jahrringgrenzen und Datierung der Zeitreihen

Für alle Bohrproben wurden Segmente und Abschnitte gefunden, in denen die Jahrringgrenzen schwer erkennbar waren. Eine Übersicht über die Anzahl der nicht auswertbaren Proben und die Gründe hierfür liefert Tabelle 2. Ein Großteil der nicht auswertbaren Radien ist auf undeutliche Jahrringgrenzen zurückzuführen. Allerdings führten auch Äste, Wimmerwuchs und Schwierigkeiten in der Synchronisation der Zeitreihen zum Ausschluss der betreffenden Probe.

Die Holzanatomie des zerstreutporigen Olivenbaumes mit häufigen intra-annuellen Dichteschwankungen innerhalb eines Jahrringes und der sehr asymmetrischen Aktivität des Kambiums erschweren die jahrgenaue Zuordnung der einzelnen Zuwächse (ROSELLI 1999, TERRAL & ARNOLD-SIMARD 1996). So gehört die Datierung und die Jahrringauszählung des immergrünen Ölbaumes zu einer großen Herausforderung dendrochronologischer Untersuchungen (CHERUBINI et al. 2003, 2013). Bei intra-annuellen Dichteschwankungen wird die Aktivität des Kambiums durch eine Ruhepause unterbrochen, sodass im Jahrringbild scheinbar zwei Jahrringe erscheinen (SCHWEINGRUBER 1983). Bleiben diese falschen Jahrringe innerhalb eines Jahrrings unerkannt, so führen sie zu einer Überschätzung des eigentlichen Alters einer Holzprobe. Allerdings können scheinbare Dichteschwankungen auch echte Jahrringgrenzen markieren (CHERUBINI et al. 2013). Für Olive wird über eine sehr hohe Häufigkeit von falschen Jahrringen und undeutlichen Jahrringgrenzen berichtet (ARNAN et al. 2012, CHERUBINI et al. 2013). So wurden

Tab. 2 Übersicht über die Probenform und die Anzahl der auswertbaren und nicht auswertbaren Proben.

Bäume	Probenart	Auswertbare Proben	Nicht auswertbare Proben	
		[Anzahl]	[Anzahl]	Gründe
Altbaum I	Bohrproben	6	7	5 × enge, undeutliche Jahrringgrenzen 1 × Äste 1 × keine Synchronisation möglich
Altbaum II	Stammscheiben	8	10	8 × enge, undeutliche Jahrringgrenzen 2 × Wimmerwuchs
Altbaum III	Stammscheiben	5	16	10 × enge, undeutliche Jahrringgrenzen 2 × Äste 2 × Wimmerwuchs 2 × keine Synchronisation möglich
Jungbäume	Bohrproben	18	6	6 × enge, undeutliche Jahrringgrenzen

die gleichen Proben von Olivenholz durch mehrere Experten auf ihre Anzahl der Jahrringe untersucht (CHERUBINI et al. 2013). Dabei unterscheiden sich die Ergebnisse der Altersdatierung für die gleichen Proben beträchtlich (CHERUBINI et al. 2013). Die Spannbreite einer im Mittel 15 Jahre alten Probe reicht von 9 bis 20 Jahren.

Eine weitere Schwierigkeit in der Auswertung der Olivenholzproben bestand in den sich häufig abzeichnenden auskeilenden Jahrringen. Darunter sind Jahrringe zu verstehen, die nicht auf dem gesamten Stammquerschnitt gebildet werden (SCHWEINGRUBER 1983).

Durch die Anwendung der mathematisch-statistischen Methoden der Synchronisation konnten eine Vielzahl von falschen, auskeilenden Jahrringen, aber auch Messfehler für die Mehrzahl der Proben eines Baumes identifiziert werden. Zunächst wurden die Bohrproben eines Baumes bzw. die Messreihen einer Stammscheibe graphisch übereinander gelegt, um Muster der Übereinstimmung zu erkennen. Besonders hilfreich sind dabei Jahre mit einem außergewöhnlich niedrigen Zuwachs, die bei allen Proben jahrgenau übereinstimmend auftreten. In Abbildung 3 sind die Jahrringzeitreihen der Jungbäume im Zeitraum von 1970 bis 2014 graphisch dargestellt. Der Zuwachs der Jahre 1972, 1976, 1980, 1986, 1990, 1998 und 2008 ist besonders niedrig und konnte für die Datierung der Proben untereinander genutzt werden. Daneben wurden mathematische Verfahren (Gleichläufigkeit, t-Werte, Korrelationskoeffizienten) zur Synchronisation eingesetzt. Die Synchronisation war in vielen Fällen nur zwischen den Proben eines Baumes oder für die Messreihen eines Stammsegmentes erfolgreich.

Die Zuwächse der Altbäume untereinander

Abb. 3: Jahrringkurven (Jahrringzeitreihen) der 8 Jungbäume im Zeitraum von 1975 bis 2014. Die vertikalen Linien markieren besonders niedrige Zuwächse. Diese Jahre waren für die Synchronisation der Jungbäume sehr hilfreich.

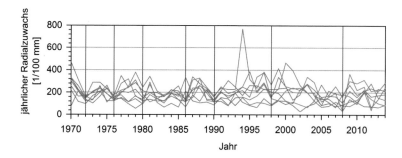

ließen sich nicht synchronisieren. Die weitere Auswertung basiert damit auf untereinander nicht synchronisiertem Material.

Mehrere Ursachen kommen für die mangelnde Übereinstimmung der Zuwächse der Altbäume in Frage:

a) Das Zuwachsniveau der Altbäume ist über viele Jahre, teilweise mehrere Jahrzehnte, sehr niedrig. Beispielsweise wurde an vier Radien für den Altbaum I. I. in unterschiedlichen Perioden ein mittlerer Zuwachs unter 0,5 mm und eine geringe Sensitivität der Zuwachskurven ermittelt. Ein so geringes Zuwachsniveau in Kombination mit einer geringen Sensitivität erschwert eine Synchronisation erheblich.

b) Die Olivenbäume erfahren regelmäßige, wiederkehrende Pflege- und Erhaltungsschnitte. Diese Baumpflegemaßnahmen wirken sich auch auf die Jahrringbildung und damit auf die Synchronisation der Zeitreihen aus.

c) Die Abgrenzung der Jahrringgrenzen an Olivenholz ist äußerst schwierig. So können in den vermessenen Zeitreihen falsche Jahrringe als echte Jahrringe ausgewiesen sein.

d) Der Olivenbaum zeichnet sich durch ein hohes Regenerationsvermögen aus. An vielen hohlen Bäumen wurden Wurzelbrut und Stockausschlag beobachtet. Mit zunehmendem Alter können diese Austriebe (Reiterate) die Funktionen der absterbenden Holzelemente im Stamminneren übernehmen und mit

den vorhandenen Holzelementen verwachsen. Die Proben bestehen damit aus altem, bereits abgestorbenen Holz und neuem, noch lebenden Holz. Auch diese Kombination wirkt einer erfolgreichen Synchronisation entgegen.

3.2 Altersschätzung mittels der Herleitung einer Regressionsgleichung

Für vier Jungbäume konnten die Jahrringe bis zur Markröhre im Zentrum der Proben bestimmt werden. Alle drei untersuchten Altbäume waren hohl und damit waren die markröhrennahen Jahrringe dieser Bäume nicht mehr vorhanden. Als Ursache für die Höhlungen kommt die an Altbäumen der Olive weitverbreitete Kernfäule in Frage (ARNAN et al. 2012).

Dadurch lagen nur für vier Bäume genaue Informationen über das Alter und die dafür erforderlichen Zuwächse vor. Für alle restlichen Proben wurde die Anzahl der fehlenden Jahrringe nach Gleichung 1 berechnet. Für die hohlen Altbäume wurden dafür die Daten der Messungen der Radien während der Feldarbeit genutzt, und für die vollholzigen Jungbäume wurde der Radius über den Umfang hergeleitet. Theoretisch stand damit das Alter der Bäume schon zur Verfügung und hätte keine weiteren Berechnungen erfordert. Die Untersuchung erfolgte jedoch unter den folgenden Zwischenergebnissen und Annahmen:

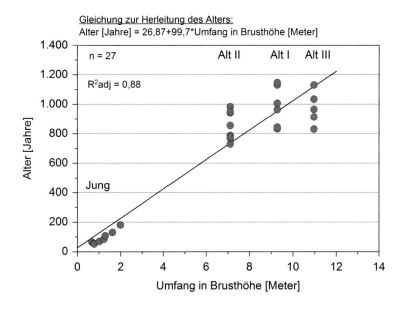

Abb. 4: Umfang der gemessenen Bäume und das über die jahrringanalytischen Methoden hergeleitete Alter. Für die Altbäume Alt I, Alt II, Alt I. I. wurden jeweils mindestens 10 Proben verwendet, die zu Radien gemittelt wurden. Anhand dieser Radien (blaue Punkte) wurde das Alter bestimmt.

a) Die Synchronisation der verwendeten Zeitreihen untereinander war nicht möglich.
b) Die Zuwächse des Olivenbaumes sind hochvariabel (ARNAN et al. 2012, CHERUBINI et al. 2013).
c) Die undeutlichen Jahrringgrenzen und das Fehlen einer Synchronisation machen Unter- und Überschätzungen der Jahrringbreiten, der Anzahl der Jahrringe und damit auch des Alters sehr wahrscheinlich.
d) Die Auswertung mehrerer Individuen verringert die Ungenauigkeit der Altersschätzung.
e) Durch die Berechnung eines Regressionsmodells kann die Altersabschätzung anhand des Umfangs (in Metern in Brusthöhe) ermöglicht werden.

Auf Basis dieser Annahmen und Zwischenergebnisse wurden die Datensätze zum Alter und Umfang der Bäume regressionsanalytisch ausgewertet. Für die Herleitung des linearen Regressionsmodelles wurde dabei der Umfang der jungen und alten Bäume als erklärende Variable für das Alter genutzt.

Das Ergebnis dieser Analyse in Form des Regressionsmodells ist in Abbildung 4 dargestellt. Für den Altbaum I (Alt I) konnte anhand seines Umfangs von 9,28 m in Brusthöhe mit der Regressionsgleichung ein Alter von 952 Jahren errechnet werden. Von den drei untersuchten Bäumen ist Altbaum II mit 735 Jahren der jüngste, und Altbaum I.I. mit 1.120 Jahren der älteste (Tabelle 3). Die Standardabweichung beträgt 134 Jahre. Dies bedeutet beispielsweise für Altbaum

Tab. 3 Gegenüberstellung einiger ältester Exemplare von *Olea europaea* in Europa und der untersuchten Altbäume bei Stroggili.

Bezeichnung	Region und Staat	Umfang in 1,3 m Höhe [m]	Durchmesser [m]	Höhe [m]	Alter [Jahre]	Quelle der Altersangabe
Elia Bouybôn	Kolymvari, Kreta, Griechenland	12,5*	4,5*		2.000–5.000	Regionalbehörde
Oliveira de Santa Iria de Azóia	Arvore Isolada, Portugal	5,5		4,4	2.580	Universidade de Trás-os-Montes e Alto Douro (UTAD)
	Montsià region Spanien		2,54		517–736	ARNAN et al. (2012)
S'Ozzastru	Sardinien, Italien	12,0		8,0	3.000–4.000	Commune di Luras Provincia di Olbia Tempio
Stara Maslina	Stari Bar, Montenegro				2.000	Regionalbehörde
Altbaum I	Stroggili Korfu, Griechenland	9,28	2,95	17,3	952 (818–1.086)	TU Dresden, Inst. für Forstbotanik
Altbaum II	Stroggili Korfu, Griechenland	7,11	2,26	12,9	735 (601–869)	TU Dresden, Inst. für Forstbotanik
Altbaum III	Stroggili Korfu, Griechenland	10,97	3,49	7,9	1.120 (986–1.250)	TU Dresden, Inst. für Forstbotanik

* gemessen an der Basis des Stammes

I, das bei einer Irrtumswahrscheinlichkeit von 5 % das Alter zwischen 818 und 1.086 Jahren liegt. Nimmt man das Jahr 2014 als Bezugspunkt, so reicht der Ursprung dieses Baumes in die prä-venezianische Zeit von Korfu zurück.

Obwohl das Verhältnis von Alter zu Brusthöhe keinem linearen, sondern einem logarithmischen Trend folgt, wurde aufgrund der geringen Datenmengen ein lineares Modell zugrunde gelegt. Das hier erstellte Regressionsmodell ist noch nicht validiert und damit ist die Übertragbarkeit einer Altersbestimmung für Olivenbäume anderer Standorte auf Korfu nicht gewährleistet. Gleichwohl kann die folgende Gleichung 2

$$A = 26{,}87 + 99{,}7 \cdot U \text{ [m]}$$
$$A = \text{Alter [Jahre]}$$
$$U = \text{Umfang [m] (gemessen in Brusthöhe)}$$

zur Abschätzung des Alters eines Olivenbaumes in der Region Stroggili auf Korfu verwendet werden. Zur Anwendung der Formel braucht lediglich der Stammumfang in Metern mit einem Maßband in Brusthöhe gemessen werden. Der Messwert wird auf ganze Zentimeter gerundet und kann nun in Gleichung 2 zur Abschätzung des Alters eingesetzt werden.

3.3 Vergleich der Daten von Stroggili mit den angeblich ältesten Olivenbäumen im Mittelmeergebiet

Betrachtet man die Dimensionen der Olivenbäume des Dorfes Stroggili, reihen sich die drei untersuchten Bäume in die Reihe der imposantesten Olivenbäume der Welt ein (Tabelle 3).

4 Schlussfolgerungen und Empfehlungen für die Praxis

Gegenwärtig ist der traditionelle Anbau von Olivenkulturen in vielen mediterranen Regionen im Rückgang begriffen (ARNAN et al. 2012). Die Gründe hierfür sind vielfältig und komplex. Hauptsächlich verantwortlich für diesen Rückgang sind die Landflucht, die Umwandlung in Plantagen mit profitableren landwirtschaftlichen Produkten und die zunehmende energetische Nutzung des Holzes durch steigende Energiepreise.

Obwohl man für hohle Altbäume niemals eine korrekte Altersdatierung vornehmen kann, so liefert die vorgestellte Untersuchung doch eine wissenschaftlich basierte Altersschätzung. So kann mit Hilfe von Umfangmessungen und der Verwendung von Gleichung 2 das Alter eines Olivenbaumes abgeschätzt werden, ohne dass Proben gewonnen werden müssen. Das erstellte Regressionsmodell ist hinsichtlich der Genauigkeit noch zu validieren. Dazu sollten noch mindestens 30 weitere Bäume jahrringanalytisch untersucht werden. Der Umfang der Bäume sollte vorrangig im Bereich von 2,50 bis 7,00 Meter Umfang gesucht werden, da hier bisher keine Proben für die Erstellung des Regressionsmodells verwendet wurden (vgl. Abbildung 4).

Gerade die Altersangaben von ähnlich oder vielfach sogar kleiner dimensionierten Exemplaren mit bis zu 5.000 Jahren sollten kritisch hinterfragt werden. Die hier vorgenommene Altersschätzung lässt auch für diese Exemplare geringere Alter erwarten. Dennoch belegten das hohe Alter für einen Baum von über 1.000 Jahren und die großen Durchmesser, dass sich die Bäume von Stroggili auf Korfu in die Reihe der ältesten und dicksten Olivenbäume einreihen können.

Das hohe Alter, die Baumhöhen und die großen Durchmesser der schönen und imposanten Olivenbäume des Dorfes auf Korfu unterstreichen zudem ihre historische und kulturelle Bedeutung. Darüber hinaus belegt die vorliegende Untersuchung auch das wissenschaftliche Potential dieser Altbäume. Eine Ausweisung als Naturdenkmal durch die örtlichen Behörden wird empfohlen.

Danksagung

Diese Studie wurde durch die Initiative und die Motivation von Frau Eleni Louka vor Ort initialisiert. Wir möchten ihr und den Förderern zum Zustandekommen der Untersuchung in Stroggili für die große Unterstützung, die Hilfsbereitschaft bei der Probenentnahme und Vermessung und die wunderbare Gastfreundschaft danken. Außerdem möchten wir Herrn Erik Fritzsche für seine Hilfe bei der Feldarbeit danken.

Literatur

ARNAN, X.; LOPEZ, B. C.; MARTINEZ-VILALTA, J.; ESTORACH-POYATOS, R. (2012): The age of monumental olive trees (*Olea europea*) in northeastern Spain. Dendrochronologia 30: 11–14.

BORMANN, F. H.; BERLYN, G. (1981): Age and growth rate of tropical trees: new directions for research. Yale University Press, New Haven.

BRÄKER, O. U. (1981): Der Alterstrend der Jahrringdichten und Jahrringbreiten von Nadelhölzern und sein Ausgleich. Mitt. Forstl. Bundesversuchsanst. Wien 142: 75–102.

BRUNSTEIN, C. F.; YAMAGUCHI, D. K. (1992): The oldest known Rocky Mountain Bristlecone Pines (*Pinus aristata* Engelm.). Arctic and Alpine Research 24: 253–256.

CHERUBINI, P.; GARTNER, B. L.; TOGNETTI, R.; BRAKES, O. U.; SCHOCH, W.; INNES, J. L. (2003): Identification, measurement and interpretation of tree rings in woody species from Mediterranean climates. Biological Reviews 78: 119–148.

CHERUBINI, P.; HUMBEL, T.; BEECKMAN, H.; GÄRTNER, H.; MANNES, D.; PEARSON, C.; SCHOCK, W.; TOGNETTI, R.; LEV-YADUN, S. (2013): Olive Tree-Ring problematic dating: a comparative analysis on Santorini (Greece). P. O. O. E.8: 1–5.

CLARK, S. L.; HALLGREN, S. W. (2004): Age estimation of *Quercus marilandica* and *Quercus stellata*: applications for interpreting stand dynamics. Canadian Journal of Forest Research 34: 1353–1358.

GRISSINO-MAYER, H. D. (2001): Evaluating cross-dating accuracy: a manual and tutorial for the computer program C.F.CHA. Tree Ring Research 57: 205–221.

HOLMES, R. L.; ADAMS, R. K.; FRITTS, H. C. (1986): Tree-ring chronologies of western North America: California, eastern Oregon and northern Great Basin with procedures used in the chronology development work including user's manuals for computer programs COFECHA and ARSTAN, Chronology Series VI. Laboratory of Tree-Ring Research, University of Arizona, Tuscon, Arizona.

LIPHSCHITZ, N.; GOPHNA, R.; HARTMAN, M.; BIGER, G. (1991): The beginning of olive (*Olea europaea*) cultivation in the Old World: a reassessment. Journal of Archaeological Science 18: 441–453.

ROSELLI, G. (1999): *Olea europaea* LINNÉ, 1753. In: ROLOFF, A.; WEISGERBER, H.; LANG, U. M.; STIMM, B. (Hrsg.): Enzyklopädie der Holzgewächse. 18Erg. Lfg. 12/99. Ecomed, Landsberg S. 1–8.

SCHWEINGRUBER, F. H. (1983): Der Jahrring: Standort, Methodik, Zeit und Klima in der Dendrochronologie. Haupt, Bern, Stuttgart.

SCHWEINGRUBER, F. H. (1996): Tree rings and environment. Dendroecology. Birmensdorf, Swiss Federal Institute for Forest, Snow and Landscape Research. Haupt, Bern, Stuttgart, Vienna.

STOKES, M. A.; SMILEY, T. L. (1996): An introduction to tree-ring dating. The University of Arizona Press, Tucson, London.

TERRAL, J. F.; ALONSO, N.; CAPDEVILA, R. B. I.; SHATT, N., FABRE, L.; FIORENTINO, G., MARINVAL, P.; JORDA, G. P.; PRADAT, B.; ROVIRA, N.; ALIBERT, P. (2004): Historical biogeography of olive domestication (*Olea europaea* L.) as revealed by geometrical morphometry applied to biological and archaeological material. Journal of Biogeography 31: 63–77.

TERRAL, J. F.; ARNOLD-SIMARD, G. (1996): Beginnings of olive cultivation in eastern Spain in relation to Holocene bioclimatic changes. Quaternary Research 46: 176–185.

THOMAS, H. (2003): Do green plants age, and if so, how? In: NYSTRÖM, T., OSIEWACZ, H. D. (Eds.): Model Systems in Aging. Springer, Berlin. S. 145–171.

Autoren:

Dr. STEN GILLNER, Prof. Dr. ANDREAS ROLOFF
Institut für Forstbotanik und Forstzoologie
Professur für Forstbotanik
TU Dresden
Pienner Str. 7
01737 Tharandt
E-Mail gillner@forst.tu-dresden.de

Mitt. Deutsch. Dendrol. Ges. (MDDG)	101	19-40	2016	ISBN 978-3-8001-0861-9

Die Zapfen der Zypressengewächse (Cupressaceae)

Teil 2: Unterfamilie Cupressoideae

Armin Jagel & Veit Martin Dörken

Zusammenfassung

Die Zapfenmorphologie der Gattungen aus den Cupressoideae (*Calocedrus, Thuja, Thujopsis, Chamaecyparis, Fokienia, Platycladus, Microbiota, Tetraclinis, Cupressus* und *Juniperus*) wird textlich und mit Bildern zur Bestäubungszeit und zur Reife vorgestellt. Außerdem wurden von den Gattungen typische Zapfendiagramme angefertigt. Bei den Cupressoideae treten anders als bei den taxodioiden Cupressaceae keine Auswüchse der Zapfenschuppe mehr auf. Die Samenschuppe besteht nur noch aus den Samenanlagen, die in den Achseln der Deckschuppe entstehen. Letztere stellt also in ihrer Gesamtheit die Zapfenschuppe dar und ist kein, wie häufig postulierter Deck-/Samenschuppen-Komplex. Besonders in den abgeleiteten Gruppen der Cupressoideae sind eine erhöhte Anzahl von Samenanlagen und das Auftreten von mehreren Samenanlagenreihen verbreitet. Die Reihen entstehen zentrifugal und stellen phylogenetisch Kurztriebe aus aufsteigenden Beiknospen dar. Innerhalb eines Zapfens werden die Samenanlagen von unten nach oben gebildet. Die Cupressoideae zeigen eine Tendenz, die fertile Zone des Zapfens immer weiter ans Zapfenende zu verlagern, indem dort sterile Elemente reduziert werden. Diese Entwicklung geht so weit, dass bei den stärker abgeleiteten Arten Samenanlagen nicht mehr axillär stehen, sondern terminal oder sie alternieren zu den terminalen Zapfenschuppen (*Microbiota, Tetraclinis, Juniperus*). Solche nicht-axillären Samenanlagen lassen sich entweder von axillären ableiten (*Microbiota*) oder entstehen direkt aus dem Apikalmeristem und sind phylogenetisch als Elemente eines endständigen Kurztriebs zu verstehen (*Tetraclinis, Juniperus*). Die Gattungen *Chamaecyparis* und *Fokienia*, *Platycladus* und *Microbiota* sowie auch *Thuja* und *Thujopsis* weisen große Übereinstimmungen untereinander in der Zapfenmorphologie auf. Für eine Aufteilung von *Cupressus* in verschiedene Gattungen konnten keine Argumente gefunden werden, wohingegen deutliche morphologische Unterschiede zwischen *Juniperus* sect. *Sabina* und *J.* sect. *Juniperus* eine Aufstellung in zwei getrennten Gattungen *Sabina* und *Juniperus* rechtfertigen. *Juniperus drupacea* steht offenbar an der Basis der sect. *Juniperus* und kann daher zumindest formell als eigene Sektion bzw. Gattung geführt werden.

Cone morphology of the Cypress family (Cupressaceae) – Part 2: Subfamily Cupressoideae

Summary

The cone morphology of the Cupressoideae genera *Calocedrus, Thuja, Thujopsis, Chamaecyparis, Fokienia, Platycladus, Microbiota, Tetraclinis, Cupressus* and *Juniperus* will be introduced at different ontogenetic stages, once at pollination time and once at maturity. Furthermore diagrams of typical cones are drawn. Among Cupressoideae no outgrowth of the seed-scale can be detected in contrast to the situation in the taxodioidaceous Cupressaceae. The seed-scale is reduced to the ovules, which are inserted directly in the axil of the bract-scale. The last one represents the cone scale at its whole. Contrasting to the general opinion, the cone-scale does not represent a fusion product of the bract- and seed-scales. Especially among the strongly derived groups of the Cupressoideae an increased number of ovules and the appearance of several rows of ovules are widespread. The rows are developed centrifugally and represent accessory shoots in a phylogentic sense. Within the cone the ovules are developed from proximal to distal. Taxa of Cupressoideae show a tendency to dislocate the fertile zone in more distal regions of the cones, by reducing sterile elements. This development is so strongly processed that in the most derived taxa ovules are no longer inserted axillary. Here they are inserted terminal or are alternating to the cone-scales as is the case among *Microbiota*, *Tetraclinis*, and *Juniperus*. Such non-axillary ovules can be regarded as developed from axillary ones (*Microbiota*) or they are developed directly from the apical meristem. In the last case they would represent rudimentary elements of a terminal short-shoot (*Tetraclinis*, *Juniperus*). Cone morphology among taxa of *Chamaecyparis* and *Fokienia*, *Platycladus* and *Microbiota* as well as also among *Thuja* and *Thujopsis* show great similarities. No arguments for a separation of *Cupressus* in different genera were found. However, in *Juniperus* distinct differences exist in the cone morphology between *Juniperus* sect. *Sabina* and *J.* sect. *Juniperus*, which allow a splitting in two separate genera *Sabina* and *Juniperus*. *Juniperus drupacea* seems to stand at the base of the sect. *Juniperus* and can be therefore treated as a separate section or genus.

1 Einleitung

In Teil 1 dieser Veröffentlichungsreihe (JAGEL & DÖRKEN 2015) wurden die Zapfen der taxodioiden Cupressaceae (= „Taxodiaceae") thematisiert. In Teil 2 werden die schwerpunktmäßig nordhemisphärisch verbreiteten Arten der Cupressaceae s. str. behandelt, die in der Unterfamilie Cupressoideae zusammengefasst werden. In Teil 3 (JAGEL & DÖRKEN 2016) werden die südhemisphärischen Callitroideae dargestellt.

Bei den Cupressoideae kommt an adulten Zweigen weder im vegetativen Bereich noch bei den Zapfen eine spiralige Stellung von Blättern oder Zapfenschuppen vor. Lediglich an Sämlingen kann die Blattstellung noch spiralig sein. In den meisten Gattungen tritt eine gegenständige Blattstellung auf, nur innerhalb der Gattung *Juniperus* existieren auch Dreierquirle.

Die Zapfengröße der Cupressoideae ist variabel und reicht von den kleinsten Koniferen-Zapfen der Nordhemisphäre (*Juniperus*, *Microbiota*) bis zu sehr großen Zapfen bei einigen *Cupressus*-Arten (z. B. *C. sempervirens*). Die Bestäubungstropfen werden bei allen Arten in den freien Luftstrom gestellt, so dass sie von außen sichtbar sind. Der überwiegende Teil der Cupressoideae ist monözisch, nur bei *Juniperus* kommen auch diözische Arten vor.

Besonders auffällig bei den Cupressoideae ist die außerordentlich starke Variabilität der Samenzahl, die von zwei Samenanlagen pro Zapfenschuppe (z. B. *Calocedrus*) bis hin zu ca. 30 bei *Cupressus* reicht. Außerdem ist die Anordnung dieser Samenanlagen in mehr als einer Reihe von Bedeutung, was bei den taxodioiden Cupressaceae nur selten auftritt (Sequoioideae), bei den Callitroideae aber ebenfalls in mehreren Gattungen ausgebildet ist. Bei der Analyse der Verteilung der Samen im Zapfen ist es besonders wichtig, die Samenanlagen zur Zeit der Bestäubung oder besser zu einem noch früheren Stadium zu untersuchen. Für systematische Belange und auch bei der Bestimmung der Arten ist die Anzahl von reifen Samen pro Zapfen nur von sehr begrenzter Relevanz, wird aber häufig in den Beschreibungen verwendet. Die Anzahl der wirklich ausreifenden Samen ist gerade bei vielsamigen Arten oft erheblich geringer als die Anzahl der angelegten Samenanlagen. Gründe dafür sind z. B., dass nicht alle Samenanlagen beim Pollenfang erfolgreich waren, bzw. fremder Pollen eingefangen wurde. Denn auch fremder Cupressaceae-Pollen bedingt die Resorption des Bestäubungstropfens und da dieser dann nicht noch einmal gebildet wird, unterbleibt die spätere Befruchtung. Bei einigen Arten fließen zudem die Bestäubungstropfen benachbarter Samenanlagen zu einem gemeinsamen größeren zusammen. Dadurch wird zwar die Chance erhöht, Pollen zu fangen, es kann aber passieren, dass dadurch einige Samenanlagen keinen Pollen erhalten (vgl. DÖRKEN & JAGEL 2014).

2 Die Zapfen der Cupressoideae

2.1 *Calocedrus* KURZ – Weihrauchzeder

Zur monözischen Gattung *Calocedrus* werden vier Arten gezählt. Die drei asiatischen Arten, *Calocedrus macrolepis* KURZ, *C. formosana* (FLORIN) FLORIN und *C. rupestris* AVER., T. H. NGUYÊN & P. K. LÔC, sowie die nordamerikanische *C. decurrens* (TORR.) FLORIN. Letztere ist bei uns gut winterhart und wird in Botanischen Gärten und gelegentlich auch in Parks gepflanzt, wo sie in höherem Alter auch Zapfen ausbildet. Die Arten *C. macrolepis* und *C. formosana* gelten in Mitteleuropa als nicht winterhart. *C. rupestris* aus dem Norden Vietnams ist erst 2004 neu beschrieben worden (vgl. AVERYANOV et al. 2005). Über diese Art gibt es noch keine Erfahrungen zur Winterhärte in Mitteleuropa. Für die hier vorliegenden Untersuchungen wurden junge Zapfenstadien von *C. decurrens* (BG Düsseldorf, BG Frankfurt, Gruga Essen) und *C. formosana* (BG Düsseldorf) untersucht.

Dem *Calocedrus*-Zapfen voraus gehen 2–3 Paar Übergangsblätter. Die Verteilung der gegenständigen, fertilen Zapfenschuppen und der Samenanlagen im Zapfen ist variabler als zunächst erwartet. Der verbreitete Zapfentyp besteht aus 3–4 Zapfenschuppenpaaren, von denen die beiden unteren und das obere steril sind. Das fertile Paar Zapfenschuppen trägt je zwei Samenanlagen (Abb. 1A, 1C). Abweichend von diesem Typ kommen seltener auch zwei fertile Zapfenschuppenpaare vor, bei denen dann auf den oberen einzelne mediane Samenanlagen auftreten können.

Am Zapfenende steht immer ein steriles Terminalstück (Abb. 1A, 1C), an dem z. T. unvollständig abgegliederte Zapfenschuppen zu erkennen sind.

Die Zapfen stehen zum Zeitpunkt der Bestäubung waagerecht bis etwas abwärts nach unten geneigt, die Bestäubungstropfen fließen nicht zusammen. Zur Reife hängen die Zapfen herab. Die basalen sterilen Zapfenschuppen verdicken sich nur wenig. Das fertile Zapfenschuppenpaar wächst dagegen stark heran. Es zeigt im Vergleich zu den meisten anderen Cupressaceae-Zapfen aber kein starkes Dickenwachstum, sondern ein viel stärker ausgeprägtes Längenwachstum, so dass die Zapfenschuppen plattenförmig auswachsen (Abb. 1B). Auf dem Rücken der Zapfenschuppe steht am terminalen Ende ein kleiner Dorn, der die Spitze der Zapfenschuppe repräsentiert. Das Terminalstück verwächst mit den eventuell darunter liegenden, sterilen Zapfenschuppen zu einer Platte, die dann dreispitzig ist. In der Ausdehnung und Länge entspricht diese Mittelplatte den beiden ausgereiften, fertilen Zapfenschuppen. Hierdurch kommt der sehr charakteristische, längliche, eiförmige *Calocedrus*-Zapfen zustande. Zur Reife öffnet er sich weit zweiklappig (Abb. 1B). Die Samen der *Calocedrus*-Arten sind deutlich ungleichmäßig geflügelt.

2.2 *Thuja* L. – Lebensbaum

Zur monözischen Gattung *Thuja* werden heute fünf Arten gezählt, von denen die chinesische *Th. sutchuenensis* FRANCH. in der Natur bereits

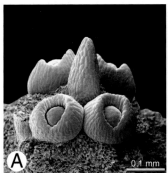 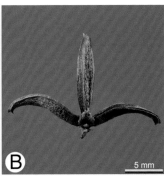 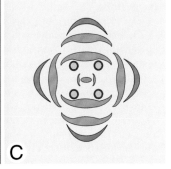

Abb. 1: Zapfenmorphologie von *Calocedrus decurrens*. **A:** Junger Zapfen mit sich entwickelnden Samenanlagen und Terminalstück am Zapfenende (REM-Aufnahme, Zapfenschuppen entfernt); **B:** Reifer Zapfen in Seitenansicht; **C:** Typisches Zapfendiagramm (entspricht A); grün = Blätter, hellbraun = Zapfenschuppen.

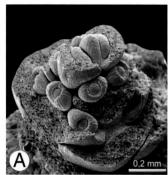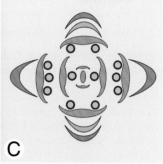

Abb. 2: Zapfenmorphologie von *Thuja koraiensis*. **A:** Junger Zapfen mit sich entwickelnden Samenanlagen, die Samenanlagen entstehen in den Achseln der Zapfenschuppen von unten nach oben; Zapfenende mit Terminalstück (REM-Aufnahme, Zapfenschuppen entfernt); **B:** Reifer Zapfen in Seitenansicht; **C:** Typisches Zapfendiagramm (entspricht A); dunkelgrün = Blätter, hellgrün = Übergangsblätter, hellbraun = Zapfenschuppen.

als ausgestorben galt, aber in jüngerer Zeit wiedergefunden wurde (Xiang et al. 2002). *Th. koraiensis* Nakai (China und Japan) und *Th. standishii* (Gord.) Carr. (Japan: Honshu und Shikoku) stammen ebenfalls aus Ostasien, die übrigen Arten, *Th. plicata* Donn ex D. Don und *Th. occidentalis* L. aus Nordamerika. Die beiden letztgenannten werden vielfach in Parks, auf Friedhöfen und in Gärten in zahlreichen Sorten gepflanzt, die allerdings oft keine Zapfen ausbilden. Der Großteil des Untersuchungsmaterials wurde in den Botanischen Gärten Bochum und Düsseldorf sowie im Grugapark Essen und im Rombergpark Dortmund gesammelt. Die ebenfalls winterharte *Thuja koraiensis* wird in Deutschland kaum gepflanzt. Da sie aber in den Botanischen Gärten Bochum und Düsseldorf zuverlässig und reichlich Zapfen ansetzte, wurde sie für die morphogenetischen Untersuchungen herangezogen.

Thuja-Zapfen sind aus gegenständigen, meist 3–5 Zapfenschuppenpaaren aufgebaut. Ihnen voraus gehen 1–2 Paar Übergangsblätter. Die basalen und terminalen Zapfenschuppenpaare sind meist steril. An der Zapfenspitze ist häufig ein kräftiges Terminalstück zu erkennen, das aus der rudimentären Zapfenachse besteht, von der manchmal unvollständig abgegliederte Zapfenschuppen erkennbar sind. Im Zapfen werden die Samenanlagen der unteren fertilen Zapfenschuppen zeitlich vor denen der weiter oben liegenden angelegt. Auf den unteren Zapfenschuppen stehen meist drei Samenanlagen, nach oben nimmt die Anzahl ab (Abb. 2A, 2C). Wenn drei Samen

auf einer Zapfenschuppe angelegt werden, entstehen die äußeren vor der mittleren (zentripetal). Samenanlagen in einer zweiten Reihe konnten bei reifen Zapfen nicht gefunden werden, wohl aber selten an sehr jungen Zapfen von *Thuja koraiensis*.

Zur Bestäubungszeit stehen die Zapfen waagerecht bis leicht abwärts ausgerichtet. Nach der Bestäubung wechseln sie um mehr als 90° in eine aufrechte Position. Der Zapfen zeichnet sich nach der Bestäubung, ähnlich wie bei *Calocedrus*, durch ein verstärktes Längenwachstum der Zapfenschuppen aus. Die reifen Zapfen sind daher länglich bis eiförmig, die Zapfenschuppen weisen einen kleinen Dorn im oberen Bereich des Rückens auf (Abb. 2B). Die Zapfenschuppen verholzen nicht so stark wie die der meisten anderen Cupressoideae und sind reif eher derb ledrig und bleiben biegsam. Die Samenreife erfolgt im Jahr der Bestäubung. Die Samen sind abgeflacht und geflügelt.

2.3 *Thujopsis* Siebold & Zucc. – Hibalebensbaum

Die monözische Gattung *Thujopsis* umfasst nur eine Art, *Thujopsis dolabrata* (Thunb. ex L. f.) Siebold & Zucc., die in Japan heimisch ist. Die Art wird auch in Deutschland als Ziergehölz verwendet. Besonders auf Friedhöfen und in Vorgärten findet man die Sorte 'Nana'. In Botanischen Gärten wird gelegentlich auch die Wildform gepflanzt, die häufiger Zapfen ansetzt. Das Untersuchungsmaterial für die morphogeneti-

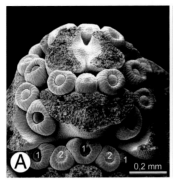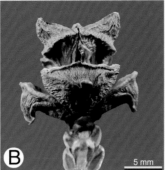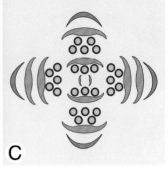

Abb. 3: Zapfenmorphologie von *Thujopsis dolabrata*. **A:** Junger Zapfen mit sich entwickelnden Samenanlagen, die Samenanlagen entstehen in den Achseln der Zapfenschuppen von unten nach oben; untere Zapfenschuppen mit zwei Reihen von Samenanlagen (REM-Aufnahme, Zapfenschuppen entfernt); **B:** Reifer Zapfen in Seitenansicht; **C:** Zapfendiagramm (entspricht A); grün = Blätter, hellbraun = Zapfenschuppen.

schen Untersuchungen stammt von Pflanzen aus dem Botanischen Garten Düsseldorf und von der Insel Mainau.

Zum Zeitpunkt der Bestäubung stehen die Zapfen wie bei der Gattung *Thuja* waagerecht oder sind etwas nach unten ausgerichtet. Im Gegensatz zu *Thuja* bleiben sie aber zur Reife in dieser Position und richten sich nicht auf. Die Zapfen bestehen aus 3–5 gegenständigen Zapfenschuppenpaaren, von denen bei den untersuchten Zapfen nur das obere in seltenen Fällen steril ist. Übergangsblätter sind nicht ausgebildet. Auf den Zapfenschuppen des mittleren Bereichs werden in der Regel mehr als drei Samenanlagen ausgebildet, in der überwiegenden Anzahl der untersuchten Fälle fünf. Hierbei stehen drei Samenanlagen in der ersten Reihe und zwei in der zweiten Reihe. Darüber hinaus konnten bei etwa 10 % der untersuchten Zapfen mehr als fünf Samenanlagen gefunden und bei einem Fall eine Samenanlage eindeutig einer dritten Reihe zugeordnet werden. Die oberen fertilen Zapfenschuppen tragen i. A. weniger Samenanlagen als die unteren (Abb. 3A, 3C). Am Achsenende ist sehr viel seltener als bei *Thuja* ein Terminalstück ausgebildet. Dagegen stehen häufiger zwei fertile oder zwei sterile Zapfenschuppen am Zapfenende (Abb. 3C).

Zur Reife verdicken und verholzen die *Thujopsis*-Zapfen stark. Die Zapfenschuppen laufen basal keilförmig zusammen. Die Zapfen bekommen im Umriss eine eckige Form (Abb. 3B) und haben damit keine Ähnlichkeit mit denen der Gattung *Thuja* (3B). Sie reifen im Jahr

der Bestäubung. Die Samen sind beidseitig geflügelt.

2.4 *Chamaecyparis* SPACH – Scheinzypresse

Zur monözischen Gattung *Chamaecyparis* werden heute fünf Arten gezählt, die aus Ostasien stammenden *Ch. formosensis* MATSUM., *Ch. obtusa* (SIEBOLD & ZUCC.) ENDL. und *Ch. pisifera* SIEBOLD & ZUCC.) ENDL. sowie die nordamerikanischen *Ch. lawsoniana* (A. MURRAY) PARL. und *Ch. thyoides* (KUNTH) ENDL. Die lange Zeit ebenfalls hierhin gestellten *Ch. funebris* (ENDL.) FRANCO und *Ch. nootkatensis* (D. DON) SPACH (vgl. z. B. KRÜSSMANN 1983, FARJON 1998) werden heute anderen Gattungen zugeordnet (s. unter *Cupressus*, Abschnitt 2.9). *Ch. lawsoniana*, *Ch. pisifera* und *Ch. obtusa* sind in Mitteleuropa winterhart und werden häufig in verschiedenen Sorten auf Friedhöfen, in Parks und in Gärten gepflanzt. Viele der Sorten bilden allerdings keine oder nur unzuverlässig Zapfen aus. Das untersuchte Material stammt im Wesentlichen aus den Botanischen Gärten Bochum und Düsseldorf, dem Grugapark Essen, dem Rombergpark Dortmund sowie von der Insel Mainau.

Zur Bestäubung sind die Zapfen am Zweig waagerecht ausgerichtet oder neigen sich ein wenig nach unten. Ein Zusammenfluss von benachbarten Bestäubungstropfen konnte nicht beobachtet werden. Von den 4–5 gegenständigen Zapfenschuppenpaaren ist das basale Paar steril oder weist zwei Samenanlagen pro Schuppe auf. Die darauf folgenden Zapfenschuppen sind fertil, das

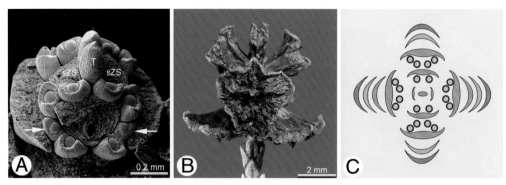

Abb. 4: Zapfenmorphologie von *Chamaecyparis lawsoniana*. **A:** Junger Zapfen mit sich entwickelnden Samen-anlagen; auf der mittleren, fertilen Zapfenschuppe werden vier Samenanlagen gebildet, die äußeren zwei (Pfeile) stehen in der zweiten Reihe und entstehen später als die inneren der ersten Reihe; Zapfenende mit sterilen Zapfenschuppen (sZS) und Terminalstück (T) (REM-Aufnahme, Zapfenschuppen entfernt); **B:** Reifer Zapfen mit Terminalstück in Seitenansicht; **C:** Typisches Zapfendiagramm; dunkelgrün = Blätter, hellgrün = Übergangs-blätter, hellbraun = Zapfenschuppen.

terminale Paar immer steril. Am Zapfenende steht ein Terminalstück, das aus dem Rudiment der Zapfenachse und einem oft nicht vollständig abgegliederte Zapfenschuppenpaar besteht (Abb. 4A, 4C). Wenn die Samenanlagen angelegt wer-den, ist ihre Anzahl auf den sich gegenüberste-henden Zapfenschuppen gleich. Auf den Zapfen-schuppen der Zapfenmitte ist sie in der Regel am höchsten. Die Samenanlagen werden regulär in gerader Anzahl pro Zapfenschuppe gebildet. Die höchste Anzahl im untersuchten Material war dabei sechs. Die Samenanlagen stehen scheinbar in einer Reihe und werden scheinbar, anders als bei allen anderen Cupressaceae, von innen nach außen (zentrifugal) angelegt. Wie morphogeneti-sche Untersuchungen an jungen Zapfen mittels REM zeigen, stellt sich die Situation aber anders dar. Es handelt sich hier um den ungewöhnlichen Fall, bei dem mehrere Reihen gebildet werden, in denen aber immer nur zwei Samenanlagen ent-stehen. Nur im Fall von zwei Samenanlagen pro Zapfenschuppe handelt es sich also um eine Reihe. Sind vier Samenanlagen vorhanden, liegen sie in zwei Reihen vor, bei sechs Samenanlagen dann entsprechend in drei Reihen (vgl. JAGEL 2001, JAGEL & STÜTZEL 2001a). Ungerade An-zahlen von Samenanlagen pro Zapfenschuppe kommen meist durch Abort einzelner Samenan-lagen zustande. Nur in sehr seltenen Fällen wird in einer Reihe auch eine dritte Samenanlage me-dian angelegt. Diese Beobachtung ist besonders wichtig, weil diese Samenanlage später angelegt

wird als die randlichen. Hierdurch wird deutlich, dass auch bei *Chamaecyparis* die Anlegungsrei-henfolge zentripetal ist.

Der Zapfen behält die waagerechte Ausrich-tung auch bei der Reife bei. Am Zapfenende nimmt das Terminalstück am Aufbau der Peri-pherie des Zapfens teil und bildet ein Endschild. Auf dem schildförmigen Zapfenschuppen ist in der Mitte die Schuppenspitze als kleiner Dorn erkennbar (Abb. 4B). Die Zapfen reifen im Jahr der Bestäubung. Die Samen sind abgeflacht und geflügelt.

2.5 *Fokienia* A. HENRY & H. H. THOMAS – Pemouzypresse

Zur monözischen Gattung *Fokienia* wird nur eine Art gezählt, *Fokienia hodginsii* A. HENRY & H. H. THOMAS. Sie kommt in China, Laos und Vietnam vor. In Deutschland gilt *Fokienia* als nicht winterhart und wird deswegen nur selten im Freiland gepflanzt (z. B. im Palmengarten Frankfurt). Das Untersuchungsmaterial stammte von Pflanzen aus Gewächshäusern der Botani-schen Gärten Düsseldorf und Bochum.

Die Stellung, Ausrichtung und der struktu-relle Aufbau des Zapfens sowie die Bildung der Bestäubungstropfen entsprechen denen der Gat-tung *Chamaecyparis*. *Fokienia*-Zapfen sind le-diglich etwas größer als *Chamaecyparis*-Zapfen (zur Reife etwa 2–2,5 cm, Abb. 5B) und aus mehr, etwa 6–7 Zapfenschuppenpaaren aufge-

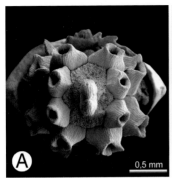

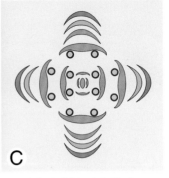

Abb. 5: Zapfenmorphologie von *Fokienia hodginsii*. **A:** Zapfen zur Bestäubungszeit in Aufsicht, jede Zapfen-schuppe trägt in der Achsel zwei Samenanlagen; Zapfenende mit Terminalstück (REM-Aufnahme, Zapfenschuppen entfernt); **B:** Reifer Zapfen in Seitenansicht, mit schildförmigem Terminalstück; **C:** Typisches Zapfendiagramm (entspricht A); dunkelgrün = Blätter, hellgrün = Übergangsblätter, hellbraun = Zapfenschuppen.

baut. In keinem der untersuchten Zapfen konnten mehr als zwei Samenanlagen pro Zapfenschuppe gefunden werden (Abb. 5A, 5C). Dies könnte durch das nur gering zur Verfügung stehende Material begründet sein, ist aber auch bei HENRY (1911) und FARJON (2005) so angegeben. Die Zapfen reifen im Unterschied zu *Chamaecyparis* erst im zweiten Jahr, also im Jahr nach der Bestäubung. Die Samen haben zwei sehr unterschiedlich große Flügel.

2.6 *Platycladus* SPACH – Lebensbaum

Zur monözischen Gattung *Platycladus* wird nur eine ostasiatische Art, *Platycladus orientalis* (L.) FRANCO, gezählt. Sie wurde lange Zeit zu *Thuja* gestellt, ist aber nicht näher mit ihr verwandt (vgl. JAGEL & STÜTZEL 2001b). Im Gartenbau werden zahlreiche Sorten (unter dem alten Namen *Thuja orientalis*) angeboten, die auf Friedhöfen und in Gärten gepflanzt werden und meist reichlich Zapfen ansetzen. Das untersuchte Material stammt aus den Botanischen Gärten Bochum und Düsseldorf sowie aus dem Grugapark Essen und dem Rombergpark Dortmund.

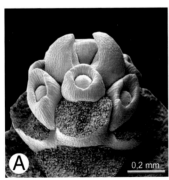
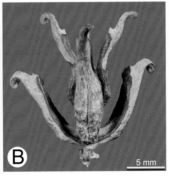
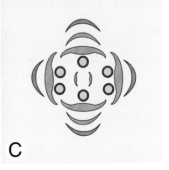

Abb. 6: Zapfenmorphologie *Platycladus orientalis*. **A:** Junger Zapfen mit sich entwickelnden Samenanlagen, am Zapfenende ein steriles Zapfenschuppenpaar, die Samenanlagen entstehen in den Achseln der Zapfenschuppen von unten nach oben (REM-Aufnahme, untere Zapfenschuppen entfernt); **B:** Reifer Zapfen in Seitenansicht; **C:** Typisches Zapfendiagramm (entspricht A); grün = Blätter, hellbraun = Zapfenschuppen.

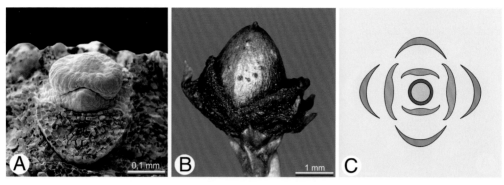

Abb. 7: Zapfenmorphologie von *Microbiota decussata*. **A:** Junger Zapfen; die Samenanlage entsteht in der Achsel einer Zapfenschuppe und drückt beim Heranwachsen das terminale Ende der Zapfenachse zur Seite; die Samenanlage steht pseudoterminal (REM-Aufnahme, Zapfenschuppen entfernt); **B:** Reifer Zapfen mit deutlichen dorsalen Dornen an den Zapfenschuppen und eiförmigem, ungeflügeltem Samen; **C:** Typisches Zapfendiagramm; grün = Blätter, hellbraun = Zapfenschuppen.

Die Zapfen stehen zur Zeit der Bestäubung waagerecht oder sind nach unten geneigt. Sie knicken daher von den aufrecht stehenden, abgeflachten Ästen der Art oft mehr als rechtwinklig ab. Die Anzahl der gegenständigen Zapfenschuppen und die Verteilung der Samenanlagen sind variabel. So kommen Zapfentypen mit fünf Zapfenschuppenpaaren vor, von denen drei fertil sind, bis hin zu stark reduzierten Zapfen, bei denen nur ein fertiles Zapfenschuppenpaar mit nur jeweils einer Samenanlage pro Zapfenschuppe auftritt. Bei dem häufigsten Zapfentyp werden auf den unteren fertilen Zapfenschuppenpaaren jeweils zwei Samenanlagen pro Zapfenschuppe gebildet, auf dem oberen nur eine (Abb. 6A, 6C). Die Samenanlagen der unteren Zapfenschuppen werden dabei früher angelegt als die der oberen (Abb. 6A). Das basale Zapfenschuppenpaar ist wie das terminale steril. Ein Terminalstück konnte nicht beobachtet werden. Der Zapfen schließt sich zur Reife durch starke ventrale Aufwölbungen der Zapfenschuppen und verholzt stark. Die reifen Zapfenschuppen bilden auf dem Rücken einen auffällig großen, charakteristischen, nach hinten gekrümmten Dorn (Abb. 6B). Die Zapfen reifen im Jahr der Bestäubung. Die Samen sind eiförmig und tragen keine Flügel.

2.7 *Microbiota* KOM. – Zwerglebensbaum

Die Gattung *Microbiota* weist nur eine rezente Art auf, *Microbiota decussata* KOM., die in Hochgebirgen Südostsibiriens vorkommt. Die Art wird in Deutschland mittlerweile auch auf vielen Friedhöfen gepflanzt. An den meisten Pflanzen werden regelmäßig reichlich Zapfen ausgebildet, die aber mangels männlicher Blüten nicht ausreifen. Anders als oft behauptet, ist *Microbiota decussata* aber nicht diözisch (vgl. VAN HOEY SMITH 1979, 1982, ZAMJATNIN 1963). Allerdings zeigen viele der untersuchten Pflanzen nur eine geringe Neigung, männliche Blüten auszubilden. So waren an einem Exemplar, bei dem im Gartencenter männliche Blüten entdeckt worden waren, nach dem Auspflanzen im Botanischen Garten Bochum nur noch weibliche Zapfen zu finden. Das Material für die morphogenetischen Untersuchungen wurde im Botanischen Garten Bochum gesammelt. Reife Zapfen an monözischen Pflanzen wurden im Palmengarten Frankfurt und im Botanischen Garten Frankfurt gefunden.

Die winzigen Zapfen sind zum Zeitpunkt der Bestäubung waagerecht bis abwärts geneigt. Sie bestehen aus 2–3 gegenständigen Zapfenschuppenpaaren. Meist wird nur eine Samenanlage pro Zapfen ausgebildet, die scheinbar in terminaler Position steht (Abb. 7C). Wie die morphogenetischen Untersuchungen zeigen, inseriert diese Samenanlage entweder tatsächlich bereits bei der Anlage terminal oder aber sie wird zunächst in der Achsel einer Zapfenschuppe angelegt und drückt dann beim Heranwachsen das kurze Achsenrudiment zur Seite (Abb. 7A). Sie wird hier also nur scheinbar an der Spitze ausgebildet (vgl. JAGEL & STÜTZEL 2001b), was man als pseudo-

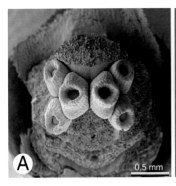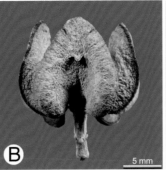

Abb. 8: Zapfenmorphologie von *Tetraclinis articulata*. **A:** Junger Zapfen mit sich entwickelnden Samenanlagen; die terminalen Samenanlagen entstehen vor denen in den Achseln der Samenschuppen (REM-Aufnahme, Zapfenschuppen entfernt); **B:** Reifer Zapfen in Seitenansicht; **C:** Typisches Zapfendiagramm (entspricht A); grün = Blätter, hellgrün = Übergangsblätter, hellbraun = Zapfenschuppen.

terminal bezeichnen kann. Trotz der starken Reduktion der Zapfen konnten hinsichtlich der Verteilung und Anzahl der Samenanlagen insgesamt sechs verschiedene Zapfentypen gefunden werden. Bei etwa 30 % der Zapfen lagen die Samenanlagen eindeutig axillär und am Zapfenende folgte noch ein steriles Zapfenschuppenpaar. In seltenen Fällen konnten sogar zwei Samenanlagen im Zapfen gefunden werden, was zuvor noch nicht beobachtet worden war (vgl. Jagel 2001, Jagel & Stützel 2001b).

Der Zapfenverschluss erfolgt durch eine starke ventrale Aufwölbung der Zapfenschuppen. Im reifen Zustand weisen die Zapfen auf dem Rücken einen im Vergleich zur Zapfengröße langen Dornfortsatz auf (Abb. 7B), der dem bei *Platycladus* (Abb. 6B) ähnelt. Die Samenreife erfolgt im Jahr der Bestäubung. Der *Microbiota*-Zapfen bildet mit etwa 4,5 mm die kleinsten Zapfen aller nordhemisphärischen Koniferen aus, es sei denn, unter der Fülle von *Juniperus*-Arten existieren Arten mit noch kleineren. Die Samen entsprechen in ihrer Form und durch das Fehlen von Flügeln denen von *Platycladus* (Abb. 7).

2.8 *Tetraclinis* Mast. – Sandarakbaum, Algerische Thuja

Zur monözischen Gattung *Tetraclinis* wird nur eine Art, *Tetraclinis articulata* (Vahl) Mast. gestellt, die im Atlasgebirge in Nordwestafrika heimisch ist. Darüber hinaus existieren kleinere Reliktareale in Tunesien, der Cyrenaica, auf Malta und im Südosten Spaniens. In Mitteleuropa gilt die Art als nicht winterhart und wird daher nur in botanischen Sammlungen kultiviert und im Gewächshaus überwintert. Die hier vorliegenden, morphogenetischen Untersuchungen wurden an Material aus den Botanischen Gärten Bonn und Düsseldorf durchgeführt.

Die fertilen Kurztriebe stehen vom Zeitpunkt der Anlegung des Zapfens bis zur Blütezeit waagerecht. Die Zapfenschuppen sind bereits zum Zeitpunkt der Bestäubung ventral angeschwollen, wodurch die Spitzen der Zapfenschuppen nach außen gedrückt und die Bestäubungstropfen frei in den Luftstrom exponiert werden. Die Bestäubungstropfen können zusammenfließen. Den Zapfen voraus gehen zwei Paar Übergangsblätter. Der Zapfen besteht aus konstant zwei gegenständigen Zapfenschuppenpaaren, die so nah aufeinander folgen, dass verschiedentlich angegeben wurde, sie stünden in Viererquirlen (z. B. Dallimore & Jackson 1966, Krüssmann 1972, Page 1990). Dass dies aber nicht der Fall ist, konnte mit den morphogenetischen Untersuchungen gezeigt werden. Am Zapfenende ist kein Terminalstück ausgebildet. Das Achsenende ist nur manchmal schwach zu erkennen.

Die weitaus am häufigsten gefundene Anzahl von Samenanlagen pro Zapfen betrug sechs, was den meisten Literaturangaben entspricht. Aufgrund der Ausrichtung der Flügel entsteht der Eindruck, als stünden die Samenanlagen zu je drei auf den beiden unteren Zapfenschuppen (Abb. 8A). Literaturangaben hierzu sind wider-

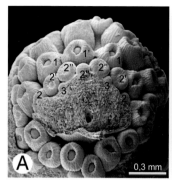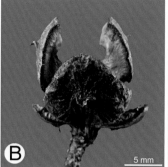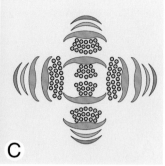

Abb. 9: Zapfenmorphologie von *Cupressus arizonica*. **A:** Junger Zapfen mit zahlreichen, sich entwickelnden Samenanlagen, die in den Achseln der Zapfenschuppen in mehreren Reihen (hier drei) entstehen (REM-Aufnahme, Zapfenschuppen entfernt); **B:** Reifer Zapfen in Seitenansicht, am Zapfenende mit fertilen Zapfenschuppen ohne Terminalstück; **C:** Typisches Zapfendiagramm; dunkelgrün = Blätter, hellgrün = Übergangsblätter, hellbraun = Zapfenschuppen.

spruchlich. Bei KRÜSSMANN (1972) werden nur die beiden unteren Zapfenschuppen als fertil angegeben, wobei jede zwei oder drei Samen trägt. Auffällig sind die häufig am Zapfenende auftretenden zwei Samenanlagen, die scheinbar zwischen den beiden terminalen Zapfenschuppen stehen. Bei vielen Autoren fehlen Angaben zur Verteilung der Samenanlagen im Zapfen (z. B. PILGER 1926, DALLIMORE & JACKSON 1966, PAGE 1990), was zeigt, dass die Zuordnung der Samenanlagen offensichtlich problematisch ist. Sie konnte erst in den hier vorliegenden Untersuchungen durch die Analyse der Anlegungsreihenfolge und die Orientierung der Ansatzstellen der Samenanlagen am Zapfen geklärt werden (vgl. JAGEL 2001 und JAGEL & STÜTZEL 2003). Dabei stellte sich heraus, dass in dem mit über 90 % häufigsten Zapfentyp mit sechs Samenanlagen auf den unteren beiden Zapfenschuppen jeweils zwei Samenanlagen in den Achseln gebildet werden. Die beiden übrigen Samenanlagen stehen nicht in den Achseln der oberen Zapfenschuppen, sondern alternieren zu ihnen und stehen damit terminal (Abb. 8A, 8C). Dies erklärt auch, warum die Samenanlagen der oberen Schuppen früher angelegt werden als die der unteren (Abb. 8A). Die Situation entspricht daher der bei *Juniperus* sect. *Juniperus*, auf die im Abschnitt 2.10 näher eingegangen wird. Neben dem verbreiteten Zapfentyp kommen auch solche vor, bei denen in den Achseln der unteren Samenschuppen drei Samenanlagen in zentripetaler Reihenfolge angelegt werden. In noch selteneren

Fällen sind die oberen Zapfenschuppen fertil und bilden jeweils eine Samenanlage aus. Die beiden terminalen Samenanlagen stehen in einem solchen Fall noch zusätzlich über ihnen.

Die reifen Zapfen haben im geschlossenen Zustand eine würfelähnliche Form und stehen mehr oder weniger aufrecht. Die beiden oberen Zapfenschuppen sind dabei schmaler als die unteren. Die reifen Zapfenschuppen sind auf dem Rücken konkav, die Spitze der Zapfenschuppen ist im oberen Drittel als kurzer, nach unten gerichteter Dorn ausgebildet (Abb. 8B). Die Zapfen reifen im Jahr der Bestäubung. Die Samen sind gleichmäßig geflügelt, die Flügel sind dabei breiter als der Samen selbst.

2.9 *Cupressus* L. – Zypresse

Die monözische Gattung *Cupressus* im weit gefassten Sinne umfasst 17 (FARJON 2005) bis 33 (CUPRESSUS CONSERVATION PROJECT 2014) Arten. Die Arten sind z. T. sehr variabel und ähnlich, weswegen die Angaben zu den Artenzahlen so unterschiedlich ausfallen. Darüber hinaus treten häufiger Hybridisierungen auf. *Cupressus* s. l. im hier verstandenen Sinn umfasst auch die Arten, die in jüngerer Zeit in die Gattungen *Xanthocyparis* FARJON & T. H. NGUYÊN (FARJON et al. 2002), *Callitropsis* OERST. (LITTLE 2006), *Hesperocyparis* BARTELS & R. A. PRICE (ADAMS et al. 2009) oder *Neocupressus* DE LAUB. (DE LAUBENFELS 2009) gestellt wurden. Die beiden Arten *Cupressus nootkatensis* D. DON und C.

funebris ENDL., die lange Zeit zu *Chamaecyparis* gestellt wurden, gehören ebenfalls in die Gattung *Cupressus* (vgl. JAGEL & STÜTZEL 2001a).

Die hier durchgeführten Untersuchungen zur Morphogenese junger Zapfen und Zapfen zum Zeitpunkt der Bestäubung umfassten folgende Arten: *Cupressus arizonica* GREENE (BG Bochum, Insel Mainau), *C. bakeri* JEPS. (BG Düsseldorf, Palmengarten Frankfurt, Rombergpark Dortmund, Insel Mainau), *C. duclouxiana* B. HICKEL (BG Bochum), *C. funebris* ENDL. (Alter BG Göttingen), *C. nootkatensis* D. DON (BG Bochum, Grugapark Essen, BG Düsseldorf) und *C. sempervirens* (BG Bochum, Insel Mainau).

Zum Zeitpunkt der Bestäubung stehen *Cupressus*-Zapfen waagerecht und die reifen Zapfen bleiben mehr oder weniger in dieser Position. Sie bauen sich artspezifisch aus 2–6 Paar fertiler, gegenständiger Zapfenschuppen auf. Im unteren Bereich sind eine unterschiedliche Anzahl steriler Zapfenschuppenpaare vorhanden. Die obersten Zapfenschuppen sind überwiegend fertil. Ein Terminalstück ist nicht vorhanden. *Cupressus nootkatensis* hat sehr kleine Zapfen und nur zwei Zapfenschuppenpaare sind fertil. Die Samenanlagen stehen hier normalerweise in einer Reihe, eine zweite Reihe ist nur selten ausgebildet. Bei *Cupressus arizonica* dagegen sind meist drei Zapfenschuppen fertil (Abb. 9A, 9C), bei *Cupressus sempervirens* meist sechs. Die Samenanlagen werden bei vielen Arten in einer sehr großen Anzahl ausgebildet. Diese stehen dann in mehreren Reihen in den Achseln der Zapfenschuppe. Die innerste (der Zapfenachse zugewendete) Reihe entsteht zuerst, weitere Reihen folgen sukzessive zur Zapfenschuppe hin (zentrifugale Anlegung) (Abb. 9A). Innerhalb einer Reihe entstehen die Samenanlagen von außen nach innen (zentripetal). Die Anzahl ausgereifter Samen ist bei solchen Arten oft deutlich geringer als die Anzahl der angelegten Samenanlagen, weil offenbar regelmäßig nicht alle Samen bestäubt werden. Die *Cupressus*-Zapfen reifen im zweiten Jahr heran, also im Jahr nach der Bestäubung. Die Zapfen verholzen stark und sind kugelig (z. B. *C. arizonica*) oder eiförmig (z. B. *C. sempervirens*). Jede Zapfenschuppe ist schildförmig und hat auf dem Rücken einen mehr oder weniger zurückgeschlagenen Dorn (Abb. 9B).

2.10 *Juniperus* L. – Wacholder

Die Gattung *Juniperus* stellt die artenreichste Gattung innerhalb der Cupressaceae dar. Wegen der großen Variabilität der Arten und der Aufstellung von Unterarten und Varietäten schwanken die Angaben von Artenzahlen bei den verschiedenen Autoren erheblich. So umfasst *Juniperus* nach FARJON (1998) 45 Arten, nach ADAMS & SCHWARZBACH (2013) etwa 75. Die Arten sind monözisch oder diözisch. Diözie ist dabei bei vielen Arten nicht vollständig manifestiert und auch bei als diözisch angesehenen Arten treten immer wieder monözische Exemplare auf. Die Gattung ist auf allen Kontinenten der Nordhemisphäre vertreten und greift mit einer Art, *Juniperus procera* HOCHST. ex ENDL. in Afrika auf die Südhemisphäre über (vgl. KERFOOT 1966). Bei der Bestimmung von Wacholder-Arten gibt es oft große Probleme, da umfangreiche *Juniperus*-Sammlungen selten sind und man daher die Unterscheidungsmerkmale nicht im direkten Vergleich verifizieren kann. Im mitteleuropäischen Gartenhandel ist eine Reihe von Wacholderarten mit verschiedensten Kultivaren vertreten, die stark von den Wildformen abweichen können. Die Gattung wird traditionell in drei Sektionen eingeteilt: sect. *Sabina*, sect. *Juniperus* und sect. *Caryocedrus*. Allen *Juniperus*-Arten gemeinsam ist die Ausbildung der sog. „Wacholderbeeren" (bzw. „Beerenzapfen"). Die Zapfenschuppen verholzen bei der Reife nicht, sondern bleiben mehr oder weniger deutlich fleischig, was im Zusammenhang mit der Ausbreitung durch Tiere (besonders durch Vögel) gesehen wird.

2.10.1 Sect. *Sabina* SPACH (= *Sabina* MILL.)

Die Sektion *Sabina* umfasst nach ADAMS & SCHWARZBACH (2013) etwa 60 Arten und damit den bei weitem größten Teil der Gattung. Die Arten sind je nach Art monözisch oder diözisch. Die Untersuchungen an jungen Zapfen und zur Bestäubungszeit fanden im Wesentlichen statt an *Juniperus chinensis* L. (BG Bochum, Rombergpark Dortmund), *J. excelsa* M. BIEB. (BG Münster), *J. phoenicea* L. (BG Bochum, Palmengarten Frankfurt), *J. squamata* LAMB. (BG Bochum) und *J. virginiana* L. (BG Bochum).

Die Blätter sind in der sect. *Sabina* meist schuppenförmig. Sie stehen gegenständig oder in Dreierquirlen, wobei die Blattstellung an einer Art und selbst an einer Pflanze wechseln kann.

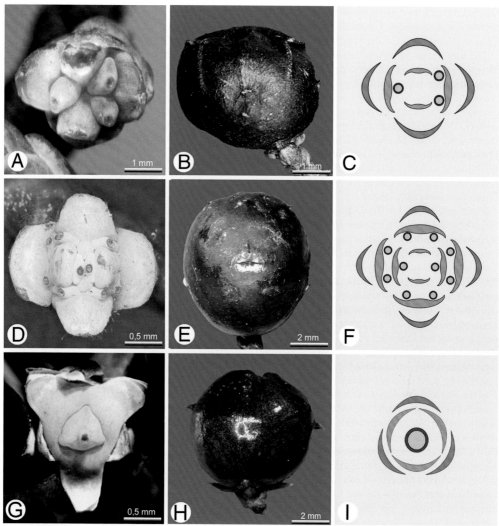

Abb. 10: Zapfenmorphologie von *Juniperus chinensis* (**A-C**), *J. phoenicea* (**D-F**) und *J. squamata* (**G-I**).
A: Zapfen zur Bestäubungszeit mit nur einem fertilen Zapfenschuppenpaar und axillären Samenanlagen; **B:** Reifer, dimerer Zapfen in Seitenansicht; **C:** Zapfendiagramm (entspricht A); grün = Blätter, hellbraun = Zapfenschuppen; **D:** Zapfen zur Bestäubungszeit mit drei fertilen Zapfenschuppenpaaren und axillären Samenanlagen; **E:** Reifer, dimerer Zapfen in Seitenansicht; **F:** Zapfendiagramm (entspricht D); grün = Blätter, hellbraun = Zapfenschuppen; **G:** Zapfen zur Bestäubungszeit mit einer einzelnen, terminalen Samenanlage; **H:** Reifer, trimerer Zapfen in Seitenansicht aus drei Zapfenschuppen; **I:** Typisches Zapfendiagramm (entspricht G); grün = Blätter, hellbraun = Zapfenschuppen.

So können z.B. bei *J. squamata* dimere und trimere Zapfen an einem Strauch gefunden werden. Bei Jungpflanzen, aber auch an älteren Zweigen, findet man außerdem häufig Nadelblätter (z.B. bei *Juniperus chinensis*). Diese haben aber im Unterschied zur sect. *Juniperus* herablaufende Blattbasen. Die Zapfen werden aus 1–4, der Blattstellung des Zweiges entsprechend angeordneten Zapfenschuppenpaaren, gebildet. Die Anzahl fertiler Zapfenschuppen schwankt stark. *Juniperus chinensis* und *J. virginiana* weisen oft nur ein fertiles Zapfenschuppenpaar auf (Abb. 10A, 10C), *J. phoenicea* dagegen bis zu drei (Abb. 10D, 10F). Am Zapfenende kann sich ein steriler oder ein fertiler Zapfenschuppenquirl befinden. Die Samenanlagen werden in der Regel in den Achseln der Zapfenschuppen gebildet. Bei den untersuchten Arten waren es 1–3 Samenanlagen pro Zapfenschuppe. Sie standen jeweils in einer Reihe. Eine zweite Reihe konnte nicht beobachtet werden. In seltenen Fällen trat zusätzlich zu den axillären Samenanlagen eine einzelne auf, die offensichtlich terminal stand und auch schon in dieser Position angelegt wurde. In einem dimeren Zapfen von *J. chinensis* wurden außerdem zwei Samenanlagen gefunden, die möglicherweise zum oberen Zapfenschuppenpaar alternieren (vgl. SCHULZ et al. 2003). Einen Sonderfall unter den hier untersuchten Arten stellt die Art *Juniperus squamata* dar, die in den meisten Zapfen nur eine Samenanlage ausbildet (Abb. 10 G, 10I). Diese wird den morphogenetischen Untersuchungen nach bereits terminal angelegt und steht damit nicht in der Achsel einer Samenschuppe (SCHULZ et al. 2003).

Die Zapfen der sect. *Sabina* stehen zum Zeitpunkt der Bestäubung meist in waagerechter bis deutlich abwärts gerichteter Position (Ausnahme: *J. squamata*). Die Zapfenschuppen sind zu diesem Zeitpunkt bereits ventral angeschwollen. Benachbarte Bestäubungstropfen können zusammenfließen. Nach der Bestäubung reifen die Zapfenschuppen heran, in dem sie anschwellen und den Zapfen fest verschließen. Die Zapfen reifen je nach Art im Jahr der Bestäubung (z.B. *J. virginiana*) oder erst im zweiten Jahr (z.B. *J. chinensis*). Da sich die Zapfen nicht öffnen, sind die Samen nicht mit Flügeln versehen, weisen jedoch oft Kanten auf.

2.10.2 Sect. *Juniperus*

Die sect. *Juniperus* (= sect. *Oxycedrus* SPACH) umfasst nach ADAMS & SCHWARZBACH (2013) 14 Arten, die alle diözisch sind. Die Untersuchungen an jungen Zapfen und zur Bestäubungszeit fanden im Wesentlichen statt an *Juniperus communis* L. (BG Bochum, BG Düsseldorf), *J. conferta* PARL. (BG Bochum), *J. oxycedrus* L. (BG Bochum, Überwinterung) und *J. rigida* SIEBOLD & ZUCC. (BG Bochum).

Die Arten haben nadelförmige Blätter, die in Dreierquirlen stehen. Sie sind deutlich vom Spross abgegliedert, laufen also anders als in der sect. *Sabina* nicht am Spross herab. Nur einige wenige Blätter, die dem Zapfen vorausgehen, sind schuppenförmig. Besonders auffällig an den jungen Zapfen ist, dass die Samenanlagen nicht in den Achseln von Zapfenschuppen stehen, sondern zwischen ihnen (Abb. 11A, 11C). Bei den untersuchten Arten bauen sich die Zapfen aus

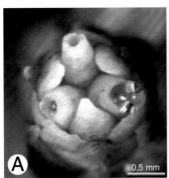
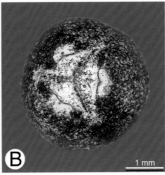
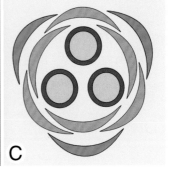

Abb. 11: Zapfenmorphologie von *Juniperus communis*. **A:** Zapfen mit Bestäubungstropfen; **B:** Reifer, trimerer Zapfen in Aufsicht; die Spitzen der drei Zapfenschuppen treten etwas hervor; **C:** Zapfendiagramm (entspricht A); grün = Blätter, hellbraun = Zapfenschuppen.

1–2 Zapfenschuppenquirlen auf, die als steril bezeichnet werden müssen, weil man ihnen die Samenanlagen nicht zuordnen kann. Bei den morphogenetischen Untersuchungen konnten in sehr seltenen Fällen zusätzlich zu dem endständigen Dreierquirl von Samenanlagen Samenanlagen in den Achseln der darunter liegenden Zapfenschuppen beobachtet werden. Noch seltener konnte über dem endständigen Samenanlagenquirl noch ein weiterer dazu alternierender gefunden werden oder eine endständige Samenanlage (SCHULZ et al. 2003). Die Zapfen der sect. *Juniperus* sind zum Bestäubungszeitpunkt ohne erkennbare Regel ausgerichtet. Die Bestäubungstropfen berühren sich nicht. Die Zapfen der hier untersuchten Arten reifen erst im Jahr nach der Bestäubung (Abb. 11B).

2.10.3 Sect. *Caryocedrus* ENDL. (= *Arceuthos* ANTOINE & KOTSCHY)

Zu dieser Sektion wird nur der diözische *Juniperus drupacea* LABILL. gezählt, welcher in Griechenland, der Türkei, im Libanon und in Syrien vorkommt. Die Art wird in einigen deutschen Botanischen Gärten im Freiland kultiviert (BG Bochum, BG Düsseldorf), bildet dort aber keine Zapfen aus. Für Untersuchungen lagen daher nur wenige junge Zapfen von einer Pflanze aus der Lebendsammlung von Dipl.-Ing. HUBERTUS NIMSCH (Freiburg) vor. Die reifen Zapfen wurden vom Erstautor in den Jahren 2011 am Naturstandort im Parnongebirge der Peloponnes in Griechenland gesammelt.

Blattstellung und -struktur entsprechen der sect. *Juniperus*. Die Zapfen bestehen meist aus drei Dreierquirlen von Zapfenschuppen, von denen nur die terminalen Zapfenschuppen je eine Samenanlage tragen (Abb. 12A, 12C, vgl. auch LEMOINE-SÉBASTIAN 1967a, 1967c). Die drei Sa-

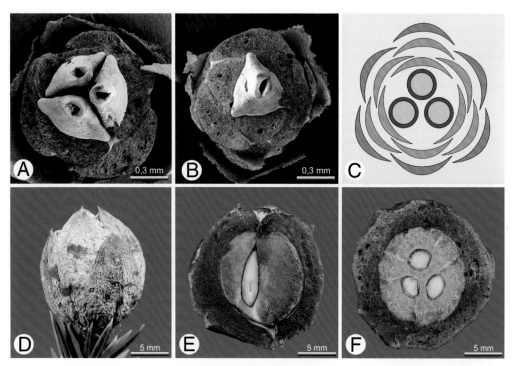

Abb. 12: Zapfenmorphologie von *Juniperus drupacea*. **A:** Zapfen zur Bestäubungszeit mit einem fertilen Zapfenschuppenpaar; jede Zapfenschuppe trägt eine axilläre Samenanlage; **B:** Zapfen zur Bestäubungszeit mit terminaler Samenanlage; **C:** Zapfendiagramm (entspricht A); grün = Blätter, hellbraun = Zapfenschuppen; **D:** Reifer trimerer Zapfen in Seitenansicht aus zwei Zapfenschuppenquirlen; **E:** Reifer Zapfen im Längsschnitt mit „Steinkern"; **F:** Reifer Zapfen im Querschnitt, die drei Samen sind zu einem „Steinkern" verwachsen.

menanlagen sind nicht miteinander verwachsen (Abb. 12A). Außerdem konnten Zapfen gefunden werden, bei denen eine terminale Samenanlage auftrat (Abb. 12B). Die reifen Zapfen sind mit 2–3,5 cm außergewöhnlich groß. An ihnen sind noch deutlich die Grenzen der einzelnen, verwachsenen Zapfenschuppen erkennbar (Abb. 12D). Sie reifen erst im Jahr nach der Bestäubung. Im reifen Zustand bilden die drei Samenanlagen eine fast haselnussgroße, steinkernartige Struktur aus (Abb. 12E, 12F, vgl. auch z. B. NEGER & MÜNCH 1952), was offenbar bei anderen *Juniperus*-Arten noch nicht beobachtet wurde.

3 Diskussion

3.1 Anteil von Samenschuppe und Deckschuppe

Bei den Cupressoideae treten in keiner Gattung mehr Auswüchse der Zapfenschuppe auf, wie man sie bei einem Teil der taxodioiden Cupressaceae (*Athrotaxis, Cunninghamia*) findet. Auch vegetative Elemente in den Achseln der Deckschuppe, wie sie bei den Taxodioideae in Form von stark ausgewachsenen zahnförmigen Elementen auftreten, gibt es bei den Cupressoideae nicht. Die Samenanlagen werden nirgends mehr auf Zapfenschuppen angelegt, sondern entstehen bei allen Gattungen in den Achseln der Deckschuppe (zu terminal stehenden Samenanlagen s. u.). Die Zapfenschuppe repräsentiert hier also in jedem Fall allein die Deckschuppe und ist kein Verschmelzungsprodukt von Samen- und Deckschuppe, also keine Deck-/Samenschuppen-Komplex, wie das in der Regel für die gesamten Cupressaceae s. str. postuliert wird. Die Samenschuppe ist hier bis auf die Samenanlagen reduziert.

3.2 Verteilung der Samenanlagen im Zapfen und ihre Anlegungsreihenfolge

Eine weitere, aus phylogenetischer Sicht moderne Entwicklung, die bei den taxodioiden Cupressaceae nur bei den Sequoioideae verwirklicht ist, ist die Anordnung der Samenanlagen in mehreren Reihen. Dabei entstehen die Samenanlagen innerhalb einer Reihe immer von außen nach innen (zentripetal). Die innerste, der Zapfenachse zugewandte Reihe wird als erste angelegt, die weiteren Reihen folgen sukzessive nach außen (zentrifugal). In der ersten Reihe stehen dabei in der Regel mehr Samenanlagen als in den darauf folgenden. Wie bei JAGEL & DÖRKEN (2015) ausführlich erläutert, können sie als in den Achseln der Deckschuppe angelegte Beisprosse in aufsteigender Reihe verstanden werden. Jeder einzelne Kurztrieb ist dabei bis auf die Samenanlagen reduziert. Bei dem einzigen Fall, in dem scheinbar eine zentrifugale Entstehung innerhalb einer Reihe zu existieren scheint (*Chamaecyparis*), handelt es sich um einen Sonderfall, bei dem zwar mehrere Reihen ausgebildet werden, jede Reihe aber nur zwei Samenanlagen umfasst. Die Anlegungsreihenfolge der Samenanlagen in den Achseln der Cupressoideae-Zapfenschuppen verläuft in einem Zapfen in kurzem zeitlichem Abstand von unten nach oben.

Zusätzlich zu den axillären Samenanlagen treten in drei Gattungen der Cupressoideae (*Microbiota, Tetraclinis* und *Juniperus*) nicht-axilläre Samenanlagen auf. Bei *Juniperus* sect. *Juniperus* ist dies sogar der Regelfall. Bei *Microbiota* konnte anhand morphogenetischer Untersuchungen festgestellt werden, dass die scheinbar terminal stehende Samenanlage ursprünglich axillär stand und erst durch eine spätere Verschiebung an die Zapfenspitze gelangte (vgl. JAGEL & STÜTZEL 2001b). Bei *Tetraclinis* und den Arten von *Juniperus* sect. *Juniperus* sind die terminalen Samenanlagen dagegen nicht von einer axillären Stellung ableitbar. Dies wurde aber in der Vergangenheit vielfach postuliert, zu einer Zeit allerdings, als der *Juniperus*-Zapfen noch als Blüte und seine Zapfenschuppen als Makrosporophylle angesehen wurden (z.B. KUBART 1905, RENNER 1907). Unter solchen Voraussetzungen ist nicht zu verstehen, wie Samenanlagen ohne Sporophylle entstehen können. Eine postulierte nachträgliche Verschiebung von Samenanlagen ist aber nirgends beobachtet worden (vgl. hierzu die Diskussionen bei SCHULZ 2001, SCHULZ et al. 2003). Wie gezeigt wurde, werden die Samenanlagen nicht verschoben, sondern gehen direkt aus dem Apikalmeristem hervor. So wie in den Achseln der Deckschuppen reduzierte Kurztriebe stehen, die bis auf die Samenanlagen reduziert sind, wird hier ein endständiger entsprechender Kurztrieb gebildet, der die Achse abschließt (SCHULZ 2001, JAGEL 2001, SCHULZ et al. 2003, JAGEL & STÜTZEL 2003). Auf diese Weise sind sowohl terminale als auch alternierende Samen-

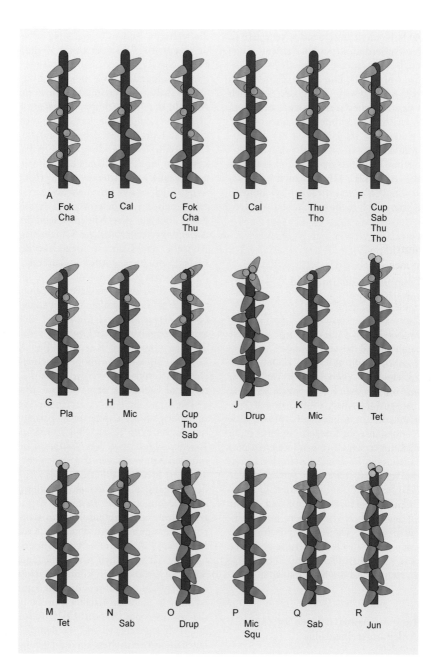

Abb. 13: Morphologische Reihe der fertilen Zone innerhalb der Zapfen der Cupressoideae; das Terminalstück und sterile Zapfenschuppen am Zapfenende werden reduziert; die Samenanlagen werden immer weiter ans Zapfenende verlegt. Bei stärker abgeleiteten Gattungen treten nicht-axilläre Samenanlagen auf; dunkelgrün = Blätter, hellbraun = Zapfenschuppen, hellgrün = axilläre Samenanlagen, gelb = nicht-axilläre Samenanlagen; (Cal = *Calocedrus*; Cha = *Chamaecyparis*; Cup = *Cupressus*; Drup = *Juniperus drupacea*; Fok = *Fokienia*; Jun = *Juniperus* sect. *Juniperus*; Mic = *Microbiota*; Pla = *Platycladus* Sab = *Juniperus* sect. *Sabina*; Squ = *Juniperus squamata*; Tet = *Tetraclinis*; Tho = *Thujopsis*; Thu = *Thuja*).

anlagen erklärbar. In Zapfen, bei denen zusätzlich noch axilläre Samenanlagen gebildet werden, ist zu erkennen, dass die terminalen als erste entstehen. Dies widerspricht scheinbar der üblichen Anlegungsreihenfolge im Zapfen von unten nach oben, ist aber so zu erklären, dass das Apikalmeristem einen gewissen zeitlichen Vorsprung hat gegenüber dem Meristem in den Achseln der Deckschuppen. Bei *Tetraclinis* war das Vorhandensein von terminalen Samenanlagen bisher nicht entdeckt worden, weil diese nicht so auffällig sind wie bei *Juniperus*. Die Zapfenschuppen stehen bei *Tetralinis* gegenständig, so dass die beiden zu den oberen Zapfenschuppen alternierenden Samenanlagen über den sterilen terminalen Zapfenschuppen zu liegen kommen und nicht zwischen ihnen (JAGEL & STÜTZEL 2003). Bei *Tetraclinis* sind außerdem auch immer die unteren Zapfenschuppen fertil und hier stehen die Samenanlagen eindeutig in den Achseln. Eine Verteilung der Samenanlagen, wie sie bei *Tetraclinis* regelmäßig auftritt, kommt in seltenen Einzelfällen auch bei *Juniperus* vor.

Eine morphologische Reihe innerhalb der Cupressoideae zeigt die Tendenz, die fertile Zone des Zapfens immer weiter nach oben zu verlagern (Abb. 13). Hierzu werden zum einen das Terminalstück und zum anderen die sterilen Zapfenschuppen am Zapfenende immer stärker reduziert. Bei den am stärksten abgeleiteten Gattungen der Cupressoideae (*Cupressus, Juniperus*) stehen am Zapfenende immer häufiger fertile Zapfenschuppen oder die Samenanlagen werden pseudoterminal (*Microbiota*) oder terminal (*Tetraclinis*, z.T. auch bei *Juniperus*) an der Spitze des Zapfens angelegt. Aufgrund der Reduktion der sterilen Elemente an der Zapfenspitze wird eine Durchwachsen von Zapfen, wie es bei den taxodioiden Cupressaceae bei einigen Gattungen noch auftritt, bei den Cupressoideae (und auch bei den Callitrioideae) weitestgehend unmöglich und konnte bisher offenbar nur bei dem relativ ursprünglichen *Chamaecyparis formosensis* beobachtet werden (LI 1972).

3.3 Verwandtschaftliche Beziehungen

Eine Gruppierung von Arten zu höheren systematischen Rangstufen wie z.B. Sektionen und Gattungen ist immer zu einem Teil subjektiv. In neuer Zeit hat man sich angewöhnt (wie auch hier praktiziert), sich durch die Ergebnisse der molekularer Stammbäume abzusichern, ob eine solches (potentielles) Taxon monophyletisch und damit „legitim" ist. Allerdings kommen auch heute noch verschiedene molekulare Untersuchungen der gleichen Artengruppen zu unterschiedlichen Ergebnissen (LITTLE 2006, ADAMS et al. 2009) und besonders bei so bestimmungsproblematischen Artengruppen wie *Cupressus* und *Juniperus* darf der kritische Blick nicht verloren gehen, welche Arten solchen Untersuchungen eigentlich zugrunde lagen. Da in der hier vorliegenden Arbeit im Wesentlichen lediglich die Zapfen untersucht wurden, ist die Aussagekraft zur Umgrenzung von übergeordneten Taxa begrenzt. Allerdings ist davon auszugehen, dass Untersuchungen im generativen Bereich eine größere Relevanz zukommen als vegetativen, da sich Veränderungen direkt auf die Vermehrung der Art auswirken können. Im Folgenden sollen dennoch Ähnlichkeiten und Unterschiede im Zapfenbereich angesprochen und diskutiert werden, inwiefern sie zur gängigen Einteilung bzw. zu den molekularen Stammbäumen passen.

Die Gattung **Calocedrus** wurde früher anhand der Ähnlichkeiten im Zapfenbereich zu *Libocedrus* s.l. gezählt (vgl. z.B. NEGER & MÜNCH 1952, JACKSON 1946, KRÜSSMANN 1955). Dass diese Ähnlichkeit nur oberflächlich ist, zeigen die morphogenetischen Untersuchungen an jungen Zapfen, die eine hohe Variabilität der Verteilung der Samenanlagen zum Ergebnis hatten. Zum anderen ist aber auch die Bildung des Terminalstücks als Endplatte bei *Calocedrus* ein grundlegender Unterschied zu den Zapfen der *Libocedrus*-Gruppe, wo terminal weder sterile Zapfenschuppen noch Terminalstücke auftreten (JAGEL & DÖRKEN 2016). Mit den wenigen Samenanlagen pro Zapfenschuppe und dem ausgeprägten Terminalstück weist *Calocedrus* eher ursprüngliche Zapfenmerkmale auf.

Ähnlichkeiten weist der Zapfen mit denen von **Thuja** auf. Molekulare Analysen sehen diese Gattung fast einhellig als basale Gattung der Cupressoideae. *Thuja* weist ebenfalls ein Terminalstück auf, was aber im reifen Zapfen nicht so stark dominiert wie bei *Calocedrus*. Bei *Thuja* ist das Längenwachstum der Zapfenschuppe ebenfalls stärker gefördert als ihr Dickenwachstum, so dass es zu relativ flachen Zapfenschuppen kommt, deren Verholzung nicht so stark ist wie bei den stärker abgeleiteten Gattungen. Bei morphogenetischen Untersuchungen konnte die Anlegung einer zweiten Reihe beobachtet werden, welche bei *Calocedrus* nicht auftritt, wohl aber die Verwandtschaft mit **Thujopsis** andeutet. Hier treten zwei Reihen regelmäßig auf. Sowohl die jungen als auch die reifen Zapfen von *Thuja* und *Thujopsis* sind oberflächlich gesehen nicht besonders ähnlich, *Thujopsis* repräsentiert aber in Bezug auf die Verteilung und Anordnung der Samenanlagen im Prinzip einen großen, samenreichen *Thuja*-Zapfen. Hierbei ist die Weiterentwicklung zu erkennen, das Terminalstück und sterile terminale Zapfenschuppen zunehmend zu reduzieren. Der reife Zapfen hat eine ganz andere Form als der von *Thuja* und die Zapfenschuppen sind bei *Thujopsis* stark verholzt. Auch die Umorientierung der Zapfen nach der Bestäubung in eine aufrechte Position fehlt bei *Thujopsis*. In molekularen Analysen steht *Thujopsis* als Schwestergruppe zu *Thuja* (z. B. YANG et al. 2012).

Aufgrund ihrer kugeligen Form und der schildförmigen Zapfenschuppen sind **Chamaecyparis**-Zapfen denen von *Cupressus* ähnlich. Man hat deswegen lange Zeit beide Gattungen als engst verwandt betrachtet, wobei der Hauptunterschied in der Größe der Zapfen gesehen wurde. Problematisch blieben die Arten, die Zapfen mit Zwischengrößen und außerdem etwas abgeflachte Zweige aufweisen wie die von *Cupressus nootkatensis* und *C. funebris*. Traditionell wurden sie zu *Chamaecyparis* gestellt. Bei genauer morphologischer und morphogenetischer Analyse der Zapfen zeigt sich aber, dass die Ähnlichkeit der Zapfen nur oberflächlich ist, und die beiden besagten Arten zu *Cupressus* gehören (JAGEL & STÜTZEL 2001a). Die Zapfen von *Cupressus nootkatensis* passen zwanglos in eine morphologische Reihe mit den übrigen *Cupressus*-Arten und stimmen in allen relevanten Merkmalen mit ihnen überein (z. B. fehlendes Terminalstück, fertile Zapfenschuppen am Zapfenende, Auftreten von mehreren Samenanlagenreihen, Zusammenfluss von Bestäubungstropfen). Besonders charakteristisch bei *Chamaecyparis* aber ist die abweichende Art der Samenanlagenbildung. Hier werden zwar wie bei *Cupressus* und anderen Gattungen mehrere Reihen ausgebildet, aber es entstehen jeweils nur zwei Samenanlagen pro Reihe. Bei den anderen Arten der Cupressoideae nehmen die Samenanlagen in einer Reihe höherer Ordnung normalerweise ab. Auch molekulare Analysen zeigen, dass *Chamaecyparis*

und *Cupressus* nicht näher miteinander verwandt sind (z. B. Yang et al. 2012). Als nächst verwandte Gattung zu *Chamaecyparis* muss dagegen **Fokienia** angesehen werden, zu der es weder im Zapfenbereich noch im vegetativen Bereich strukturelle Unterschiede gibt. *Fokienia* bildet nach bisherigen Angaben aber nur jeweils zwei Samenanlagen pro Zapfenschuppe aus, so dass die für *Chamaecyparis* charakteristische Anlegungsreihenfolge nicht vorhanden sein kann. Allerdings fehlen bisher ausführliche morphogenetische Untersuchungen, bei denen durchaus festgestellt werden könnte, dass bei *Fokienia* in selteneren Fällen mehr Reihen von Samenanlagen angelegt werden.

Die Zapfen von **Platycladus** unterscheiden sich in grundlegenden Merkmalen von denen der Gattung *Thuja*, in die *Platycladus* lange gestellt wurde. Es liegt hier aber keine nähere Verwandtschaft vor (JAGEL & STÜTZEL 2001b), was auch molekulare Untersuchungen bestätigen (z. B. GADEK et al. 2000, YANG et al. 2012). Die Zapfen weisen kein Terminalstück auf, sie verholzen bei der Reife stark, die Zapfenform und auch die Form der Zapfenschuppen ist eine ganz andere. Darüber hinaus vollziehen die Zapfen nach der Bestäubung keine Änderung der Ausrichtung und die reifen Samen sind eiförmig und haben keine Flügel. Eine morphologische Reduktionsreihe der Zapfen von *Platycladus* zu denen von *Microbiota* zeigt aufgrund der Verteilung der Samenanlagen im Zapfen, dass es sich beim *Microbiota*-Zapfen lediglich um einen kleinen *Platycladus*-Zapfen handelt. Die Arten entsprechen sich außerdem in den für die Cupressaceae außergewöhnlichen, eiförmigen und flügellosen Samen. *Microbiota* stellt offensichtlich eine Hochgebirgsverwandte von *Platycladus* dar. Dabei muss hier offen bleiben, ob sie die ursprünglichere oder stärker abgeleitete Art darstellt. Das Vorhandensein einer pseudoterminalen Samenanlage muss als abgeleitetes Merkmal gewertet werden.

Die Gattung **Cupressus** ist ganz offensichtlich eine phylogenetisch junge Gattung, worauf die hohe Anzahl an sehr ähnlichen Arten und verbreitete Hybridisierungen hinweisen. In jüngerer Zeit wurde sie von verschiedener Seite aufgeteilt. FARJON et al. (2002) beschreiben aufgrund einer in Vietnam neu gefundenen Art eine neue Gattung *Xanthocyparis*, in die sie *Cupressus nootkatensis* aus Alaska als *Xanthocyparis nootkatensis*

(D. Don) Farjon & D. Harder miteinschließen. Strukturelle Merkmale, die diese Gattung von *Cupressus* unterscheidet, sind nicht erkennbar. Das als besonders charakteristisch hervorgehobene Merkmal von *X. vietnamensis*, das Auftreten von Nadelblättern an adulten Zweigen tritt, wie Farjon et al. (2002) selbst erwähnen, auch bei vielen anderen Arten der Cupressaceae auf (besonders bekannt bei *Juniperus chinensis*). Es ist auch für gärtnerische Züchtungen von großer Bedeutung, weil durch Selektion einer Fülle von nadelförmigen Kultivaren entstanden sind. Wie bereits oben erwähnt und bei Jagel & Stützel (2001a) ausführlich erläutert. handelt es sich bei dem Zapfen von *Cupressus nootkatensis* unzweifelhaft um einen kleinen *Cupressus*-Zapfen. Da die Zapfen von *Xanthocyparis vietnamensis* bei Farjon et al. (2002) als praktisch identisch beschrieben werden, muss die Art hier folgerichtig ebenfalls als zu *Cupressus*, also als *Cupressus vietnamensis* (Farjon & T.H. Nguyên) Silba. aufgefasst werden. Bei den molekulare Untersuchungen von Yang et al. (2012) stehen *Cupressus vietnamensis* und *C. nootkatensis* an der Basis der neuweltlichen *Cupressus*-Arten, bilden aber kein Monophylum.

Molekulare Analysen der Gattung *Cupressus* kommen zu widersprüchlichen Ergebnissen. Sie führen zwar oft zu nomenklatorischen Änderungen, geben aber meist keine nicht-molekularen Differentialmerkmale an. Nach den Ergebnissen von Little (2006) ist *Cupressus* paraphyletisch entstanden. Aus dem neuweltlichen Zweig der *Cupressus*-Arten entwickelt sich demnach *Juniperus*. Als eine Konsequenz seiner Ergebnisse stellt er die altweltlichen *Cupressus*-Arten (inkl. *Cupressus nootkatensis*) in die Gattung *Callitropsis*. Adams et al. (2009) behalten *Cupressus nootkatensis* in der Gattung *Callitropsis*, stellen aber alle anderen neuweltlichen *Cupressus*-Arten in eine neu beschriebene Gattung *Hesperocyparis*. De Laubenfels (2009) kommt aufgrund morphologischer Merkmale zu ähnlichen Ergebnissen und stellt fast zeitgleich die neuweltlichen *Cupressus*-Arten (exkl. *Cupressus nootkatensis*) in eine neu beschriebene Gattung *Neocupressus*, die aber nach den Nomenklaturregeln illegitim ist. Als Begründung gibt De Laubenfels (2009) die Anzahl der Keimblätter, Unterschiede in der Ausprägung der Stellung der Folgeblätter sowie die Struktur der Zweige an (Bildung von monomorphen Blättern versus Kanten-/Flächen-

blättern). Mao et al. (2010) kommen bei ihren molekularen Analysen, zu dem Ergebnis, dass *Cupressus* s.l. monophyletisch ist und die Schwestergruppe von *Juniperus* darstellt. Sowohl in dem altweltlichen Ast der *Cupressus*-Arten als auch bei dem neuweltlichen stehen Arten mit kleinen, einfachen und samenarmen Zapfen basal. Bemerkenswert ist außerdem, dass die asiatische *Cupressus vietnamensis* an der Basis des ansonsten neuweltlichen Astes steht. In der hier vorliegenden Arbeit wird die Gattung *Cupressus* im weitesten Sinne aufrecht erhalten, wodurch auch die für Koniferen ungewöhnlichen Gattungshybriden ('*Cupressocyparis* Dallim. = *Cuprocyparis* Farjon = '*Neocupropsis* de Laub.) nicht existieren. Belastbare morphologische Unterschiede, an denen man die neuweltlichen Arten von den altweltlichen abgrenzen könnte, wurden bisher nicht gefunden und auch die von De Laubenfels (2009) aufgeführten Merkmale sind im Einzelfall nicht verwendbar.

Das offensichtliche Gemeinsame aller *Juniperus*-Arten ist der nicht verholzende Beeren-Zapfen („Wacholderbeeren"). Sein Aufbau ist ansonsten aber sehr variabel und die Unterschiede zwischen sect. *Juniperus* und sect. *Sabina* sind so deutlich, dass die Aufstellung zweier Gattungen gut nachvollziehbar wäre. Unterschiede im Zapfenaufbau sind während der Morphogenese und zur Bestäubungszeit deutlich zu erkennen. Seltene Ausnahmefälle lassen einen hypothetischen Zapfen konstruieren, an dem die Samenanlagen im unteren Bereich axillär auftreten, im oberen Bereich aber ohne Bezug zu den Zapfenschuppen terminal oder alternierend zu den Zapfenschuppen stehen. Aus einem solchen Zapfen können durch Reduktion leicht einerseits die Zapfen der sect. *Juniperus* und andererseits der sect. *Sabina* abgeleitet werden. Ein solcher Zapfen kommt bei *Tetraclinis articulata* und *Juniperus drupacea* tatsächlich vor, und er könnte wahrscheinlich bei einer Untersuchung von reichlich Material von *Juniperus drupacea* ebenfalls gefunden werden, wie die Beobachtung einer terminal stehenden Samenanlage in der Art zeigt (Abb. 12B). Grundlage für die Sonderstellung von *Juniperus drupacea* ist die Beschreibung durch Antoine & Kotschy (1854) als eigene Gattung *Arceuthos*. Eine Rolle dabei spielte z.B., dass die reifen Zapfen außergewöhnlich groß sind und die Samen zu einer als „Steinkern" bezeichneten Einheit verwachsen (z.B. Pilger

1931). Darüber hinaus ist der Aufbau der männlichen generativen Strukturen bemerkenswert, da hier anders als bei allen anderen *Juniperus*-Arten (und den Cupressaceae überhaupt) aus einer Knospe nicht eine einzelne Blüte mit seitlichen Mikrosporophyllen entsteht, sondern eine Achse, an der seitlich mehrere Blüten stehen (vgl. LEMOINE-SÉBASTIAN 1967b).

Inwiefern die Aufstellung einer eigenen Sektion für *J. drupacea* anhand morphologischer Merkmale gerechtfertigt ist, sollte erst bei der genauen Kenntnis der Variabilität im Zapfen und der Morphogenese entschieden werden. Derzeit ergibt sich das Bild, dass die Anordnung der Blätter denen der sect. *Juniperus* entspricht, die offenbar häufigste Anordnung der Samenanlagen in den Achseln aber untypisch für die sect. *Juniperus* ist. Die verzweigten männlichen Blüten (in dem Fall also Blütenstände) stellen ein ursprüngliches Merkmal dar. Die Verwachsung der Samen zu einem „Steinkern" kommt offensichtlich bei den anderen *Juniperus*-Arten nicht vor und kann daher als Autapomorphie nicht bei der Analyse von Verwandtschaftsverhältnissen helfen. Nach den molekularen Stammbäumen von MAO et al. (2010) und ADAMS et al. (2013), in der jeweils fast alle *Juniperus*-Arten berücksichtig sind, stellt *J. drupacea* die Schwestergruppe der sect. *Juniperus* dar, was die Stellung in eine eigene Sektion unterstützen würde.

Danksagungen

Wir danken allen besuchten Botanischen Gärten für die großzügige Bereitstellung des Untersuchungsmaterials sowie Herrn Dipl.-Ing. HUBERTUS NIMSCH für das seltene Material von *Juniperus drupacea*, das er uns dankenswerterweise aus seiner Lebendsammlung zur Verfügung gestellt hat. Für die technische Unterstützung bei der Anfertigung eines Teils der rasterelektronenmikroskopischen Aufnahmen danken wir Herrn Dr. JOACHIM HENTSCHEL und Frau LAURETTA NEJEDLI (Elektronenmikroskopisches Zentrum, Fachbereich Biologie, Universität Konstanz). Zu Dank verpflichtet sind wir auch Herrn Prof. TH. STÜTZEL (Ruhr-Universität Bochum), an dessen Lehrstuhl für Evolution und Biodiversität der Landpflanzen ein Teil der Arbeiten durchgeführt wurde und für die stets fruchtbaren Diskussionen mit ihm. Für das Korrekturlesen des Manuskriptes danken wir herzlich Herrn ULRICH KÜCHMEISTER (Bochum).

Quellenverzeichnis

ADAMS, R. P.; BARTEL, J. A.; PRICE, R. A. (2009): A new genus *Hesperocyparis* for the cypresses of the Western hemisphere (Cupressaceae). Phytologia 91(1): 160–185.

ADAMS, R.; SCHWARZBACH, A. E. (2013): Phylogeny of *Juniperus* using nrDNA and four cpDNA regions. Phytologia 95(2): 179–187.

ANTOINE, F.; KOTSCHY, T. (1854): *Arceuthos* ANTOINE & KOTSCHY. Bot. Wochenbl. 4(31): 249–250.

AVERYANOV, L.; HIEP, N. T.; THE, P. V.; LOC, P. K. (2005): Distribution, habitat and ecology of *Calocedrus rupestris* (Cupressaceae) in Vietnam. *Turczaninowia* 4: 19–35.

CUPRESSUS CONSERVATION PROJECT (2014): Taxonomic index of the genus *Cupressus*. Bull. C.P.3(1): 48.

DALLIMORE, W.; JACKSON, A. B. (1966): A handbook of Coniferae and Ginkgoaceae. London: Arnold.

DE LAUBENFELS, D. J. (2009): Nomenclatural actions for the New World cypresses (Cupressaceae). Novon 19(3): 300–306.

DÖRKEN, V. M.; JAGEL, A. (2014): Orientation and withdrawal of pollination drops in the Cupressaceae s. l. (Coniferales). Flora 209: 34–44.

FARJON, A. (1998): World Checklist and Bibliography of conifers, 2nd ed. Royal Botanic Gardens, Kew.

FARJON, A. (2005): A monograph of Cupressaceae and *Sciadopitys*. Royal Botanic Gardens, Kew.

FARJON, A.; HIEP, N. T.; HARDER, D. K.; LOC P. K.; AVERYANOV, L. (2002): A new genus and species in Cupressaceae (Coniferales) from Northern Vietnam, *Xanthocyparis vietnamensis*. Novon 12: 179–189.

GADEK, A. P.; ALPERS, D. L.; HESLEWOOD, M. M.; QUINN, C. J. (2000): Relationships within Cupressaceae sensu lato: a combined morphological and molecular approach. Am. J. Bot. 87: 1044–1057.

HART, J. A. (1987): A cladistic analysis of Conifers: Preliminary results. J. Arnold Arbor. 68(3): 269–304.

HENRY, A. (1911): New or noteworthy plants. A new genus of Coniferae. Gard. Chron. (London), ser. 3, 49: 66–68.

JACKSON, A. B. (1946): The identification of conifers. Arnold & Co., London

JAGEL, A. (2001): Morphologische und morphogenetische Untersuchungen zur Systematik und Evolution der Cupressaceae s. l. (Zypressengewächse). Diss., Ruhr-Universität Bochum.

JAGEL, A. & DÖRKEN, V. M. (2015): Die Samenzapfen der Cupressaceae – Teil 1: Cunninghamioideae, Athrotaxoideae, Taiwanioideae, Sequoioideae und Taxodioideae. Mitt. Deutsch. Dendrol. Ges 100: 161–176.

JAGEL, A.; DÖRKEN, V. M. (2016): Die Samenzapfen der Cupressaceae – Teil 3: Callitroideae. Mitt. Deutsch. Dendrol. Ges. 101: im Druck.

JAGEL, A.; STÜTZEL, TH. (2001a): Zur Abgrenzung von *Chamaecyparis* SPACH und *Cupressus* L. (Cupressaceae) und die systematische Stellung von *Cupressus nootkatensis* D. DON [= *Chamaecyparis nootkatensis* (D. DON) SPACH]. Feddes Repert. **112**(3–4): 179–229.

JAGEL, A.; STÜTZEL, TH. (2001b): Untersuchungen zur Morphologie und Morphogenese der Samenzapfen von *Platycladus orientalis* (L.) FRANCO (= *Thuja orientalis* L.) und *Microbiota decussata* KOM. (Cupressaceae). Bot. Jahrb. Syst. **123**(3): 377–404.

JAGEL, A.; STÜTZEL, TH. (2003): On the occurrence of non-axillary ovules in *Tetraclinis articulata* (VAHL) MAST. (Cupressaceae s.str.). Feddes Repert. **114**(7–8): 497–507.

KERFOOT, O. (1966): Distribution of the Coniferae: the Cupressaceae in Africa. Nature **212**: 961.

KRÜSSMANN, G. (1955): Die Nadelgehölze. Parey, Berlin & Hamburg.

KRÜSSMANN, G. (1972): Handbuch der Nadelgehölze. Parey, Berlin, Hamburg.

KRÜSSMANN, G. (1983): Handbuch der Nadelgehölze. 2. Aufl. Parey, Berlin, Hamburg.

KUBART, B. (1905): Die weibliche Blüte von *Juniperus communis* L. Eine ontogenetisch-morphologische Studie. Sitzungsber. Kaiserl. Akad. Wiss., Math.-Naturwiss. Cl. Abt.1, **114**: 499–526 + Taf.

LEMOINE-SÉBASTIAN (1967a): Le cone femelle des Junipereae (1). Trav. Lab. Forest. Toulouse. Tom. 1, Vol. **6**: 3–45.

LEMOINE-SÉBASTIAN (1967b): Appareil reproducteur male des *Juniperus*. Trav. Lab. Forest. Toulouse. Tom. 1, Vol. **6**: 1–35.

LEMOINE-SÉBASTIAN (1967c): L'inflorescence femelle des Junipereae: Ontogenèse, structure, phylogenèse. Trav. Lab. Forest. Toulouse. Tom. 1, Vol. **7**: 1–455.

LI, S. J. (1972): The female reproductive organs of *Chamaecyparis*. Taiwania **17**: 27–39.

LITTLE, D. P. (2006): Evolution and circumscription of the true cypresses (Cupressaceae: *Cupressus*). Syst. Bot. **31**: 461–480.

MAO, K.; HAO, G. H.; LIU, J.-Q. L.; ADAMS, R. P.; MILNE, R. I. (2010): Diversification and biogeography of *Juniperus* (Cupressaceae): variable diversification rates and multiple intercontinental dispersals. New Phytologist **188**(1): 254–272.

NEGER, F. W.; MÜNCH, E. (1952): Die Nadelhölzer (Koniferen) und übrigen Gymnospermen. de Gruyter & Co., Berlin.

PAGE, C. N. (1990): Gymnosperms. In KUBITZKY, K. (ed.): The Families and Genera of Vascular Plants. Vol. 1. Berlin, Heidelberg. u. a.: Springer: 279–391.

PILGER, R. (1926): Coniferae. In: ENGLER, A.: Die natürlichen Pflanzenfamilien nebst ihren Gattungen und wichtigsten Arten insbesondere der Nutzpflanzen. Engelmann, Leipzig.

PILGER, R. (1931): Die Gattung *Juniperus*. Mitt. Deutsch. Dendrol. Ges. **43**: 255–269.

RENNER, O. (1907): Über die weibliche Blüte von *Juniperus communis*. Flora **97**: 421–430 + Taf.

SCHULZ, C. (2001): Morphologie und Morphogenese von weiblichen *Juniperus*-Zapfen und ihre mögliche Phylogenie der Gymnospermen. Diplomarb., Ruhr-Universität Bochum.

SCHULZ, C.; JAGEL, A.; STÜTZEL, TH. (2003): Cone morphology in *Juniperus* in the light of cone evolution in Cupressaceae s. l. Flora **198**: 161–177.

STRASBURGER, E. (1872): Die Coniferen und die Gnetaceen. Dabis, Jena.

VAN HOEY SMITH, J. R. P. (1979): *Microbiota* really dioecious? Int. Dendrol. Soc. Year Book (London) **1978**: 101–102.

VAN HOEY SMITH, J. R. P. (1982): *Microbiota decussata* monoecious. Int. Dendrol. Soc. Year Book (London) **1981**: 82.

XIANG, Q. P.; FARJON, A.; ZHEN-YU, L.; LI-KUO, F.; ZHENG-YU, L. 2002: *Thuja sutchenensis*: a rediscovered species of the Cupressaceae. Bot. J. Linn. Soc. **139**: (3): 305–310.

YANG, Z. Y.; RAN, J. H.; WANG, X. Q. (2012): Three genome-based phylogeny of Cupresaceae s. l.: Further evidence for the evolution of gymnosperms and Southern hemisphere biogeography. Mol. Phylogenet. Evol. **64**: 452–470.

ZAMJATNIN, B. (1963): Observations nonnullae de *Microbiota decussata* KOM. Bot. Not. Syst. Herb. Hort. Bot. Petrop. **22**: 43–50.

Autoren:

Dr. ARMIN JAGEL
Danziger Str. 2
44789 Bochum

Dr. VEIT MARTIN DÖRKEN
Universität Konstanz
Fachbereich Biologie, M 613
Universitätsstraße 10
78457 Konstanz

| Mitt. Deutsch. Dendrol. Ges. (MDDG) | 101 | 41-54 | 2016 | ISBN 978-3-8001-0861-9 |

Die Zapfen der Zypressengewächse (*Cupressaceae*)

Teil 3: Unterfamilie *Callitroideae*

Armin Jagel & Veit Martin Dörken

Zusammenfassung

Die Zapfenmorphologie der Gattungen der Callitroideae (*Austrocedrus*, *Libocedrus* s. l., *Pilgerodendron*, *Fitzroya*, *Widdringtonia*, *Diselma*, *Actinostrobus*, *Callitris* und *Neocallitropsis*) wird mit Bildern vorgestellt. Außerdem wurden für den Großteil der Gattungen typische Zapfendiagramme erstellt. Die Zapfen der Callitroideae sind weitaus weniger variabel als die der Cupressoideae, betrachtet man die Anzahl der Zapfenschuppen und besonders der Ausgestaltung des Achsenendes. So bauen sich die Zapfen aus nur zwei Zapfenschuppenquirlen auf und es fehlen sterile Zapfenschuppen am Zapfenende. Die Zapfenachse ist bei einigen Gattungen in Form einer sog. Columella ausgebildet, welche aber nicht am peripheren Aufbau des Zapfens teilnimmt. Bei *Widdringtonia*, *Fitzroya*, *Callitris* und wohl auch bei *Actinostrobus* und *Neocallitropsis* sind regelmäßig beide Zapfenschuppenquirle fertil, während innerhalb der *Libocedrus*-Gruppe und bei *Diselma* nur das oberste Zapfenschuppenpaar Samenanlagen ausbildet. Wie bei den Cupressoideae tritt keine spiralige Beblätterung mehr auf, im Unterschied kommen aber neben der gegenständigen Beblätterung häufiger auch Dreierquirle (z. B. *Fitzroya*, *Callitris*, *Actinostrobus*) und in seltenen Fällen sogar Viererquirle (*Callitris*, *Neocallitropsis*) vor. Die Samenanlagen der Callitroideae stehen alle axillär, damit besteht die Zapfenschuppe hier wie bei den Cupressoideae allein aus der Deckschuppe. Nicht-axilläre Samenanlagen kommen nicht vor. Bei *Actinostrobus* und *Callitris* (und möglicherweise auch bei *Fitzroya*) entstehen die Samenanlagen auf dem oberen Quirl, anders als bei den übrigen Cupressaceae, zeitlich etwas vor denen des unteren Quirls.

Cone morphology of the Cypress family (*Cupressaceae*)

Part 3: Subfamily *Callitroideae*

Summary

The cone morphology of the Callitroideae genera *Austrocedrus*, *Libocedrus* s. l., *Pilgerodendron*, *Fitzroya*, *Widdringtonia*, *Diselma*, *Actinostrobus*, *Callitris* and *Neocallitropsis* are introduced. Diagrams of typical cones were drawn. Concerning the number of cone-scales and the development of the distal end of the cone, cones of the Callitroideae show a significantly less variability than those of the Cupressoideae. The cones consist of only two whorls of cone-scales. Sterile cone-scales at the distal part of the cones are absent. Among some genera the cone axis is still visible in form of a so called columella. However, the columella is not involved in forming the periphery of the cone. Among *Widdringtonia*, *Fitzroya*, *Callitris* and possibly also among *Actinostrobus* and *Neocallitropsis* both whorls of cone-scales are fertile. Among taxa of the *Libocedrus*-group and *Diselma* only the distal pair of cone-scales is fertile. No spirally arrangement of leaves is developed within the Callitroideae as is also the case in the Cupressoideae. Among Callitroideae next to a decussate phyllotaxis often trimere whorls of leaves are developed (e.g. *Fitzroya, Callitris, Actinostrobus*) and in rare cases also tetramere whorls (*Callitris, Neocallitropsis*). Among Callitroideae ovules are only inserted axillary. Thus, the cone-scale is represented only by the bract-scale as is the case in Cupressoideae. Non-axillary ovules are generally absent. Contrasting to the situation in all other Cupressaceae among *Actinostrobus* and *Callitris* (and perhaps also among *Fitzroya*) the ovules of the distal whorl are developed earlier than those of the proximal ones.

1 Einleitung

Zu dieser Unterfamilie werden die folgenden, rein südhemisphärischen Gattungen der Cupressaceae gezählt: *Actinostrobus, Austrocedrus, Callitris, Diselma, Fitzroya, Libocedrus, Neocallitropsis, Papuacedrus, Pilgerodendron* und *Widdringtonia*. Die ebenfalls südhemisphärische Cupressaceen-Gattung *Athrotaxis* gehört nicht hierhin, sondern bildet eine eigene Unterfamilie im Verwandtschaftskreis der taxodioiden Cupressaceae (JAGEL & DÖRKEN 2015). Nach herkömmlicher Auffassung handelt es sich bei den Callitroideae um eine Reihe überwiegend artenarmer Gattungen, von denen keine kontinentübergreifend verbreitet ist. Insgesamt zählen 33 Arten zu den Callitroideae. *Callitris* ist mit 15 Arten die artenreichste Gattung (FARJON 2005).

Die Arten der Callitroideae gelten in Mitteleuropa als nicht winterhart, weswegen es hier wesentlich schwieriger ist als bei den Cupressoideae, an frisches Untersuchungsmaterial zu gelangen. So pauschal kann man die mangelnde Winterhärte allerdings nicht bewerten, denn *Austrocedrus chilensis* ist beispielsweise in den wärmebegünstigten Regionen Deutschlands durchaus gut winterhart und bildet z. B. im Palmengarten Frankfurt, wo männliche und weibliche Exemplare im Freiland kultiviert werden, sogar reife Zapfen aus (eigene Beobachtung). Auch *Fitzroya cupressoides* kann nach Freilandversuchen in Freiburg-Günterstal Fröste bis −15 °C ertragen, wenn man bei der Pflanzung die ökologischen Ansprüche der Art berücksichtigt (NIMSCH 2008).

Die Blattstellung innerhalb der Callitroideae ist nicht einheitlich und z. T. auch innerhalb von Gattungen und sogar Arten variabel. Eine spiralige Anordnung wie bei den taxodioiden Cupressaceae kommt bei adulten Zweigen nicht mehr vor. Verbreitet ist eine gegenständige Blattstellung. Dreierquirle sind verbreiteter als bei den Cupressoideae, wo sie nur bei diversen *Juniperus*-Arten auftreten. Darüber hinaus kommen aber bei zwei Arten der Callitroideae auch Viererquirle vor. Wie bei den Cupressoideae treten sowohl abgeflachte Zweige mit Kanten- und Flächenblättern auf (z. B. *Libocedrus* s. str., *Papuacedrus*) als auch solche mit drehsymmetrischen Zweigen (z. B. *Callitris, Pilgerodendron*).

Wie bei den anderen Unterfamilien der Cupressaceae überwiegen auch bei den Callitroideae die monözischen Arten, doch ist der Anteil an diözischen Gattungen etwas höher (*Austrocedrus, Diselma, Fitzroya*). Solche Angaben stellen allerdings zumindest bei den Cupressaceae oft nur eine schwerpunktmäßige Verteilung der Geschlechter dar, und es gibt kaum eine vollkommen diözische Art, bei der nicht auch gelegentlich monözische Pflanzen auftreten (vgl. z. B. PAGE 1990, GARDNER et al. 1999, JAGEL & STÜTZEL 2000). Im Prinzip muss man solche Arten dann korrekt als triözisch bezeichnen (JAGEL & STÜTZEL 2000). In einigen Fällen täuscht aber in bestimmten Jahren lediglich das Ausbleiben von männlichen Blüten an ansonsten monözischen Pflanzen eine Diözie vor, wie dies auch von FARJON (2005) für die Gattung *Widdringtonia* und von JAGEL & DÖRKEN 2016 für *Microbiota* beschrieben wird.

2 Die Zapfen der Callitroideae

2.1 *Libocedrus*-Gruppe

Zur *Libocedrus*-Gruppe werden hier die Gattungen *Austrocedrus* (= Chilezeder, Berghänge im mediterranen Klimabereich Chiles und Argentiniens, 1 Art), *Libocedrus* (Flusszeder, Neuseeland und Neukaledonien, 5 Arten), *Papuacedrus* (= Papuazeder, Papua-Neuguinea, östliche Molukken, 1 Art) und *Pilgerodendron* (= Andenzeder, regenreiche Gebirge im Süden Argentiniens und Chiles, 1 Art) zusammengefasst. Von *Libocedrus plumosa* liegt eine REM-Studie zur Zapfenentwicklung vor (TOMLINSON et al. 1993).

Um den Zapfenaufbau der Arten dieser Gruppe zu charakterisieren, werden die Ergebnisse der Untersuchungen junger und reifer Zapfen des bisher kaum untersuchten, diözischen

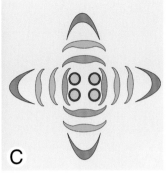

Abb. 1: Zapfenmorphologie der *Libocedrus*-Gruppe: *Pilgerodendron uviferum*. **A**: Blick in den Zapfen zur Bestäubungszeit (vordere Zapfenschuppe entfernt); **B**: Reifer Zapfen in Seitenansicht; **C**: Zapfendiagramm; dunkelgrün = Blätter, hellgrün = Übergangsblätter, braun = Zapfenschuppen.

Pilgerodendron uviferum (D. Don) Florin aufgeführt, von dem sowohl männliche als auch weibliche Pflanzen im Subantarktishaus des Palmengartens Frankfurt kultiviert werden.

Die Zapfen von *Pilgerodendron* stehen zur Zeit der Bestäubung senkrecht nach oben. Das Achsenende bleibt im Wachstum zurück und zwischen den Samenanlagen verborgen. Die Zapfen bestehen konstant aus zwei gegenständigen Zapfenschuppenpaaren, wovon die beiden unteren steril sind (Abb. 1C). Die beiden oberen tragen auf jeder Zapfenschuppe zwei Samenanlagen und entwickeln sich zur Reife stärker weiter als die unteren (Abb. 1B). Zur Reife gelangen dabei offenbar häufiger nicht alle Samenanlagen, denn Dallimore & Jackson (1966) verzeichnen meist einen, seltener zwei Samen pro Zapfenschuppe, und auch Florin (1930a) gibt (3-)4 Samen pro Zapfen an. Möglicherweise ist dies eine Folge davon, dass nicht in allen Samenanlagen eine Befruchtung stattfindet. Wahrscheinlich ist die Befruchtungsquote bei kultivierten Arten außerhalb des natürlichen Areals niedriger als am Naturstandort, viele Untersuchungen finden an kultiviertem Material statt. Daher ist eine Untersuchung junger Zapfen vor der Bestäubung aussagekräftiger (vgl. Jagel & Dörken 2015). Unterhalb des *Pilgerodendron*-Zapfens stehen zwei bis drei Paar Übergangsblätter, die flacher, schmaler und länger sind als die normalen Schuppenblätter und außerdem einen breiteren Hautrand aufweisen.

Die Spitzen der vier Zapfenschuppen biegen sich zum Zeitpunkt der Bestäubung nach innen

und legen sich übereinander (Abb. 1A). Die Mikropylenhälse sind am Rand einseitig zum Zapfeninneren hin ausgezogen, so dass ein Zusammenfließen der Bestäubungstropfen zu einem einzigen, größeren Tropfen gefördert wird (Dörken & Jagel 2014). Bereits zum Zeitpunkt der Bestäubung ist auf dem basalen, ventralen Teil der Zapfenschuppen eine Wölbung zu erkennen, die sich zur Reife besonders bei den terminalen Zapfenschuppen stark verlängert und verbreitert und schließlich zum Verschluss des Zapfens führt (Abb. 2). Hierdurch rücken die Spitzen der Zapfenschuppen nach außen und bilden einen charakteristischen, art- oder auch gattungsspezifischen Dorn (Abb. 1B, Abb. 2). Der hier geschilderte Vorgang zum Verschluss des

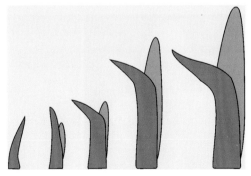

Abb. 2: Zapfenschuppenentwicklung von *Pilgerodendron uviferum*; nach der Bestäubung wächst auf der ventralen Seite ein langezogener Wulst (orange) aus, der den Zapfen schließt. Hierdurch wird die Spitze der Zapfenschuppe als „Dorn" nach außen gedreht.

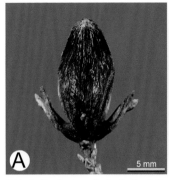
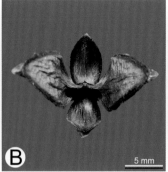
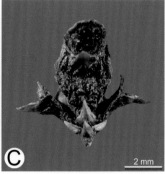

Abb. 3: Zapfenmorphologie der *Libocedrus*-Gruppe: *Austrocedrus* und *Libocedrus*. **A**: *Austrocedrus chilensis*, reifer Zapfen in Seitenansicht; **B**: *Austrocedrus chilensis*, reifer Zapfen, Ansicht von oben; **C**: *Libocedrus bidwillii*, reifer Zapfen in Seitenansicht.

Zapfens entspricht dem bei anderen Cupressaceae s. str., nur führt er bei *Pilgerodendron* (und z.B. auch bei den neukaledoninschen *Libocedrus*-Arten, vgl. NIMSCH o. J. b) zu einem im Vergleich zur Zapfengröße sehr auffälligen Dorn (Abb. 1B).

Im Aufbau der reifen Zapfen sowie in der Verteilung der Samenanlagen existiert kein struktureller Unterschied zwischen *Pilgerodendron* und den anderen Gattungen der *Libocedrus*-Gruppe. Die Zapfen unterscheiden sich lediglich in Größe und Proportionen, wie z.B. in der Gestalt des dorsalen Dorns, wie auf Abbildungen zu Arten der Gattungen in folgenden Publikationen DOYLE 1934 (*Diselma*), LI 1953, FLORIN & BOUTELJE 1954, KRÜSSMANN 1983, TOMLINSON et al. 1993 (*Libocedrus*), JOHNS 1995 (*Pa-*

puacedrus), CASTOR et al. 1996 (*Austrocedrus*), NIMSCH o. J. a (neuseeländischen *Libocedrus*-Arten), NIMSCH o. J. b. (neukaledonische *Libocedrus*-Arten) und in Abb. 3 zu sehen ist. Sie entsprechen damit, abgesehen möglicherweise von der Anzahl der Übergangsblätter, dem in Abb. 1C gezeigten Zapfendiagramm von *Pilgerodendron*. Die Zapfen reifen noch im Jahr der Bestäubung. Die Samen haben zwei deutlich verschieden große Flügel.

2.2 *Fitzroya* LINDL. – Patagonische Zypresse, Alerce

Die diözische Gattung *Fitzroya* ist verbreitet in den Regenwäldern des südlichen Chiles und angrenzenden Argentiniens. Sie besteht nur aus

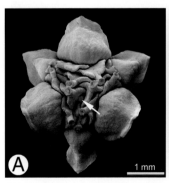
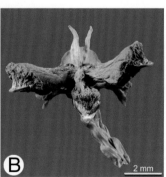
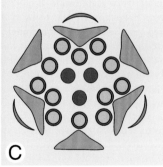

Abb. 4: Zapfenmorphologie von *Fitzroya cupressoides*. **A**: Zapfen zur Bestäubungszeit in Aufsicht mit breit geflügelten Samenanlagen und drei terminalen „Drüsen" (nur eine davon im Bild, Pfeil; REM-Aufnahme); **B**: Reifer Zapfen in Seitenansicht; **C**: Zapfendiagramm, im Zentrum mit „Drüsen" (dunkelbraun); (entspricht A); dunkelgrün = Blätter, hellbraun = Zapfenschuppen.

der Art *Fitzroya cupressoides* (MOLINA) I. M. JOHNST. In Mitteleuropa existieren in Kultur offenbar fast ausschließlich weibliche Exemplare, was auf vegetativer Vermehrung einer einzigen rein weiblichen Pflanze beruhen könnte. Aus Großbritannien wurde von zwei Exemplaren berichtet, die auch männliche Blüten ausbilden (DOYLE & SAXTON 1933). Darüber hinaus wurden an einem dieser Exemplare regelmäßig auch zwittrige Zapfen gefunden, bei denen auf eine Anzahl von Mikrosporophyllen unmittelbar Samenanlagen tragende Zapfenschuppen folgen. Die hier vorliegenden Untersuchungen fanden an weiblichen Pflanzen aus den Botanischen Gärten Düsseldorf und Konstanz statt.

Die Zapfen werden endständig an Kurztrieben angelegt. Zur Zeit der Bestäubung stehen sie waagerecht oder weisen nach unten. Die Zapfenschuppen stehen in Dreierquirlen. Dem Zapfen voraus geht ein Quirl von Übergangsblättern, der von verschiedenen Autoren zum Zapfen gezählt wird. Die Zapfenschuppen des unteren Quirls sind steril oder bilden (im untersuchten Material seltener) jeweils eine einzelne Samenanlage aus (Abb. 4A, 4C). Der obere Quirl ist immer fertil. In den Achseln jeder Zapfenschuppe werden hier entweder drei Samenanlagen in einer Reihe oder aber fünf (oder sechs) ausgebildet, von denen dann zwei (bzw. drei) in der zweiten Reihe stehen. Während der Zapfenentwicklung werden in den Achseln des oberen Quirls zunächst von außen nach innen (zentripetal) die Samenanlagen der ersten Reihe gebildet. Dabei erfolgt die Anlegung auf den drei Zapfenschuppen eines Quirls nicht vollständig synchron, was darauf hinweist, dass bei *Fitzroya* die Elemente eines Quirls nicht exakt auf einer Höhe entstehen. Erst später wird die zweite Reihe von Samenanlagen angelegt. Ob die Samenanlagen des unteren Quirls früher oder später als die des oberen angelegt werden, ist bisher noch unklar. Nach den bisherigen Untersuchungen scheinen sie sich etwa gleichzeitig auszudifferenzieren. Alternierend zum obersten fertilen Zapfenschuppenquirl stehen drei in der Literatur oft als „Drüsen" bezeichnete Strukturen (Abb. 4C). Sie sollen zur Reifezeit ein duftendes Harz absondern (z. B. SAHNI & SINGH 1931). Sie entstehen in der Morphogenese zeitlich nach den Samenanlagen.

Die Samenanlagen haben zum Zeitpunkt der Bestäubung einen auffällig langen Mikropylenhals mit einem erweiterten Kragen (vgl. JAGEL & STÜTZEL 2000). Im Zapfen gibt es vier Zonen, zu denen sich die Hälse ausrichten, so dass die Bestäubungstropfen benachbarter Samenanlagen zu gemeinsamen, größeren Tropfen zusammenfließen können (DÖRKEN & JAGEL 2014). Die Zapfenschuppen weisen bereits zu diesem Zeitpunkt eine deutliche ventrale Schwellung auf, so dass die Mikropylen der Samenanlagen mit den Bestäubungstropfen frei dem Luftstrom ausgesetzt sind. Nach der Bestäubung werden die Mikropylenhälse durch Auswüchse auf der Innenseite verschlossen. Dies geschieht auch dann, wenn kein artspezifischer Pollen bereitsteht (wie bei den untersuchten Pflanzen), denn auch ein fremder Cupressaceae-Pollen kann in der Lage sein, den Reifungsprozess des Zapfens anzustoßen (vgl. DÖRKEN & JAGEL 2014). *Fitzroya*-Zapfen reifen im Jahr der Bestäubung, die Zapfen öffnen sich dann sehr weit (Abb. 4B) und entlassen die zwei- oder dreiflügeligen Samen.

2.3 *Widdringtonia* ENDL. – Widdringtonie, Afrikazypresse

Zu der im südlichen Afrika heimischen Gattung *Widdringtonia* wurden früher bis zu sieben, als gut abgrenzbar bezeichnete Arten gezählt (MOSELEY 1943). Bei FARJON (1998, 2005, 2010) werden davon nur noch vier akzeptiert: *Widdringtonia cedarbergensis* J. A. MARSH, *W. nodiflora* (L.) POWRIE, *W. whytei* RENDLE und *W. schwarzii* (MARLOTH) MAST. Von *W. schwarzii* lag für die hier vorliegende Untersuchung Material von jungen und reifen Zapfen aus dem Botanischen Garten Bonn vor. Reife Zapfen wurden außerdem in den Botanischen Gärten Bayreuth und Bochum beobachtet.

Die Zapfen von *Widdringtonia schwarzii* inserieren an einem fertilen Seitenast zweiter Ordnung, der zusätzlich weitere fertile Seitenäste dritter Ordnung trägt, so dass es zu einem Zapfenstand kommt, in dem die Zapfen büschelig zusammenstehen. Die Zapfen werden dabei direkt in den Achseln von Schuppenblättern gebildet, aufgereiht zu mehreren übereinander an einem Zweig. Sie bauen sich aus zwei gegenständigen Zapfenschuppenpaaren auf, die schon bei der Anlegung durch Stauchung der Zapfenachse dicht aufeinander folgen, so dass die Samenanlagen fast auf einer Höhe zusammenrücken (Abb. 5B). Alle vier Zapfenschuppen sind

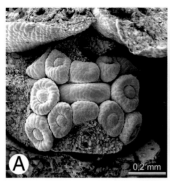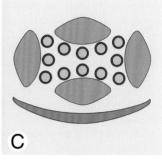

Abb. 5: Zapfenmorphologie von *Widdringtonia schwarzii*. **A**: Junger Zapfen. In den Achseln der Zapfenschuppen entwickelnden sich Samenanlagen. Die Samenanlagen des unteren Zapfenschuppenpaares werden etwas früher angelegt als die des oberen. Die Samenanlagen einer Reihe entwickeln sich zentripetal; im Zentrum das langgestreckte, flache Achsenende (REM-Aufnahme, Zapfenschuppen entfernt); **B**: Reifer Zapfen in Seitenansicht; **C**: Zapfendiagramm (entspricht A); grün = Blatt, hellbraun = Zapfenschuppen.

fertil (Abb. 5A, 5C). Die Zapfenschuppen tragen häufig drei Samenanlagen, doch anders als von Saxton (1910) angegeben, sind öfter auch vier Samenanlagen pro Reihe entwickelt. Darüber hinaus waren im Untersuchungsmaterial vielfach auf den unteren Zapfenschuppen Samenanlagen in einer zweiten Reihe zu finden, die nach der ersten Reihe angelegt wird, wodurch bis zu fünf Samenanlagen pro Zapfenschuppe auftraten. Auf den oberen Zapfenschuppen wurde keine zweite Reihe von Samenanlagen gefunden. Die Samenanlagen des unteren Quirls gehen in der Entwicklung der des oberen Quirls zeitlich etwas voraus (Abb. 5A). Insgesamt werden hier pro Zapfen maximal 18–20 Samen angelegt. Für *Widdringtonia nodiflora* werden mehr Samenanlagen angegeben (z.B. Saxton 1909, Moseley 1943, Farjon 2005), so dass die Mehrreihigkeit dort noch ausgeprägter sein kann. Am Zapfenende ist ein langgezogenes, aber flaches, vierkantiges Achsenende entwickelt (Abb. 5A), das unter der Höhe der Samenanlagen zurückbleibt und daher auch nicht am Aufbau der Zapfenperipherie beteiligt ist. Eine deutliche Columella wird also nicht ausgebildet.

Zur Zeit der Bestäubung sind die Zapfenschuppen ventral bereits angeschwollen. Die Bestäubungstropfen benachbarter Samenanlagen können zusammenfließen. Die reifen Zapfen stehen in unregelmäßiger Ausrichtung zur Schwerkraft und reifen im Jahr der Bestäubung. Auf dem Rücken der Zapfenschuppen ist die ehemalige Schuppenspitze in Form eines kurzen Dorns

ausgebildet (Abb. 5B). Die Samen sind ungleichmäßig zweiflügelig.

2.4 *Diselma* Hook. f. – Tasmanische Zypresse

Die Gattung umfasst nur eine diözische Art, *Diselma archeri* Hook. f., die im Hochgebirge West-Tasmaniens wächst. Von ihr lagen für die Untersuchungen reichlich Zapfen von weiblichen Pflanzen zur Bestäubungszeit aus dem Botanischen Garten Bonn vor, die aber aufgrund fehlender männlicher Pflanzen keine reifen Zapfen ausbildeten. Die Zapfen stehen am Ende von Kurztrieben. Sie sind sowohl zum Zeitpunkt der Bestäubung als auch zur Samenreife in keiner einheitlichen Position ausgerichtet.

Die Blattstellung und Stellung der Zapfenschuppen sind bei *Diselma* gegenständig. Die Zapfenschuppen der zwei Quirle unterscheiden sich zum Zeitpunkt der Bestäubung nur schwach von den Schuppenblättern. Übergangsblätter sind nicht vorhanden (Abb. 6B). Die beiden unteren Zapfenschuppen sind steril, die oberen bilden in den Achseln jeweils zwei (Abb. 6A), seltener drei Samenanlagen (Abb. 6B) aus. Diese Beobachtungen entsprechen weitgehend denen von Doyle (1934), der für die oberen Zapfenschuppen jeweils drei Samenanlagen und die unteren als steril angibt. Weitere Untersuchungen müssen klären, ob in Ausnahmefällen auch die unteren Zapfenschuppen zur Ausbildung von Samenanlagen in der Lage sind. So gibt Krüssmann (1983) an, dass jedes Schuppenpaar zwei

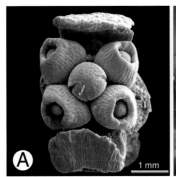
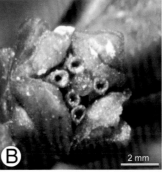
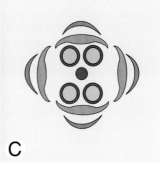

Abb. 6: Zapfenmorphologie von *Diselma archeri*. **A**: Junger Zapfen. Die Samenanlagen stehen in den Achseln der oberen Zapfenschuppen. Im Zentrum des Zapfens eine Columella (REM-Aufnahme, untere Zapfenschuppen entfernt); **B**: Zapfen zur Bestäubungszeit, eine Zapfenschuppe mit drei Samenanlagen; **C**: Zapfendiagramm (entspricht A); grün = Blätter, hellbraun = Zapfenschuppen, dunkelbraun = Columella.

Samenanlagen ausbilden würde, was aber möglicherweise auf einer Missdeutung an reifen Zapfen begründet sein könnte. An fast allen jungen Zapfen war im Zentrum eine deutliche Columella entwickelt. Diese ist auch im reifen Zapfen noch vorhanden (vgl. z.B. Abbildungen bei Doyle 1934 und Farjon 2005). Sie verhindert den für Zapfen aus der *Libocedrus* s.l.-Gruppe typischen Bestäubungsmechanismus. Daher sind auch einseitig ausgezogene Mikropylenzungen nicht vorhanden (Abb. 6A).

Die im reifen Zustand nur etwa 2–3 mm großen Zapfen stellen die kleinsten Cupressaceae-Zapfen der Südhemisphäre dar. Die oberen Zapfenschuppen sind größer als die unteren. Sie haben keine Dornen auf dem Rücken. Die Samenreife erfolgt im Jahr der Bestäubung. Die Samenanlagen tragen wie auch die reifen Samen zwei oder drei Flügel.

2.5 *Callitris* Vent. – Schmuckzypresse, Zypressenkiefer

Zur Gattung *Callitris* werden derzeit 15 Arten gestellt, die alle monözisch sind und in Australien, Tasmanien sowie Neukaledonien vorkommen. Untersuchungen an jungen Zapfen wurden anhand von Material von *Callitris preissii* Miq. aus dem Botanischen Garten Bochum vorgenommen.

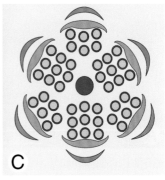

Abb. 7: Zapfenmorphologie von *Callitris preissii*. **A**: Trimerer Zapfen zur Bestäubungszeit aus zwei Zapfenschuppenquirlen. Die Samenanlagen stehen hier auf den oberen Zapfenschuppen dreireihig; im Zentrum die junge Columella (REM-Aufnahme, Zapfenschuppe entfernt); **B**: Reifer Zapfen in Seitenansicht; **C**: Zapfendiagramm (entspricht A); hellbraun = Zapfenschuppen, dunkelbraun = Columella.

Die Zapfen von *Callitris preissii* stehen zum Zeitpunkt der Bestäubung waagerecht am Ende kurzer Triebe, so dass auch die Bestäubungstropfen waagerecht dem Luftstrom exponiert werden. Ein Zusammenfließen von Bestäubungstropfen benachbarter Samenanlagen ist häufig zu beobachten. Die Zapfen bauen sich aus zwei Dreierquirlen auf. Im Zentrum des Zapfens ist die Zapfenachse in Form einer rudimentären, meist dreikantigen Columella entwickelt. Die einzelnen Kanten der Columella alternieren dabei zum oberen Zapfenschuppenquirl. Pro Zapfenschuppe werden mehrere Reihen von Samenanlagen in den Achseln angelegt (im Material von *C. preissii* meist 3–4, Abb. 7A), wobei die innere Reihe zuerst entsteht, die weiteren Reihen sukzessiv im Anschluss (zentrifugal). Die Anlegung der Samenanlagen erfolgt innerhalb einer Reihe von außen nach innen (zentripetal). Bei dem untersuchten Material waren die Anzahl der Samenanlagen in den verschiedenen Reihen einer Zapfenschuppe jeweils identisch. Innerhalb eines Zapfens beginnt die Anlage der Samenanlagen, anders als bei den bisher in dieser Arbeit untersuchten Gattungen, auf den oberen Zapfenschuppen früher als auf den unteren (vgl. TAKASO & TOMLINSON 1989).

Beim reifen Zapfen stehen die stark verholzten Zapfenschuppen scheinbar auf einer Höhe. Sie öffnen sich sechsklappig. Die oberen Zapfenschuppen sind dabei größer als die unteren (Abb. 7B). An der Spitze der Zapfenschuppen

kann ein kleiner Dorn ausgebildet sein. Die Samen haben zwei oder drei ungleiche Flügel.

2.6 *Actinostrobus* MIQ. – Schuppenzypresse

Die drei, sehr ähnlichen Arten der monözischen Gattung *Actinostrobus* wachsen in einem kleinen Areal in der Küstenregion Südwest-Australiens. Ein sehr junger Zapfen von *Actinostrobus pyramidalis* MIQ. für Untersuchungen zur Morphogenese stand für die Untersuchungen aus der Lebendsammlung von Dipl.-Ing. HUBERTUS NIMSCH (Feiburg) zur Verfügung.

Die Zapfen unterscheiden sich von der nahe verwandten Gattung *Callitris* im Wesentlichen nur durch eine hohe Anzahl von Übergangsblättern, die bei *Actinostrobus* von vielen Autoren zu den Zapfenschuppen gerechnet werden, wohl weil sie dem reifen Zapfen basal eng anliegen. Die eigentlichen Zapfen bestehen nur aus zwei Dreierquirlen. Sie stehen einzeln oder in kleinen Gruppen zusammen. Am Zapfenende wird eine deutliche Columella ausgebildet (Abb. 8A). FARJON (2005) gibt an, dass im Zapfen 4–6 Samenanlagen pro Zapfenschuppe in zwei Zapfenschuppenquirlen angelegt werden (das ergäbe maximal 36 Samenanlagen pro Zapfen) und dass insgesamt 8–12 Samen pro Zapfen gebildet werden (was wenig wäre im Vergleich zu den angelegten). Die genaue Verteilung der Samenanlagen auf den Schuppen wird bei FARJON (2005) nicht angegeben. Bei dem sehr jungen Zapfen der hier vorlie-

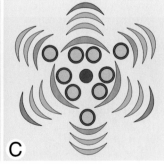

Abb. 8: Zapfenmorphologie von *Actinostrobus pyramidalis*. **A**: Junger, trimerer Zapfen zur Bestäubungszeit in Aufsicht. Die noch sehr jungen Samenanlagen entwickeln sich in den Achseln der insgesamt sechs Zapfenschuppen: auf den unteren jeweils eine, auf den oberen jeweils zwei. Im Zentrum eine deutliche Columella (REM-Aufnahme, untere Zapfenschuppen entfernt); **B**: Reifer Zapfen in Seitenansicht; **C**: Zapfendiagramm (entspricht A); dunkelgrün = Blätter, hellgrün = Übergangsblätter, hellbraun = Zapfenschuppen, dunkelbrauch = Columella.

genden Untersuchungen entstand auf den Zapfenschuppen des unteren Quirls jeweils eine Samenanlage, die auf denen des oberen jeweils zwei (Abb. 8A, 8C). Die Entwicklung der Samenanlagen auf dem oberen Quirl läuft denen des unteren zeitlich etwas voraus. Die minimale Anzahl von Samenanlagen in einem solchen Zapfen ist demnach neun. Möglich ist, dass auf beiden Zapfenschuppenquirlen noch mehr Samenanlagen gebildet werden können. Die reifen Zapfenschuppen bilden dorsal normalerweise keine Fortsätze oder Dornen aus, sondern haben eine glatte Oberfläche (Abb. 8B). Sie öffnen sich mit sechs Klappen, die scheinbar auf einer Höhe ansetzen und etwa gleichgroß sind. Die Samen sind dreiflügelig.

2.7 Neocallitropsis – Becherzypresse

Die monözische Gattung *Neocallitropsis* ist mit nur einer Art, *N. pancheri* (CARRIÈRE) DE LAUB., in Neukaledonien heimisch. Sie gehört zu den seltensten Koniferen der Welt und ist in ihrem Bestand gefährdet (NIMSCH 2000). Material von Zapfen für die Untersuchungen nicht vor, so dass hier die Angaben bei KRÜSSMANN (1983), NIMSCH (2000) und FARJON (2005) zusammenfassend wiedergegeben werden. Auf ein Zapfendiagramm muss hier verzichtet werden.

Abb. 9: *Neocallitropsis pancheri*. Aufsicht auf einen tetrameren, noch unreifen Zapfen (Foto: Neukaledonien, © BERNARD SUPRIN).

Eine Besonderheit bei *Neocallitropsis* ist die ungewöhnliche Blattstellung in Viererquirlen, so dass es bei adulten Zweigen zu einer Anordnung in acht Reihen kommt. Die tetrameren Zapfen stehen am Ende von kurzen Seitenästen. Sie bestehen aus zwei Viererquirlen. Die Zapfenschuppen des unteren Quirls sind dabei etwas größer als die des oberen (Abb. 9). Im Zapfenzentrum wird eine kurze, pyramidenförmige Columella ausgebildet. Nach FARJON (2005) bilden die unteren Zapfenschuppen jeweils eine Samenanlage aus, die oberen jeweils 1–2. Samen pro Zapfen werden mit 1–4 (NIMSCH 2000) bzw. 1–2(-4) (FARJON 2005) angegeben. Die Spitzen der reifen, schmalen Zapfenschuppen sind zu abspreizenden Dornen ausgebildet (Abb. 9). Hierbei dürfte es sich um eine Struktur handeln, die z. B. bei *Callitris* oder *Libocedrus* als Dorn bezeichnet wird und die ursprüngliche Spitze der Zapfenschuppe repräsentiert (vgl. Abb. 2). Die Zapfen reifen im Jahr der Bestäubung und sind zum Zeitpunkt der Samenreife nur zwischen 1 und 1,5 cm lang. Die reifen Samen sind drei oder vierkantig (FARJON 2005).

3 Diskussion

Die Zapfen der Callitroideae sind hinsichtlich der Anzahl ihrer Zapfenschuppen viel weniger variabel als die der taxodioiden Cupressaceae und Cupressoideae. Alle Zapfen bestehen aus zwei Zapfenschuppenquirlen, sofern man konsequent nur die Schuppen als Zapfenschuppen bezeichnet, die sich bei der Reife verdicken und stark heranwachsen. Entsprechend der Blattstellung sind die Zapfen der Callitroideae variabler als bei den Cupressoideae. Neben dimeren Zapfen (*Widdringtonia*, *Diselma*, *Libocedrus* s. l.) sind auch trimere Zapfen verbreitet (*Fitzroya*, *Callitris*, *Actinostrobus*). Bei *Callitris macleyana* und *Neocallitropsis pancheri* treten außerdem regelmäßig tetramere Zapfen auf. Allerdings gibt es auch hier eine gewisse intraspezifische Variabilität. So kommen z. B. bei *Callitris* und *Fitzroya* auch andere Stellungen als die gewöhnlichen vor (DOYLE 1934, GARDNER et al. 1999, FARJON 2005).

3.1 Verteilung der Samenanlagen im Zapfen

Bei den Callitroideae werden alle Samenanlagen in den Achseln der Samenschuppen gebildet, damit besteht die Zapfenschuppe auch hier allein aus der Deckschuppe. Nicht-axilläre Samenanlagen wie bei *Juniperus* und *Microbiota* oder zu den oberen Zapfenschuppen alternierende Samenanlagen wie bei *Juniperus* sect. *Juniperus* und *Tetraclinis* treten nicht auf, es sei denn, man interpretiert die drei terminalen „Drüsen" bei *Fitzroya* als solche. Bei diesen Gebilden kann es sich morphologisch entweder um umgewandelte Zapfenschuppen oder um umgebildete, sterile Samenanlagen handeln, die dann dem endständigen Samenanlagenquirl bei *Juniperus* sect. *Juniperus* entsprechen würden (vgl. Schulz et al. 2003, Jagel & Dörken 2016). Nach anatomischen Untersuchungen von Sahni & Singh (1931) ähneln die im Inneren hohlen Drüsen einem „nackten Nucellus". Ihre sehr späte Anlegung dagegen spricht dafür, dass es sich um umgebildete, sterile Zapfenschuppen handelt. Als endständiger Samenanlagenquirl würden sie früher gebildet als die Samenanlagen der darunter liegenden Zapfenschuppen (vgl. Jagel 2001, Schulz et al. 2003, Jagel & Stützel 2003), was aber nicht der Fall ist. Sahni & Singh (1931) vermuten in ihnen eine der bei *Callitris* auftretenden, dreigeteilten Columella entsprechende Struktur.

Tomlinson et al. (1993) bezeichnen die reifen Samenanlagen bei *Libocedrus plumosa* als alternierend zu den „fertilen Tragblättern", da sie ich reifen Zustand nicht mehr eindeutig den Zapfenschuppen zugeordnet werden können, und vergleichen dies mit der alternierenden Stellung der Samenanlagen bei *Juniperus* sect. *Juniperus*. Für eine solche Interpretation gibt es aber selbst anhand der in der genannten Publikation gezeigten Abbildungen keine Anhaltspunkte. Die von Tomlinson et al. (1993) nachgewiesene axilläre Herkunft der Samenanlagen beweist vielmehr ihre Zuordnung zu Zapfenschuppen. Einen Hinweis auf eine nachfolgende Verschiebung gibt es nicht.

Bei einer Reihe von Arten ist am Zapfenende eine sogenannte Columella ausgebildet. Diese entspricht morphologisch dem Terminalstück, wie es bei den taxodioiden Cupressaceae und den Cupressoideae z. B. bei *Chamaecyparis* und *Calocedrus* zu finden ist (Jagel & Dörken 2015,

2016). Bei den Callitroideae wird es aber traditionell Columella genannt. Diese Columella kann einfach oder geteilt sein. Damit können auch die drei in einem Quirl stehenden Strukturen am oberen Ende des *Fitzroya*-Zapfens als dreiteilige Columella betrachtet werden. Bei den meisten Gattungen ist die Columella auch innerhalb der Gattungen und Arten variabel gestaltet, nirgends aber beteiligt sie sich an der Peripherie des Zapfens, wie dies beim Terminalstück der Cupressoideae der Fall ist.

Die bei den Cupressoideae beobachtete Tendenz, die fertile Zone im Zapfen immer weiter an das Zapfenende zu verlagern (vgl. Abb. 13 bei Jagel & Dörken 2016), ist bei den Callitroideae ebenfalls zu beobachten, bzw. größtenteils schon realisiert. Sterile Schuppenpaare am Zapfenende treten nirgends mehr auf, die Columella spielt eine untergeordnete Rolle oder ist ebenfalls reduziert. Oft wird sie so stark unterdrückt, dass die Samenanlagen unterschiedliche Quirle an der Zapfenspitze in Kontakt treten können (z. B. *Libocedrus* s. l., *Widdringtonia*).

In der *Libocedrus*-Gruppe und bei *Diselma* ist nur das oberste Zapfenschuppenpaar fertil, bei den mehr- bis vielsamigen Arten der Gattungen *Widdringtonia*, *Fitzroya*, *Callitris* und bei *Actinostrobus* sowie möglicherweise ebenfalls bei *Neocallitropsis* trägt auch der untere Zapfenschuppenquirl Samenanlagen. Bei den Gattungen *Callitris*, *Actinostrobus* und *Fitzroya* ist die Anzahl von Samenanlagen auf den oberen Zapfenschuppen höher als auf den unteren. Wie die morphogenetischen Untersuchungen von *Actinostrobus* und *Callitris* zeigen (vgl. auch Takaso & Tomlinson 1989), geht die Förderung der Zapfenspitze soweit, dass die Samenanlagen der oberen Zapfenschuppen vor denen der unteren angelegt werden. Dies ist nach den hier vorliegenden Untersuchungen möglicherweise auch bei *Fitzroya* der Fall. Eine solche Entwicklung ist bei den Cupressoideae und auch bei den vielsamigen „Taxodiaceae" nicht zu beobachten. Evolutionärer Antrieb für eine Verschiebung der fertilen Zone ans Zapfenende ist offensichtlich eine Optimierung der Bestäubung.

4 Verwandtschaftliche Beziehungen

Die Aufteilung der Gattung **Libocedrus s.l.** in die Gattungen *Austrocedus, Libocedrus* s. str., *Pilgerodendron* und *Papuacedrus* ist offensichtlich zu einem großen Teil geographisch motiviert. Der Zapfenaufbau der Gattungen ist jedenfalls strukturell identisch und zeigt Unterschiede nur in den Proportionen im Zapfen, wie z. B. die Ansatzstelle und Länge des „Dorns" auf der Rückseite der Zapfenschuppe. Darüber hinaus werden noch Unterschiede in der Benadelung (z. B. nicht abgeflachte Zweige bei *Pilgerodendron* gegenüber denen der anderen Gattungen), der Holzanatomie (PEIRCE 1937), der Blattkutikula (FLORIN 1930 b, FLORIN & BOUTELJE 1954) sowie im Aufbau der Pollenzapfen (FLORIN 1930b, LI 1953) aufgeführt. Das Hauptmerkmal zur Aufstellung der Gattung *Papuacedrus* (LI 1953), nämlich eine spiralige Stellung der Mikrosporophylle in den männlichen Blüten (dies wäre der einzige Fall innerhalb der Cupressaceae s. str.), wurde bereits kurze Zeit später durch FLORIN & BOUTELJE (1954) widerlegt. Bei *Pilgerodendron* wird außerdem die besonders hohe Anzahl von bis zu zehn Mikrosporangien pro Mikrosporophyll hervorgehoben (FLORIN 1930a), die sicherlich charakteristisch ist, aber wohl kaum eine Abspaltung einer eigenen Gattung begründen kann.

Die Verbreitung einer weit gefassten Gattung *Libocedrus* s.l. (mit dann acht Arten) über mehrere Kontinente lässt darauf schließen, dass es sich um die rezent ursprünglichste Gruppe bei den Callitroideae handelt. Dies wird auch durch molekulare Studien unterstützt, bei denen *Libocedrus* s.l. die Schwestergruppe zu den übrigen Callitriodeae darstellt (YANG et al. 2012). Ein kleiner, schuppen- und samenarmer Zapfen (nur zwei Samenanlagen pro Zapfenschuppe) kann als ursprünglicher Zapfen der Callitroideae interpretiert werden, auch wenn hier die Reduktion der Columella bereits vollzogen ist. Die stärker abgeleiteten Gattungen weisen eine jeweils höhere Anzahl von Samenanlagen pro Zapfenschuppe auf, besonders zahlreich entwickelt bei der Gattung *Callitris*. Wie bei einigen der abgeleiteten Gattungen der Cupressoideae (z. B. *Cupressus*) ist eine Vermehrung der Samen im Zapfen durch eine Erhöhung der Anzahl der Samenanlagen pro Zapfenschuppe zu beobachten, z. T.

unter Zuhilfenahme weiterer Reihen, in denen die Samenanlagen gebildet werden.

Die nordhemisphärische Gattung *Calocedrus*, die früher ebenfalls zu *Libocedrus* gestellt wurde (z. B. JACKSON 1946, NEGER & MÜNCH 1952, KRÜSSMANN 1955), weist nur oberflächlich ähnliche Zapfen auf. Sie unterscheidet sich deutlich sowohl in der Verteilung der Samenanlagen im Zapfen als auch in der Ausbildung einer auffälligen Endplatte im Zapfenzentrum, die aus der Zapfenachse und einem terminalen Zapfenende aufgebaut ist (vgl. JAGEL & DÖRKEN 2016).

Nah verwandt sind ebenfalls die Gattungen **Callitris**, **Actinostrobus** und **Neocallitropsis**. *Actinostrobus*-Zapfen stellen kleine *Callitris*-Zapfen mit vergleichsweise wenige Samenanlagen dar. Im Aufbau und hinsichtlich der Anordnung der Samenanlagen gibt es keine strukturellen Unterschiede zwischen den beiden Gattungen. Bei beiden werden trimere Zapfen gebildet, die auf den oberen Zapfenschuppen mehr Samenanlagen in den Achseln bilden als auf den unteren. In beiden Gattungen treten mehr oder weniger ausgeprägte Columellen auf. Der Unterschied im Zapfenbereich besteht offensichtlich lediglich in der hohen Anzahl von auffälligen Übergangsblättern, die an der Basis der *Actinostrobus*-Zapfen stehen. *Neocallitropsis*-Zapfen sind aufgrund der Anordnung der Zapfenschuppen in Viererquirle auffällig, aber sie ähneln denen von *Callitris maclayana*, bei denen neben trimeren ebenfalls tetramere Zapfen auftreten. Selbst bei dem normalerweise aus Dreierquirlen aufgebauten Zapfen der Gattung *Fitzroya* wurden bereits tetramere Zapfen beobachtet (DOYLE 1934), bei *Neocallitropsis pancheri* zumindest im vegetativen Bereich Dreierquirle (SCHNECKENBURGER 1999) und auch bei dem normalerweise gegenständig beblätterten *Pilgerodendron* treten im vegetativen Bereich gelegentlich Dreierquirle auf (DE LAUBENFELS 1965). Inwieweit also die Stellung der Zapfenschuppen allein als Merkmal zur Unterscheidungen von Gattungen dienen kann, ist fraglich. Der Zapfen von *Neocallitropsis* stellt jedenfalls einen stark reduzierten, wenigsamigen Zapfen dar. Bei der Klärung der Verwandtschaftsverhältnisse wären sicherlich morphogenetische Untersuchungen dienlich, um die genaue Anzahl, Verteilung und Anlegungsreihenfolge der Samenanlagen im Zapfen zu klären. Allerdings konnten solche Untersuchungen mangels Materials bisher nicht durchgeführt werden.

Die Gattungen **Widdringtonia, Fitzroya** und **Diselma** sind nach Untersuchungen verschiedener Arbeitsgruppen ebenfalls eng miteinander verwandt. Anhand der Zapfen ist dies allerdings nicht offensichtlich. *Diselma* ist in molekularen Stammbäumen Schwesterart von *Fitzroya* (z. B. GADEK et al. 2000, YANG et al. 2012). Auch morphologische und anatomische Untersuchungen stellen sie gelegentlich in eine besondere Nähe (z. B. DOYLE 1934, DE LAUBENFELS 1965, OLADELE 1983a, 1983b). So wurden z. B. bei *Diselma* zumindest im vegetativen Bereich gelegentlich Dreierquirle gefunden (FARJON 2005). Doch beruht diese postulierte Verwandtschaft meist auf den Merkmalen wie der Beblätterung, dem Aufbau der Zapfen aus valvaten Zapfen (anstelle von imbrikaten) und dreiflügeligen Samen, Merkmale die auch nach der Ansicht von DE LAUBENFELS (1965) nicht relevant erscheinen, weil sie die beiden Gattungen nicht von den anderen Gattungen der Callitroideae trennen. Trotzdem betrachtet auch DE LAUBENFELS (1965) beide Gattungen aufgrund der Keimblätter und der Blattstellung der Folgeblätter als nahe verwandt und den *Diselma*-Zapfen als reduzierten *Fitzroya*-Zapfen. Allerdings lassen sich so stark reduzierte Zapfen wie die von *Diselma* theoretisch von verschiedenen Richtungen her ableiten.

Danksagungen

Wir danken allen besuchten Botanischen Gärten für die großzügige Bereitstellung des Untersuchungsmaterials. Herr Dipl.-Ing. HUBERTUS NIMSCH stellte uns dankenswerter Weise Material von *Actinostrobus* für die Untersuchungen zur Verfügung. Herrn BERNARD SUPRIN danken wir für die Erlaubnis, das Foto des sehr seltenen *Neocallitropsis* verwenden zu dürfen, das er auf Neukaledonien gemacht hat. Für die technische Unterstützung bei der Anfertigung eines Teils der rasterelektronenmikroskopischen Aufnahmen danken wir Herrn Dr. JOACHIM HENTSCHEL und Frau LAURETTA NEJEDLI (Elektronenmikroskopisches Zentrum, Fachbereich Biologie, Universität Konstanz). Zu Dank verpflichtet sind wir auch Herrn Prof. TH. STÜTZEL (Ruhr-Universität Bochum), an dessen Lehrstuhl für Evolution und Biodiversität der Landpflanzen ein Teil der Arbeiten durchgeführt wurde und für die stets fruchtbaren Diskussionen mit ihm. Für das Korrekturlesen des Manuskriptes danken wir herzlich Herrn ULRICH KÜCHMEISTER (Bochum).

Quellenverzeichnis

CASTOR, C.; CUEVAS, J. G.; KALINARROYO, M. T.; RAFIL, Z.; DODD, R.; PENALOZA, A. (1996): *Austrocedrus chilensis* (D. DON) PIC.-SER. et BIZZ. (Cupressaceae) from Chile and Argentinia: monoecious or dioecious? Revista Chilena Hist. Nat. **69**: 89–95.

DALLIMORE, W.; JACKSON, A. B. (1966): A handbook of Coniferae and Ginkgoaceae. Arnold, London.

DE LAUBENFELS, D. J. (1965): The relationships of *Fitzroya cupressoides* (MOLINA) JOHNSTON and *Diselma archeri* J. D. HOOKER based on morphological considerations. Phytomorphology **15**: 414–419.

DÖRKEN, V. M.; JAGEL, A. (2014): Orientation and withdrawal of pollination drops in the Cupressaceae s. l. (Coniferales). Flora **209**: 34–44.

DOYLE, J. (1934): The columella in the cone of *Diselma*. Ann. Bot. (König & Sims) **48**(148): 307–309.

DOYLE, J.; SAXTON, W. T. (1933): Contribution to the life-history of *Fitzroya*. Proc. Roy. Irish Acad. B, **41**: 191–216 + pls.

FARJON, A. (1998): World checklist and bibliography of conifers. Royal Botanic Gardens Kew, Richmond.

FARJON, A. (2005): A monograph of *Cupressaceae* and *Sciadopitys*. Royal Botanic Gardens, Kew.

FARJON, A. (2010): A handbook of the world's conifers, Vol. II. Brill, Leiden & Boston.

FLORIN, R. (1930a): *Pilgerodendron*, eine neue Koniferengattung aus Süd-Chile. Svensk Botanisk. Tidskr. **24**(1): 132–135.

FLORIN, R. (1930b): Die Koniferengattung *Libocedrus* ENDL. in Ostasien. Svensk Bot. Tisdskr. **24**(1): 117–131 + 2 Taf.

FLORIN, R.; BOUTELJE, J. B. (1954): External morphology and epidermal structure of leaves in the genus *Libocedrus*, s. lat. Acta Horti Berg. **17**: 7–37.

GADEK, P. A.; ALPERS, D. L.; HESLEWOOD, M. M.; QUINN, C. J. (2000): Relationships within Cupressaceae sensu lato: a combined morphological and molecular approach. Am. J. Bot. **87**(7): 1044–1057.

GARDNER, M. F.; THOMAS, P.; LARA, A.; ESCOBAR, B. (1999): *Fitzroya cupressoides*, Cupressaceae. Curtis's Bot. Mag. **16**(3): 229–240.

JACKSON, A. B. (1946): The identification of conifers. Arnold & Co., London

JAGEL, A (2001): Morphologische und morphogenetische Untersuchungen zur Systematik und Evolution der Cupressaceae s. l. (Zypressengewächse) Diss., Ruhr Universität Bochum.

JAGEL, A.; DÖRKEN, V. M. (2015): Die Samenzapfen der Cupressaceae – Teil 1: Cunninghamioideae, Athrotaxoideae, Taiwanioideae, Sequoioideae und Taxodioideae, Mitt. Deutsch. Dendrol. Ges **100**: 161–176.

JAGEL, A.; DÖRKEN, V. M. (2016): Die Samenzapfen der Cupressaceae – Teil 2: Cupressoideae. Mitt. Deutsch. Dendrol. Ges. **101**: im Druck.

JAGEL, A.; STÜTZEL, T. (2000): Die Zypressengewächse (Cupressaceae s. l.) des Palmengartens Frankfurt: Die Vertreter Südamerikas: *Austrocedrus chilensis*, *Fitzroya cupressoides* und *Pilgerodendron uviferum*. Palmengarten **64**(2): 138–147.

JAGEL, A.; STÜTZEL, T. (2003): On the occurrence of non-axillary ovules in *Tetraclinis articulata* (VAHL) MAST. (Cupressaceae s.str.). Feddes Repert. **114**(7–8): 497–507.

JOHNS, R. J. (1995): *Papuacedrus papuana* var. *papuana* (Cupressaceae). Bot. Mag. **12**: 66–72.

KRÜSSMANN, G. (1955): Die Nadelgehölze. Parey, Berlin & Hamburg.

KRÜSSMANN, G. (1983): Handbuch der Nadelgehölze. 2. Aufl. Parey, Berlin & Hamburg.

LI, H. (1953): A reclassification of *Libocedrus* and Cupressaceae. - J. Arnold Arbor. **34**: 17–34 + pl.

MOSELEY, M. F. (1943): Contributions to the life history, morphology and phylogeny of *Widdringtonia*. Lloydia **6**(2): 109–132.

NEGER, F. W.; MÜNCH, E. (1952): Die Nadelhölzer (Koniferen) und übrigen Gymnospermen. De Gruyter & Co., Berlin.

NIMSCH, H. (2000): *Neocallitropsis pancheri* (CARRIÈRE) DE LAUBENFELS comb. nov., 1972. Enzyklopädie der Holzgewächse **2000**(3). ecomed.

NIMSCH, H. (2008): *Fitzroya cupressoides* I. M. JOHNST. - ein selten gewordener Baum im Süden Südamerikas. Hortus Exoticus **2008**(8).

NIMSCH, H. (o. J. a): Die Gattung *Libocedrus* in Neuseeland. http://hubertus-nimsch.de/index.php/beitraege/beitraege-e-bis-m/die-gattung-libocedrus [30. 07. 2014].

NIMSCH, H. (o. J. b): http://hubertus-nimsch.de/index.php/beitraege/beitraege-e-bis-m/die-gattung-libocedrus-neukaledonien [30. 07. 2014].

OLADELE, F. A. (1983a): Inner surface sculpture patterns of cuticles in Cupressaceae. Canad. J. Bot. **61**: 1222–1231.

OLADELE, F. A. (1983b): Scanning electron microscope study of stomatal-complex configuration in Cupressaceae. Canad. J. Bot. **61**: 1232–1240.

PAGE, C. N. (1990): Gymnosperms. In KUBITZKI, K. (ed.): The Families and Genera of Vascular Plants. Vol. 1: 279–391. Springer, Berlin, Heidelberg.

PEIRCE, A. S. (1937): Systematic anatomy of the woods of the Cupressaceae. Trop. Woods **49**: 5–21.

SAHNI, B.; SINGH, T. C. N. (1931): Notes on the vegetative anatomy and female cones of *Fitzroya patagonia* (HOOK. FILS.). J. Indian Bot. Soc. **10**(1): 1–20.

SAXTON, W. T. (1909): Preliminary account of the ovule, gametophyts, and embryo of *Widdringtonia cupressoides*. Bot. Gaz. **48**: 161–178 + pls.

SAXTON, W. T. (1910): Contribution to the life history of *Widdringtonia cupressoides*. Bot. Gaz. **50**: 31–48 + pls.

SCHNECKENBURGER, S. (1999): Einige bemerkenswerte Koniferen Neukaledoniens. - Mitt. Deutsch. Dendrol. Ges. **84**: 5–21.

SCHULZ, C.; JAGEL, A.; STÜTZEL, T. (2003): Cone morphology in *Juniperus* in the light of cone evolution in Cupressaceae s. l. Flora **198**: 161–177.

TAKASO, T.; TOMLINSON, P. B. (1989): Cone and ovule development in *Callitris* (Cupressaceae-Callitroideae). Bot. Gaz. **150**(4): 378–380.

TOMLINSON, P. B.; TAKASO, T.; CAMERON, E. K. (1993): Cone development in *Libocedrus* (Cupressaceae) – phenological and morphological aspects. Am. J. Bot. **80**(6): 649–659.

YANG, Z.-Y.; RAN, J.-H.; WANG, X.-Q. (2012): Three genome-based phylogeny of Cupressaceae s. l.: Further evidence for the evolution of gymnosperms and Southern Hemisphere biogeography. Mol. Phylogen. Evol. **64**: 452–470.

Autoren:

DR. ARMIN JAGEL
Danziger Str. 2
44789 Bochum

DR. VEIT MARTIN DÖRKEN
Universität Konstanz
Fachbereich Biologie, M 613
Universitätsstraße 10
78457 Konstanz

| Mitt. Deutsch. Dendrol. Ges. (MDDG) | 101 | 55-68 | 2016 | ISBN 978-3-8001-0861-9 |

Eine wenig bekannte Esche: die Ungarische Esche *Fraxinus angustifolia* Vahl subsp. *danubialis* Pouzar

Teil II. Vergleich mit den anderen Unterarten von *Fraxinus angustifolia* und mit der Gewöhnlichen Esche *F. excelsior*

Dénes Bartha

Zusammenfassung

In der Literatur finden sich 5 Unterarten der Schmalblättrigen Esche *Fraxinus angustifolia* (subsp. *angustifolia*, subsp. *danubialis*, subsp. *oxycarpa*, subsp. *persica*, subsp. *syriaca*). In morphologischer und arealgeographischer Hinsicht lassen sich die mitteleuropäische Unterart subsp. *danubialis* und die im östlichen Teil des Verbreitungsgebiets der Art vorkommenden Unterarten subsp. *persica* und subsp. *syriaca* von den anderen recht gut unterscheiden. Die Unterarten subsp. *angustifolia* und subsp. *oxycarpa* differenziert lediglich die Behaarung der Blättchen, weshalb die Rangstufe als Unterart fraglich erscheint und das Taxon mit behaarten Blättchen (*oxycarpa*) eher als Varietät innerhalb der subsp. *angustifolia* behandelt werden sollte. Die Abtrennung der Ungarischen Esche von der Gewöhnlichen Esche (*F. excelsior*) scheint problematischer als die Unterscheidung von den anderen Unterarten der Schmalblättrigen Esche zu sein, denn in der Vergangenheit wurden sie oft verwechselt.

Summary

Literature of the narrow-leaved ash, *Fraxinus angustifolia*, has indicated 5 subspecies (subsp. *angustifolia*, subsp. *danubialis*, subsp. *oxycarpa*, subsp. *persica*, subsp. *syriaca*) so far. Regarding morphology and distribution the Central European subspecies subsp. *danubialis* and two other subspecies occuring in the eastern part of the range of the species (subsp. *persica*, subsp. *syriaca*) are well separated from each other. However, it is only the leaflet pubescence which distinguishes subsp. *angustifolia* and subsp. *oxycarpa*. The subspecies rank of the hairy-leafed taxon (*oxycarpa*) is questionable, so it is more preferable to regard that as a variety of subsp. *angustifolia*. Separation of the Hungarian ash (*F. angustifolia* subsp. *danubialis*) from the common ash (*F. excelsior*) seems usually to be more problematic than that from the other subspecies of *F. angustifolia*.

Einleitung

Im Teil I (Bartha 2015) wurde die Geschichte der Entdeckung, Erkennung und Benennung der Ungarischen Esche publiziert. Im vorliegenden Teil II werden skizzenhaft die Unterarten der Schmalblättrigen Esche (*Fraxinus angustifolia*) vorgestellt und die wenig bekannte Unterart subsp. *danubialis*, die Ungarische Esche, charakterisiert. Die morphologischen Merkmale der Ungarischen Esche werden außerdem mit denen der Gewöhnlichen Esche (*F. excelsior*) verglichen, weil in ihrem gemeinsamen Verbreitungsgebiet diese beiden Taxa oft verwechselt wurden.

Die infraspezifische Variabilität der Schmalblättrigen Esche (*Fraxinus angustifolia*)

Die taxonomische Gliederung der Schmalblättrigen Esche ist nicht einheitlich, Abweichungen finden wir besonders in der Zahl der im Mediterraneum unterschiedenen Unterarten. Im Datenverzeichnis Euro+Med Plantbase (web1) werden 3 Unterarten anerkannt:

1. subsp. *angustifolia*,
2. subsp. *oxycarpa* (BIEB. ex WILLD.) FRANCO et
ROCHA AFONSO (Syn.: subsp. *pannonica* SOÓ et
SIMON, subsp. *pyramidalis* DIPPEL, subsp. *microphylla* DIPPEL),
3. subsp. *syriaca* (BOISS.) YALT. (Syn.: *F. syriaca*
BOISS.).

Im International Plant Name Index (web2) ist
als Unterart neben subsp. *oxycarpa*, subsp. *pannonica* und subsp. *syriaca* noch subsp. *persica*
(BOISS.) AZADI (syn.: *Fraxinus persica* BOISS.)
aufgeführt. In der Monographie der Schmalblättrigen Esche von RADDI (2010) werden 3 Unterarten ohne nähere Charakterisierung genannt
(subsp. *angustifolia*, subsp. *pannonica*, subsp.
oxycarpa).

Obwohl die Gattung *Fraxinus* molekulargenetisch bereits untersucht wurde (WALLANDER
2008), liegen noch keine Ergebnisse hinsichtlich
der infraspezifischen Taxa vor. Auf Grund weniger Proben meint die Autorin, dass *F. oxycarpa*,
F. syriaca, *F. pallisiae*, *F. potamophila* und *F. sogdiana* als Synonyme von *F. angustifolia* zu betrachten sind, wobei sie nicht ausschließt, dass *F.
oxycarpa* und *F. syriaca* auch als Unterarten aufgefasst werden könnten. Weitere Unterarten – so
auch die Ungarische Esche (subsp. *danubialis*) –
hat sie nicht untersucht.

a. *Fraxinus angustifolia* VAHL subsp. *angustifolia*

Basionym: *Fraxinus angustifolia* VAHL, Enum.
Pl. 1: 52 (1804)
Synonyme: *F. parvifolia* LAM. nom. illegit., *F.
oxycarpa* var. *angustifolia* (VAHL) LINGELSH., *F.
oxycarpa* subsp. *parvifolia* (LAM.) YALT.

Diagnosis: „... foliolis sessilibus lanceolatis
remote denticulatis, samaris lanceolatis apice integris acutis mucronatis. ... Rami cortice fusco-purpurascente. Foliola triquadrijuga, sesquipollicaria, facie foliorum ligustri, glabra, utrinque
acuta. Petioli teretes, supra canaliculati. Pedunculi infrafoliacei, solitarii, bipollicares: pedicelli
quinque vel septem, alterni, distantes. Samarae
sesquipollicares, basi obtusae. ... Flores non
vidi." (VAHL, 1804)

Es ist interessant, dass LINNÉ (1753) die
Schmalblättrige Esche noch nicht gekannt hat.
VAHL (1804) beschrieb die Art aus der Umgebung der spanischen Ortschaft Schousboe, ohne
dass er ihre Blüten gesehen hat („Flores non

vidi"), obwohl die Infloreszenz besonders kennzeichnend ist. Die Benennung Schmalblättrige
Esche stammt von WILLDENOW (1806). Mehrere
Autoren (z. B. FRANCO & ROCHA AFONSO 1971)
geben als Areal für die Typus-Unterart westliches Mittelmeergebiet bis Balkan-Halbinsel an,
doch nach JARNI et al. (2011) kommt subsp. *angustifolia* auf der Balkan-Halbinsel (Slowenien)
nicht vor, wie es früher angenommen wurde,
sondern nur subsp. *oxycarpa*. YALTIRIK (1978)
gibt sie aber auch für die Türkei und NYIKOLAEV
(1981) für die südwestliche Ukraine, die Südküste der Krim und Schwarzmeerküste des Kaukasus an, wo sie an wärmegetönten Standorten
unterer Berglagen vorkommen soll. Auch nach
KÁRPÁTI (1970) handelt es sich um eine „Kalkesche" und nach YALTIRIK wächst sie in der Türkei vorwiegend auf trockenen, felsigen Standorten, in der Macchia oder in *Pinus brutia*- und *P.
nigra*-Wäldern, zwischen 650–1700 m ü. M. Dagegen kommt subsp. *angustifolia* im westlichen
Mittelmeerraum in Auenwäldern oder Eichen-Hainbuchen-Wäldern und nur selten in trockenen Eichenwäldern vor (ANDRÉS 2012; RAMEAU
et al. 1989).

b. *Fraxinus angustifolia* VAHL subsp. *oxycarpa* (WILLD.) FRANCO et ROCHA AFONSO 1971

Basionym: *Fraxinus oxycarpa* WILLD., Sp. Pl.
4(2): 1100. (1806)
Synonyme: *F. oxycarpa*, *F. excelsior* subsp. *oxycarpa* (WILLD.) WESM., *F. rotundifolia* MILL.
subsp. *oxycarpa* (WILLD.) P. S. GREEN, *F. angustifolia* var. *oxycarpa* (WILLD.) FUKAREK, *F. excelsior* var. *oxycarpa* (WILLD.) ZERNOV, *F. rostrata*
GUSS., *F. pojarkoviana* VASSILJEV, *F. oxyphylla*
M. BIEB.

Diagnosis: „Fr. foliolis subsessilibus, lanceolatis, acuminatis, serratis, glabris, floribus nudis,
samaris lanceolatis utrinque attenuatis longe mucronatis. ... Ramuli virides albo-punctati. Gemmae fuscae. Folia pinnata bi- s. trijuga. Foliola
sesquipollicaria lanceolata acuminata a basi ad
apicem grosse serrata subsessilia utrinque glabra.
Flores nudi. Samarae lanceolatae basi et apice attenuatae longe mucronatae." (WILLDENOW 1806)

Der Holotyp dieses von WILLDENOW (1806)
„Spitzfrüchtige Esche" genannten Taxons
stammt aus dem Kaukasus. *F. oxyphylla* (Synonym von *F. oxycarpa*) wurde von BIEBERSTEIN
(1806) von der Krim beschrieben. Weder WILL-

DENOW noch BIEBERSTEIN machten Aussagen zur Blüte bzw. zum Blütenstand, erst DE CANDOLLE (1844) erwähnte (für *F. oxyphylla*) „racemis subpaniculatis".

WASSILJEV (1952, S. 498–500, Tab. XXV Fig. 2–3) weist darauf hin, dass der Blütenstand (damit auch Fruchtstand) bei *F. oxycarpa* (ähnlich wie bei *F. excelsior*) zusammengesetzt (Rispe), aber bei *F. angustifolia* einfach (Traube) sei. Er nannte weitere Unterschiede zwischen beiden Taxa: So sei bei *F. oxycarpa* der Griffel lang und die Narbe undeutlich gabelig, die beiden Gabeläste stehen nicht ab, die Staubblätter sind aufrecht, die Staubfäden sehr kurz (kürzer als die Antheren). Der Griffel bei *F. angustifolia* sei dagegen sehr kurz, jedoch deutlich gabelig, die Ga-

Abb. 1: Natürliches Verbreitungsgebiet der Ungarischen Esche, *Fraxinus angustifolia* subsp. *danubialis*

Abb. 2: Solitärexemplar der Ungarischen Esche

57

beläste bogig abstehend, die Staubfäden länger als die Antheren und abstehend. Die von Wassiljev angegebenen Unterschiede zu den Narben und Staubfäden von *F. angustifolia* und *F. oxycarpa* dürften wohl praktisch nicht verwendbar sein, da, wenn überhaupt, sie nur zum Zeitpunkt der Anthese festzustellen wären, auch für Herbarmaterial ist dieses Merkmal unbrauchbar (Scheller 1977). Die für die Blütenstände angegebenen Unterschiede wurden später von mehreren Autoren übernommen, womit noch mehr Probleme, was die Kenntnis dieser Taxa betrifft, entstanden. So vertraten bezüglich der Blütenstände eine ähnliche Auffassung z. B. Visjulina (1957), Soó & Simon (1960) oder auch Kárpáti (1970). Kárpáti (1970) betrachtet in seiner Eschen-Monographie dieses Taxon als eine selbständige Art und stellt diese wegen der Blütenrispen in seine Series *Paniculatae*. Soó (1980) betont auch späterhin, dass die Autoren in der „Flora Europaea" (Franco & Rocha Afonso 1971, 1972) weder die Meinung von Kárpáti noch seine eigene oder die sowjetischer Autoren zur Kenntnis genommen haben, dass *F. angustifolia* und *F. oxycarpa* wegen der verschiedenen Blütenstände zu unterschiedlichen systematischen Gruppen gehören.

F. oxycarpa wurde von Franco & Rocha Afonso (1971, 1972) *F. angustifolia* als ostmediterrane Unterart subsp. *oxycarpa* zugeordnet, während sie subsp. *angustifolia* als westmediterrane Unterart bezeichneten. Sie äußern sich aber nicht zu den Blütenständen, sondern behandeln subsp. *oxycarpa* als eine Unterart mit behaarten Blättern und subsp. *angustifolia* als eine kahlblättrige Unterart. Soó (1973) weist wiederholt darauf hin, dass die Blütenstände der zwei Taxa unterschiedlich sind und meint, dass zu beiden eine Varietät mit kahlen und eine mit etwas behaarten Blättern gehören. Willdenow (1806) beschrieb ein kahlblättriges Taxon („foliola … utrinque glabra")!

Die Auffassung von Franco & Rocha Afonso setzte sich später in der Fachwelt durch und subsp. *oxycarpa* wurde auch ein traubiger Blütenstand zugesprochen (z. B. Yaltirik 1978). Nikolaev (1981) erkannte bei der Bearbeitung der Eschen der ehemaligen Sowjetunion dieses Taxon nicht einmal als Unterart an, sondern hält subsp. *oxycarpa* und subsp. *angustifolia* für Synonyme. Gyenova (1993) hat schließlich die Blütenstände und Blüten von subsp. *oxycarpa* in Bulgarien tatsächlich untersucht und festgestellt, dass es sich um Trauben handelt, das Taxon monözisch ist und zwittrige Blüten hat. Allein Imkhanitskaya (1998) ist anderer Meinung, sie findet, dass die Blütenstände im Kaukasus traubig oder rispig sein können.

Morphologische Untersuchungen der Hybride *F. angustifolia* (subsp. *danubialis*) × *F. excelsior* (subsp. *excelsior*) haben ergeben (Silnicki et al. 2014, 2015), dass die Blütenstände der Hybriden (vermutlich *F. × intermedia* Fukarek in Meusel et al. 1978) keine reinen Trauben sind, sondern eine rispenartige Traube (subpanicula), denn die Blütenstandsachse kann an der Basis verzweigt sein. Beim Taxon „oxycarpa" von Wassiljev (1952) hat es sich höchstwahrscheinlich ebenfalls um ein solches hybridogenes Exemplar gehandelt, was Ursache für ein Missverständnis war, das lange Zeit zu Irritationen führte.

Nach Andrés (2012) ist subsp. *oxycarpa* im Nordosten der Iberischen Halbinsel vermutlich einheimisch. Nach Yaltirik (1978) kommt dieses Taxon in der Türkei oft auf humiden Standorten, in Niederungen und Überschwemmungsgebieten, zwischen 0–900 m ü. M. vor.

c. *Fraxinus angustifolia* Vahl subsp. *syriaca* (Boiss.) Yalt. 1978

Basionym: *Fraxinus syriaca* Boiss., Diagn. Pl. Orient. ser. 1, 11: 77. (1849)
Synonyme: *F. syriaca*, *F. excelsior* subsp. *syriaca* (Boiss.) Wesm., *F. oxycarpa* subsp. *syriaca* (Boiss.) Yalt., *F. oxycarpa* var. *oligophylla* (Boiss.) Wenzing, *F. rotundifolia* Mill. subsp. *syriaca* (Boiss.) Yalt. ex P. S. Green, *F. oxyphylla* M. Bieb. var. *oligophylla* Boiss., *F. sogdiana* Dippel, *F. turkestanica* Carrière
Diagnosis: „Fr. arborea ramis cortice glaucescenti vestitis, gemmis nigris glabrescentibus viscidulis, foliis petiolo longo superné canaliculato suffultis 1–2 jugis foliolis glabris pallidé virentibus subcoriaceis oblongis parte superiori acuté et ascendenti-serratis longé acuminatis lateralibus sessilibus basi breviter cuneatis vel rotundatis impari majori longius acuminato basi longé in petiolum attenuato, racemis strictis secus ramos stricté et longiusculé racemosis, floribus diandris, stigmate bifido, samaris glabriusculis ellipticis basi et apice attenuatis breviter acuminatis stylo persistenci mucronatis. … Arbor feré 30 pedalis,

folia petiolo 2–3 pollicari suffulta, foliolum superius 2–3 poll. longum pollicem latum. Samarae 12–14 lin. longae 4–5 latae." (BOISSIER, 1849)

BOISSIER (1849) hat ein fruchtendes Exemplar vom Rand eines Flusstales in der Umgebung von Aleppo (Syrien) beschrieben, welches er später (BOISSIER 1879) selbst unter dem Namen *F. oxyphylla* var. *oligophylla* erwähnt. Die Sippe wurde von YALTIRIK (1978) *F. angustifolia* als Unterart zugeordnet. Nach KÁRPÁTI (1970) ist es eine „Kalkesche", nach ABDURACHMANOV (1959) wächst sie mehr an den Hängen der Täler. Nach YALTIRIK (1971, 1978) kommt sie in der Türkei in sommergrünen Gebüschen und Mischwäldern, oft an trockenen und felsigen Standorten, zwischen 450–1980 m ü. M. vor.

d. Fraxinus angustifolia VAHL subsp. *persica* (BOISS.) AZADI 2005

Basionym: *Fraxinus persica* BOISS., Diagn. Pl. Orient. ser. 1, Nr. 11: 78. (1849)
Synonyme: *F. persica*, *F. oxyphylla* M. BIEB. var. *subintegra* BOISS., *F. syriaca* BOISS. var. *persica* (BOISS.) LINGELSH., *F. rotundifolia* MILL. subsp. *persica* (BOISS.) E. MURRAY

Diagnosis: „Fr. fruticosa humilis ramosissima cortice glaucescenti vestita, gemmis nigris minutis glabris, foliis coriaceis glaberrimis glaucescentibus breviter petiolatis indivisis vel 1–2 jugis foliolis minutis ovatis integris vel superné vix denticulatis basi cuneato-attenuatis apice abrupté et breviter acuminatis impari majori petiolato. … Folia cum petiolo 2–3 pollicaria, foliola superiora 10–14 lin. longa 6–8 lata caetera minora." (BOISSIER, 1849)

BOISSIER (1849) hat *F. persica* aus dem südlichen Persien vom Kuh Daëna-Gebirge beschrieben. Später hat er selbst (BOISSIER 1879) diese Sippe unter dem Namen *F. oxyphylla* var. *subintegra* erwähnt. Erst AZADI (2005) ordnete sie als Unterart *F. angustifolia* zu.

e. Fraxinus angustifolia VAHL subsp. *danubialis* POUZAR 1972 (Abb. 1–9)

Erstveröffentlichung: POUZAR, České Mykol. 26: 129 (1972)
Synonyme: *F. angustifolia* subsp. *pannonica* SOÓ et SIMON, *F. ptačovskyi* DOMIN, *F. pojarkoviana* VASSILJEV, *F. oxycarpa* var. *petiolulata* I. KÁRPÁTI

Abb. 3: Herbstfärbung des Laubes der Ungarischen Esche

Abb. 4: Borke eines Stammes der Ungarischen Esche mit BHD 45 cm

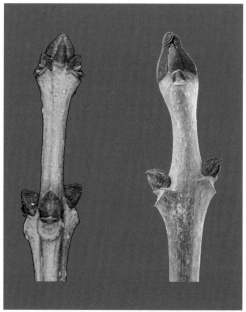

Abb. 5: Im Gegensatz zu den schmal lanzettlichen bis lanzettlichen Blättern älterer Bäume (s. Abb. 3 und 6) haben Jungpflanzen breitere Blätter, hier Blatt eines 4-jährigen Exemplars der Ungarischen Esche

Abb. 7: Vergleich von Knospenmerkmalen (Stellung der Seitenknospen, Endknospe, Knospenfarbe) im Winterzustand von Ungarischer Esche (links) und Gewöhnlicher Esche

Abb. 6: Vergleich des Blättchens älterer Individuen der Ungarischen Esche (links) und der Gewöhnlichen Esche

Diagnosis: „A F. angustifolia ssp. angustifolia foliolis 7–11 (nec 3–9), samaris majoribus, saepe obtusis vel emarginatis, 3–5 (5,2) cm (non 2,5–3,3 cm) longis et area pontico–pannonica diversa, a F. oxycarpa iam spica simplici (non panicula ramosa) differt." (Soó & Simon, 1960)

Diese Unterart wurde von Soó & Simon (1960) als subsp. *pannonica* aus Mittelungarn beschrieben (vgl. detaillierte Darstellung von Bartha 2015). Kárpáti (1970) hat sie in seiner Eschen-Monographie anerkannt, obwohl er anmerkt, dass die morphologische Variabilität von subsp. *angustifolia* und subsp. *danubialis* groß ist und es Überlappungen gibt. Er hält subsp. *angustifolia* für eine „Kalkesche", subsp. *danubialis* für eine „Wasseresche". Bei der Bearbeitung der Eschen der Sowjetunion wurde von Nikolaev (1981) neben subsp. *angustifolia* nur diese Unterart erwähnt. Franco & Rocha Afonso (1971, 1972) stellen die Sippe (damals *F. angustifolia* subsp. *pannonica*) zu subsp. *oxycarpa*, identifizieren sie also mit der durch behaarte Blätter gekennzeichneten Unterart von *F. angustifolia*.

Tab. 1 Merkmale der Unterarten der Schmalblättrigen Esche, *Fraxinus angustifolia* (nach AZADI 2005; BARTHA 2006; GYENOVA 1993; IMKHANTTSKAYA 1998; JARNI et al. 2011; KÁRPÁTI 1970, NIKOLAEV 1981; SILNICKI et al. 2014, 2015; SOÓ & SIMON 1960; YALTIRIK 1971, 1978)

Merkmal	subsp. *angustifolia*	subsp. *danubialis*	subsp. *oxycarpa*	subsp. *syriaca*	subsp. *persica*
Verbreitungsgebiet	Mediterran: von Portugal und NW-Afrika bis Balkan-Halbinsel und Kleinasien	Auen Donau und Nebenflüsse vom Mährischen und Wiener Becken bis zur Dobrudscha	Ostmediterran bis östlich der Karpaten und Kaukasus; westmediterran fraglich	Vom östlichen Teil der Balkan-Halbinsel bis Vorderund Mittelasien	Iran, Pakistan, Afghanistan, Syrien
Gestalt	Baum bis 20–25 m	Baum bis 35(–45) m (Abb. 2)	Baum bis 20–25 m	Strauch oder kleiner Baum	Strauch oder kleiner Baum
Einjährige Triebe	bräunlich rot, kahl	dunkelgrün oder olivgrün, kahl	grünlich, kahl	grünlichgrau, behaart	bläulichgrau, fein behaart
Anzahl der Blättchen	(3–)5–7(–9)	7–11(–13) (Abb. 3, 5)	(5–)7–9(–13)	3–5, selten 7 oder nur 1; Blätter an den Triebenden gedrängt stehend	1–5
Blättchen	Derb, länglich bis schmal-lanzettlich, 3–6 cm lang, 0,6–2,5 cm breit, sitzend, an der Spitze lang zugespitzt, an der Basis keilförmig, am Rand regelmäßig und gleich gezähnt, unterseits immer kahl	Nicht derb, (schmal) lanzettlich (Abb. 3, 6), 5–9 cm lang, 1–2,5 cm breit (an Jungpflanzen breiter, Abb. 5), deutlich gestielt, an der Spitze kurz oder lang zugespitzt, an der Basis keilförmig, am Rand regelmäßig und gleich gezähnt, unterseits entweder kahl oder am Hauptnerv etwas behaart	Etwas derb, länglich oder länglich-lanzettlich, 4–8 cm lang, 1,5–2,5 cm breit, sitzend, an der Spitze zugespitzt, an der Basis abgerundet oder keilförmig, am Rande regelmäßig und gleich gezähnt, unterseits entlang der Mittelrippe behaart, selten verkahlend	Etwas derb, hart, lanzettlich oder länglich-eiförmig, 3–6 cm lang, 1,5–2 cm breit, an der Spitze meist zugespitzt, an der Basis breit-keilförmig, am Rand unregelmäßig und ungleich gezähnt, sitzend oder mit kurzem Stielchen. Spreite meist grün, unterseits behaart (var. *pilosa*) oder kahl (var. *syriaca*)	Derb, eiförmig, 2,5–4 cm lang, 1,5–2 cm breit, an der Spitze kurz zugespitzt, an der Basis keilförmig, am Rand fast ungezähnt oder ungleich gezähnt, kurz gestielt, Endblättchen größer und gestielt. Spreite bläulich, unterseits behaart (var. *pubescens*) oder kahl (var. *persica*)
Spaltöffnungen auf Oberseite der Blättchen	fehlen	fehlen	fehlen	vorhanden	vorhanden
Früchte	25–33(–40) mm lang, 6–8 mm breit, lanzettlich oder verkehrtlanzettlich, an der Spitze spitz oder ausgerandet; unbehaart	35–52 mm lang, 8–15 mm breit, an der Spitze spitz, stumpf oder ± ausgerandet (Abb. 9); unbehaart	20–25 mm lang, 7–9 mm breit, verkehrt-eiförmig bis elliptisch oder lineal-lanzettlich, zugespitzt, selten an Spitze stumpf oder abgerundet; unbehaart	20–40 mm lang, 7–10 mm breit, elliptisch oder länglich, an der Spitze abgerundet oder zugespitzt; unbehaart	20–35 mm lang, 7–11 mm breit, elliptisch, an der Spitze abgerundet; fein behaart

Die Unterart wächst ausschließlich in Tiefebenen und Niederungen auf tiefgründigen Auen- und Moorböden, sie reicht – im Gegensatz zu anderen Unterarten – nicht bis in das Hügel- und Bergland. Ihr charakteristischer Lebensraum ist der Hartholz-Auenwald entlang der Flüsse, wo sie bestandbildend auftritt, sowie der Erlenbruchwald, wo sie bei Absenkung des Grundwasserspiegels die dominierende Rolle von der Schwarz-Erle übernehmen kann. Weniger charakteristisch ist sie für solche Eichen-Hainbuchen-Wälder, die durch Sukzession aus Hartholz-Auenwäldern entstanden (BARTHA 2006; FUKAREK 1963).

Merkmale zur Unterscheidung der Unterarten der Schmalblättrigen Esche (*Fraxinus angustifolia*)

Die Angaben der einzelnen Autoren zu den diagnostisch wichtigen Eigenschaften der Unterarten sind oft widersprüchlich (z.B. zur Behaarung) und teils unbrauchbar. Auf der Basis der Fachliteratur, der Untersuchungen im Gelände und der Herbarstudien können folgende Feststellungen hinsichtlich der Merkmale getroffen werden:

– Alle Unterarten von *Fraxinus angustifolia* haben traubige Blütenstände. Individuen mit rispenartigen Trauben (subpanicula) sind höchstwahrscheinlich Hybriden, bei denen *F. excelsior* die andere Elternart ist.
– Die genaue Verbreitung der Unterarten ist schwierig festzustellen, da sie früher wie heute oft miteinander verwechselt wurden und werden.
– Die Merkmale der Blatt- und Fruchtformen, die Behaarung der Blätter sowie die Zahl der Blättchen sind sehr veränderlich.
– Das Vorhandensein oder Fehlen der Spaltöffnungen auf der Blattoberseite ist ein wichtiges Merkmal, auf dessen diagnostischen Wert schon KOEHNE (1899) hingewiesen hat, wonach es eine gewisse Gliederung des *F. angustifolia*-Komplexes erlaubt.

In Tabelle 1 sind die wichtigsten Merkmale der Unterarten der Schmalblättrigen Esche zusammengestellt.

Abb. 8: Vergleich des Blütenstandes der Ungarischen Esche (links: Traube) und der Gewöhnlichen Esche (rechts: Rispe)

Für die Differenzierung zwischen den Unterarten können nachfolgende morphologische Unterschiede und Tendenzen dienen:
– Die ausgewachsenen Individuen der südlicher verbreiteten Unterarten (subsp. *angustifolia*, subsp. *oxycarpa*, subsp. *persica*, subsp. *syriaca*) sind mittelgroße oder kleine Bäume (oder Sträucher), deren Höhe 25 m nicht übersteigt, die Ungarische Esche (subsp. *danubialis*) wird aber ein großer Baum, der sogar 45 m Höhe erreichen kann.
– Die einjährigen Triebe der im westlichen und mittleren Teil des Verbreitungsgebiets vorkommenden Unterarten (subsp. *angustifolia*, subsp. *danubialis*, subsp. *oxycarpa*) sind kahl, die der im östlichen Arealbereich (subsp. *persica*, subsp. *syriaca*) behaart.
– Das Blättchen aller südlich verbreiteten Unterarten (subsp. *angustifolia*, subsp. *oxycarpa*, subsp. *persica*, subsp. *syriaca*) sind derb oder zumindest etwas derb, allein die der Ungarischen Esche (subsp. *danubialis*) sind nicht derb.
– Die Zahl der Blättchen der im westlichen und mittleren Teil des Verbreitungsgebiets vorkommenden Unterarten (subsp. *angustifolia*, subsp. *danubialis*, subsp. *oxycarpa*) beträgt pro Blatt meist mehr als 5, ihr Rand ist regelmäßig und gleichartig gezähnt, auf ihrer Oberseite gibt es keine Stomata; die Zahl der Blättchen pro Blatt bei den im östlichen Teil des Verbreitungsgebiets vorkommenden Unterarten (subsp. *persica*, subsp. *syriaca*) ist meist weniger als 5, ihr Rand ist unregelmäßig und ungleich gezähnt, auf ihrer Oberseite können Stomata beobachtet werden.
– Die Fruchtlänge der südlich verbreiteten Unterarten (subsp. *angustifolia*, subsp. *oxycarpa*, subsp. *persica*, subsp. *syriaca*) übersteigt nicht 4 cm, bei subsp. *danubialis* beträgt sie 3,5–5,2 cm.
– Die Frucht von subsp. *persica* ist fein behaart, die der anderen Unterarten (subsp. *angustifolia*, subsp. *danubialis*, subsp. *oxycarpa*, subsp. *syriaca*) kahl.

Das Taxon subsp. *oxycarpa* wird in seiner Einstufung als Unterart hinterfragt, weil
– im angenommenen Verbreitungsgebiet auch Individuen, die der Unterart subsp. *angustifolia* zuzuordnen sind, auftreten;
– es sich erwiesen hat, dass der Blütenstand

Abb. 9: Fruchtstand der Ungarischen Esche im Herbst

keine Rispe oder rispenartige Traube ist, sondern wie bei den anderen Unterarten eine Traube;
– lediglich die Behaarung der Blättchen (ob gleich der Originalbeschreibung von WILLDENOW widersprechend!) einen Unterschied zur Unterart subsp. *angustifolia* darstellt.
Es existieren bereits Zuordnungen dieses Taxons zur Unterart subsp. *angustifolia* im Rang einer Varietät (FUKAREK 1960a): *Fraxinus angustifolia* subsp. *angustifolia* var. *oxycarpa* (WILLD.) FUKAREK. Erwähnenswert ist auch, dass diese Sippe von SELL (2009) nur als Form behandelt wird: *F. angustifolia* f. *oxycarpa* (WILLD.) P. D. SELL.
Folgt man diesen Auffassungen, dann weist die Art *Fraxinus angustifolia* nur vier Unterarten auf (subsp. *angustifolia*, subsp. *danubialis*, subsp. *syriaca* und subsp. *persica*). Weitere Klärungen werden hoffentlich genetische Untersuchungen in der näheren Zukunft bringen.

Merkmale zur Unterscheidung von Ungarischer Esche (*Fraxinus angustifolia* subsp. *danubialis*) und Gewöhnlicher Esche (*F. excelsior*)
Das Verbreitungsgebiet der Ungarischen Esche befindet sich in den Auen der mittleren und un-

Tab. 2 Unterscheidungsmerkmale von Gewöhnlicher Esche und Ungarischer Esche (Bartha 1994, 2006; FRAXIGEN 2005; Fukarek 1960b; Jarni & Brus 2007; Kárpáti 1970; Palada-Nicolau 2006; Raddi 2010, Scheller 1977; Silnicki et al. 2014, 2015; siehe Abb. 2–9)

Merkmal	Gewöhnliche Esche (*Fraxinus excelsior*)	Ungarische Esche (*Fraxinus angustifolia* subsp. *danubialis*)	Verwendbarkeit des Merkmals zur Bestimmung
1-jährige Triebe; Anzahl Infloreszenz-Knospen an 1-jährigen Trieben	dick, 4–6 mm Ø, grünlich-grau, matt, mit länglichen Lentizellen und breiten Blattnarben; ≤ 6	dünn, 3–4 mm Ø, dunkel- oder olivgrün, leuchtend, mit rundlichen Lentizellen und schmalen Blattnarben; ≤ 10	schwach
Knospen- und Blattstellung (Abb. 7)	gegenständig, nur selten quirlständig	gegenständig, oft quirlständig	mittel
Endknospe (Abb. 7)	groß, pyramidenförmig, „schlangenkopfartig", breiter (8–10 mm) als hoch (7–8 mm), mit 3 Schuppenpaaren	klein, kegelförmig, nicht „schlangenkopfartig", höher (5–7 mm) als breit (3–5 mm), mit 2–3 Schuppenpaaren	schwach
Knospenfarbe (Abb. 7)	schwarz (selten dunkelbraun)	meist dunkel kaffeebraun	mittel
Blatt	20–30(–40) cm lang	15–25 cm lang	mittel
Blättchen	Abb. 6	Abb. 3, 5, 6	
Anzahl	9–13, im Mittel 11	7–11, im Mittel 9	schwach
Form (ältere Bäume)	meist breit lanzettlich	meist (schmal) lanzettlich	mittelstark
Länge; Breite	6–10 cm; 1,5–4 cm	5–9 cm; 1–2,5 cm	schwach
Basis	abgerundet, gesägt	keilförmig, nicht gesägt	mittel
Blättchen-Rand (Abb. 6); Verhältnis Anzahl Zähne/ Anzahl Seitennerven	meist dicht und ungleich gesägt, Blattzähne kurz, abstehend; mehr Zähne als Seitennerven (Verhältnis 1,7 ± 0,20)	entfernt gesägt, Blattzähne verlängert, abstehend bis nach vorn gebogen; Zähne von gleicher Zahl wie Seitennerven (Verhältnis 1,0 ± 0,17)	Rand mittel, Verhältnis von Zähnen zu Seitennerven stark
Spitze	zugespitzt	spitz oder lang zugespitzt	schwach
Nerven unterseits	Hauptnerv oft fein behaart, Nerven erhaben, fühlbar	Hauptnerv im unteren Drittel fein behaart, Nerven eingesenkt, nicht fühlbar	schwach
Herbstfärbung	grün, aber selten gelb	meist gelb oder purpurviolett (Abb. 3), nur selten grün	mittel
Sexualität	männliche, weibliche (selten) oder zwittrige Blüten in einem Blütenstand oder auf einem Exemplar	in der Regel zwittrige, selten männliche oder männliche + zwittrige Blüten in einem Blütenstand	mittel

Merkmal	Gewöhnliche Esche (*Fraxinus excelsior*)	Ungarische Esche (*Fraxinus angustifolia* subsp. *danubialis*)	Verwendbarkeit des Merkmals zur Bestimmung
Blütenstand (Abb.)	abstehende Rispe	etwas herabstehende Traube	stark
Anzahl der Blüten	50–150(–250)/Rispe	~15/Traube	stark
Infloreszenzen	männliche kurz, kompakt, weibliche und polygame mehr gestreckt und breiter	stets gleichgestaltet	mittel
Früchte		Abb. 9	schwach
Länge; Breite	24–45 mm; 6–11 mm	30–52 mm; 8–15 mm	
Länge / Breite	3,2–6,2	3,6–6,8	
Form	Flügel meist in Mitte am breitesten, Nuss meist kürzer als Flügel	Flügel meist im oberen 1/3 am breitesten, Nuss meist länger als Flügel	
Fruchtstiel	0,7–1,0 mm	1,8–2,8 mm	
Farbe (im ganzen Fruchtstand)	Heterogen: ockergelb, hell-, grau- und schwarzbraun	Homogen: hellbraun	
Nuss			schwach
Länge; Breite	13–24 mm; 3–5 mm	18–36 mm; 4–8 mm	
Länge / Breite	3,1–4,7	3,6–6,0	
Keimung	im 2. Frühjahr nach Samenreife, Embryo im 1. Herbst noch ungenügend entwickelt	im 1. Frühjahr nach Samenreife, Embryo schon im Herbst voll entwickelt	mittel
Ausbildung Stammborke	spät, fein- und längsrissig, flach gefurcht	früh, längs- und querrissig, tiefer und grob gefurcht	mittel

teren Donau und ihrer Nebenflüsse vom Mährisches, Wiener und Pannonischen Becken über Oltenien und Muntenien bis zur Dobrudscha (Abb. 1). Hier kommt in der Regel auch die Gewöhnliche Esche vor. Die Unterscheidung der beiden Eschen bereitete sowohl den Forstleuten als auch den Botanikern meist Schwierigkeiten (siehe z.B. Bartha 1994; Raxigen 2005; Jarni & Brus 2007; Palada-Nicolau 2006), deshalb werden ihre typischen morphologischen Merkmale in der Tabelle 2 wiedergegeben und auf deren Verwendbarkeit (schwach, mittel, stark) für die Bestimmung hingewiesen (siehe auch Abb. 2–9).

Literatur

ABDURACHMANOV, A. A. (1959): Zur Systematik der Gattung *Fraxinus*. Dokl. Akad. Nauk. Uzbek. 7: 45–47.

ANDRÉS, C. (2012): *Fraxinus* L. In: CASTROVIEJO, B. (ed.): Flora Iberica. Vol. 11. Real Jardin Botanico, Madrid, S. 144–151.

AZADI, R. (2005): Notes on the Oleaceae family in Iran. Iran. Journ. Bot. 11(1): 41–47.

BARTHA, D. (1994): Alig ismert fafajaink V. Magyar köris. [Unsere wenig bekannten Baumarten V. Die Ungarische Esche.] Erdészeti Lapok 129: 187.

BARTHA, D. (2006): A magyar köris botanikai jellemzése. [Botanische Kennzeichnung der Ungarischen Esche.] Erdészeti Lapok 141: 84–86.

BARTHA, D. (2015): Eine wenig bekannte Esche: die Ungarische Esche *Fraxinus angustifolia* VAHL subsp. *danubialis* POUZAR. Teil I: Geschichte der Entdeckung, Erkennung und Benennung der Unterart. Mitt. Deutsch. Dendrol. Ges. 100: 197–204.

BIEBERSTEIN, M. (1808): Flora Taurico-Caucasica exhibens stirpes phaenogamas. Vol. 2. Charkoviae. S. 450.

BOISSIER, E. (1849): Diagnoses Plantarum orientalium novarum Ser. I. No. 11. Genevae. S. 77–78. (Nachdruck: Akademische Druck- und Verlagsanstalt, Graz, 1969)

BOISSIER, E. (1879): Flora Orientalis. Vol. 4. Genevae & Basileae. S. 35–43.

DE CANDOLLE, A. (1844): Prodromus systematis naturalis regni vegetabilis. Vol. V. I.. Parisiis. S. 276.

FRANCO, J.; ROCHA AFONSO, M. L. (1971): Oleaceae. In: HEYWOOD, V. H. (ed.): Flora Europaea. Notulae systematicae No. 11. Bot. J. Linn. Soc. 64: 371.

FRANCO, J.; ROCHA AFONSO, M. L. (1972): *Fraxinus* L. In: TUTIN T. G. et al. (eds.): Flora Europaea. Vol. 3. University Press, Cambridge, S. 53–54.

FRAXIGEN (2005): Ash species in Europe: biological characteristics and practical guidelines for sustainable use. Oxford Forestry Institute, University of Oxford, UK.

FUKAREK, P. (1960a): Poljski jasen i njegova morfološka varijabilnost. *Fraxinus angustifolia* VAHL (= *F. oxycarpa* WILLD.). Glasnik za šumske pokuse 14: 133–258.

FUKAREK, P. (1960b): Différences morphologiques et anatomiques entre le Frêne commun (*Fraxinus excelsior* L.) et le Frêne oxyphylle (*F. angustifolia* Vahl). Bull. Soc. Bot. Fr. 107: 192–199.

FUKAREK, P. (1963): Rasprotrajenost i druge fitohorološke karakteristike poljskog jasena (*F. angustifolia* VAHL). Naučno društvo SR bosne i Hercegovine Djela 20(4): 1–99.

GYENOVA, F. (1993): Fenologicni i morfologicni proucvanija vrchu scvetijata i cvetovete pri polskija jasen (*Fraxinus oxycarpa* Willd.) [Phenological and morphological studies of the inflorescences and flowers

of Caucasian ash (*Fraxinus oxycarpa* Willd.).] Nauka za Gorata 30: 16–22.

IMKHANITSKAYA, N. N. (1998): Semejstvo Oleaceae vo flore Kavkaza. I. Rodi *Jasminum* i *Fraxinus*. [The family Oleaceae in the Caucasian flora. The genera *Jasminum* and *Fraxinus*.] Bot. Zhurn. 83: 106–115.

JARNI, K.; WESTERGREN, M.; KRAIGHER, H.; BRUS, R. (2011): Morphological variability of *Fraxinus angustifolia* Vahl in the north-western Balkans. Acta Soc. Bot. Poloniae 80(3): 245–252.

JARNI, K.; BRUS, R. (2007): The possibility of distinguishing the common ash (*Fraxinus excelsior* L.) from the narrow-leaved ash (*Fraxinus angustifolia* Vahl) based on morphologic traits. Gozd. Vestn. 65: 173–179.

KÁRPÁTI, Z. (1970): Eine kritisch-taxonomische Übersicht der in Europa wildwachsenden Eschen-Arten und deren Unterarten. Feddes Repert. 81: 171–186.

KOEHNE, E. (1899): Über einige *Fraxinus*-Arten. Gartenflora 48: 282–288.

MEUSEL, H.; JÄGER, E.; RAUSCHERT, S.; WEINERT, E. (1978): Vergleichende Chorologie der zentraleuropäischen Flora. Bd. II. Gustav Fischer, Jena.

LINNÉ, C (1753): Species plantarum. Ed. 1. – Holmiae.

NIKOLAEV, E. V. (1981): Rod *Fraxinus* (Oleaceae) vo flore SSSR. [The genus *Fraxinus* (Oleaceae) in the flora of the USSR.] Bot. Zhurn. 66: 1419–1432.

PALADA-NICOLAU, M. (2006): The correct ash native species identification: application to mixed ash forests of Romania. Contribuţii Botanice 41(1): 71–76.

RADDI, S. (2010): *Fraxinus angustifolia* Vahl, 1804. In: ROLOFF, A.; WEISGERBER, H.; LANG, U. M.; STIMM, B. (Hrsg.): Enzyklopädie der Holzgewächse. Handbuch und Atlas der Dendrologie. Wiley-VCH Verlag, Weinheim, Band III/2/54. S. 1–18.

RAMEAU, J. C.; MANSION, D.; DUMÉ, G.; TIMBAL, J.; LECOINTE, A.; DUPONT, P., KELLER, R. (1989): Flore forestière Française 1. Plaines et collines. Institut pour le Développement Forestier.

SCHELLER, H. (1977): Kritische Studien über die kultivierten *Fraxinus*-Arten. Mitt. Deutsch. Dendrol. Ges. 69: 49–162.

SELL, P. D. (2009): *Fraxinus*. In: SELL, P. D.; MURELL, G. (eds.): Flora of Great Britain and Ireland. Vol. 3. Cambridge University Press, Cambridge. S. 521.

SILNICKI, Á.; ZAGYVAI G.; BARTHA D. (2014): Összehasonlító vizsgálatok a magyar köris (*Fraxinus angustifolia* subsp. *danubialis*) és a magas köris (*Fraxinus excelsior*) generatív szervein. [Comparative surveys on generative organs of Hungarian ash (*Fraxinus angustifolia* Vahl subsp. *danubialis* Pouzar) and common ash (*Fraxinus excelsior* L.)] Erdészettudományi Közlemények 4(1): 47–62.

SILNICKI, Á.; ZAGYVAI G.; BARTHA D. (2015): Összehasonlító vizsgálatok a magyar köris (*Fraxinus angustifolia* subsp. *danubialis*) és a magas köris (*Fraxinus excelsior*) vegetatív szervein. [Comparative surveys on vegetative organs of Hungarian ash (*Fraxinus angustifolia* Vahl subsp. *danubialis* Pouzar) and common ash (*Fraxinus excelsior* L.)] Erdészettudományi Közlemények (im Druck).

Soó, R. (1973, 1980): A magyar flóra és vegetáció rendszertani-növényföldrajzi kézikönyve [Synopsis systematico-geobotanica florae vegetationisque Hungariae] Vol. V., VI. Akadémiai Kiadó, Budapest, S. 659–660, 78–79.

Soó, R.; Simon, T. (1960): Bemerkungen über südosteuropäische *Fraxinus*- und *Dianthus*-Arten. Acta Botanica Hungarica 6: 143–153.

Vahl, M. (1804): Enumeratio Plantarum vel ab aliis, vel ab ipso observatarum, cum earum differentiis specificis, synonymis selectis et descriptionibus succinctis. Vol. I. Hauniæ. S. 48–54.

Visjulina, O. (1957): Oleaceae. In: Kotov, M. I.; Barbaric, A. I. (Hrsg.): Flora URSR. Vol. VIII. S. 188–198.

Wallander, E. (2008): Systematics of *Fraxinus* (Oleaceae) and evolution of dioecy. Plant. Syst. Evol. 273: 25–49.

Wassiljev, V. N. (1952): *Fraxinus*. In: Komarov, V. L. (ed.): Flora URSS. Vol. XVIII. Editio Academiae Scientiarum URSS, Mosqua. S. 485–502.

Willdenow, C. L. (1806): Species plantarum. Ed. 4., Vol. 4(2). Berolini, S. 1100–1101.

Yaltirik, F. (1971): The taxa of *Fraxinus* in Turkey. Ist. Üniv. Orman Fak. Derg. ser. A. 21(1): 143–158.

Yaltirik, F. (1978): *Fraxinus* L. In: Davis, P. H. (ed.): Flora of Turkey and the East Aegean Islands. Vol. 6. University Press, Edinburgh. S. 147–154.

Internetquellen

Web 1: Euro+Med PlantBase, http://www.emplant-base.org, abgerufen 25.03.2015.

Web 2: IPNI – International Plant Names Index, http://www.ipni.org, abgerufen 25.03.2015.

Autor:

Prof. Dr. Dénes Bartha
Westungarische Universität
Lehrstuhl für Botanik
H-9401 Sopron
Bajcsy-Zs. u. 4.
E-mail: bartha.denes@emk.nyme.hu

Mitt. Deutsch. Dendrol. Ges. (MDDG)	101	69-106	2016	ISBN 978-3-8001-0861-9

Bäume und Sträucher Kaukasiens – ein Nachtrag

Peter A. Schmidt

Zusammenfassung

Seit Veröffentlichung der Teile 1–6 der Übersicht der Bäume und Sträucher Kaukasiens (Schmidt 2002–2007) erschienen neue Floren, monografische Arbeiten oder Beiträge zu ausgewählten Gehölzfamilien oder -gattungen. Sich daraus ergebende Ergänzungen, Veränderungen in der taxonomischen Einstufung oder Benennung von Gehölzarten (Bäume, Sträucher, Zwerg- und Halbsträucher, Klettergehölze) werden dargestellt. Die Nachträge zu den verschiedenen Familien berücksichtigen besonders die endemischen kaukasischen Arten und ihre Einstufung in Gefährdungskategorien nach Solomon et al. (2014).

Abstract

Trees and shrubs of Caucasia – a supplement

Since parts 1–6 of the survey of trees and shrubs of the Caucasus Region has been published (Schmidt 2002–2007) new floras, monographs, or contributions about selected woody plant families or genera were been edited. Resulting of this, additions, changes in the taxonomic status or in the nomenclature of woody plant species (trees, shrubs, dwarf shrubs and semishrubs, lianas), should be described. The supplement especially endemic Caucasian species and their threat categories according to Solomon et al. (2014) takes into consideration.

Gliederung

I   Einführung

II   Methodische Hinweise zu den Nachträgen und Ergänzungen zu den Bäumen und Sträuchern Kaukasiens von Schmidt (2002–2007)

III   Nachträge und Ergänzungen zu Teil 1: Nadelgehölze und sonstige Nacktsamer (Gymnospermae) (Schmidt 2002)

IV   Nachträge und Ergänzungen zu Teil 2: Laubgehölze der Familien Aceraceae bis Cornaceae (Schmidt 2003)

V   Nachträge und Ergänzungen zu Teil 3: Laubgehölze der Familien Ebenaceae bis Frankeniaceae (Schmidt 2004)

VI   Nachträge und Ergänzungen zu Teil 4: Laubgehölze der Familien Globulariaceae bis Punicaceae (Schmidt 2005)

VII Nachträge und Ergänzungen zu Teil 5: Laubgehölze der Familien Ranunculaceae bis Rutaceae (Schmidt 2006)

VIII Nachträge und Ergänzungen zu Teil 6: Laubgehölze der Familien Salicaceae bis Zygophyllaceae (Schmidt 2007)

IX   Literatur

I. Einführung

Seit Erscheinen der ersten Folgen der Übersicht der Bäume und Sträucher Kaukasiens von Schmidt (2002–2007) ist über ein Jahrzehnt verstrichen. Die Erforschung der Flora und Vegetation der Kaukasus-Region hat in den einzelnen Ländern, die ganz oder teilweise in dieser Region liegen, sowie im Rahmen internationaler Projekte zu neuen Ergebnissen und Publikationen geführt. Es wurden seit 2002 zahlreiche, die Kaukasusregion betreffende neue Werke bzw. neue Bände oder Auflagen von Florenwerken herausgegeben. Beispielhaft genannt seien Konspekt der Kaukasus-Flora (TAKHTAJAN 2003–2012, vgl. auch SHVANOVA 2010), weitere Konspekte, Floren, Enzyklopädien und Checklisten für südkaukasische Länder (z. B. TAKHTAJAN 1954–2011, KETZKHOVELI et al. 1971–2011, GAGNIDZE 2005, AVETISIAN 2007, ASKEROV 2010, MANVELIDZE et al. 2010) oder für das russische Kaukasusgebiet (z. B. ZERNOV 2006, LITVINSKAYA 2006, MURTAZALIEV 2009). Außerdem erschienen seitdem einige reich illustrierte, auch Gehölze enthaltende Pflanzenbücher, z. B. KIKODZE et al. (2007), GABRIELIAN & FRAGMAN-SAPIR (2008), SHETEKAURI & JACOBY (2009), ZERNOV (2010). Neuere Monographien von Gehölzgattungen und Handbücher bezogen Arten aus dem Kaukasusgebiet ein, z. B. McALISTER (2005), FARJON (2010), DEBRECZY & RÁCZ (2011), ASHBURNER & McALISTER (2013). Zu einigen Gattungen erschienen neuere Arbeiten, so zu *Rosa* für Georgien (GAGNIDZE et al. 2010), *Pyrus* und *Crataegus* in Armenien und angrenzendem Südkaukasien (AKOPIAN 2007, 2010; SARSYAN 2011) oder *Berberis* in Aserbaidschan (TALYBOV & IBRAHIMOV 2012).

Trotz diverser grundlegender Arbeiten in Kaukasien oder unter Einbeziehung des Kaukasusgebietes besteht noch reichlich Forschungsbedarf, u. a. zur Klärung der Taxonomie solcher Gattungen wie *Juniperus, Betula, Crataegus, Rosa, Rubus, Sorbus* oder *Pyrus*. Die Kenntnislücken können nicht allein durch Herbarstudien geschlossen werden, sondern erfordern Einbeziehung umfassender Forschungsarbeiten im Gelände und Labor, möglichst kombiniert mit Kulturversuchen.

Die Erhaltung der vielfältigen Flora Kaukasiens und insbesondere der endemischen kaukasischen Arten ist Anliegen aller 6 Staaten, die in der Kaukasusregion liegen (Armenien, Azerbaidschan, Georgien) oder Anteile an dieser haben (Russland, Türkei, Iran), wie auch internationaler Organisationen. Dabei sind die Kenntnis der Verbreitung und der Lebensräume der Arten sowie bei den in ihrem Bestand gefährdeten Arten die Analyse der Ursachen ihres Rückganges wesentliche Voraussetzungen für ihre Erhaltung und nachhaltige Nutzungen. Zur Sicherung der außerordentlichen biologischen Vielfalt Kaukasiens, einem „Hotspot" der Biodiversität von

weltweiter Bedeutung (vgl. SCHMIDT 2007c, PAROLLY et al. 2014), wurden nationale und internationale (z. B. WWF: ZAZANASHVILI & MALLON 2009) Strategien und Konzepte entwickelt. Projekte zur Erforschung der Flora Kaukasiens beziehen die Erhaltung ihrer Biodiversität ein, z. B. die „Pan-Caucasian Plant Biodiversity Initiative" des Botanischen Gartens und Botanischen Museums Berlin-Dahlem (BGBM) in Zusammenarbeit mit botanischen Institutionen der kaukasischen Länder (vgl. AGHABAYAN et al. 2010, BORSCH et al. 2014).

Nachdem im letzten Jahrzehnt neue Arbeiten über endemische Arten einzelner Gebiete (z. B. FAYVUSH 2007, ASKEROV 2011) oder neue Rotbücher einiger Länder (z. B. KRASNAJA KNIGA 2008, TAMANIAN et al. 2010) erschienen, wurde inzwischen ein wesentlicher Fortschritt für die Kaukasus-Region insgesamt erzielt. Nach Abschluss eines umfassenden Projektes (Critical Ecosystem Partnership Fund/USA, IUCN, Missouri Botanical Garden u. a.) unter Mitarbeit der Botaniker aller o. g. Länder wurde eine Rote Liste endemischer kaukasischer Pflanzenarten mit Einschätzung ihres Gefährdungsgrades nach IUCN-Kriterien herausgegeben (SOLOMON et al. 2014). Da alle kaukasischen Endemiten aufgelistet und bei entsprechender Datenlage bewertet werden, erlaubt das Buch auch einen Einblick in die Situation endemischer Arten der Dendroflora. Zugleich kommt die von den Autoren vertretene Auffassung zur taxonomischen Abgrenzung und Gliederung der Sippen zum Ausdruck. Dabei gibt es durchaus Fälle, wo offensichtlich keine Einigung erzielt werden konnte, denn einige Sippen werden sowohl als Art als auch als Unterart gelistet und bewertet (z. B. *Acer ibericum/ A. monspessulanum* subsp. *ibericum, Alnus barbata/ A. glutinosa* subsp. *barbata, Hedera caucasigena/ H. helix* subsp. *caucasigena*). Einige Projekte internationaler Organisationen waren speziell der Einschätzung der Gefährdung kaukasischer Gehölzarten (FFI & GTC 2005) oder ausgewählter Gattungen (z. B. *Pyrus*, vgl. SCHMIDT 2007, VGFI 2008, GRÄFE 2008), gewidmet.

Die Kultivierung endemischer Arten in botanischen Gärten kann sowohl einen Beitrag zu ihrer Erhaltung (Artenschutz ex situ) und Erforschung als auch zur Information der Öffentlichkeit über diese Arten und ihre Bedeutung leisten. So berichten ASIESHVILI et al. (2011) über die

Ergebnisse der Übernahme gefährdeter Gehölzarten Georgiens (z. B. *Berberis iberica, Pyrus sachokiana, Salvia garedji*) in Kultur. In neu herausgegebenen Verzeichnissen der in Kultur befindlichen Pflanzen wird oft auf Arten, die in Rote Listen Aufnahme fanden, hingewiesen (z. B. BATUMI BOTANICAL GARDEN 2012). Über solche Pflanzen aus der Kaukasus-Region kann man sich auch in entsprechenden Kaukasus-Abteilungen botanischer Gärten oder Arboreten Deutschlands (z. B. Berlin, PAROLLY et al. 2014) informieren.

II. Methodische Hinweise zu den Nachträgen und Ergänzungen zu den Bäumen und Sträuchern Kaukasiens von SCHMIDT (2002–2007)

Die Nachträge und Ergänzungen werden nach Familien analog der Teile 1–6 von SCHMIDT (2002–2007) angeordnet. Die Familien sind wie in SCHMIDT (2002–2007) nummeriert, wobei nur Familien und Gattungen aufgenommen wurden, wenn zu den Gattungen oder einzelnen Arten neuere Publikationen oder Erkenntnisse bekannt wurden. Der Autor bittet um Nachsicht, wenn ein Leser bestimmte Familien, deren Gattungen berücksichtigt wurden, vermeintlich vermisst oder sie nicht unter den Familiennamen, die aktuell in Gebrauch sind, findet. Bei den systematischen Umgrenzungen der Pflanzenfamilien und Zuordnungen von Gattungen zu den Familien haben sich durch neue molekularbiologische Forschungsergebnisse seit SCHMIDT (2002–2007) wesentliche Änderungen ergeben, die aber hier bewusst unberücksichtigt bleiben, um den Vergleich mit den damaligen Publikationen zu erleichtern.

Bei den wissenschaftlichen Namen der in SCHMIDT (2002–2007) bereits genannten Arten und infraspezifischen Sippen wird auf die Wiedergabe der Autoren der Taxa verzichtet, wenn sich keine Änderungen ergaben. Die Autoren neu aufgenommener, erstmalig genannter Taxa werden dagegen angegeben.

Es ist aus verschiedenen Gründen ausgeschlossen, für die Nachträge Vollständigkeit zu erreichen. Obwohl nicht die gesamte, seit 2002–2007 erschienene Literatur berücksichtigt werden kann, erschien es sinnvoll, eine Aktualisierung vorzunehmen. Einen Anstoß dazu gab letztlich die Rote Liste der endemischen Pflanzenarten Kaukasiens (SOLOMON et al. 2014), in der auch alle Gehölzarten aufgelistet sind, unabhängig davon, ob sie gefährdet oder ungefährdet sind oder unzureichende Daten keine Einschätzung des Gefährdungsgrades zuließen. Da die Autoren Arten der in den Iran und die Türkei reichenden kaukasischen Florengebiete aufgenommen haben, wird verschiedentlich auch auf solche Gehölzarten eingegangen.

Von SCHMIDT (2002–2007, 2011) wurden diverse aus Kultur verwildernde Arten, die sich in Kaukasien eingebürgert haben, ebenfalls behandelt. In vorliegendem Nachtrag wird auf Aktualisierungen für in Kaukasien nicht einheimische Arten, die heute als etabliert oder sogar invasiv gelten, verzichtet. Dem Thema widmen sich aber kaukasische Autoren zunehmend. Es seien nur beispielsweise einige nach TIMUKHIN & TUNIYEV (2010) an der kaukasischen Schwarzmeerküste und in den angrenzenden Bergwäldern im Gebiet von Sotschi auftretende, von den Autoren als invasiv eingeschätzte Arten genannt: *Acacia dealbata, Ailanthus altissima, Amorpha fruticosa, Buddleja davidii, Catalpa ovata, Cupressus lusitanica, Euonymus japonica, Juglans regia, Laburnum anagyroides, Morus alba, Paulownia tomentosa, Platycladus orientalis, Robinia pseudoacacia, Trachycarpus fortunei*.

III. Nachträge und Ergänzungen zu Teil 1: Nadelgehölze und sonstige Nacktsamer (Gymnospermae) (SCHMIDT 2002, 2004)

Zu 1.1 Cupressaceae – Zypressengewächse

– *Juniperus* – Wacholder
Die divergierenden Auffassungen zu den Wacholder-Arten in Kaukasien halten bis in die Gegenwart an. In der Checklist der Flora Georgiens gibt GAGNIDZE (2005) 6 Arten an: *J. oblonga, J. hemisphaerica* (Syn. *J. depressa*), *J. pygmaea, J. rufescens* (Syn. *J. oxycedrus*), *J. sabina, J. foetidissima* und *J. polycarpos*. Lediglich *J. sabina* und *J. foetidissima* sind unstrittige Arten. Von den anderen Sippen erkennt FARJON (2010) für Kaukasien nur *J. communis* mit den Varietäten var. *communis* (incl. *J. hemisphaerica, J. oblonga, J. depressa*) und var. *saxatilis* (incl. *J. pygmaea*), *J.*

oxycedrus (subsp. *oxycedrus*, Syn. *J. rufescens*) und *J. excelsa* mit den Unterarten subsp. *excelsa* und subsp. *polycarpos* an.

Juniperus communis s.l. – Gewöhnlicher Wacholder i. w. S.

Lediglich bei dieser Art ergeben sich wesentliche Differenzen zwischen der o. g. Darstellung von FARJON (2010) und SCHMIDT (2002, 2003b), denn letzterer unterscheidet *J. communis* subsp.

oblonga als kaukasische Unterart und **subsp. *hemisphaerica*** (incl. *J. depressa, J. pygmaea*) als mediterran-kleinasiatisch-kaukasische Hochgebirgssippe. Die beiden Sippen finden sich mit diesen Epitheta, wenn auch mit anderem taxonomischen Status, ebenso bei SHETEKAURI & JACOBY 2009 (als Arten) und DEBRECZY & RÁCZ 2011 (als Varietäten). Im Konspekt der Kaukasusflora (IMKHANITSKAYA in TAKHTAJAN 2003) wird neben subsp. *oblonga* und subsp. *hemispha-*

Abb. 1 Hoher Wacholder (*Juniperus excelsa* subsp. *excelsa*), ein Baumwacholder, dessen Areal vom östlichen Mittelmeergebiet bis an die kaukasische Schwarzmeerküste reicht.
Alle Fotos
P. A. SCHMIDT.

erica noch subsp. *pygmaea* unterschieden. Uner-klärlich ist, wie in ein- und demselben Werk (So-LOMON et al. 2014) eine identische Sippe (subsp. *hemisphaerica*) in verschiedenen Kapiteln so-wohl als Art (*J. depressa*) als auch als Unterart (*J. communis* subsp. *saxatilis*) erscheint, zumal mit ungültigen Namen.

Juniperus excelsa s.l. – Hoher Wacholder i.w.S.
ADAMS (2004) und DEBRECZY & RÁCZ (2011) fassen *J. polycarpos* als eigene südkaukasisch bis vorder- und mittelasiatisch verbreitete Art auf. Im Gegensatz zu FARJON (2001, 2010), SCHMIDT (2002) oder NESHATAYEV & NESHATAYEVA (2010) schließen sie die Sippe also nicht als Un-terart subsp. *polycarpos* in *J. excelsa* ein. Wäh-rend ADAMS und FARJON *J. excelsa* s. str. (= *J. excelsa* subsp. *excelsa*; Abb. 1) auch für Südkau-kasien angeben, sehen SCHMIDT (2003b) und IM-KHANITSKAYA (in TAKHTAJAN 2003) darin eine ostmediterrane Sippe, deren Areal nur bis an die kaukasische Schwarzmeerküste Russlands reicht (Abb. 1). Auch GAGNIDZE (2005) oder LACHAS-HVILI et al. (2014) geben für Georgien nur *J. po-lycarpos* an. Letztere Autoren beschreiben die Wacholder-Lichtwälder mit *J. polycarpos, J. foe-tidissima* und *J. oxycedrus* als typische Formatio-nen semiarider kaukasischer Regionen aus dem östlichen Georgien.

Juniperus oxycedrus s.l. – Stech-Wacholder i.w.S.
Auf der Basis molekulargenetischer Untersu-chungen stellte ADAMS (2004) fest, dass sich die Populationen von *J. oxycedrus* s.l. im westlichen Mittelmeergebiet von denen im Osten des Areals (Balkan-Halbinsel über Kleinasien bis Kauka-sien) unterscheiden und beschrieb aus Griechen-land eine neue Art: *J. deltoides* R.P. ADAMS (Abb. 2). Damit würden die kaukasischen Popu-lationen auch zu *J. deltoides* gehören. Die mor-phologischen Unterschiede sind winzig. Bei *J. deltoides* sollen im Gegensatz zu *J. oxycedrus* s. str. die Nadeln zur Basis hin nicht verschmälert, sondern so breit wie die sonstige Spreite sein, au-ßerdem sollen die weißen Spaltöffnungsbänder nicht eingetieft sein, so dass die Mittelrippe nicht erhaben ist, sondern die Nadeloberseite flach er-scheint. Im Gegensatz zu DEBRECZY & RÁCZ (2011) erkennt FARJON (2010) diese Art nicht an, sondern führt *J. deltoides* unter den Synonymen von *J. oxycedrus* subsp. *oxycedrus* auf. Unklar

Abb. 2 Die Populationen im östlichen Arealbereich des Stech-Wacholders (*Juniperus oxycedrus* s.l.), damit auch die Vorkommen im Kaukasusgebiet, trennen einige Autoren als eigene Art *J. deltoides* ab.

bleibt, weshalb georgische Autoren wie GAG-NIDZE (2005) oder LACHASHVILI et al. (2014) an-stelle des korrekten Namens *J. oxycedrus* den jüngeren Namen *J. rufescens* verwenden.

Zu 1.3 Pinaceae – Kieferngewächse

– *Pinus* – Kiefer
Pinus brutia subsp. *eldarica* – Eldar-Kiefer, subsp. *pityusa* – Pizunda-Kiefer
Die meisten russischen und südkaukasischen Autoren (z.B. TAKHTAJAN 2003, GAGNIDZE 2005, MANVELIDZE et al. 2006, ORLOVA & FIR-SOV 2013) fassen bis heute die beiden sonst als Unterarten (vgl. SCHMIDT 2002, 2004, NESHA-TAYEV & NESHATAYEVA 2010) oder Varietäten (FARJON 2001, 2010) der Brutia-Kiefer, *P. brutia* s.l., geführten Sippen Eldar-Kiefer und Pizunda-Kiefer weiter als eigene Arten auf. Auch in So-LOMON et al. (2014) werden die beiden Sippen als endemische kaukasische Arten gelistet und als beinahe gefährdet (*P. eldarica*, Aserbaidschan) bzw. als stark gefährdet (*P. pityusa*, Georgien und Russland) eingestuft.

Pinus nigra subsp. *pallasiana* – Taurische Schwarz-Kiefer, Krim-Kiefer
Diese Kiefer, deren Areal von der Krim bis an die kaukasische Schwarzmeerküste Russlands reicht,

Abb. 3 Lichter Bestand der kaukasischen Unterart der Gewöhnlichen Kiefer (*Pinus sylvestris* subsp. *hamata*) im Kleinen Kaukasus (Bakuriani)

wird von russischen und südkaukasischen Autoren (z. B. TAKHTAJAN 2003, LITVINSKAYA 2006, SLEPYKH & KOVALEVA 2010, ORLOVA & FIRSOV 2013) weiterhin als eigene Art *P. pallasiana* aufgefasst.

Pinus sylvestris subsp. *hamata* – Kaukasus-Kiefer (Abb. 3 und 7)

Die sich nur geringfügig von der Typus-Unterart (subsp. *sylvestris*) unterscheidenden kaukasischen Populationen von *P. sylvestris* (bei FARJON 2010 und DEBDRECZY & RÁCZ 2011 var. *hamata*, bei SCHMIDT 2002 und ZERNOV 2010 subsp. *hamata*) werden von den meisten russischen und südkaukasischen Autoren nach wie vor als eigene Art (*P. kochiana*, z. B. TAKHTAJAN 2003, LITVINSKAYA 2006, NESHATAYEV & NESHATAYEVA 2010) aufgefasst. Teils werden sie sogar zwei Arten zugeordnet (*P. kochiana* und *P. sosnowskyi*; z. B. GAGNIDZE 2005, SHETEKAURI & JACOBY 2009, MANVELIDZE et al. 2010).

IV. Nachträge und Ergänzungen zu Teil 2: Laubgehölze der Familien Aceraceae bis Cornaceae (SCHMIDT 2003)

Zu 2.1 Aceraceae – Ahorngewächse

– *Acer* – Ahorn

Die bisher für Georgien nur vermutete Art *Acer divergens* (vgl. SCHMIDT 2003) hat GAGNIDZE (2005) in seine Checkliste für Georgien aufgenommen, sie wird jedoch in SOLOMON et al. (2014) nur für den türkischen Anteil Kaukasiens aufgeführt (hier var. *divergens* als stark gefährdet und var. *trilobum* YALT. als vom Aussterben bedroht). Die westkaukasische Art *A. sosnowskyi* stufen die Autoren ebenfalls als gefährdet ein. Nicht gelistet wird der Hyrkanische Ahorn (*A. hyrcanum*), denn die südkaukasischen Vorkommen liegen am Rande eines weiter ausgedehnten, SO-Europa und SW-Asien einnehmenden Areals. Die variable Art wird meist in mehrere Unterarten gegliedert, wobei GRIMSHAW & BAYTON (2009) bei den Verbreitungsangaben für keine dieser Sippen das Kaukasusgebiet nennen. Die im Variationsbereich von A. *cappadocicum* liegenden kaukasischen Populationen trennen verschienene Autoren nach wie vor als eigene Art *A. laetum* ab (z. B. GAGNIDZE 2005, ZERNOV 2010; Abb. 4). In SOLOMON et al. (2014) erscheint diese Art in verschiedenen Kapiteln entweder unter diesem oder jenem Namen.

Zu 2.3 Apocynaceae – Hundsgiftgewächse

– *Trachomitum sarmatiense* WOODSON – Sarmatisches Hundsgift
Syn.: *T. venetum* subsp. *sarmatiense* (WOODSON) V. AVET.

Diese von SCHMIDT (2003) nicht berücksichtige Art, oft auch in die Gattung *Apocynum* eingeordnet, zählt LITVINSKAYA (2006) als Halbstrauch zur Gehölzflora. Die Art ist pontisch-ostmediterran-kleinasiatisch-kaukasisch verbreitet. Die bis 1 m hohe, purpurrosa blühende Pflanze, eher eine Staude, wächst entlang von Fließgewässern, auf sumpfigen Standorten und salzhaltigen Sandböden. Die Art ist sehr polymorph, aus Kaukasien sind nach LITVINSKAYA über 30 Varietäten beschrieben.

– *Vinca* – Immergrün
Von SCHMIDT (2003) wurden nur zwei Sippen des Immergrüns (*V. minor*, *V. major* subsp. *hirsuta*), die als Staudenstrauch zumindest teilweise verholzende Sprossachsen aufweisen, aufgenommen. LITVINSKAYA (2006) gibt neben den von ihr als immer- oder wintergrüne Halbsträucher charakterisierten Arten Kleines Immergrün (*V. minor*) und Großes Immergrün (*V. major* mit Synonym *V. pubescens*, also keine Abtrennung von subsp. *hirsuta*) noch als sommergrünen Halbstrauch *V. herbacea* WALDST. & KIT. (Areal von SO- und O-Europa über Kleinasien bis Kaukasien) an. ZERNOV (2010) stellt ebenfalls die 3 Arten (als Zwergsträucher) im russischen Westkaukasien vor, allerdings anstelle *V. major* als Art *V. pubescens*.

Zu 2.4 Aquifoliaceae – Stechpalmengewächse

– *Ilex colchica* – Kolchische Stechpalme
(Abb. 5)
GAGNIDZE (2005) untergliedert *I. colchica* weiterhin in die Unterarten subsp. *colchica* und subsp. *imerethica*. LITVINSKAYA (2006) unterscheidet neben *I. colchica* (bis 2,5 m hoch, Blatt jederseits mit 5–6 dornigen Zähnen, Nerven auf der Blattoberseite stark hervortretend) noch *I. stenocarpa* (nur 0,5 m hoch; Blatt jederseits nur mit 3–5 dornigen Zähnen). Auch TIMUCHIN et al. (2009) und PLOTNIKOV (2010) geben aus den

Abb. 4 Kolchischer Ahorn (*Acer cappadocicum*), von kaukasischen Autoren meist als eigene Art *Acer laetum* angesehen, im Kleinen Kaukasus (Nationalpark Borjomi-Kharagauli).

Abb. 5 Kolchische Stechpalme (*Ilex colchica*) im Surami-Gebirge (Georgien)

westkaukasischen Buchen- und Tannenwäldern die Art *I. stenocarpa* an, die jedoch von anderen Autoren (vgl. SCHMIDT 2003, ZERNOV 2006) in die Kolchische Stechpalme einbezogen wird, und auch in SOLOMON et al. (2014) keine Erwähnung als endemische kaukasische Art findet.

Zu 2.5 Araliaceae – Araliengewächse

– *Hedera* – Efeu

GAGNIDZE (2005) führt in seiner Checkliste der Gefäßpflanzen Georgiens lediglich die drei bekannten Arten *H. helix, H. colchica* und *H. pastuchovii* auf. Er erkennt also die als *H. caucasigena* beschriebene Sippe nicht an, weder als Art

Abb. 6a Kolchisches und hyrkanisches Florenelement in der Gattung *Hedera*
oben: Kolchischer Efeu (*Hedera colchica*) in der Kolchischen Niederung (W-Georgien)
unten: Persischer Efeu (*Hedera pastuchowii*) im Naturreservat Lagodechi (O-Georgien)

noch als Unterart von *H. helix*. Obwohl MENITSKY – ganz im Gegensatz zu GAGNIDZE – sonst ein Vertreter weit gefasster Arten ist, überrascht seine Bearbeitung von *Hedera* im Konspekt der Kaukasus-Flora (MENITSKY 2008). Er unterscheidet **H. helix subsp. caucasigena** als kaukasische Unterart von der Typus-Unterart (subsp. *helix*) und gibt die differenzierenden Merkmale wie in SCHMIDT (2003) an. Im westlichen und zentralen Südkaukasien treten vereinzelt Pflanzen von *H. helix* mit hellgrünen, seicht gelappten Blättern und orangegelben Früchten, die als **fo. poetarum** (NICOTRA) MCALL. & A. RUTHERF. bekannt sind, auf. Diesen sonst im Mittelmeerraum natürlich oder verwildert vorkommenden Dichter- oder Italienischen Efeu stuft MENITSKY sogar als Art **H. chrysocarpa** WALSH ein.

Da es manchmal nicht leicht ist, die kaukasischen Arten *H. pastuchowii* und *H. colchica* (Abb. 6a, b) sicher abzugrenzen, werden die von MENITSKY (2008) genannten differenzierenden Merkmale für *H. pastuchowii* wiedergegeben: dünnere (papierartige, nicht ledrige), gewöhnlich rhombische Blattspreiten generativer Sprosse, Blätter ohne Geruch, kürzere (bis 0,7 mm) und schmalere Kelchzähne. Wird der vom Persischen Efeu auch genetisch nur schwach getrennte auf Zypern endemische Efeu als Unterart *H. pastuchowii* subsp. *cypria* (MCALL.) HAND aufgefasst, dann wäre die im ostkaukasisch-hyrkanischen Gebiet vorkommende Sippe korrekt *H. pastuchowii* subsp. *pastuchowii* zu nennen.

Zu 2.9 *Berberidaceae* – Berberitzengewächse

– *Berberis* – Berberitze, Sauerdorn

Im Konspekt der Kaukasusflora (TAKHTAJAN 2012) unterscheidet GABRIELIAN 4 Arten: *B. crataegina, B. integerrima, B. turcomanica, B. vulgaris*. Die Georgische Berberitze, *B. iberica*, von GAGNIDZE (2005) und SOLOMON et al. (2014) als Art anerkannt, wird von ihr der klein- bis vorderasiatisch verbreiteten Art *B. crataegina* zugeordnet (zur Ähnlichkeit beider Arten vgl. SCHMIDT 2003). Die mittelasiatische Art *B. turcomanica* reicht bis Südkaukasien, wo bisher eine Jerewan-Berberitze (**subsp. erivanensis**) abgetrennt wurde. Dieser Namen erscheint jetzt als Synonym unter *B. integerrima*, einer Art mit weiter Verbreitung von Kleinasien bis Mittelasien, China und Kaschmir. GABRIELIAN (2012) betont die schwierige Abgrenzung der Arten, was wiederum keine sichere Aussage zu ihrer Verbreitung zulasse. Die zahlreichen Übergangsformen seien Ergebnis eines intensiven Hybridisierungsprozesses, wobei Hybridpopulationen heute dort auftreten können, wo die Elternarten nicht mehr vorkommen. Besonders häufig sind Bastarde im Süden Südkaukasiens (Armenien, Karabach, Nachitschewan, auch in angrenzenden Gebieten von Iran und Türkei), vor allem zwischen den weit verbreiteten Arten *B. vulgaris* und *B. integerrima*, aber auch *B. vulgaris* × *B. crataegina*, *B. vulgaris* × *B. turcomanica*, *B. crataegina* × *B. turcomanica*. Diese Vielfalt gliedern die aserbaidschanischen Autoren TALYBOV & IBRAHIMOV (2012) durch Ausweisung von Arten, so unterscheiden sie allein für Nachitschewan 6 Arten. Außer den bereits genannten Arten *B. integerrima*, *B. iberica* und *B. vulgaris* (mit den Formen fo. *alba* und fo. *lutea*) sind dies *B. orientalis* (bei SCHMIDT 2003 als *B. vulgaris* subsp. *orientalis*), *B. sphaerocarpa* KARELIN & KIRILOV und *B. densiflora* (bei SCHMIDT 2003 = *B. iberica*).

Zu 2.10 *Betulaceae* – Birkengewächse

– *Betula* – Birke (SCHMIDT 2003, Nachtrag 2005)
Der Kenntnisstand zu den im Kaukasusgebiet vorkommenden Birkenarten ist nach wie vor unbefriedigend – trotz vorliegender Bearbeitung im Konspekt der Kaukasus-Flora (MENITSKY 2012a) oder der Birken-Monographie von ASHBURNER & MCALISTER (2013). Obgleich die Zahl der bisher unterschiedenen Arten (vgl. SCHMIDT 2003) reduziert wurde, erscheint es, dass mehr Probleme als Lösungen aufgezeigt werden. Unterschiedliche Ploidiestufen (von 2n=28 bis 2n=168, ASHBURNER & MCALISTER 2013), verbreitet vorkommende Bastarde und Rückkreuzungen mit deren Elternarten erschweren die Abgrenzung der Arten, dazu kommen unterschiedliche Artauffassungen der Autoren.

In SOLOMON et al. (2014) werden unter den endemischen kaukasischen Arten *B. browicziana* (nur türkischer Anteil Kaukasiens, vgl. SCHMIDT 2005), *B. medwediewii*, *B. megrelica* als gefährdete und *B. raddeana* als beinahe gefährdete Birken-Arten gelistet.

Betula medwediewii agg. – Artengruppe Medwedew-Birke
Die meisten russischen und südkaukasischen Autoren (z. B. GAGNIDZE 2005) unterscheiden nach wie vor die beiden westkaukasischen Arten *B. medwediewii* und *B. megrelica*. Dagegen führt SKVORTSOV (2002) *B. megrelica* nur als Synonym unter *B. medwediewii* an, auch MENITSKY (2012a) ordnet *B. megrelica* ohne Kommentar *B. medwediewii* zu. Dagegen legen ASHBURNER & MCALISTER (2013) dar, dass die beiden Strauchbirken als zwei Arten behandelt werden sollten, da sie in einigen morphologischen Merkmalen und der Chromosomenzahl voneinander abweichen.

B. medwediewii zeichnet sich durch dicke, steife, nur anfangs etwas seidig behaarte, dann glänzend gelbgrüne oder braune Triebe mit großen (meist 5–9 cm lang, 3–6 cm breit), eiförmigen bis rundlichen Blättern und durch große (2,5–4 cm lang), aufrechte Fruchtkätzchen aus. Die Triebe strömen beim Zerreiben einen aromatischen Duft aus - ähnlich wie bei der nordamerikanischen Gelb-Birke (*B. alleghaniensis*), mit der sie nach ASHBURNER & MCALISTER nicht nur zu einer Sektion (Lentae) gehört, sondern vermutlich am engsten verwandt ist.

B. megrelica hat graue, behaarte, nicht glänzende Triebe, kleinere und schmalere (4–6 cm lang, 2,2–3,6 cm breit), elliptische bis breit elliptische, stärker behaarte Blätter und kleinere Fruchtkätzchen (bis 1,8–3 cm lang).

Beide Arten sind hochpolyploid, *B. medwediewii* besitzt einen 10fachen Chromosomensatz (x = 14, 2n = 140), *B. megrelica* weist einen noch höheren Ploidiegrad auf (2n = 168). Erstaunlich ist jedoch, dass für den Berg Migaria, dem isolierten einzigen Vorkommen von *B. megrelica* am Südabfall des westlichen Großen Kaukasus, von ASHBURNER & MCALISTER im Gegensatz zu kaukasischen Autoren ebenfalls *B. medwediewii* angegeben wird. Auch erwies sich ein Teil der aus Samen von *B. megrelica* gezogenen Nachkommen als Hybriden mit *B. medwediewii*. Dies könnte jedoch so interpretiert werden, dass es sich wirklich nur um eine Art handelt, zu deren Variationsbereich die beiden als Arten beschriebenen Populationen im westlichen Großen und Kleinen Kaukasus gehören. Was die unterschiedlichen Ploidiestufen betrifft, so treten solche auch bei anderen Birken-Arten auf (z. B. *B. chinensis* MAXIM., *B. dahurica* PALL.).

Betula pendula – Gewöhnliche Birke, Hänge- oder Sand-Birke

In Kaukasien weist diese Art nach MENITSKY (2012a) keineswegs immer Harzwarzen an der Zweigen oder die typische Blattform wie im europäischen Areal auf (s. unter *B. pubescens* agg.). Liegen keine Jungtriebe und jungen Blätter vor, an denen das Behaarungsmerkmal beurteilt werden kann, dann sei eine Unterscheidung von *B. pubescens* agg. kaum möglich. Bei ASHBURNER & MCALISTER (2013) sind in der Verbreitungskarte von *B. pendula* (subsp. *pendula*) einige kleinere kaukasische Teilareale eingetragen, es wird aber auf das Vorkommen und die Merkmale der Art in Kaukasien nicht eingegangen.

Betula pubescens agg. – Artengruppe Moor-Birke (Abb. 7 und 8 a, b)

„Echte" Moor-Birke (*B. pubescens* s.str.) wurde für das Kaukasusgebiet bisher meist nicht angegeben, jedoch führt MENITSKY (2012a) einige Vorkommen auf (vgl. auch Hinweise auf das benachbarte NO-Anatolien in ZARE et al. 2010). Er sieht aber Probleme der sicheren Ansprache bei Verwendung üblicherweise zur Bestimmung herangezogener Merkmale (Blattform, Behaarung der Jungtriebe, Bärtchen in Aderwinkeln, Fehlen von Harzwarzen an den Zweigen), denn sie variieren beträchtlich. Zudem glaubt er, dass die zur Unterscheidung von Moor- und Hänge-Birke gewöhnlich verwendeten Merkmale nur bedingt geeignet seien. Die Form der Blattspreite (mehr eiförmig mit abgerundeten Seitenecken bei *B. pubescens* s.l., mehr dreieckig-deltoid mit kaum abgerundeten Seitenecken bei *B. pendula*) und die Ausrichtung der Seitenlappen der Tragblätter weiblicher Blüten (aufwärts gebogen bei *B. pubescens* s.l., abwärts gebogen bei *B. pendula*) korrelieren nicht immer mit der Behaarung der Jungtriebe und der Blattspreiten.

In den kaukasischen und kleinasiatischen Gebirgen wird *B. pubescens* weitgehend ersetzt durch **B. litwinowii**. Diese Sippe wurde inzwischen auch für die hyrkanische Florenprovinz im Elburs (Iran) nachgewiesen (ZARE et al. 2010). Bei *B. litwinowii* verkahlen Jungtriebe und Blätter und können sogar Harzwarzen auftreten, so dass die Unterscheidung von *B. pendula* schwie-

Abb. 7 Birken (*Betula pubescens* agg.) und Kiefer (*Pinus sylvestris* subsp. *hamata*) in der hochmontan-subalpinen Stufe des Kleinen Kaukasus (Bakuriani)

rig werden kann. Die Merkmale erinnern an die in europäischen Gebirgen vorkommende Karpaten-Birke, *B. pubescens* subsp. *carpatica* (WILLD.) SIMONK., bzw. an Bastarde von Moor- und Hänge-Birke.

SKVORTSOV & SOLOVYOVA (2010) wiesen nach, dass *B. litwinowii* wie *B. pubescens* tetraploid (2n = 56) ist und sehen in der Sippe eine nur schwach differenzierte kaukasische Rasse. ASHBURNER & MCALISTER (2013) wollen dieser weder den Rang einer Art noch Unterart zuerkennen und ordnen sie als Varietät der Moor-Birke zu: *B. pubescens* var. *litwinowii* (DOLUCH.) ASHBURNER et MCALL., was zur Klärung des Problems kaum beiträgt. Zum Variationsbereich von *B. litwinowii* gehören auch die bei SCHMIDT (2003) als wenig bekannte, endemische Art des Kleinen Kaukasus und angrenzenden Kleinasiens angegebene *B. recurvata* und nach ASHBURNER & MCALISTER ebenso die aus Lazistan beschriebene *B. browicziana*. Beide Namen erscheinen auch in der IUCN Red List (SHAW et al. 2014) als Synonyme unter dieser Sippe. Dagegen wird *B. browicziana* in SOLOMON et al. (2014) als stark gefährdete Art zu den 50 Pflanzenarten gezählt, denen im türkischen Anteil Kaukasiens höchste Priorität für den Artenschutz gilt.

Betula raddeana – Raddes Birke

B. raddeana ist eine endemische kaukasische Art, die in der Regel von den anderen Birkenarten Kaukasiens gut unterschieden werden kann. Dies betrifft vor allem lebende Pflanzen, während ASHBURNER & MCALISTER (2013) bei Herbarbelegen doch Schwierigkeiten der Unterscheidung von bestimmten Formen von *B. pubescens* (agg.) einräumen. Allerdings verweist MENITSKY (2012a) darauf, dass die Art, wenn sie gemeinsam mit *B. litwinowii* (damit *B. pubescens* agg.) und *B. pendula* vorkommt, mit diesen Arten hybridisiert. Es können sich Hybridschwärme einschließlich der Nachkommen von Rückkreuzungen mit den Elternarten ausbilden. ASHBURNER & MCALISTER stellen die Verwandtschaft von *B. raddeana* mit der ostasiatischen Dahurischen Birke (*B. dahurica* PALL.) und der nordamerikanischen Schwarz-Birke (*B. nigra* L.) heraus (Sektion *Dahuricae* der Untergattung *Betula*).

Drei unter Verweis auf CZEREPANOV (1995) und GOVAERTS & FRODIN (1998) von SCHMIDT (2003) genannte, als endemische Arten für das Kaukasusgebiet geltende Arten gehören nach

Abb. 8 Birkenzweige benachbarter Birken aus Abb. 7 spiegeln die Variabilität der Birken und die Schwierigkeit ihrer Zuordnung zu *Betula*-Arten und/oder -Bastarden wider
oben: Der kaukasischen Sippe *Betula litwinowii* näher stehende Birke
unten: Der Moor-Birke, *Betula pubescens*, näher stehende Birke

MENITSKY und ASHBURNER & MCALISTER zu *B. raddeana* (Namen ohne nähere Hinweise als Synonyme zitiert): *B. aischatiae*, *B. maarensis*, *B. victoris*.

– *Carpinus* – Hainbuche

Nach wie vor gibt es Autoren (z. B. GAGNIDZE 2005), die den kaukasischen Populationen der europäischen Hainbuche Artrang (*C. caucasica*) zugestehen, aber im Konspekt der Kaukasusflora werden sie, wie heute allgemein üblich, von MENITSKY (2012a) *C. betulus* zugeordnet. In SOLOMON et al. 2014) erscheinen sie jedoch in den

Kapiteln für die einzelnen Länder entweder unter diesem oder jenem Namen. Von MENITSKY wird, wie bei SCHMIDT (2003), die Schuscha-Hainbuche als Bastard und nicht als eigene Art (so z. B. aktuell in SOLOMON et al.) aufgefasst: *C. ×schuschaensis* = *C. betulus* × *C. orientalis*. Dagegen listen NESHATAYEV & NESHATAYEVA (2010) *C. schuschaensis* als Art und bezeichnen den Bastard mit *C. ×grosseserrata*. Nach GRIMSHAW & BAYTON (2009) soll *C. ×schuschaensis* sogar im Handel erhältlich sein.

– *Corylus* – Hasel
Von den etwa 10 aus dem Kaukasusgebiet beschriebenen Hasel-Arten gibt GAGNIDZE (2005) allein 7 aus Georgien an. MENITSKY (2012a) lässt zwar einige Fragen offen, reduziert die Artenzahl aber deutlich, wobei sich weitgehend Übereinstimmung mit SCHMIDT (2003) ergibt. Dagegen finden sich in der Liste kaukasischer Endemiten bei SOLOMON et al. (2014) 7 Arten, wobei mit Ausnahme der eigenständigen Kolchischen Hasel (vgl. *C. colchica*) bei allen Arten die Datenlage unzureichend ist, um ihre Gefährdung einzuschätzen.

Corylus avellana - Gewöhnliche Hasel
Während die aus dem westlichen Großen und Kleinen Kaukasus beschriebene *C. egrissiensis* wegen ihrer die Nuss überragenden und tief geteilten Fruchthülle sonst *C. colurna* zugeordnet wird bzw. der Name nur als Synonym erscheint (vgl. SCHMIDT (2003), stellt sie MENITSKY (2012a) zu *C. avellana* und vermutet, dass es sich um eine Übergangsform zwischen dieser Art und *C. pontica* handelt.

Corylus colchica – Kolchische Hasel
C. colchica ist die einzige Hasel, für die SOLOMON et al. (2014) eine Gefährdungskategorie in der Roten Liste kaukasischer Endemiten angeben. Sie gehört sogar zu den 50 prioritären Pflanzenarten Georgiens, die am schutzbedürftigsten sind.

Corylus colurna s. l. – Baum-Hasel, Türkische oder Georgische Nuss
GAGNIDZE (2005) führt als Baum-Hasel für Georgien *C. iberica* an, wobei er den korrekten Namen *C. colurna* als Synonym angibt! Für die aus Südkaukasien beschriebenen Arten *C. iberica* und *C. cervorum* (Karabach) geben die Autoren

solche unbeständigen differenzierenden Merkmale an, dass sie nach MENITSKY (2012a) selbst zur Unterscheidung geografischer Rassen nicht geeignet seien. Deshalb führt er die Namen als Synonyme unter *C. colurna* (vgl. auch SCHMIDT 2003) an. Damit würde auch die Zuordnung der als Hybriden *C. avellana* × *C. iberica* aus dem westlichen Südkaukasien beschriebenen *C. ×gudarethica* und *C. ×fominii* zu der Bastard-Baum-Hasel, *C. ×colurnoides*, seine Bestätigung finden.

Corylus maxima – Lambert-Hasel, Lambertnuss
Wie schon von SCHMIDT (2003) herausgestellt, reicht das natürliche Areal – trotz verschiedener Literaturangaben – nicht nach Kaukasien. Auch MENITSKY (2012a) gibt die Lambertnuss nur als kultiviert (westliches Südkaukasien) und gelegentlich verwildert (Adscharien) an.

Corylus pontica K. KOCH – Pontische Hasel
Im Gegensatz zu GOVAERTS & FRODIN (1998), die die Pontische Hasel der Gewöhnlichen Hasel als Varietät zuordnen (*C. avellana* var. *pontica*), wurde sie in SCHMIDT (2003) als eigene Art behandelt. Als solche führt sie auch MENITSKY (2012a), wobei kein Hinweis darauf erfolgt, dass es sich um eine Kultursippe handelt, wie verschiedentlich wegen der seit langer Zeit kultivierten und verwildert auftretenden Hasel vermutet wird. Von SCHMIDT wurden die divergierenden Auffassungen der Autoren zu *C. imeretica* dargestellt, darunter die Annahme, dass es sich um *C. pontica* handeln könne. Auch bei MENITSKY findet sich *C. imeretica* als Synonym unter *C. pontica*. Als *C. pontica* sehr nahe stehend sieht er ebenfalls *C. kachetica* an, die aber sonst, sofern nicht als eigene Art eingestuft (z.B. GAGNIDZE 2005), der Baum-Hasel zugeordnet wird.

Zu 2.11 Boraginaceae – Raublatt- oder Borretschgewächse

– *Onosma* – Lotwurz
Da die kaukasischen Lotwurz-Arten eher als Stauden anzusprechen sind, wurden sie von SCHMIDT (2003) nicht berücksichtigt. Da es jedoch Übergänge zu Halb- oder Zwergsträuchern gibt, sollen die von LITVINSKAYA (2006) für NW-Kaukasien als Gehölze behandelten 3 Arten genannt werden:

– *O. caucasica* M. Popov – Kaukasische Lotwurz: in Solomon et al. (2014) als kaukasischer Endemit; anfangs weißliche, später schwarzbraune Blütenkrone,

– *O. taurica* Willd. – Türkische oder Krim-Lotwurz: bis Krim und Kleinasien verbreitet; dunkelgelbe Blütenkrone (auch Goldtröpfchen genannt),

– *O. polyphylla* Ledeb. – Vielblättrige Lotwurz: nur Krim und NW-Kaukasien; Blütenkrone hell- bis sattgelb.

Zu 2.12 Brassicaceae – Kreuzblütengewächse

– *Aethionema* – Steintäschel

Zu den von Schmidt (2003) genannten Arten ergeben sich durch die Bearbeitung im Konspekt der Kaukasus-Flora (Dorofeev 2012) geringfügige Abweichungen: *A. szowitsii* wird *A. virgatum* (Boiss.) Hedge zugeordnet und *A. pulchellum* als eigene Art, deren Areal von NO-Kleinasien bis ins südliche Südkaukasien (Armenien, Aserbaidschan) reicht, aufgefasst. Letztere Art gehört auch zu den Steintäschel-Arten, die in die Rote Liste endemischer Arten Kaukasiens (Solomon et al. 2014) aufgenommen wurden, jedoch konnte der Gefährdungsgrad wegen unzureichender Datenlage nicht eingeschätzt werden.

– *Alyssum* – Steinkraut

In dieser Gattung kommen neben krautigen auch basal verholzende Arten vor. Dazu gehört die von Schmidt (2003) nicht berücksichtigte Art *A. oblongifolium* DC., ein zur Blütezeit dekorativer, bis 0,4 m hoher, durch Sternhaare silbriger, goldgelb blühender Halbstrauch mit spatelförmigen bis verkehrteiförmigen Blättern. Die Art besiedelt Trockenhänge und mergelige Küstenfelsen, kommt auf Sand und in Steppen im Umfeld des Schwarzen Meeres von SO-Europa über die Krim bis an die kaukasische Schwarzmeerküste vor.

Zu 2.13 Buxaceae – Buchsbaumgewächse

– *Buxus sempervirens* agg. – Artengruppe Gewöhnlicher Buchsbaum

Die enge Verwandtschaft der in Kaukasien als eigene Arten beschriebenen Buchsbäume wurde von Schmidt (2003) bereits dadurch zum Ausdruck gebracht, dass sie zu einer Artengruppe (*Buxus sempervirens* agg.) zusammengefasst wurden. Während Autoren wie Gagnidze (2005) oder Litvinskaya (2006) den Kolchischen Buchsbaum (Abb. 9) nach wie vor als eigene Art *B. colchica* auffassen, erkennt Menitsky (2012a) ihn nicht mehr als eigenständige Sippe an, sondern zitiert den Namen *B. colchica* als Synonym unter *B. sempervirens* subsp. *sempervirens*. Dagegen fasst er den in den südkaspischen Gebirgswäldern vorkommenden Hyrkanischen Buchsbaum, *B. hyrcana*, als eigene Sippe auf, jedoch nicht im Artrang, wie bei den kaukasischen Au-

Abb. 9 Kolchischer Buchsbaum (*Buxus colchica*) im westlichen Großen Kaukasus (Adygea, Russland)

toren sonst üblich, sondern als Unterart: *B. sempervirens* subsp. *hyrcana*. Letzterem folgen NESHATAYEV & NESHATAYEVA (2010), wogegen sie *B. colchica* als eigene Art akzeptieren.

Zu 2.14 *Capparaceae* – Kapernstrauchgewächse

– *Capparis* – Kapernstrauch

Abweichend von sonstigen Autoren (z.B. GAGNIDZE 2005, SCHMIDT 2003), soll nach dem Konspekt der Kaukasus-Flora (TZVELEV 2012b) der Kapernstrauch in Kaukasien nicht zu *C. spinosa* gehören, sondern zu einer Art *C. herbacea* WILLD., deren Areal von SO-Europa über Klein- bis Mittelasien reichen soll. Nach TZVELEV (1979) soll sich diese Art von der im Mittelmeergebiet vorkommenden *C. spinosa* durch (fast) gerade Nebenblattdornen, unterseits an den Blättern deutlich hervortretende Nerven und stärker zygomorphe Blüten unterscheiden.

Zu 2.15 Caprifoliaceae – Geißblattgewächse

– *Lonicera* – Heckenkirsche

Ein wenig beachtetes, aber arttypisches Merkmal für die Georgische oder Persische Heckenkirsche *L. iberica* beschreibt und illustriert SCHULZ (2010): Neben achselständigen kommen stets auch endständige Blütenpaare vor.

– *Sambucus* – Holunder

Der im vorigen Jahrhundert nur aus Armenien bekannte Tigran-Holunder *S. tigranii* wurde inzwischen auch in S-Georgien entdeckt, wo wir die Art während der Studienreise der DDG 2011 auch selbst sehen konnten (vgl. LIESEBACH & SCHMIDT 2012). Die Art zählt zu den stark gefährdeten endemischen Pflanzenarten Kaukasiens (SOLOMON et al. 2014).

Zu 2.16 Celastraceae – Spindelstrauchgewächse

– *Euonymus* – Spindelstrauch, Pfaffenhütchen

Eine neuere Studie zu den kaukasischen Spindelstrauch-Arten von SAVINOV (2010) kommt zu denselben Ergebnissen wie bei SCHMIDT (2003) dargelegt. Zum Gefährdungsgrad der einzigen endemischen kaukasischen Art der Gattung, *E. leiophloea*, erfolgt in SOLOMON et al. (2014) keine Aussage.

Zu 2.17 *Chenopodiaceae* – Gänsefußgewächse

– *Salsola* s.l. – Salzkraut

Unter den von SCHMIDT (2003) aufgeführten verholzten Arten der Gattung ist die endemische Art *Salsola daghestanica* in SOLOMON et al. (2014) als stark gefährdet und eine der 50 Arten im russischen Anteil Kaukasiens mit höchster Priorität für den Artenschutz eingestuft. Das von SCHMIDT unter *Salsola* eingeordnete Blaue Salzkraut (*S. glauca*) wird von anderen Autoren (z.B. GADZHIEV & JUSIFOV 2003, UOTILA 2011) einer anderen Gattung zugeordnet: *Halothamnus glaucus* (M. BIEB.) BOTSCH.

Zu 2.18 *Cistaceae* – Zistrosengewächse

– *Helianthemum* – Sonnenröschen

Die Sonnenröschen werden im Konspekt der Kaukasus-Flora von MENITSKY (2012c) neu gegliedert.
Die Artengruppe des Gewöhnlichen Sonnenröschens (*H. nummularium* agg.) mit 5 Arten bzw. Unterarten wird aufgelöst und es werden 3 Arten unterschieden:
– *H. nummularium* (incl. *H. tomentosum*),
– Artengruppe *H. grandiflorum* agg. mit *H. grandiflorum* (incl. *H. nitidum*) und *H. ovatum*.

Die Verwandtschaft des Grauen Sonnenröschens mit 4 Arten bzw. Unterarten wird in 2 Artengruppen gegliedert:
– *H. italicum* agg. mit *H. orientale* und *H. buschii*,
– *H. canum* agg. mit *H. ciscaucasicum* und *H. canum*.
Bei *H. georgicum* ist sich MENITSKY nicht sicher, ob es sich um *H. canum* s. str. handeln könnte. Nach SOLOMON et al. (2014) gehört *H. georgicum* als endemische georgische Art zu den gefährdeten Arten Kaukasiens. Das im Gegensatz zu den anderen Sippen als unstrittige Art allseits anerkannte Dagestanische Sonnenröschen, *H. dagestanicum*, wird sogar als stark gefährdet eingestuft.

Zu 2.17 *Convolvulaceae* – Windengewächse

– *Convolvulus* – Winde

Unter den von SCHMIDT (2003) aufgeführten niedrigen, basal verholzten Arten ist die endemische dagestanische Art *C. ruprechtii* nach SOLO-

MON et al. (2014) stark gefährdet und gehört zu den 50 Pflanzenarten im russischen Anteil Kaukasiens mit höchster Priorität für den Artenschutz.

Zu 2.20 Cornaceae – Hartriegelgewächse

– *Cornus* (s. l., incl. *Swida*) – Hartriegel, Kornelkirsche
Die Gattung *Cornus* wird von russischen und südkaukasischen Autoren (vgl. GAGNIDZE 2005, TAKHTAJAN 2008, SOLOMON et al. 2014) weiterhin in mehrere Gattungen aufgegliedert (vgl. SCHMIDT 2003).

Cornus sanguinea **agg. – Artengruppe Blutroter Hartriegel**
Mehrere der als *Swida*-Arten aus Kaukasien beschriebenen Hartriegel stehen *C. sanguinea* nahe und einige können dieser Art auch zugeordnet werden (vgl. SCHMIDT 2003, SCHULZ 2012, WCSP 2010). Ihre Behandlung im Konspekt der Kaukasus-Flora durch MENITSKY (2008) überrascht in mehrfacher Hinsicht. Einerseits erscheint der eigentliche Blutrote Hartriegel (*C. sanguinea* s. str.) nicht, denn der Autor fasst die ostsubmediterran-kaukasisch-orientalisch verbreitete Sippe **subsp. *australis*** (Abb. 10) als ei-

Abb. 10 Südlicher Blutroter Hartriegel (*Cornus sanguinea* subsp. *australis*) in unteren Berglagen des westlichen Großen Kaukasus (Adygea)

gene Art *Swida australis* (= *Cornus australis*) auf. Andererseits erkennt er die nach Autoren wie GAGNIDZE (2005) oder SOLOMON et al. (2014) endemischen kaukasischen Arten *Swida armasica* und *S. iberica* sowie die hyrkanische Art *S. meyeri* nicht an (Namen als Synonyme unter *S. australis*), akzeptiert aber *S. koenigii* als zweite Hartriegel-Art Kaukasiens. Dabei werden von anderen Autoren (WCSP 2010; SCHULZ 2012, THE PLANT LIST 2015) *Cornus iberica* und *C. meyeri* als eigene Arten eingestuft und gerade *C. koenigii* (Synonym oder eventuell etwas großblättrige Varietät von *C. sanguinea* subsp. *australis*) in Frage gestellt. SCHULZ (2012) stellt als arttypisches Merkmal für den Georgischen Hartriegel, *C. iberica*, die an 2- bis 3jährigen Zweigen bereits abblätternde Rinde heraus. In SOLOMON et al. (2014) wird eine dieser Art nahestehende Sippe unter *Swida armasica* (SANADZE) GVIN. (= *Cornus armasica*) als vom Aussterben bedrohter georgischer Endemit zu den 50 prioritären schutzbedürftigen Pflanzenarten Georgiens gezählt.

V. Nachträge und Ergänzungen zu Teil 3: Laubgehölze der Familien Ebenaceae bis Frankeniaceae (SCHMIDT 2004)

Zu 2.22 Elaeagnaceae – Ölweidengewächse

– *Hippophae rhamnoides* s. l. – Gewöhnlicher Sanddorn i. w. S.
In SCHMIDT (2004) wurde darauf hingewiesen, dass einige Autoren die kaukasischen Populationen des Sanddorns als eigene Unterart (*H. rhamnoides* subsp. *caucasica*) auffassen. In den Ergänzungen zur „Flora Armeniens" erkennt sie AVETISIAN (2007) sogar als eigene Art an: *H. caucasica* (ROUSI) TZVEL.

Zu 2.23 Empetraceae – Krähenbeerengewächse

– *Empetrum* – Krähenbeere
Einige Autoren stellen die kaukasischen Populationen der Krähenbeere zu *E. hermaphroditum* (vgl. SCHMIDT 2004), aber meist werden sie weiterhin als eigene Art *E. caucasicum* (z. B. GAGNIDZE 2005, LITVINSKAYA 2006) aufgefasst. Die Autoren in SOLOMON et al. (2014) konnten sich

offensichtlich nicht einigen, denn für die kaukasische Sippe werden die Namen *E. caucasicum* und *E. androgynum* V. N. VASSIL. **var.** *caucasicum* V. N. VASSIL. gleichberechtigt gelistet.

Zu 2.24 Ericaceae – Heidekrautgewächse

– *Arctostaphylos* – Bärentraube
Bis heute (z. B. SOLOMON et al. 2014, THE PLANT LIST 2015) werden die kaukasischen Populationen der Bärentraube meist als eigene Art *A. caucasica* aufgefasst, inzwischen ordnen sie aber einige Autoren der Kaukasus-Region (z. B. LITVINSKAYA 2006) der zirkumpolar verbreiteten Art *A. uva-ursi* zu. Sollten die differenzierenden Merkmale wirklich stabil sein, dann wäre die Einstufung als geografische Rasse im Range einer Unterart passend. GAGNIDZE (2005) nennt einen solchen Namen, jedoch nur als Synonym: *A. uva-ursi* **subsp.** *caucasica* KVARATZCHELIA.

– *Rhododendron* – Rhododendron, Alpenrose, Azalee
Von den 3 endemischen kaukasischen Arten *R. caucasicum*, *R. smirnowii* und *R. ungernii* wurde die erstgenannte in SOLOMON et al. (2014) hinsichtlich ihrer Gefährdung nicht bewertet, sie ist aber im Großen und Kleinen Kaukasus in der subalpinen bis alpinen Stufe verbreitet. Dagegen werden die nur im adscharisch-lazistanischen Gebiet vorkommenden Arten *R. smirnowii* und *R. ungernii* als gefährdet eingestuft.

Rhododendron ×*kesselringii* E. L. WOLF = *R. ponticum* × *R. smirnowii*
Unter den binär beschriebenen kaukasischen *Rhododendron*-Bastarden ging SCHMIDT (2004) nicht auf *R.* ×*kesselringii* ein, da dieser Name in der botanischen und dendrologischen Literatur Kaukasiens nicht erscheint. Im Zusammenhang mit der Würdigung von EGBERT L. WOLF, dem Autor dieser Sippe, wurde von SCHMIDT & LAVRENTYEV (2011) jedoch herausgestellt, dass die Pflanzen in St. Petersburg, nach denen dieser Bastard beschrieben wurde, aus Samen aus dem kaukasischen Verbreitungsgebiet der Elternarten angezogen wurden. Interessant ist, dass sich Pflanzen dieses Bastards auch heute gelegentlich in Kultur finden (z. B. Forstbotanischer Garten Tharandt, KNORR 2010).

– *Rhodothamnus sessilifolius* P. H. DAVIS – Lazistanische Zwergalpenrose
Da von SCHMIDT (2002–2007) das lazistanische Gebiet (Türkei), dessen Flora auch kaukasisch bzw. kolchisch beeinflusst ist, nicht berücksichtigt wurde, fand diese Zwergalpenrose keine Erwähnung. Sie kommt im Gegensatz zu anderen, im georgisch-türkischen Grenzgebiet in adscharischen und lazistanischen Gebirgen endemischen Arten (z. B. *Epigaea gaultherioides*, *Rhododendron smirnowii* und *R. ungernii*) nur auf türkischer Seite vor. Der purpurrosa blühende Zwergstrauch ist dem Ostalpen-Endemiten *R. chamaecistus* (L.) RCHB. ähnlich, erreicht aber kaum 10 cm Höhe, die Blätter sind ungestielt. Der Lokalendemit wird in SOLOMON et al. (2014) als vom Aussterben bedroht eingestuft und zählt zu den 50 Pflanzenarten, die im türkischen Bereich Kaukasiens Priorität für den Artenschutz haben.

Zu 2.25 Euphorbiaceae – Wolfsmilchgewächse

– *Leptopus chinensis* (BUNGE) POJARK.
Die Kolchische Andrachne (bei SCHMIDT 2004 als *Andrachne colchica*) wird von GELTMAN (2012) und SOLOMON et al. (2014, hier als gefährdete endemische Art Kaukasiens eingestuft) unter dem Namen *Leptopus colchicus* geführt. Nach Untersuchungen von VORONTSOVA & HOFFMANN (2009) handelt es sich aber um kaukasischen Populationen von *L. chinensis*.

Zu 2.26 Fabaceae – Hülsenfrüchtler

– *Astragalus* – Tragant
SYTIN (2010) unterscheidet 181 kaukasische *Astragalus*-Arten, die weitgehend in die Liste endemischer Arten Kaukasiens in SOLOMON et al. (2014) Aufnahme fanden. Letztere Autoren schließen die auch (z. B. ILDIS 2010) als *Tragacantha*-Arten abgetrennten, klein- bis halbstrauchigen Dornpolster-Arten in die Gattung *Astragalus* ein. Von den bei SCHMIDT (2004) genannten verholzten Arten schätzen SOLOMON et al. 4 Arten als stark gefährdet ein: *A. karabaghensis*, *A. karjaginii*, *A. arnacantha* und *A. hyrcanus*.

– Chamaecytisus – Zwergginster, *Cytisus –* Besenginster, Geißklee

Die in SCHMIDT (2004), LITVINSKAYA (2006) oder ZERNOV (2010) unter *Chamaecytisus* geführten Arten werden von GAGNIDZE (2005) oder in Euro+Med Plantbase (ILDIS 2010) und THE PLANT LIST (2015) der Gattung *Cytisus* (wieder) zugeordnet. In SOLOMON et al. (2014) werden je eine *Chamaecytisus*-Art (*Ch. colchicus* (ALBOV) PORTEN.) und eine *Cytisus*-Art (*C. caucasicus*) sowie eine dritte, sowohl als *Chamaecytisus* (*Ch. hirsutissimus*) als auch als *Cytisus* (*C. hirsutissimus*) geführte Art als Endemiten Kaukasiens gelistet. *Chamaecytisus hirsutissimus*, nach LITVINSKAYA allerdings kaukasisch-kleinasiatisch verbreitet, erscheint in Euro+Med Plantbase und THE PLANT LIST weder als *Chamaecytisus*-Art noch als eigenständige Art, sondern als Synonym von *Cytisus hirsutus* L. In beiden letzteren Quellen wird auch *Cytisus caucasicus* nicht anerkannt, sondern der Name als Synonym von *C. ruthenicus* aufgeführt (vgl. auch SCHMIDT 2004 unter *Chamaecytisus*). *Chamaecytisus colchicus*, nach SOLOMON et al. im russischen Westkaukasien vorkommend, wird von LITVINSKAYA (2006) in der Gehölzenzyklopädie dieses Gebietes nicht angegeben (nach ILDIS World Database of Legumes 2010 *Cytisus colchicus* ALBOV = *C. hirsutus*).

– Genista – Ginster

In SOLOMON et al. (2014) werden 11 endemische kaukasische Arten angegeben, aber wie schon SCHMIDT (2004) feststellte, bedarf es der Klärung, welche dieser als Arten beschriebenen Sippen wirklich als Arten anzuerkennen sind und welche als Unterarten oder nur Synonyme einzustufen sind. So wird *G. adzharica* als vom Aussterben bedroht und eine der 50 in Georgien für den Artenschutz prioritären Arten eingestuft, jedoch erscheint der Namen bei anderen Autoren (z.B. SCHMIDT 2004, MANVELIDZE et al. 2010, ILDIS 2010) als Synonym von *G. suanica*, einer in SOLOMON et al. ebenfalls als gefährdet eingeschätzten Art. Weitere als gefährdet oder stark gefährdet gelistete Arten aus der Artengruppe *G. tinctoria* **agg.** sind die westkaukasischen Sippen *G. abchasica* und *G. mingrelica* sowie aus der Artengruppe *G. albida* **agg.** die im westlichen Nordkaukasus vorkommende *G. angustifolia*. Letztgenannte wird zu den 50 Pflanzenarten eingeordnet, denen im russischen Kaukasusgebiet höchste Priorität für den Schutz gebührt.

– Medicago cretacea M. BIEB. – Kreide-Schneckenklee

Syn.: *Trigonella cretacea* (M. BIEB.) GROSSH., *Crimea cretacea* (M. BIEB.) VASSILCZ.

Die endemische Art der Krim und der nordwestlichen Ausläufer des Großen Kaukasus an der russischen Schwarzmeerküste wurde von SCHMIDT (2004) nicht behandelt und soll hier ergänzt werden. Nach LITVINSKAYA (2006, unter *Trigonella cretacea*) wächst dieser 0,2–0,3 m hohe, von der Basis her dicht verzweigte Zwerghalbstrauch mit 3-zähligen Blättern, kopfigen Blütenständen, gelber Blütenkrone und sichelförmig gebogenen Hülsen in Steppen von der Küste bis in untere Berglagen.

- Ononis – Hauhechel

LITVINSKAYA (2006) behandelt in ihrer Gehölzenzyklopädie neben *O. pusilla* als weitere verholzte Arten („sommergrüne Sträucher") *O. arvensis* L. und *O. antiquorum* L. (beide in ILDIS 2010 Unterarten von *O. spinosa* L.). Sie wurden von SCHMIDT (2004) im Gegensatz zu *O. pusilla* nicht aufgenommen, da sie eher als Stauden anzusprechen sind, wenn auch an Trockenstandorten basale Sprossachsen zu verholzen scheinen.

Zu 2.27 *Fagaceae* **– Buchengewächse**

– Fagus orientalis – Orient- oder Kaukasus-Buche

Interessant erscheint eine Aussage in einer von SCHMIDT (2004) nicht erwähnten Arbeit über die Typen der Buchenwälder Transkaukasiens (JAROSCHENKO 1936: 133–134). Der Autor betont den hohen Grad der Lebensfähigkeit und Standhaftigkeit der Orient-Buche und stellt heraus, dass sie „viel widerstandsfähiger in Bezug auf Fröste, Sonnenbrand und ähnliche atmosphärisch-klimatische Einflüsse ist als die gewöhnliche europäische Buche."

Über die morphologische Variabilität von *F. orientalis* ist bisher wenig bekannt. Während bei der europäischen Rot-Buche (*F. sylvatica*) zahlreiche individuelle Abweichungen (Formen) als Sorten in Kultur genommen wurden, sind solche bei der Orient-Buche *F. orientalis* kaum bekannt (vgl. DÖNIG 2010). BYALT & FIRSOV (2014) beschrieben aus dem natürlichen Areal (Teberda, Großer Kaukasus) eine neue Varietät: *F. orientalis* var. *dentata* V. V. BYALT & FIRSOV. Während die Blätter bei *F. orientalis* normalerweise ganz-

Abb. 11 Orient- oder Kaukasus-Buche (*Fagus orientalis*) im Surami-Gebirge (Georgien)

randig (Abb. 11), etwas gewellt oder manchmal schwach kerbig gezähnt sind, wiesen die Blätter des von ihnen aufgefundenen Baumes deutliche, grobe und spitze Zähne auf (ähnlich *F. sylvatica* 'Dentata' oder 'Grandidentata'). Die Einstufung als Varietät stellt ohne Zweifel eine taxonomische Überbewertung dieser an einem Baum aufgetretenen abweichenden Blattform dar.

– *Quercus* – Eiche
Die Darstellung der Eichen im Konspekt der Kaukasus-Flora (Takhtajan 2012) folgt Menitsky, dem Monographen der kaukasischen und asiatischen Arten der Gattung *Quercus* und weicht kaum von der Darstellung in Schmidt (2004) ab. Lediglich die Unterscheidung der Imeretischen Eiche, *Q. robur* subsp. *imeretina*, hat Menitsky (2012a) nun endgültig aufgegeben und den Namen als Synonym unter subsp. *robur* aufgeführt, während andere Autoren (z. B. Gagnidze 2005, Litvinskaya 2006, Bolkvadze & Diasamidze 2010, Manvelidze et al. 2010) diese Sippe nach wie vor als eigene Art *Q. imeretina* führen. Sicher ist ein Artrang kaum gerechtfertigt, aber mehrfaches Aufsuchen eines Vorkommens in der Kolchis (zuletzt 2014) bestärken den Autor in der Auffassung, dass es sich um eine endemische westkaukasische Unterart der Stiel-Eiche handelt (s. Abb. Schmidt in Liesebach & Schmidt 2012, S. 278). Solomon et al. (2014) listen sie als gefährdete Art Georgiens un-

ter den endemischen Pflanzenarten Kaukasiens. Dagegen wird *Q. dshorochensis* nur im Text erwähnt, obwohl es sich hier ebenfalls um eine seltene südwestkaukasische Sippe (= *Q. petraea* subsp. *dshorochensis*, vgl. Schmidt 2004) handelt, so wird sie auch von Bolkvadze & Diasamidze (2010) zu den endemischen adscharisch-lazistanischen Arten gezählt.

VI. Nachträge und Ergänzungen zu Teil 4: Laubgehölze der Familien Globulariaceae bis Punicaceae (Schmidt 2005)

Zu 2.30 Grossulariaceae – Stachelbeergewächse

– *Ribes* – Johannisbeere, Stachelbeere
Die schon von Schmidt (2005) in ihrer Seltenheit und Schutzbedürftigkeit herausgestellten Johannisbeeren-Arten *R. achurjanii* und *R. armenum*, Lokalendemiten Armeniens (Fayvush 2007), werden in Solomon et al. (2014) als stark gefährdet eingeschätzt und zu den 50 Pflanzenarten Armeniens, denen Priorität für den Artenschutz gebührt, eingeordnet. Gelistet, aber nicht bewertet, wurde eine in die Verwandschaft der Felsen-Johannisbeere (*R. petraeum*) gehörende kaukasische Art, für die alternative Namen angegeben werden, ohne dass einer als Synonym ausgewiesen wird: *R. biebersteinii* und *R. caucasicum* M. Bieb. (Abb. 12). Bei Litvinskaya (2006), die die Art unter *R. caucasicum* behandelt, erscheint ein Hinweis, dass sie bisher als *R. biebersteinii* bekannt war. Nach The Plant List (2015) ist aber der Name *R. caucasicum* M. Bieb. illegitim und wäre ein Synonym von *R. biebersteinii*, aber dieser Name wird als Synonym von *R. petraeum* angegeben, also die kaukasische Sippe nicht einmal als Varietät, *R. petraeum* var. *biebersteinii* (DC.) C. K. Schneid., wie z. B. in Bärtels & Schmidt (2014), unterschieden.

Zu 2.32 *Hydrangeaceae* – Hortensiengewächse

– *Philadelphus coronarius* L. s. l. - Europäischer Pfeifenstrauch i. w. S.
Im Konspekt der Kaukasus-Flora (Takhtajan 2008) werden 2 Arten, *P. coronarius* und *P. caucasicus*, auf deren schwierige Unterscheidung bereits hingewiesen wurde (Schmidt 2005), für

Abb. 12 Kaukasische Felsen-Johannisbeere (*Ribes biebersteinii*), eine *R. petraeum* sehr nahe stehende Sippe (Kleiner Kaukasus)

das Kaukasusgebiet angegeben, sogar mit weitgehend übereinstimmender Verbreitung. Der Bearbeiter (Tzvelev) vermutet, dass das in Europa kultivierte Exemplar, auf dessen Basis die Art *P. coronarius* beschrieben wurde, aus Kaukasien stammt. An anderer Stelle (Flora Europae Orientalis 2001) vertrat er sogar die Meinung, dass die als natürlich geltenden Vorkommen von *P. coronarius* in Europa auf Verwilderungen aus Kultur zurückgehen könnten. Damit würde die von Schroeder (2004) geäußerte Auffassung, dass es sich nur um eine Art (*P. coronarius*) handelt, gestützt. Da aber im Kaukasusgebiet offensichtlich Populationen mit Merkmalen vorkommen, die den europäischen Pflanzen fehlen, wäre zu prüfen, ob der größeren Variationsbreite mit Unterscheidung von 2 infraspezifischen Sippen Rechnung getragen werden kann, z. B. **var. *coronarius*** (*P. coronarius* s.str.) und **var. *glabratus*** (Hu) Jalas (Syn. *P. caucasicus*). In Solomon et al. (2014) wird *P. caucasicus* jedoch als endemische Art Kaukasiens geführt.

Zu 2.34 *Juglandaceae* – Walnussgewächse

– *Juglans* – Walnuss
Die Meinungen über das Indigenat der Echten Walnuss, *J. regia*, in Kaukasien gehen nach wie vor auseinander. Während einige Autoren die Vorkommen in den Wäldern weiterhin als Kulturrelikte oder nach Anbau und Naturverjün-

gung in Wäldern eingebürgert betrachten, soll die Art nach Tatanov (in Takhtajan 2012) in einigen südkaukasischen Gebieten (Talysch, Südabfall des Großen Kaukasus, Kleiner Kaukasus) indigen sein. Als Argumente dienen der hohe Polymorphismus in der Fruchtform, der Gestalt des Endokarps, der Blätter und Blütenstände. Die Wildformen sollen sich in der Regel durch kleinere Früchte und dickere Fruchtschalen auszeichnen.

Zu 2.35 Lamiaceae – Lippenblütengewächse

– *Micromeria* – Felsenlippe
Von der bei Schmidt (2005) als Zwerghalbstrauch aufgenommenen Art *M. fruticosa* wird in Solomon et al. (2014) eine für den kaukasischen Bereich der Türkei vom Aussterben bedrohte endemische Unterart aufgenommen: ***M. fruticosa* subsp. *giresunicum*** P. H. Davis. In WCSP 2010 wird sie einer anderen Art zugeordnet: *Clinopodium serpyllifolium* (M. Bieb.) Kuntze subsp. *giresunicum* (P.H. Davis) Bräuchler.

– *Scutellaria orientalis* agg. – Artengruppe Orientalisches Helmkraut
Wie in Schmidt (2005) dargestellt, werden je nach Auffassung in Kaukasien mehrere Unterarten oder *S. orientalis* verwandte Arten unterschieden. Einige dieser meist attraktiven, gelb blühenden Zwerghalbsträucher sind in Solo-

MON et al. (2014) als gefährdete oder sogar stark gefährdete endemische Unterarten gelistet: *S. orientalis* subsp. *granulosa* (JUZ.) FED., subsp. *karatschaica* (CHARADZE) MENITSKY, subsp. *novorossica* (JUZ.) FED.

– *Siderites* – Gliedkraut

Aus dieser Gattung, zu der überwiegend krautige Pflanzen gehören, wurde von SCHMIDT (2005) keine Art berücksichtigt. LITVINSKAYA (2006) nahm in ihre Gehölzenzyklopädie das nur im Bereich der kaukasischen Schwarzmeerküste Russlands vorkommende Euxinische Gliedkraut, *S. euxina* JUZ., als Halbstrauch auf, eine bis 0,5 m hohe, filzig behaarte Pflanze mit länglich-spatelförmigen, bis 7 cm langen Blättern und bis 1,5 cm langen Blüten mit blassgelber Krone.

– *Stachys* – Ziest

Unter den Zwerghalbsträuchern dieser Gattung (vgl. SCHMIDT (2005) gehört die nur in Aserbaidschan vorkommende Art *S. pauli* nach SOLOMON et al. (2014) zu den gefährdeten Endemiten Kaukasiens.

– *Thymus* – Thymian, Quendel

In SOLOMON et al. (2014) werden 24 endemische Arten für Kaukasien gelistet, darunter 2 als stark gefährdet (*T. helendzhicus, T. pulchellus*) und jeweils eine Art für Georgien (*T. ladjanuricus*),

Abb. 13 Die kaukasischen Populationen, oft als eigene Art (*Ruscus ponticus*) ausgewiesen, gehören in den Variationsbereich des Stechenden Mäusedorns (*R. aculeatus*), hier im Adjameti-Schutzgebiet (W-Georgien)

Aserbaidschan (*T. karamarjanicus*), Russland (*T. pulchellus*) und Iran (*T. marandensis*), die in diesen Ländern zu den 50 prioritären kaukasischen Arten für den Artenschutz gezählt werden. Zu den im iranischen Bereich Kaukasiens (bei SCHMIDT 2005 nicht berücksichtigt) vorkommenden Endemiten gehört neben *T. marandensis* JAMZAD noch *T. persicus* (RECH. F.) JALAS. LITVINSKAYA (2006) gibt für das russische Westkaukasien 2 bei SCHMIDT (2005) nicht genannte Arten an, deren Areal aus dem pontischen Steppengebiet nur randlich bis in das nördliche Kaukasusvorland reicht: *T. dimorphus* KLOKOV & DES.-SHOST. (Taman-Halbinsel) und *T. pallasianus* HEINR. BRAUN (Ufersande einiger Flussläufe).

– *Ziziphora*

Von den aus dieser Gattung bei SCHMIDT (2005) aufgeführten Zwergsträuchern werden 4 Arten in SOLOMON et al. (2014) als endemische kaukasische Sippen gelistet: *Z. borzhomica* und *Z. serpyllacea* (beide nach WCSP 2010 zu *Z. clinopodioides* subsp. *clinopodioides*), *Z. szovitsii* RECH. F. (als Unterart von *Z. clinopodioides*) und *Z. brantii*.

Zwei weitere *Ziziphora*-Arten nahm LITVINSKAYA (2006) in ihre Gehölzenzyklopädie als Zwerghalbsträucher (nach ZERNOV 2010 Staude oder Zwerghalbstrauch) auf:

– *Z. puschkinii* ADAMS: kaukasische Hochgebirgspflanze mit rotvioletten Sprossachsen, eiförmigen, bis 1,5 cm langen, meist kahlen Blättern und bis 1 cm langer Blüte, Krone rosa, violett gefleckt; Abb. in SHETEKAURI & JACOBY 2009, wenn auch mit dem falschen deutschen Namen Puschkins Thymian),

– *Z. woronowii* MALEEV: westkaukasischer Lokalendemit steiniger Kalkböden, Sprossachsen und eiförmige, bis 2 cm lange Blätter abstehend lang behaart, Blüte 1,5 cm lang, Krone rosa; in SOLOMON et al. als stark gefährdet eingestuft.

Zu 2.37 Liliaceae s. l. – Liliengewächse i. w. S.

– *Ruscus aculeatus* – Stacheliger Mäusedorn

Von mehreren Autoren werden die östlichen Populationen der Art (Abb. 13) in Westkaukasien (Abb. 13) weiterhin als eigene Art *Ruscus ponticus* abgetrennt (z. B. GAGNIDZE 2005, NAPOLITANO et al. 2011, ENCIKLOPEDIJA 2015). LITVINSKAYA (2006) und ZERNOV (2010) schließen

Abb. 14 Laubmischwald unterer Berglagen im westlichen Großen Kaukasus (Adygea) im Herbst mit typischer Laubfärbung der Schmalblatt-Esche (*Fraxinus angustifolia* subsp. *oxycarpa*)

sich jedoch der sonst üblichen Auffassung an und geben den Namen als Synonym von *R. aculeatus* an.

Zu 2.40 Malvaceae – Malvengewächse

– *Alcea lenkoranica* – Lenkoran-Stockrose
Dieser hyrkanischer Endemit kommt nicht nur in Aserbaidschan, sondern auch im angrenzenden Iran (SOLOMON et al. 2014) vor. MENITSKY (2012c), der die Art als nah verwandt mit der Runzelblättrigen Stockrose zu *Alcea rugosa* agg. stellt, gibt sie nur für die Kura-Arax-Niederung und das Talyschgebiet Aserbaidschans an.

Zu 2.40 *Moraceae* – Maulbeergewächse

– *Ficus carica* – Echte Feige
Ficus colchica und *F. hyrcana* gehören in den Variationsbereich von *F. carica* (vgl. SCHMIDT 2005, LITVINSKAYA 2006, GELTMAN 2012), werden aber oft noch als eigene Arten geführt (z.B. NESHATAYEV & NESHATAYEVA 2010). In SOLOMON et al.

(2014) wird *F. hyrcana* als Endemit zu den 50 prioritären Pflanzenarten Aserbaidschans für den Artenschutz in diesem Land gezählt. GELTMAN verweist darauf, dass es sehr schwer ist, natürliche Vorkommen der seit alter Zeit kultivierten Feige von den nach Verwilderung etablierten Vorkommen abzugrenzen.

Zu 2.43 Oleaceae – Ölbaumgewächse

– *Fraxinus* – Esche
Die Gliederung der in Kaukasien vorkommenden Eschen in *F. angustifolia* subsp. *oxycarpa* (Abb. 14 und 15) und *F. excelsior* mit den Unterarten **subsp** *excelsior* und **subsp.** *coriariifolia* bei SCHMIDT (2005) steht in Übereinstimmung mit neueren Darstellungen der Gattung (z.B. WALLANDER 2007, WCSP 2010). Dagegen werden von russischen und südkaukasischen Autoren meist weiter *F. oxycarpa* und *F. coriariifolia* als eigene Arten geführt (z.B. GAGNIDZE 2005, LITVINSKAYA 2006, NESHATAYEV & NESHATAYEVA 2010). Letztgenannte Sippe wurde als endemi-

Abb. 15 Blätter der Spitzfrüchtigen Schmalblatt-Esche (*Fraxinus angustifolia* subsp. *oxycarpa*) des großen Baumes in Abb. 13

sche kaukasische Esche in SOLOMON et al. (2014) aufgenommen und wird sowohl als Art als auch als Unterart gelistet.

– Osmanthus decorus – Duftblüte
Diese aus systematischer wie pflanzengeografischer Sicht außerordentlich interessante Art (vgl. SCHMIDT 2005) gehört zu den kaukasischen Endemiten, deren Bestand im natürlichen Areal als gefährdet eingestuft wird (SOLOMON et al. 2014).

Neu: Onagraceae – Nachtkerzengewächse
Diese Familie blieb in SCHMIDT (2005) unberücksichtigt. Es wurde übersehen, dass es bei den Weidenröschen auch basal verholzende Arten (Halb- oder Zwerghalbsträucher) gibt.
– Epilobium (incl. *Chamaenerion* bzw. *Chamerion*) **– Weidenröschen**
Das Areal von *E. dodonaei* VILL. reicht von Europa über Kleinasien bis Kaukasien, wo der bis 1 m hohe Halbstrauch im Flussgeröll und an Schotterhängen entlang der Flüsse in der montanen bis subalpinen Stufe verbreitet ist. Die kaukasische, in der hochmontanen bis alpinen Stufe entlang von Fließgewässern vorkommende Art *E. colchicum* ALBOV, auch als *Chamaenerion caucasicum* (HAUSSKN.) GROSSH. geführt, wird nur 0,5 m hoch, hat kürzere (bis 3,5 cm lang), schmalere (unter 1 cm breit) Blätter und größere Blütenkronen (3 cm breit).

Zu 2.46 Plumbaginaceae – Bleiwurzgewächse

– Acantholimon – Igelpolster, Stechnelke
Unter den bei SCHMIDT (2005) aufgeführten kaukasischen Arten gilt nach SOLOMON et al. (2014) eine als fast gefährdet (*A. fominii*) und eine als gefährdet (*A. schemachense*), der Gefährdungsgrad der anderen Arten wurde nicht evaluiert bzw. ihre Situation konnte wegen unzureichender Datenlage nicht eingeschätzt werden.

– Limonium – Strandflieder, Meerlavendel
Den beiden bei SCHMIDT (2005) berücksichtigten, an der Basis verholzten Arten ist eine weitere hinzuzufügen. Von TZVELEV (2012) wurde aus Aserbaidschan eine neue Art beschrieben: *L. kobstanicum* TZVEL. Es handelt sich um einen Zwerghalbstrauch, der im Gegensatz zu *L. suffruticosum* nicht in den Niederungen am Kaspischen Meer vorkommt, sondern auf steinigen Böden und an flachgründigen Hängen unterer Berglagen der östlichen Ausläufer des Großen Kaukasus. Von der ähnlichen südkaukasisch-iranisch verbreiteten Art *L. carnosum* unterscheidet sich die neue Art durch an der Basis geöhrte Blätter.

Zu 2.47 Polygonaceae – Knöterichgewächse

Ein seltener südkaukasischer Zwergstrauch, der Schmalblättrige Bocksknöterich (*Atraphaxis angustifolia*), und eine lokalendemische Strauchart Aserbaidschans, der Baku-Schönknöterich (*Calligonum bakuense*) sind unter den von SCHMIDT (2005) genannten Gehölzen aus dieser Familie die Arten, die Aufnahme in die Rote Liste endemischer Pflanzenarten Kaukasiens (SOLOMON et al. 2014) fanden. *C. bakuense* ist eines der seltensten kaukasischen Gehölze überhaupt und gehört zu den 50 Pflanzenarten Aserbaidschans, denen höchste Priorität beim Artenschutz zukommt.

Zu 2.48 Punicaceae – Granatapfelgewächse

– Punica granatum – Granatapfel
Die außerordentliche Bedeutung des Granatapfels in der Kulturgeschichte Kaukasiens (z. B. Darstellungen in der Architektur und Kunst seit dem 8. Jh. v. Chr.) und seine symbolische Bedeutung („Baum des Lebens", „Baum der Erkenntnis", „Vielfalt in der Einheit", Kronenform als

Urbild für die Krone der Monarchen) seit alter Zeit wird eindrucksvoll von STEPANYAN (2007, 2014) dargelegt. Außerdem geht die Autorin der Frage der kaukasischen Wildvorkommen und des Ursprunges der Domestizierung nach.

VII. Nachträge und Ergänzungen zu Teil 5: Laubgehölze der Familien Ranunculaceae bis Rutaceae (SCHMIDT 2006)

Zu 2.50 Rhamnaceae – Kreuzdorngewächse

– *Rhamnus* – Kreuzdorn
Von den 6 in SOLOMON et al. (2014) als endemische Arten Kaukasiens geführten Arten (alle auch von SCHMIDT 2006 behandelt) wurden 5 nicht hinsichtlich ihres Gefährdungsgrades eingeschätzt. Nur die Hochgebirgsart *R. cordata*, ein georgischer Endemit, gilt als fast gefährdet. Die ähnliche, ebenfalls in der subalpin-alpinen Stufe wachsende Art *R. depressa* ist dagegen in Kaukasien weit verbreitet, ebenso die in Trockengebieten vorkommenden Arten *R. pallasii* (Abb. 16) und *R. spathulifolius*.

Zu 2.51 *Rosaceae* – Rosengewächse

– *Cotoneaster* – Zwergmispel
GASIMOVA (2012) unterscheidet für Aserbaidschan 9 Arten: Neben den auch bei SCHMIDT (2006) aufgeführten Arten *C. integerrimus*, *C. melanocarpus*, *C. morulus*, *C. saxatilis* und *C. transcaucasicus* sind dies die von SCHMIDT zu Artengruppen zusammengefassten Sippen *C. multiflorus* und *C. meyeri* (zu *C. multiflorus* agg.) sowie *C. suavis* und *C. nummularioides* (zu *C. racemiflorus* agg.). Als endemische kaukasische Zwergmispeln gelten nach SOLOMON et al. (2014) *C. armenus*, *C. melanocarpus* var. *daghestanicus* (ZINSERL.) GLADKOVA, *C. morulus*, *C. saxatilis*, *C. soczavianus* (nach SENNIKOV in KURTTO 2009 = *C. tomentosus*) und *C. transcaucasicus*, wobei erst- und letztgenannte Art als gefährdet eingestuft werden. Nicht genannt wird *C. nefedovii*, obwohl die Art nach UTENKOVA (2010) ein Lokalendemit des Berges Beschtau (russischer Nordkaukasus) sein soll, wenn auch die Autorin *C. nefedovii* als *C. integerrimus* nahe stehende geographische Rasse möglicherweise hybridogenen Ursprungs bezeichnet.

Abb. 16 Schmalblättriger Kreuzdorn (*Rhamnus pallasii*), eine der sparrig verzweigten und dornigen Kreuzdorne in Trockengebüschen (Umgebung Mzcheta, O-Georgien)

– *Crataegus* – Weißdorn
Die Monographie von CHRISTENSEN (1992) wurde hinsichtlich der kaukasischen Arten von SCHMIDT (2006) ausgewertet, dabei zeigte sich, dass neben europäischen Arten, deren Areal bis in das Kaukasusgebiet reicht (z. B. *C. monogyna*, *C. rhipidophylla*, Abb. 17), diverse endemische Arten vorkommen, aber auch einige der aus Kaukasien beschriebenen Arten zu hinterfragen sind. Inzwischen wurden aus dem südlichen Südkaukasien (Armenien, Nachitschewan) weitere *Crataegus*-Arten und -Bastarde neu beschrieben (GABRIELIAN & SARGSYAN 2009, SARGSYAN 2009).

Nach SARGSYAN (2011) kommen in Armenien 22 Arten vor, wobei folgende neu beschriebene Sippen als armenische Endemiten angegeben werden: *C. susanykleinae* GABRIELIAN & SARGSYAN (Series *Pentagynae*), *C. gabrielianae* SARGSYAN (Series *Azaroli*), *C. ×ulotricha* GLADKOVA (= *C. meyeri* × *C. pentagyna*), *C. ×razdanica* SARGSYAN (= *C. atrosanguinea* × *C. pseudoheterophylla*). Wenige Jahre vorher zählte FAYUSH (2007) nur 2 Weißdorn-Arten zu den Endemiten Armeniens (*C. armena*, *C. zangezura*). Mehrere von anderen Autoren (vgl. CHRISTENSEN 1992, SCHMIDT 2006) nicht anerkannte oder als Unterarten eingestufte Sippen fasst SARGSYAN (2011) als eigene Arten auf, so *C. atrosanguinea*, *C. eri-*

Abb. 17 Krummkelch-Weißdorn (*Crataegus rhipidophylla* s. str.), ein eingriffliger Weißdorn, der von Europa bis Kaukasien verbreitet ist (O-Georgien)

antha, C. atrofusca, C. szovitsii. Zwei bisher nicht aus Kaukasien angegebene Weißdorne, *C. stevenii* POJARK. (nach CHRISTENSEN = *C. monogyna*) und *C. pojarkovae* KOSSYCH (nach CHRISTENSEN Unterart von *C. orientalis*) werden für Armenien neu aufgeführt.

Unter den von LITVINSKAYA (2006) aus dem russischen Westkaukasien behandelten 9 Arten fand bei SCHMIDT lediglich *C. taurica* Pojark., eine als Endemit der Krim und des kaukasischen Schwarzmeergebietes Russlands angesehene Art (nach CHRISTENSEN 1992 und GRIMSHAW & BAYTON 2009 = *C. meyeri*), keine Berücksichtigung. Bei *C. dipyrena* vermutet die Autorin wie SCHMIDT eine hybridogene Entstehung (*C. monogyna* × *C. pentaygyna*), damit handelt es sich bei diesem Namen um ein Synonym von *C. ×rubrinervis.*

In SOLOMON et al. (2014) werden 6 endemische Arten für Kaukasien gelistet:
– die südkaukasischen Arten *C. caucasica* und *C. eriantha* (bei KURTTO 2009 = *C. meyeri*) werden hinsichtlich ihrer Gefährdungssituation nicht bewertet,
– die Datenlage bei *C. daghestanica* GLADKOVA (nach THE PLANT LIST 2005 ein ungeklärter Namen) ermöglicht keine Einstufung
– 2 armenische Weißdorne gelten als stark gefährdet und werden zu den 50 für den Artenschutz prioritären endemischen Pflanzenarten

Armeniens gezählt: *C. armena* (nach CHRISTENSEN = *C. meyeri* × *C. monogyna*, nach SARGSYAN 2011 = *C. meyeri* × *C. rhipidophylla*), *C. zangezura* (nach SCHMIDT und SARGSYAN = *C. pentagyna* × *C. pseudoheterophylla*),
– die im kolchischen Einflussbereich der Türkei (bei Artvin) vorkommende Art *C. turcicus* DÖNMEZ wird als vom Aussterben bedroht eingeschätzt und gehört zu den 50 Pflanzenarten, denen in dem zu Kaukasien gehörenden Anteil der Türkei Priorität für den Schutz zugesprochen wird.

Unter den Arten, die GRIMSHAW & BAYTON (2009) als Neueinführungen näher beschreiben, gehören auch 3 Weißdorn-Arten, die in Kaukasien vorkommen (*C. ambigua, C. meyeri, C. pseudoheterophylla*), dabei wird für die als „Russian hawthorn" bezeichnete Art *C. ambigua* angegeben, dass sie in Nordamerika ein wertvolles Gehölz für die Landschaftsgestaltung sei.

Crataegus susanykleinae

Die von GABRIELIAN & SARGSYAN (2009) aus dem Chosrov-Bergland Armeniens neu beschriebene Art soll besondere Erwähnung finden. Sie gehört in die Verwandtschaft des Fünfgriffligen Weißdorns (*C. pentagyna*), hat wie diese Art schwarz(violett)e Früchte mit bis zu 5 Steinkernen, aber im Gegensatz zu dieser, deren Frucht festfleischig ist, größere Früchte mit saftigem, süßsauer schmeckendem Fruchtfleisch. Nach Angabe der Autorinnen werden die Früchte von der lokalen Bevölkerung roh oder verarbeitet verwendet und auch auf dem Markt angeboten. Die Art wurde im Botanischen Garten Berlin-Dahlem in Kultur genommen.

– Prunus s.l. – Aprikose, Kirsche, Mandel, Pflaume…

In SOLOMON et al. (2014) wird die Gattung *Prunus* – wie auch sonst (mit wenigen Ausnahmen, z. B. ZERNOV 2010) bei den kaukasischen Autoren – in mehrere Gattungen aufgeteilt (vgl. SCHMIDT 2006). Unter den Mandel-Arten werden die georgische Art *Amygdalus georgica* (steht *A. nana* = *Prunus tenella* sehr nahe, bei KURTTO 2009 nur Synonym) als gefährdet und der armenische Endemit *A. nairica* (= *Prunus nairica*) als stark gefährdet eingestuft. Beide Arten gehören in ihren Ländern zu den 50 prioritären Arten für den Artenschutz.

– Pyrus – Birne

Die Fülle der aus Südkaukasien, besonders aus dem Armenischen Hochland, beschriebenen Wildbirnen ist überwältigend, bedarf jedoch kritischer Prüfung bezüglich der Variabilität der Populationen und der taxonomischen Gliederung. Allein nach morphologischen Merkmalen erweist sich die Artabgrenzung als problema-

tisch. Es bedarf aber definierter Sippen, um den Erhaltungszustand und die Gefährdung einschätzen sowie Schutzmaßnahmen für die als Wildobst und Genressourcen wichtigen Wildbirnen durchführen zu können. Deshalb hat sich die Kaukasus-Initiative des Botanischen Gartens und Botanischen Museums Berlin-Dahlem (BORSCH et al. 2014) auch der Erforschung dieser Gattung unter Einbeziehung molekulargenetischer Methoden gewidmet (AKOPIAN & KOROTKOVA 2014, KOROTKOVA et al. 2014).

AKOPIAN (2007, 2010) gibt allein 32(-33) Birnenarten für Armenien an, davon 12 armenische Endemiten (bei FAYUSH 2007 sogar 16) sowie weitere 6 Arten, die nur in Armenien und angrenzenden südkaukasischen Gebieten (Südkarabach, Nachitschewan) vorkommen. Das südliche und südöstliche Armenien wird als Zentrum intensiver Artbildungsprozesse, des Polymorphismus und des Endemismus der Gattung *Pyrus* angesehen. Die Birnen sollen unter allen Pflanzengattungen in Armenien den ersten Platz an endemischen Sippen einnehmen.

Nachfolgende Übersicht der *Pyrus*-Arten Armeniens (Checklist und Sektionen nach AKOPIAN 2007, hier auch Bestimmungsschlüssel und Abbildungen) spiegelt den gegenwärtigen Kenntnisstand wider (* = Endemiten des südlichen Südkaukasiens, nach AKOPIAN 2010). Einige Bemerkungen zu weiteren kaukasischen

Abb. 18 Herbstfärbung der Kaukasus-Birne (*Pyrus caucasica*), eine der europäischen Wild-Birne (*P. pyraster*) nahe stehende Art (s. Abb. 13)

Abb. 19 *Pyrus demetrii*, eine der endemischen südkaukasischen Birnen-Arten (Umgebung Mzcheta, O-Georgien)

Abb. 20 Mehrstämmiger Baum der Weiden-Birne (*Pyrus salicifolia*) in xerothermer Gebüschvegetation (Umgebung Mzcheta, O-Georgien)

Arten erfolgen in Klammern. Autoren der Arten werden nur angegeben, wenn die Art nicht in SCHMIDT (2006) genannt wurde.

– Sect. *Pashia* (Kelch an der Frucht bald abfallend, Blätter eiförmig oder rundlich, kahl oder nur schwach behaart): **P. browiczii* (zu dieser Sektion auch die hyrkanische, vom Elburs bis in das aserbaidschanische Talyschgebirge reichende Reliktart P. *boissierana*)

– Sect. *Pyrus* (Kelch an der Frucht bleibend, Blätter elliptisch, eiförmig oder rundlich, kahl oder nur schwach behaart): P. *caucasica* (Abb. 18), *P. demetrii* (Abb. 19), *P. hyrcana, P. ketzkhovelii, *P. sosnovskyi, *P. tamamschianae, P. turcomanica, P. vsevolodii*

– Sect. *Xeropyrenia* (Kelch an der Frucht bleibend, Blätter länglich, elliptisch bis rautenförmig, kahl oder behaart, Behaarung schwach bis dicht und filzig, aber meist nur unterseits bleibend): **P. acutiserrata, *P. complexa, *P. daralaghezi, *P. elata, *P. nutans, *P. pseudosyriaca, *P. raddeana, P. syriaca, *P. voronovii, *P. zangezura*

– Sect. *Argyromalon* (Kelch an der Frucht bleibend, Blätter schmal lanzettlich, länglich-elliptisch oder -verkehrteiförmig, stets dicht behaart, silbergrau- oder weißfilzig bzw. -wollig): **P. chosrovica, P. federovii, P. georgica, *P. gergerana, *P. hajastana, *P. medvedevii, *P. megrica* GLADKOVA, *P. oxyprion, P. salicifolia* (Abb. 20), *P. takhtadzhianii, P. taochia, *P. theo-*

dorovii MULK.

In einem von FFI geförderten Projekt (vgl. SCHMIDT 2007b, VGFI 2008) wurden 7 ausgewählte *Pyrus*-Arten speziell hinsichtlich ihrer Verbreitung und Gefährdung in Armenien, Aserbaidschan und Georgien untersucht: P. *demetrii* (Abb. 19), P. *eldarica, P. grossheimii, P. hyrcana, P. ketzkhovelii, P. raddeana, P. sachokiana*. Erfaasungen zu drei dieser Arten (*P. demetrii, P. ketzkhovelii, P. sachokiana*) wurden außerdem in Georgien im Rahmen einer Diplomarbeit an der TU Dresden durchgeführt (GRÄFE 2008).

SOLOMON et al. (2014) listen 27 Arten als kaukasische Endemiten (* bedeutet zu den 50 prioritären Pflanzenarten für den Artenschutz in Armenien gehörend), davon

– 4 Arten als vom Aussterben bedroht (**P. browiczii, P. eldarica, *P. gergerana, *P. voronovii*),

– 9 Arten als stark gefährdet (**P. daralaghezi, P. demetrii, *P. elata, *P. hajastana, P. ketzkhovelii, P. nutans, *P. sosnovskyi, *P. tamamschianae, P. theodorovii*),

– 2 Arten als gefährdet (*P. complexa, P. vsevolodii*),

– 3 Arten als fast gefährdet (*P. raddeana, P. sachokiana, P. zangezura*).

– *Rosa – Rose*

Die Zahl der für Kaukasien angegebenen Arten beläuft sich auf über 100. In SCHMIDT (2006)

werden 96 Arten berücksichtigt (verwandte Arten teilweise zusammenfassend behandelt) und weitere 12 namentlich erwähnt, wobei auf Revisionsbedarf hingewiesen wurde. Inzwischen erschien eine botanisch-geografische Übersicht der Rosen Georgiens (33 Arten; GAGNIDZE et al. 2010) und in die Rote Liste endemischer kaukasischer Pflanzenarten (SOLOMON et al. 2014) wurden 77 *Rosa*-Arten aufgenommen (von diesen 14 bei KURTTO 2009 nur als Synonyme). Es fehlt weiterhin an umfassenden, auch genetische Methoden einschließenden Studien.

Die Arbeit von GAGNIDZE et al. (2010) fasst den Stand der Kenntnisse, fußend auf bisherigen Artabgrenzungen, für Georgien zusammen. Sie enthält eine systematische Übersicht und eine Gliederung nach Arealtypen und Lebensräumen sowie mehrere Bestimmungsschlüssel. Die Bestimmungsschlüssel basieren auf Gruppierungen nach der Farbe der Kronblätter, der Farbe der Zweigrinde und nach Früchten, wobei in den Schlüsseln der Gruppen aber jeweils Merkmalskomplexe mit allen für die Determination wesentlichen Merkmalen berücksichtigt werden. Da die Arbeit in Georgisch und Russisch sowie in geringer Auflage erschien, ist sie nur für einen begrenzten Interessentenkreis zugänglich. Deshalb soll eine kurze Übersicht, gegliedert nach den von den Autoren unterschiedenen Sektionen, gegeben werden. Bei Endemiten weist eine Abkürzung in Klammern auf das Bezugsgebiet hin, in dem die Art als endemisch gilt (KK: kaukasisch-kleinasiatisch; K: kaukasisch; G: Georgien; GrK, KlK Großer bzw. Kleiner Kaukasus; SK: Südkaukasien; ö: östlich; s: südlich; w: westlich). In den Fällen, wo die aufgeführten Arten umstritten sind, werden in Klammern die Arten genannt, denen sie zugeordnet werden (vgl. SCHMIDT 2006*, KURTTO 2009**):
- Sect. *Luteae:* R. *foetida* (vermutlich auf Verwilderung zurückgehende Vorkommen), R. rapinii (= *R. hemisphaerica**, **)
– Sect. *Pimpinellifoliae:* R. *spinosissima* (als *R. pimpinellifolia* geführt), *R. tschatyrdagi* (KK und Krim; steht *R. spinosissima* nahe oder Synonym*)
– Sect. *Rosa* (Syn. Sect. *Gallicanae*): *R. gallica*
– Sect. *Cinnamomeae:* R. *oxyodon* (GrK), *R. sosnovskyana* (GrK+SKs; = *R. boissieri***), *R. majalis*
– Sect. *Orientales:* R. *doluchanovii* (G)
– Sect. *Caninae*

– Subsect. *Coriifoliae*: R. *boissieri* (KK), *R. ermanica* (G), *R. oplisthes* (GrK; = *R. oxyodon***), *R. woronowii* (KK), *R. teberdensis* (GrK), *R. prilipkoana* (SKö)
– Subsect. *Vestitae:* R. *hirtissima* (KK), *R. ruprechtii* (KK; = *R. mollis***), *R. tomentosa*, *R. uniflora* (GrK+KlKw)
– Subsect. *Rubiginosae:* R. *iberica* (KK), R. *galushkoi* (GrK), *R. transcaucasica* (G), *R. micrantha*, *R. marschalliana* (G), *R. kozlowskyi* (Kö+SKs; = *R. agrestis***), *R. irysthonica* (G), *R. ossethica* (GrK), *R. pulverulenta* (KK), *R. tuschetica* (GrK), *R. buschiana* (GrK)
– Subsect. *Caninae:* R. *canina*, R. *corymbifera*, *R. didoensis* (GrK; = *R. canina***).

Im Vergleich zu anderen Gebieten Kaukasiens ist die Zahl der aus Armenien angegebenen endemischen *Rosa*-Arten recht bescheiden, denn nach FAYUSH (2007) zählen hierzu nur *R. hracziana* (= *R. spinosissima***), *R. sjunikii*, *R. sosnovskyana* und *R. zangezura*. Abgesehen von der umstrittenen Einstufung als Art bei *R. sosnovskyana* (s. oben) ist bei den letzten beiden Arten zu überprüfen, ob es Endemiten Armeniens sind, denn von anderen Autoren (GAGNIDZE et al. 2010, SOLOMON et al. (2014) werden sie auch für Georgien und/oder Aserbaidschan angegeben.

Von den 25 bei LITVINSKAYA (2006) für das russische Westkaukasien angegebenen Arten werden bei SCHMIDT (2006) 3 nicht als Arten oder Synonyme genannt: *R. afzeliana* FRIES (ungültiger Name, teils *R. canina*, teils *R. dumalis*), *R. tauriae* CHRSHAN. (Krim bis kaukasische Schwarzmeerküste Russlands; = *R. gallica***) und *R. tesquicola* DUBOVIC (= *R. corymbifera***).

Unter den 77 in SOLOMON et al. (2014) gelisteten endemischen kaukasischen *Rosa*-Arten wird eine Art als vom Aussterben bedroht eingeschätzt: *R. dolichocarpa* GALUSHKO. Diese Art, die nach UTENKOVA (2010) ein Lokalendemit hybridogener Entstehung (*R. glabrifolia* × *R. mollis*) ist, kommt nur auf einem Berge im russischen Nordkaukasus vor. In SOLOMON et al. werden weiterhin 2 endemische Arten als gefährdet (*R. galushkoi*, *R. zangezura*) und 6 Arten als stark gefährdet eingestuft: *R. alexeenkoi, R. azerbajdzhanica, R. sosnovskyana, R. sosnovskyi, R. tchegemensis* (= *R. pulverulenta***) und *R. zaramagensis*. Die meisten Arten wurden nicht beurteilt oder konnten wegen unzureichender Datenlage keinem Gefährdungsgrad zugeordnet werden. Lediglich 5 der endemischen kaukasischen Arten werden als ungefährdet angesehen: *R. elasmacantha* (= *R. spinosissima***), *R. komarovii*, *R. oplisthes* und *R. teberdensis*. Neben der stark gefährdeten Art *R. alexeenko* gehören weitere 5 als fast gefährdet eingestufte Arten zu den 50 endemischen Pflanzenarten Aserbaidschans, die als prioritär für den Artenschutz in diesem Land angesehen werden: *R. abutalybovii*, *R. gadzhievii*, *R. karjaginii*, *R. nisamii* (= *R. pulverulenta***), *R. zakatalensis* (= *R. mollis***).

– Rubus – Himbeere, Brombeere

SOLOMON et al. (2014) geben 34 endemische *Rubus*-Arten für Kaukasien an, von denen die meisten auch bei SCHMIDT (2006) aufgeführt werden. Fast alle Arten bleiben hinsichtlich ihres Gefährdungsgrades unbewertet. Lediglich 4 Arten erfahren eine Einschätzung:
– die in Georgien und Aserbaidschan vorkommenden Arten *R. dolichocarpus* und *R. georgicus* als ungefährdet,
– 2 armenischen Arten, die einzigen Endemiten der Gattung in Armenien (FAYVUSH 2007), als stark gefährdet (*R. zangezurus*) bzw. vom Aussterben bedroht (*R. takhtadjanii*), letztere wird sogar zu den 50 für den Artenschutz prioritären Arten Armeniens gezählt.
BOLKVADZE & DIASAMIDZE (2010) führen *R. moschus* und *R. woronowii* unter den Endemiten Georgiens und *R. adscharicus* unter denen Adschariens auf.

KRASSOVSKAYA (2010) stellt unter Hinweis auf die Vielzahl aus Europa beschriebener apomiktischer Kleinarten fest, dass der geringe Grad der genetischen wie morphologischen Erforschung der Gattung *Rubus* in Kaukasien keine befriedigenden Aussagen zur Systematik der Gattung erlaubt. Ihr besonderes Interesse gilt ausgewählten Arten im östlichen Südkaukasien (Series *Dolichocarpicae*, vgl. *R. dolichocarpus* und den unter dieser Art erwähnten Sippen bei SCHMIDT 2006) im Zusammenhang mit der kaukasisch-hyrkanischen Florengeschichte. Da *R. dolichocarpus* leicht mit anderen Arten bastardiert, vermutet die Autorin, dass auch in Südkaukasien „hybridogen-apomiktische Komplexe" existieren. Für Arten der warmhumiden kolchischen und hyrkanischen Gebiete weist sie auf Besonderheiten des Wachstums hin. So zeichnen sich die wintergrünen Pflanzen von *R. hirtus* **agg.** in Adscharien

durch zwei- bis dreimaligen Trieb in einer Vegetationsperiode, die bis zu 10 Monaten dauern kann, aus.

– Sorbus – Elsbeere, Mehlbeere, Vogelbeere (SCHMIDT 2006, Nachtrag 2007)

In SOLOMON et al. (2014) werden 12 endemische *Sorbus*-Arten gelistet, die folgenden Arten bzw. Artengruppen bei SCHMIDT (2006, 2007) zugehören:
S. aucuparia agg. (Abb. 21, 22): *S. caucasigena*; *S. colchica*; *S. hajastana*; *S. kusnetzovii*;
S. persica agg.: *S. armeniaca*, *S. caucasica* (ähnlich *S. armeniaca*), *S. migarica*;
S. subfusca agg.: *S. albovii*, *S. buschiana*, *S. federovii*, *S. subfusca* (Abb. 23), *S. velutina*.

Für 2 Arten (*S. buschiana*, *S. velutina*) wird von SOLOMON et al. angegeben, dass sie fast gefährdet sind, für 3 Arten (*S. colchica*, *S. migarica*, *S. subfusca*), dass sie ungefährdet sind. Für die anderen Arten erfolgt keine Einschätzung.

In GRIMSHAW & BAYTON (2009) werden 3 Arten aus Südkaukasien als Neueinführungen vorgestellt (*S. hajastana*, *S. takhtajanii*, *S. tamamschjanae*).

Sorbus aucuparia agg. – Artengruppe Vogelbeere oder Eberesche (Abb. 21, 22)

Obwohl MCALISTER (2005) mehrere Unterarten im Gesamtareal von *S. aucuparia* unterscheidet, wird kaukasischen Populationen keinerlei Eigenständigkeit zugestanden, denn *S. boissieri* wird nur als Synonym aufgeführt, *S. caucasigena* nicht einmal erwähnt.

Neu: Rubiaceae – Rötegewächse

– Asperula – Meier

Die Gattung (und damit Familie Rubiaceae) wurde von (SCHMIDT 2006) nicht berücksichtigt, da es sich bei den kaukasischen *Asperula*-Arten eigentlich um Stauden handelt. Da LITVINSKAYA (2006) in ihrer Gehölzenzyklopädie mehrere in Kaukasien vorkommende Meier als Zwerghalbsträucher aufgenommen hat, sollen diese ergänzend genannt werden. Es handelt sich um 5 Arten, meist grau- bis bläulichgrüne, (hell)rosa blühende Pflanzen:
– nur 10 bis 15 cm hohe Pflanzen in der (sub) alpinen Stufe: *A. abchasica* V.I. KRECZ., *A. alpina* M. BIEB., A. cristata (SOMMIER & LEVIER) V.I. KRECZ., *A. intersita* KLOKOV,

Abb. 21 Die Vogelbeere (*Sorbus aucuparia*) in der subalpinen Stufe des Großen Kaukasus (Nationalpark Kazbegi)

Abb. 22 Obwohl oft als eigene Art (*Sorbus caucasigena*) unterschieden, gehören die kaukasischen Populationen der Vogelbeere in den Variationsbereich von *S. aucuparia*

Abb. 23 Mehlbeere aus der Artengruppe *Sorbus subfusca* agg. in dem einheimische Arten der Region kultivierenden Botanischen Garten Bakuriani

97

– höhere (35–65 cm) Pflanzen xerothermer Standorte unterer Berglagen: *A. lipskyana* V.I. Krecz., *A. tenella* Degen.

Mit Ausnahme von *A. tenella* sind es kaukasische Endemiten, von denen in Solomon et al. (2014) *A. lipskyana* als stark gefährdet eingestuft wird.

VIII. Nachträge und Ergänzungen zu Teil 6: Laubgehölze der Familien Salicaceae bis Zygophyllaceae (Schmidt 2007)

Zu 2.53 Salicaceae – Weidengewächse

– *Populus* – Pappel

Im Konspekt der Kaukasus-Flora werden von Menitsky (2012b) als in Kaukasien natürlich vorkommende Pappeln unterschieden:
– *P. alba* (incl. *P. nivea, P. hyrcana*, ?*P. hybrida*), die Säulenform wird nicht erwähnt,
– *P. ×canescens* (*P. alba × P. tremula*; Abb. in Liesebach & Schmidt 2012, S. 265),
– *Populus euphratica*,
– *P. nigra* (incl. *P. sosnowskyi, P. gracilis*), die Säulenform ('Italica') wird var. *italica* benannt, auf ihre Entstehung in Afghanistan und danach erfolgte Ausbreitung bis Italien hingewiesen; dieser wird auch die als eigene Art aus Aserbaidschan beschriebene *P. gracilis* zugeordnet, wogegen diese säulenförmig wachsende Schwarz-Pappel von Schmidt (2007) als identisch mit dem Cultivar 'Thevestina' (Syn. 'Afghanica') angesehen wird,
– *P. tremula*.

Die Namen der von Schmidt (2007) unter den Artengruppen *P. alba* agg. und *P. nigra* agg. diskutierten, aus der Kaukasusregion beschriebenen Arten werden von Menitsky nur als Synonyme aufgeführt, obwohl sie bis in die Gegenwart von anderen Autoren (z.B. Gagnidze 2005: *P. nivea, P. hyrcana*; Solomon et al. 2014: *P. gracilis, P. hyrcana*) anerkannt werden. Es kann nur wiederholt werden, dass die „Zuordnung von *P. hybrida* und *P. hyrcana* bzw. *P. caspica* zu *P. alba* oder Populationen eines Hybridkomplexes" weiteren Studiums bedarf (Schmidt, S. 23).

– *Salix* – Weide

Die Bearbeitung der Weiden im Konspekt der Kaukasus-Flora durch Menitsky (2012b) ergab keine wesentlichen Änderungen gegenüber Schmidt (2007). Lediglich bei den Artengruppen Purpur-Weide (*S. purpurea* agg.) und Korb-Weide (*S. viminalis* agg.) werden von Menitsky die bisher von anderen Autoren als kaukasische Endemiten abgetrennten Arten nicht mehr als eigenständig anerkannt, sondern *S. elbursensis* findet sich als Synonym von *S. purpurea* und *S. armenorossica* von *S. viminalis*. Die kaukasische Population der Lorbeer-Pappel (*S. pentandrifolia* Sennikov, Syn. *S. pentandroides* A.K. Skvortsov non Rouy) stellt er wie Schmidt zu *S. pentandra*. Bei der Artengruppe der Silber-Weide (*S. alba* agg.) unterscheidet Menitsky dagegen zwei Arten, denn von *S. alba* (mit subsp. *alba* und der westkaukasischen Unterart subsp. *micans*) wird *S. excelsa* (Südwest- bis Mittelasien) abgetrennt. Die Autoren in Solomon et al. (2014) konnten sich offensichtlich nicht einigen und führen eine der Sippen sowohl als Art (*S. micans*) als auch als Unterart (*S. alba* subsp. *micans*) an. Da von ihnen *S. phlomoides* nur für Aserbaidschan angegeben wird, ist darunter *S. aegyptiaca* (Syn. *S. phlomoides* M. Bieb., *S. medemii* Boiss.) zu verstehen, denn bei den von kaukasischen Autoren mit weiter Verbreitung angegebenen *S. phlomoides* (auct.) handelt es sich um *S. pseudomedemii*.

Eine bei Schmidt unter der Mandel-Weide (*S. triandra*) für Armenien aufgeführte Unterart stuft Avetisian (2007) als eigene Art ein: *S. bornmuelleri* Hausskn.

Als stark gefährdete Art unter den Endemiten Kaukasiens geben Solomon et al. (2014) *S. kikodseae* an, als beinahe gefährdet *S. kusnetzowii*. Die im kaukasischen Bereich der Türkei vorkommende *S. rizeensis* (vgl. Schmidt 2007) wird ebenfalls als stark gefährdet eingestuft und zu den für dieses Gebiet aus Sicht des Artenschutzes 50 prioritären Pflanzenarten gezählt.

Zu 2.58 Staphyleaceae – Pimpernussgewächse

Von den beiden Pimpernuss-Arten wird die in Kaukasien endemische Art *Staphylea colchica* (Abb. 24) von Solomon et al. (2014) als gefährdet eingestuft.

Zu 2.59 Tamaricaceae – Tamariskengewächse

– *Tamarix* – Tamariske

Die Bearbeitung dieser Gattung für den Konspekt der Kaukasus-Flora (Russanovicz 2012)

ergab neuere Erkenntnisse. Es werden für Kaukasien 14 Arten angegeben. Zwei davon sind neu für das Gebiet (*T. karelinii* BUNGE, *T. szovitsiana* BUNGE), also nicht bei SCHMIDT (2007) erwähnt, andere Sippen werden neu bewertet:
– *T. karelinii*: obwohl von anderen Autoren als Bastard (*T. hispida* × *T. ramosissima*) oder Synonym von *T. hispida* angesehen, soll zweifelsfrei eine eigenständige vorder- und mittelasiatisch verbreitete Art sein, in Kaukasien nur in der Kura-Arax-Niederung,
– *T. szovitsiana*: turkmenisch-iranische Art, selten im südlichsten Südkaukasien,
– *T. hohenackeri*, meist als identisch mit *T. smyrnensis* angesehen (vgl. SCHMIDT), wird als eigene Art ausgewiesen, deren Areal von SO- und O-Europa bis SW- und Mittel-Asien reicht, soll in Trockengebieten und entlang von Fließgewässern des Berglandes in weiten Bereichen Kaukasiens vorkommen,
– *T. leptopetala* und *T. araratica* keine Synonyme von *T. kotschyi*: *T. leptopetala* eigene turkmenisch-iranische Art mit Vorkommen in Südkarabach (Ufer des Arax), *T. araratica* Synonym von *T. litwinowii* GORSCHK., einer vorder- und mittelasiatisch verbreiteten Art, deren Areal vom Iran bis in das südliche Armenien und Aserbaidschan reicht,
– *T. rosea*, früher entweder *T. octandra* oder *T. hohenackeri* zugeordnet, wird als Bastard beider Arten angesehen; *T. hohenackeri* bildet auch mit *T. meyeri* Bastarde, die in der Kaspischen Niederung von Dagestan und Aserbaidschan oft anzutreffen sein sollen.

Zu 2.61 Thymelaeaceae – Spatzenzungengewächse

– *Daphne* – Seidelbast

Für Kaukasien werden etwa 12 Seidelbast-Arten angegeben, von denen 3 klar abgegrenzte Arten sind (*D. glomerata, D. mezereum, D. mucronata*), während zu den anderen die Auffassungen bis heute divergieren. SCHMIDT (2007) bildete bereits Artengruppen (*D. caucasica* agg., *D. oleoides* agg., *D. pontica* agg., *D. sericea* agg.), um die enge Verwandtschaft der als kaukasische Endemiten beschriebenen Sippen mit weiter verbreiteten Arten herauszustellen.

Bei PEDROL (2011) geht die Zusammenfassung einen Schritt weiter, indem die Artengruppen als Arten und die ihnen zugeordneten „Klein-

Abb. 24 Zweige mit dreizähligen Blättern, die typisch sind für die Kolchische Pimpernuss (*Stapylea colchica*), hier in einer Schlucht im westlichen Großen Kaukasus (Adygea)

arten" als Unterarten oder Synonyme erscheinen:
– *D. caucasica* mit **subsp. *caucasica*** und ***subsp. axilliflora*** (KEISSL.) HALDA (Syn. *D. axilliflora*),
– *D. oleoides* mit **subsp. *oleoides*** (incl. *D. baksanica, D. oleoides* subsp. *baksanica*) und **subsp. *kurdica*** (incl. *D. kurdica, D. transcaucasica*),
– *D. pontica* mit **subsp. *pontica*** und **subsp. *haematocarpa*** (incl. *D. albowiana*),
– *D. sericea* mit **subsp. *circassica*** (POBED.) HALDA (Syn. *D. circassica*) und **subsp. *pseudosericea*** (incl. *D. pseudosericea, D. woronowii*).

CHANDJIAN (2012) geht im Konspekt der Kaukasus-Flora nicht so weit, hat aber im Vergleich zu anderen russischen und südkaukasischen Autoren die Artenzahl zumindest etwas reduziert, indem *D. albowiana* nur als Unterart (*D. pontica* subsp. *haematocarpa*) eingestuft und *D. circassica* und *D. woronowii* als Synonyme von *D. pseudosericea* betrachtet werden. Dagegen werden die genannten kaukasischen Sippen bei anderen Autoren (z. B. LITVINSKAYA 2006, TIMUKHIN et al. 2009, SHETEKAURI & JACOBY 2009) weiter als Arten aufgefasst.

Von den bei SOLOMON et al. (2014) berücksichtigten 7 endemischen Arten werden *D. albowiana, D. circassica* und *D. pseudosericea* als stark gefährdet gelistet, *D. baksanica* gilt als vom Aussterben bedroht und als eine der 50 Pflanzenarten des russischen Anteiles Kaukasiens mit höchster Priorität für den Artenschutz. Die weiter verbreiteten Arten *D. caucasica* und *D. glomerata* gelten als ungefährdet, *D. axilliflora* wurde nicht bewertet.

– *Stelleropsis* (*Diarthron* p.p.)
Von den beiden von SCHMIDT (2007) aufgenommenen *Stelleropsis*-Arten Kaukasiens wird *S. caucasica = Diarthron caucasica* (POBED.) KIT TAN von SOLOMON et al. (2014) als stark gefährdet eingeschätzt und zu den 50 für den Artenschutz prioritären endemischen Pflanzenarten des russischen Kaukasusgebietes gezählt.

Zu 2.62 Tiliaceae – Lindengewächse

– *Tilia* – Linde
Die Kaukasus-Linde wurde von SCHMIDT (2007) unter *T. begoniifolia* behandelt (vgl. auch NESHATAYEV & NESHATAYEVA 2010, SOLOMON et al. 2014), aber mit dem Hinweis, dass es gute Argumente für ihre Zusammenfassung mit *T. dasystyla* (Krim) gibt und ihrer Einstufung als geografische Rasse der Kaukasusregion wurde später (SCHMIDT 2011) gefolgt: *T. dasystyla* subsp. *caucasica*. Keinesfalls kann sie der Sommer-Linde als Unterart zugeordnet werden, wie im Konspekt der Kaukasusflora erfolgt (MENITSKY 2012c). Die Zweifel am Vorkommen von *T. platyphyllos* im Kaukasusgebiet (SCHMIDT 2007) finden aber durch diesen Autor Bestätigung, denn MENITSKY weist unter *T. platyphyllos* (subsp. *platyphyllos*) darauf hin, dass wahrscheinlich alle bisherigen Angaben aus Kaukasien zur Kaukasus-Linde gehören dürften. Die Sommer-Linde wird jedoch von LITVINSKAYA (2006) und ZERNOV (2010) für das russische Kaukasusgebiet (nordwestlicher Großer Kaukasus) angegeben.

In den hyrkanischen Wäldern, die südlich des Kaspischen Meeres vom iranischen Elbursgebirge bis nach Aserbaidschan (Talysch) reichen, fehlt – trotz älterer Angaben – die Sommer-Linde ebenfalls, was ZARE et al. (2012) herausstellen. Allerdings belegen die iranischen Autoren für die hyrkanischen Wälder im Elburs eine außerordentliche Variabilität der Linden-Populationen. Nach ihren Studien sollen hier neben der Winter-Linde (*T. cordata*) und deren Bastard *T. ×euchlora* 5 mit *T. dasystyla* verwandte Arten (davon 2 neu beschrieben) vorkommen:

– 2 Arten, deren Blattunterseite sowohl einfache Haare als auch einige Sternhaare aufweist: *T. dasystyla* mit etwa so langer wie breiter Blattspreite und nur leicht schiefer Basis und *T. begoniifolia* mit deutlich längeren als breiten und an der Basis stark schiefem Spreitengrund),
– *T. rubra* (**subsp.** *caucasica*) mit unterseits kahlen oder zerstreut mit einfachen Haaren besetzten Blättern,
– *T. sabetii* ZARE: neu beschriebene Art aus dem zentralen Elburs, voriger Art ähnlich, aber mit etwa doppelt so langen Blattstielen (bis 13 cm lang) und Fruchtstielen (5–7 cm lang) sowie asymmetrischen Früchten,
– *T. stellata-pilosa* ZARE, AMINI & ASSADI: neue Art, die von allen Linden der hyrkanischen und kaukasischen Wälder dadurch abweichen soll, dass die Behaarung der Jungtriebe, Blattunterseiten und Früchte nur aus Sternhaaren besteht, so ist die unterseits gelbbräunliche Spreite bleibend mit hellbraunen Sternhaaren besetzt.

Auf die Variabilität der Kaukasus-Linde und ihrer Bastarde mit der Winter-Linde in Kaukasien wies bereits SCHMIDT (2007) hin, wobei die Gliederung der iranischen Autoren auf anderen Merkmalen fußt. Es bleibt zu prüfen, ob die Populationen aus dem Verwandtschaftskreis von *T. dasystyla* in Kaukasien und dem Elburs ähnliche Variationsmuster aufweisen oder sich tatsächlich die hyrkanischen Wälder als Mannigfaltigkeitszentrum der Gattung *Tilia* erweisen, denn ZARE et al. (2012) sehen hier die nach Ostasien an Lindenarten reichste Region der Welt.

Zu 2.63 Ulmaceae – Ulmengewächse

GELTMAN & SOKOLOVA (2012) fassen die Familie Ulmaceae weit, also auch unter Einschluss von *Celtis* (heute Familie Celtidaceae oder Cannabaceae).

– *Celtis* – Zürgelbaum
Da sich herausstellte, dass der bisher für den Kahlen Zürgelbaum verwendete Name *C. glabrata* STEV. ex PLANCH. illegitim ist, erhielt er inzwischen einen neuen Namen: *C. planchoniana* K. I. CHR.

– *Ulmus* – Ulme
GELTMANN & SOKOLOVA (2012) geben wie SCHMIDT (2007) nur die 3 europäisch-westasiatisch verbreiteten Ulmen-Arten *U. glabra*, *U. laevis* und *U. minor* als in Kaukasien einheimi-

sche Arten an und stellen ebenso die diversen aus Kaukasien beschriebenen Arten zu *U. glabra* bzw. *U. minor*. So gehört auch *U. georgica* in den Variationsbereich von *U. minor*. Im Gegensatz dazu fassen SOLOMON et al. (2014) wie GAGNIDZE (2005) *U. georgica* als endemische Art Georgiens auf und zählen sie sogar zu den 50 für den Artenschutz wichtigsten endemischen Pflanzenarten dieses Landes.

– *Zelkova carpinifolia* – Kaukasus-Zelkove

Die Kaukasus-Zelkove (Abb. 25) gehört zu den Tertiärrelikten, die in den hygrothermophilen Laubwäldern der südkaukasischen Refugien am Schwarzen und Kaspischen Meer die quartären Eiszeiten überlebten. Im Gegensatz zu molekulargenetischen Untersuchungen von CHRISTE et al. (2014), die eine deutliche Trennung zwischen den kolchischen und hyrkanischen Populationen von *Z. carpinifolia* feststellten, kamen die im Rahmen der „Kaukasus Biodiversitäts-Initiative" des BGBM Berlin-Dahlem (MAHARRAMOVA & BORSCH 2014) durchgeführten Studien zu anderen Ergebnissen. MAHARRAMOVA et al. (2015) untersuchten 495 Individuen (379 Genotypen) und konnten keine klare Differenzung zwischen den Populationen im Westen und Osten Südkaukasiens nachweisen, sie ermittelten für alle beprobten Wuchsorte ein niedriges bis intermediäres Niveau genetischer Diversitätit.

Zu 2.65 Vitaceae – Weinrebengewächse

– *Vitis* – Weinrebe

Von SCHMIDT (2007) wurde bereits auf die Vielfalt der Weinreben (*Vitis vinifera* s. l.) in Südkaukasien und das Auftreten verwilderter Kultursorten selbst in Wäldern hingewiesen. AKHALKATSI (2014) betont, dass es schwierig ist, die Pflanzen der polymorphen Wild-Weinrebe (**subsp.** *sylvestris*, Trauben meist mit blauschwarzer Farbe der Schale) von den verwilderten, subspontan oder spontan vorkommenden Rebsorten der Kultur-Weinrebe (**subsp.** *vinifera*) zu unterscheiden, zumal auch die als Unterlagen verwendeten nordamerikanischen Arten (*V. berlanderi* PLANCH., *V. labrusca* L., *V. riparia* MICHX., *V. rupestris* SCHEELE) verwildert auftreten. Zusätzlich zu den wichtigsten, für die Weinherstellung bei SCHMIDT genannten Rebsorten nennt AKHALKATSI 'Tsolikauri' und 'Chinuri', wobei etwa 20 % des Weins von lokalen und eingeführten

Abb. 25 Typische Stammrinde eines Altbaums der Zelkove (*Zelkova carpinifolia*) im Adzhameti-Schutzgebiet (W-Georgien)

Kultursorten erzeugt werden. Leider ist die Generosion beträchtlich, denn die Zahl der lokalen Sorten geht stark zurück und nur 248 von 524 bekannten autochthonen georgischen Sorten werden bisher in Lebendsammlungen erhalten.

Literatur

Die Zitate russischsprachiger Titel folgen den gleichen Prinzipien wie in SCHMIDT (2002) dargelegt.

ADAMS, R. P. (2004): *Juniperus deltoides*, a new species, and nomenclatural notes on *Juniperus polycarpos* and *J. turcomanica* (Cupressaceae). Phytologia 86, 2: 49–53.

AGHABABYAN, M.; BORSCH, T.; PAROLLY, G. (2010): Developing tools for conserving the plant diversity of the Transcaucasia: the project in the framework of the "Pan-Caucasian Plant Biodiversity Initiative. In: Study of the flora of the Caucasus. Abstracts of the international conference. Pyatigorsk. S. 5–6.

AKHALKATSI, M. (2014): Traditioneller Weinbau und Rebsortenvielfalt in Georgien. In: PAROLLY et al. (2014): 98–103.

AKOPIAN, J. A. (2007): On the *Pyrus* L. (Rosaceae) species in Armenia. Flora, Rastitel'nost' i Rastitel'nye Resursy Armenii 16: 15–26. (In Russ.).

AKOPIAN, J. A. (2010): Endemic pears (*Pyrus*, Rosaceae) of Armenian and South Transcaucasian flora. In: Study of the flora of the Caucasus. Abstracts of the international conference. Pyatigorsk. S. 9–10.

AKOPIAN, J.; KOROTKOVA, N. (2014): Warum Birnen mit Birnen vergleichen? Forschung an Wildbirnen (*Pyrus*) im Kaukasus. In: PAROLLY et al. (2014): 66–71.

ASHBURNER, K.; MCALISTER, H. (2013): The Genus *Betula*. A taxonomic revision of birches. Kew Publishing, Royal Botanic Gardens, Kew.

ASIESHVILI, L.; ERADZE, N.; SIRADZE, M.; LACHASHVILI, N. (2011): The Results of Introduction of Some Red List Georgian Species in the National Botanical Garden of Georgia (Tbilisi). Bull. Georg. National Acad. Sci. 5, 3: 89–94.

ASKEROV, A. M. (2010): Konspekt Flory Azerbaidzhana. Elm, Baku. (In Russ.).

ASKEROV, A. M. (2011): Endemy Flory Azerbaidzhana. Izvestiya NAN Azerbaidzhana, Ser. Biol. Nauki 66, 1: 99–105. (In Russ.).

AVETISIAN, V. E. (2007): Addenda to 1–10 volumes of "Flora of Armenia". In: Flora, Rastitel'nost' i Rastitel'nye Resursy Armenii 16: 79–91.

BÄRTELS, A.; SCHMIDT, P. A. (2014): Enzyklopädie der Gartengehölze. 2. Aufl. Ulmer, Stuttgart.

BATUMI BOTANICAL GARDEN (2012): Trees and shrubs of Batumi Botanical Garden. Pub. Sachino, Tbilisi.

BOLKVADZE, G. O.; DIASAMIDZE, I. T. (2010): Dendroflora of South Colchis (Adjara and Artvin). In: Study of the flora of the Caucasus. Abstracts of the international conference. Pyatigorsk. S. 21–22.

BORSCH, T.; KOROTKOVA, N.; PAROLLY, G. (2014): Die "Kaukasus Biodiversitäts Initiative" des Botanischen Gartens und Botanischen Museums Berlin-Dahlem. In: PAROLLY et al. (2014): 26–35.

BYALT, V.; FIRSOV, G. (2014): A new Variety of *Fagus orientalis* LIPSKY (Fagaceae) from Northern Caucasus. Novitates systematicae plantarum vascularium 45: 22–25. (In Russ.).

CHANDJIAN, N. S. (2012): Thymelaeaceae JUSS. In: TAKHTAJAN (2012): 514–518. (In Russ.).

CHRISTE, C.; KOZLOWSKI, G.; FREY, D. et al. (2014): Footprint of past intensive diversification and structuring of the genus *Zelkova* (Ulmaceae) in southwestern Eurasia. J. Biogeogr., doi: 10.1111/jbi.12276.

DEBRECZY, Z.; RÁCZ, I. (2011): Conifers around the world. 2 vols. DendroPress Ltd., Budapest.

DÖNIG, G. (2010): Rotbuchen – *Fagus*. Arten, Formen, Sorten, Kultivare mit Sammlungen aus dem Arboretum Altdorf. Hansmann Verlag, Hemmingen:.

DOROFEEV, V. I. (2012): Brassicaceae BURNETT. In: TAKHTAJAN (2012): 371–469. (In Russ.).

ENCIKLOPEDIJA DEKORATIVNYCH SADOVYCH RASTENIJ (2015): Iglica (*Ruscus*). http://flower.onego.ru/kustar/ruscus.html. Zugriff 03. 10. 2015.

FARJON, A. (2001): World Checklist and Bibliography of Conifers. 2nd ed. Royal Botanic Gardens, Kew.

FARJON, A. (2010): A handbook of the world's conifers. 2 vols. Brill, Leiden & Boston.

FAYVUSH, G. M. (2007): Endemic plants of Armenian flora. In: Flora, Rastitel'nost' i Rastitel'nye Resursy Armenii 16: 62–68. (In Russ.).

FFI (FAUNA FLORA INTERNATIONAL); GTC (GLOBAL TREE CAMPAIGN) (2005): Globally Threatened Trees of the Caucasus. A report on the Caucasus regional tree Red Listing workshop (Tbilisi, Georgia 2005). http://www.globaltrees.org/downloads/GTSG_Georgia_Workshop_report_PDF.pdf.

FLORA EUROPAE ORIENTALIS, 2001: Bd. 10. Mir i Semia, St. Peterburg. (In Russ.).

GABRIELIAN, E. T.. (2012): Berberidaceae JUSS. In: TAKHTAJAN (2012): 59–60. (Russ.).

GABRIELIAN, E. T.; FRAGMAN-SAPIR, O., 2008: Flowers of the Transcaucasus and Adjacent Areas. Gantner, Liechtenstein.

GABRIELIAN, E. T.; SARGSYAN, M. V. (2009): New to science endemic *Crataegus susanykleinae* (Rosaceae) from Armenia. In: Flora, Rastitel'nost' i Rastitel'nye Resursy Armenii 17: 10–11. (In Russ.).

GADZHIEV, V. D.; JUSIFOV, E. F. (2003): Flora i rastitel'nost Kyzylagačskogo Zapovednika i ich bioraznoobrazie. [Die Flora und Vegetation des Kysylagatsch-Schutzgebietes und ihre Biodiversität]. EL-ALIiance, Baku. (In Russ.).

GAGNIDZE, R. (2005): Vascular Plants of Geogia. A Nomenclatural Checklist. Georg. Acad. Science and State University, Tbilisi.

GAGNIDZE, R.; CHURADZE, M.; BARNAVELI, N. (2010): Morphological-geographic analysis of species of the Genus *Rosa* L. (Rosaceae) of Georgia's flora. UNIVERSAL, Tbilisi. (In Georg. und Russ.).

GASIMOVA, T. A. (2012): *Cotoneaster* MEDIK. Genus in Azerbaijan. AMEA Botanike Institutum elmi əsələri 32: 37–39. (In Russ.).

GELTMAN, D. V. (2012): Moraceae GAUDICH. In: TAKHTAJAN (2012): 490–491. (In Russ.).

GELTMAN, D. V. (2012): Euphorbiaceae JUSS. In: TAKHTAJAN (2012): 494–513. (In Russ.).

GELTMAN, D. V.; SOKOLOVA, I. V. (2012): Ulmaceae MIRB. In: TAKHTAJAN (2012): 487–489. (In Russ.).

GRÄFE, S. (2008): Untersuchungen von Populationen seltener georgischer Wildbirnen (*Pyrus demetrii* KUTH., *P. ketzkhovelii* KUTH., *P. sachokiana* KUTH.) und ihre Bewertung nach den Gefährdungskategorien der IUCN Red List. Diplomarb. TU Dresden, Tharandt. (Mskr.)

GRIMSHAW, J.; BAYTON, R. (2009): New Trees. Recent introductions to cultivation. Kew Publishing, Royal Botanic Gardens, Kew.

ILDIS (World Database of Legumes) (2010): *Genista. Cytisus.* In: Euro+Med Plantbase – the information resource for Euro-Mediterranean plant diversity. Publ. on the Internet. http://ww2.bgbm.org/Euro-PlusMed/results.asp. Abgerufen 03.11.2015.

JAROSCHENKO, G. (1936): Die Typen der Buchenwälder Transkaukasiens. Mitt. Deutsch. Dendrol. Ges. 48: 135–137.

KETZKHOVELI, N., KHARADZE, A., GAGNIDZE, R. (Hrsg.), 1971–2011: Flora Gruzii/ Flora of Georgia. Bd. 1–16. 2. Aufl. Mecniereba, Tbilisi. (In Georg.).

KIKODZE, D., TAVARTKILADZE, M., SVANIDZE, T., 2007: Plants of Georgia. Field Guide. Tsignis Sakhelosno, Tbilisi.

KNORR, B. (2010): Rarität entdeckt: *Rhododendron ×kesselringii* E. WOLF. Rhododendron u. Immergrüne 10: 97–98.

KOROTKOVA, N.; NAUHEIMER, L.; TER-VOSKANYAN, H.; ALLGAIER, M.; BORSCH, T. (2014): Variability among the Most Rapidly Evolving Plastid Genomic Regions is Lineage-Specific: Implications of Pairwise Genome Comparisons in *Pyrus* (Rosaceae) and Other Angiosperms for Marker Choice. PLoS ONE 9(11): e112998. Doi:10.1371/journal.phone.0112998.

KRASNAJA KNIGA (2008): Krasnaja Kniga Rossijskoj Federacii: Rastenija i griby. [Rotbuch der Russischen Föderation: Pflanzen und Pilze]. Naučn. Izd. K. K. Moskva. (In Russ.).

KRASSOVSKAYA, L. S. (2010): On the specifity of endemism in the genus *Rubus* (Rosaceae) in the Caucasus. In: Study of the flora of the Caucasus. Abstracts of the international conference. Pyatigorsk. S. 59–61. (In Russ.).

KURTTO, A. (2009): Rosaceae. In: Euro+Med Plantbase – the information resource for Euro-Mediterranean plant diversity. Publ. on the Internet. http://ww2.bgbm.org/EuroPlusMed/ results.asp. Abgerufen 03.11.2015.

LACHASHVILI, N. J.; KHACHIDZE, M. N.; KHETSURIANI, L. D.; ERADZE, N. V. (2014): Communities of Juniper forests (Juniperetea; *J. foetidissima, J. polycarpos*) in Shida Kartli (East Georgia, South Caucasus). Annals of Agrarian Sciences 12, 2: 49–65.

LIESEBACH, M.; SCHMIDT, P. A. (2012): Bericht zur Studienreise der DDG nach Georgien vom 19. bis 29. Juni 2011. Mitt. Deutsch. Dendrol. Ges. 97: 261–280.

LITVINSKAYA, S. S. (2006): The ecological encyclopedia of trees and bushes (ecology, geography, useful characteristics). Izd. Tradicija, Krasnodar. (In Russ.).

MAHARRAMOVA, E.; BORSCH. T. (2014): *Zelkova carpinifolia* – Evolution und Naturschutz eines arktotertiären Reliktbaumes. In: PAROLLY et al. (2014): 80–85.

MANVELIDZE, Z. K., MEMIADZSE, N. V., KHARAZISH-VILI, D. S., VARSHANIDZE, N. I., 2010: Dendroflora of Adjara (Adjara Floristic Region). Annals of Agrarian Science 8, 2: 114–123. (In Russisch).

MCALLISTER, H. (2005): The Genus *Sorbus*. Mountain ash and other rowans. Royal Botanic Gardens, Kew.

MENITSKY, G. L. (2008): Cornaceae BERCHT. et J. PRESL, Araliaceae JUSS. In: TAKHTAJAN (2008): 50–53. (In Russ.).

MENITSKY, G. L. (2012a): Buxaceae DUMORT., Fagaceae DUMORT., Betulaceae GRAY, Corylaceae MIRB. In: TAKHTAJAN (2012): 286–299. (In Russ.).

MENITSKY, G. L. (2012b): Salicaceae MIRB. In: TAKHTAJAN (2012): 354–362. (In Russ.).

MENITSKY, G. L. (2012c): Cistaceae JUSS., Tiliaceae JUSS., Malvaceae JUSS. In: TAKHTAJAN (2012): 471–487. (In Russ.).

MURTAZALIEV, R. A. (2009): Konspekt Flory Dagestana. Bd. 1–4. Verlag Epokha, Makhachkala. (In Russ.).

NAPOLITANO, A.; MUZASHVILI, T.; PERRONE, A., PICCA, C.; KEMERTELIZE, E.; PIACENTE, S. (2011): Steroidal glycosides from *Ruscus ponticus*. Phytochemistry 72,7: 651–661.

NESHATAYEV, V. Y.; NESHATAYEVA, V. Y. (2010): Phytogeographical characteristics of the main tree species of the Caucasus. In: Study of the flora of the Caucasus. Abstracts of the international conference. Pyatigorsk. S. 82–84. (In Russ.).

ORLOVA, L.; FIRSOV, G. (2013): Problems in the field of Systematics and Investigation of Conifers in Russia. Journal of Agricult. Science and Technol. B 3: 880–886.

PAROLLY, G.; GROTZ, K.; LACK, H. W. (Hrsg.) (2014): Kaukasus. Pflanzenvielfalt zwischen Schwarzem und Kaspischem Meer. Botanischer Garten und Botanisches Museum Berlin-Dahlem, Berlin.

PEDROL, J. (2011): Thymelaeaceae. In: Euro+Med Plantbase – the information resource for Euro-Mediterranean plant diversity. Publ. on the Internet. http://ww2.bgbm.org/EuroPlusMed/results.asp. Abgerufen 03.10.2015.

PLOTNIKOV, M. V. (2010): Pichtovye lesa zapadnogo Kavkaza. Problemy i perspektivy izučenija, sochranenija i racional'nogo ispol'sovanija. [Die Tannenwälder des Westkaukasus. Probleme und Perspektiven der Erforschung, der Erhaltung und rationellen Nutzung]. NABU und Kavkazskij Zapovednik, Majkop.

RUSSANOVICZ, I. I. (2012): *Tamarix* L. In: TAKHTAJAN (2012): 350–353. (In Russ.).

SARGSYAN, M. V. (2009): Two new to science species of genus *Crataegus* (Rosaceae) from Armenia. Flora, Rastitel'nost' i Rastitel'nye Resursy Armenii 17: 11–14. (In Russ.).

SARGSYAN, M. V. (2011): *Crataegus* L. (Rosaceae) – Flora of Armenia. Biol. Journ. of Armenia 2, 63: 12–18. (In Armen.).

Savinov, I. A. (2010): The genus *Euonymus* (Celastraceae) in the Caucasian flora. In: Study of the flora of the Caucasus. Abstracts of the international conference. Pyatigorsk. S. 92–93. (In Russ.).

Schmidt, P. A. (2002–2007): Bäume und Sträucher Kaukasiens. Teil 1: Einführung und Gymnospermae (Nadelgehölze und andere Nacktsamer). Mitt. Deutsch. Dendrol. Ges. 87 (2002): 59–81. Teile 2–6: Laubgehölze. Mitt. Deutsch. Dendrol. Ges. 88 (2003a): 77–100 (Teil 2: Aceraceae bis Cornaceae); 89 (2004): 49–71 (Teil 3: Ebenaceae bis Frankeniaceae); 90 (2005): 25–43 (Teil 4: Globulariaceae bis Punicaceae); 91 (2006): 21–56 (Teil 5: Ranunculaceae bis Rutaceae); 92 (2007a): 21–48 (Teil 6: Salicaceae bis Zygophyllaceae).

Schmidt, P. A. (2003b): Die Wacholder (Gattung *Juniperus*) Eurasiens. Beiträge zur Gehölzkunde 2003: 7–25.

Schmidt, P. A. (2007b): Workshop „Surveys and status assessment of potentially threatened *Pyrus* species in the Caucasus (Armenia, Azerbaijan, Georgia)". Annals of Agrarian Science 5, 3: 131–133.

Schmidt, P. A. (2007c): Kaukasien; Ein Global Biodiversity Hotspot. In: Glaser, R.; Kremb, K. (Hrsg.): Asien. Wiss. Buchges., Darmstadt. S. 43–53.

Schmidt, P. A. (2011): Die Gehölze (Bäume, Sträucher, Zwerg- und Halbsträucher) Georgiens – eine Übersicht der Arten, Unterarten und Bastarde. In: Schmidt, P. A., Liesebach, M.; Urushadze, T. F.: Exkursionsführer zur Studienreise der Deutschen Dendrologischen Gesellschaft (DDG) nach Georgien 19.-29. Juni 2011. DDG Geschäftsstelle, Großhansdorf. S. 38–63.

Schmidt, P. A.; Lavrentyev, N. V. (2011): Egbert L. Wolf (1860–1931), ein deutscher und russischer Gärtner, Dendrologe und Botaniker in St. Petersburg. Mitt. Deutsch. Dendrol.): Ges. 96: 11–32.

Schroeder, F.-G., 2004: Zur natürlichen Verbreitung und Kulturgeschichte des Pfeifenstrauches (*Philadelphus coronarius* L.). Mitt. Deutsch. Dendrol. Ges. 89: 7–36.

Schulz, B. (2010): Die Persische Heckenkirsche, *Lonicera iberica* M. Bieb., und verwandte Arten. Mitt. Deutsch. Dendrol. Ges. 95: 67–75.

Schulz, B. (2012): Die Gattung *Cornus* (Cornaceae), Hartriegel und Kornelkirsche, Teil 3. Mitt. Deutsch. Dendrol. Ges. 97: 91–132.

Shaw, R.; Roy, S.; Wilson, B. (2014): *Betula pubescens* var. *litwinowii*. In: The IUCN Red List of Threatened Species 2014: eT194832A2364453. Zugriff 19. 11. 2015.

Shetekauri, S., Jacoby, M., 2009: Gebirgsflora & Bäume des Kaukasus. Natural Book Service, Totnes, Devon & Koeltz, Königstein.

Shvanova, V. V. (2010): The project "Caucasian flora conspectus". In: Study of the flora of the Caucasus.

Abstracts of the international conference. Pyatigorsk. S. 124–125. (In Russ.).

Skvortsov, A. K. (2002): A new system of the genus *Betula* L. Bull. Mosc. Natur. Soc., Otd. Biol. 107, 5: 73–76. (In Russ.).

Skvortsov, A. K.; Solovyova, N. M. (2000): New data on *Betula* karyology in Russia and adjacent countries. Bulletin Main Bot. Garden Moscow 189: 32–38. (In Russ.).

Slepykh, V. V.; Kovaleva, L. A. (2010): Crimean pine in the Caucasus. In: Study of the flora of the Caucasus. Abstracts of the international conference. Pyatigorsk. S. 98–99. (In Russ.).

Solomon, J.; Shulkina, T.; Schatz, G. E. (eds.) (2014): Red List of the Endemic Plants of the Caucasus: Armenia, Azerbaijan, Georgia, Iran, Russia, and Turkey. Missouri Botanical Garden Press, Saint Louis.

Stepanyan, N. (2007): *Punica granatum* (Punicaceae) in Armenian Highland (archaeobotanical data VIII BC – IIIc.). Flora, Rastitel'nost' i Rastitel'nye Resursy Armenii 16: 123–127. (In Russ.).

Stepanyan, N. (2014): Der Granatapfel – Vielfalt in der Einheit. In: Parolly et al. (2014): 108–113.

Sytin, A. K. (2010): Pecularities of botanical and geographical diversity of Caucasian *Astragalus*. In: Study of the flora of the Caucasus. Abstracts of the international conference. Pyatigorsk. S. 102–103. (In Russ.).

Takhtajan, A. L. (ed.) (1954–2011): Flora Armenii. Bd. 1–11. Nauka, Moskva-Leningrad/St. Petersburg. (In Russ.).

Takhtajan, A. L. (ed.) (2003, 2006, 2008, 2012): Caucasian Flora Conspectus vol. 1 (2003); vol. 2 (2006); vol. 3,1 (2008); vol. 3,2 (2012). Saint-Peterburg University Press, St. Petersburg (vol. 1–2); KMK, St. Petersburg & Moskau (vol. 3,1–3,2). (In Russ.).

Talybov, T. H.; Ibrahimov, A. M. (2012): Study of the Barberry (*Berberis* L.) species in the area of Nakhchivan Autonomous Republic. AMEA Botanike Institutum elmi əsələri 32: 20–26. (In Azeri).

Tamanian, K. G.; Fayvush, G. M.; Nanagulyan, S. G.; Danielyan, T. S. (eds.) (2010): The Plant Red Data Book of Armenia. Academy of Sciences of the Republic of Armenia, Yerevan. (In Russ.).

The Plant List (2015): The Plant List. A working list of all plant species. http://www.theplantlist.org. Zugriff 03. 10. 2015.y

Timukhin, I. N.; Tuniyev, B. S.; Akatova, T. V. (2009): Sosudistye rastenija. [Geäßpflanzen]. In: Osobo ochranjaemye vidy zhivotnych, rastenij i gribov v Kavkazkom zapovednike. [Besonders geschützte Tier-, Pflanzen- und Pilzarten im Kaukasus-Zapovednik]. Trudy Kavkazk. Gosud. Prirodn. Biosfern. Zapovednik, Majkop 19: 118–161. (In Russ.).

Timukhin, I. N.; Tuniyev, B. S. (2010): Modern expansion of invasive species of vascular plants on the Sochi coast of the Black Sea. In: Study of the flora of the Caucasus. Abstracts of the international conference. Pyatigorsk. S. 106–107. (In Russ.).

Tzvelev, N. N. (1979): Capparaceae Juss. In: Federov, An.A.: Flora Partis Europaeae URSS. Bd. IV. Leningrad: Nauka. S. 28–30. (In Russ.).

Tzvelev, N. N. (2008): *Philadelphus* L. In: Takhtajan (2008): 50. (In Russ.).

Tzvelev, N. N. (2012): Plumbaginaceae Juss. In: Takhtajan (2012): 272–284. (In Russ.).

Tzvelev, N. N. (2012b): Capparaceae Juss. In: Takhtajan (2012): 368. (In Russ.).

Uotila, P. (2011): Chenopodiaceae. In: Euro+Med Plantbase – the information resource for Euro-Mediterranean plant diversity. Publ. on the Internet. http://ww2.bgbm.org/EuroPlusMed/results.asp. Abgerufen 03.10. 2015.

Utenkova, S. N. (2010): Biogeographical relations and endemism of the flora of Pyatigorsk area (North Caucasus). In: Study of the flora of the Caucasus. Abstracts of the international conference. Pyatigorsk. S. 110–111. (In Russ.).

VGFI (2008): Survey and statuts assessment of potentially threatened *Pyrus* spp. in the Caucasus. Project of Fauna and Flora International (FFI) and Naturschutzbund Deutschland (NABU), coordin. by Vasil Gulisashvili Forest Institut, Tbilisi and Techn. Univ. Dresden, Tharandt.

Vorontsova, M. S.; Hoffmann, P. (2010): Revision of the genus *Leptopus* (Phyllanthaceae, Euphorbiaceae sensu lato). Kew Bull. 64: 627–644.

Wallander, E. (2007): Systematics and charaterisation of the genus *Fraxinus* (Oleaceae). Fraxinus_121007_Systematics_of_Fraxinus:Wallander.pdf.

WCSP (World Checklist of selected plant families) (2010): *Cornus. Fraxinus. Ziziphora.* In: Euro+Med Plantbase – the information resource for Euro-Mediterranean plant diversity. Publ. on the Internet. http://ww2.bgbm.org/EuroPlusMed/results.asp. Abgerufen 03.11. 2015.

Zare, H.; Akbarinia, M.; Hosseini, S. M.; Ejtehadi, H.; Amini Eshkevari, T. (2010): A new record of *Betula litwinowii* (Betulaceae) and a review of the geographical distribution of the genus Betula L. in Iran. Iran. J. Bot. 16, 2: 237–241.u

Zare, H.; Amini, T.; Assadi, M. (2012): A review of the genus *Tilia* L. (Tiliaceae) in Iran, new records and new species. Iran. J. Bot. 18, 2: 175–190.

Zazanashvili, N.; Mallon, D. (eds.) (2009): Status and Protection of Globally Threatened Species in the Caucasus. C. P. & W. F. Tbilisi.

Zernov, A., 2006: Flora Severo-zapadnogo Kavkaza. [Flora des Nordwest-Kaukasus]. Naučn. Izd. KMK Moskva. (In Russ.).

Zernov, A., 2010: Plants of the Western Caucasus. Field Atlas. Naučn. Izd. KMK Moskva. (In Russ.).

Autor:

Prof. Dr. Peter A. Schmidt
Am Wasserwerk 24
01640 Coswig
OT Sörnewitz
E-Mail: praesident@ddg-web.de

Mitt. Deutsch. Dendrol. Ges. (MDDG)	101	107-116	2016	ISBN 978-3-8001-0861-9

Afrikanische Sumach-(*Searsia*-)Arten: exotische Gehölze im Botanischen Garten Klagenfurt und ihre vielseitigen Nutzungsmöglichkeiten

Felix Schlatti

Zusammenfassung

Afrikanische Sumach-Arten werden in rezenten phylogenetischen Publikationen nicht mehr in die Gattung *Rhus* s. l. gestellt, sondern als eigene Gattung *Searsia* behandelt. Diese umfasst 112 Arten, von denen derzeit 15 im Botanischen Garten Klagenfurt [KL] als Kübelpflanzen in Kultur stehen. Die Sammlung wird laufend erweitert. *Searsia*-Arten tragen meist dreizählige Blätter, zeichnen sich aber dennoch durch eine bemerkenswerte Fülle an verschiedenen Blattformen, -farben und -rändern aus. Fast alle Arten werden in ihren Heimatländern auf vielfältige Weise genutzt und teilweise auch auf einen möglichen Einsatz als Heilpflanzen untersucht.

Abstract

In most recent phylogenetic publications African sumac species are no longer included in the genus *Rhus* s. l., but treated as separate genus *Searsia*. It comprises 112 species, 15 of them are currently cultivated as container plants in the Botanical Garden Klagenfurt [KL]. The collection is constantly expanding. *Searsia* species usually bear ternate leaves, but are characterized by a remarkable wealth of different leaf shapes, leaf colors and leaf margins. In their home countries almost every species is used in various ways. In some cases they are also tested for a potential use as medicinal plants.

Einleitung

Der Botanische Garten Klagenfurt (Kärntner Botanikzentrum, Landesmuseum für Kärnten, [KL]) präsentiert Pflanzen europäischer Biotope, ausgewählte Arten anderer Kontinente und verschiedenste Nutzpflanzen in über 30 Quartieren. Zusätzlich bauen seine Mitarbeiter gezielt wissenschaftliche Sammlungen bestimmter Pflanzengruppen auf, z. B. lebende Fossilien, diverse sukkulente Wüstenpflanzen, Bromelien aus feucht-kühlen Tropenwäldern oder verschiedene Gehölzsippen (EBERWEIN 2011). Seit einigen Jahren werden Gruppen kleinwüchsiger Bäume und Sträucher der Gattungen *Berberis*, *Daphne*, *Ephedra*, *Lonicera*, *Malus* oder *Syringa* gesammelt und im Freiland kultiviert. Die Gruppe der Sumach-Arten (Essigbäume, Gattung *Rhus* s. l.) besteht vorwiegend aus Kübelpflanzen. Als Winterquartier steht dem Botanischen Garten kein Glashaus, sondern ein Bunkersystem aus dem 2. Weltkrieg zur Verfügung. In diesem Stollen überwintern seine Mitarbeiter seit Jahrzehnten erfolgreich subtropische Kübelpflanzen (EBERWEIN 2013).

Systematik der Gattung *Rhus*

Die Gattung *Rhus* (Anacardioideae, Anacardiaceae, Sapindales) beinhaltet je nach Abgrenzung zwischen 35 (*Rhus* s. str.) und über 178 (*Rhus* s. l.) Arten (PELL et al. 2011). Auch die Publikationen jüngerer Zeit sind sich über die Zuordnung der Taxa uneinig. Aktuelle Forschungsergebnisse bestätigen jedoch eine Aufteilung in *Malosma*, *Rhus* s. str., *Searsia* sowie *Toxicodendron* und schlagen zusätzlich eine Abspaltung der Gattung *Lobadium* vor (MOFFETT 2007, YI et al. 2007), die aber von PELL et al. (2011) nicht umgesetzt wird. Moderne phylogenetische Stamm-bäume zeigen die Gattung *Rhus* s. str. mit *Pista-cia*-Arten sowie der Gattung *Searsia* mit *Schinus molle* näher verwandt als es die einzelnen *Rhus* s. l.-Gattungen untereinander sind. Eine Aufspal-tung von *Rhus* s. l. erscheint daher sinnvoll und nötig (NIE et al. 2009).

PELL et al. (2011) nennen für *Malosma* eine, für *Rhus* s. str. mindestens 35, für *Searsia* min-destens 120 und für *Toxicodendron* 22 Arten. Während die Gattung *Searsia* fast nur in Afrika vorkommt, liegen die Verbreitungsschwerpunkte der *Rhus*- und *Toxicodendron*-Arten in Nord-amerika und Ostasien.

Vorsicht ist bei Nutzung der Internet-Daten-bank „The Plant List" nötig. Hier wird die Auf-spaltung von *Rhus* s. l. noch nicht konsequent umgesetzt. Beispielsweise werden die Taxa *Sear-sia batophylla* oder *Searsia chirindensis* in die Gattung *Rhus*, *Searsia lancea* oder *Searsia pyroi-des* hingegen in die Gattung *Searsia* gestellt (THE ROYAL BOTANIC GARDENS, KEW & MISSOURI BOTANICAL GARDEN 2013).

Die Gattung *Searsia*

MOFFETT (2007) führt die Umkombination von *Rhus* s. l. in *Searsia* konsequent durch und listet 112 Arten (140 Taxa) für die neue Gattung. Drei Arten kommen am indischen Subkontinent, vier in Arabien und drei Arten in Nordafrika vor. Zwei davon, *Searsia pentaphylla* und *S. tripartita* treten auch in Israel und Jordanien auf und errei-chen in Sizilien sogar den europäischen Konti-nent (TUTIN 1968, CHARCO 2001, FENNANE et al. 2007). Ansonsten ist Europa nur die Heimat des Gerber-Sumach (*Rhus coriaria*), der allerdings in der Gattung *Rhus* s. str. verbleibt (YI et al. 2007).

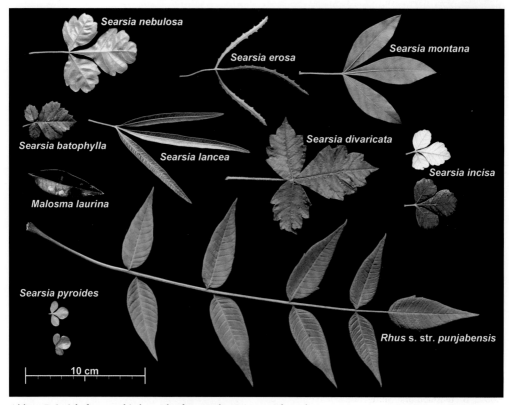

Abb. 1: Beispiele für verschiedene Blattformen der Gattung *Rhus* s. l.:
Blattoberseite: *Malsoma laurina, Rhus punjabensis, Searsia batophylla, S. divaricata, S. lancea, S. montana.*
Blattunterseite: *Searsia erosa, S. nebulosa.* Blattoberseite und Blattunterseite: *Searsia incisa, S. pyroides.*
Fotos: F. SCHLATTI.

Die Gattung *Searsia* zeichnet sich durch das Auftreten dreizähliger (ternater) Blätter aus. Diese bestehen aus einem Blattstiel und drei Blättchen, oder anders ausgedrückt aus einer Hauptfieder und zwei Seitenfiedern. Blatt-Typen mit größerer Fiederblattanzahl, wie sie bei *Rhus* s. str. und *Toxicodendron* häufig auftreten, fehlen. Die einzelnen Arten unterscheiden sich dennoch meist deutlich in Größe, Farbe und Form ihrer Blättchen sowie in der Ausgestaltung des Blattrands (Abb. 1).

Die Blüten entwickeln sich in axillären oder terminalen locker rispigen oder traubigen Infloreszenzen, bleiben aber bei allen Arten unauffällig und klein (Abb. 2a). Sie bestehen aus fünf winzigen Kelchblättern und fünf wenigstens doppelt so großen Kronblättern (Abb. 2b). Der Durchmesser der Einzelblüten besteht nur aus einem bis wenigen Millimetern. Die Blütengeschlechter sind monözisch verteilt. Die männlichen Blüten bestehen aus 5 Staubblättern und einer großen, scheibenförmigen Diskusdrüse, die den Nektar produziert (Abb. 2d). Die weiblichen Blüten beinhalten einen oberständigen Fruchtknoten mit drei Griffeln und einer einzigen Samenanlage sowie 5 Staminodien (Abb. 2c).

Der Fruchtknoten entwickelt sich nach erfolgreicher Bestäubung zu einer kugeligen, meist kahlen Steinfrucht mit einem glänzenden grünlichen, hellbraunen, schwarzen oder roten Exokarp (Abb. 3). Im Gegensatz zu den verwandten Gattungen lässt sich das harzreiche Meso-

Abb. 2: Blütenstand und Blüten von *Searsia*-Arten. 2a: Blütenstand von *S. montana*. 2b: Rückseite einer Blüte von *S. montana*: die behaarten grünen Kelchblätter sind nicht ganz halb so lang wie die gelblichen Kronblätter. 2c: Weibliche Blüte von *S. erosa*: Der oberständige Fruchtknoten wird von einer Diskusdrüse und 5 Staminodien umringt. 2d: Männliche Blüte von *S. montana*: 5 reife Staubblätter umringen eine fünfeckige, scheibenförmige Diskusdrüse. Fotos: F. Schlatti.

Abb. 3: *Searsia erosa* mit Früchten. Foto: F. Schlatti.

Abb. 4: *Searsia batophylla*. Foto: F. Schlatti.

karp von dem holzigen Endokarp nicht trennen (Pell et al. 2011). Viele Arten tragen wohlschmeckende, essbare Früchte.

Die Sammlung afrikanischer Sumach in Klagenfurt

Die Sumach-Sammlung des Kärntner Botanikzentrums verteilt sich auf alle 4 (mit *Lobadium* 5) Gattungen, umfasst derzeit 25 Arten (26 Taxa, darunter 16 *Searsia*-Arten) und wird laufend erweitert (Tab. 1). Für diese Erweiterung der Sammlung werden gezielt Arten vermehrt, die nur selten in Kultur stehen. Dazu zählt auch *Malosma laurina* die einzige Art der Gattung *Malosma*, deren kleines natürliches Areal im Süden des US-Bundesstaates Kalifornien und auf der mexikanischen Halbinsel Niederkalifornien liegt. Auch Arten wie *Searsia divaricata* oder *Searsia nebulosa* (beide Abb. 1) stehen in fast keinem botanischen Garten in Kultur (BGCI s.d.).

Einige Sumach-Arten enthalten hohe Konzentrationen von Urushiol und lösen beim Menschen schwere Kontaktallergien aus, z. B. *Rhus (Toxicodendron) succedaneum* oder *Rhus (Toxicodendron) sylvestris*. Arten mit höheren Allergen-Konzentrationen sollen im Garten nicht langfristig in Kultur stehen.

Die Urushiol-Gehalte der afrikanischen *Searsia*-Arten wurden bisher kaum untersucht, liegen aber im ungefährlichen Bereich (Ahmed et al. 2014). Einige dieser bei uns völlig unbekannten Arten werden im südlichen Afrika auf vielfältige Weise genutzt. Der Botanische Garten Klagenfurt kultiviert aktuell 15 *Searsia*-Arten.

Der **Brombeerblatt-Sumach** (***Searsia batophylla***) trägt sehr charakteristisches Laub mit auffällig vergrößerten Endfiedern, die einen unregelmäßig gekerbten Blattrand aufweisen und entfernt an Brombeerblättchen erinnern (Abb. 1, 4). Junge Blätter sind auf der Unterseite weiß behaart, verkahlen aber binnen weniger Monate. *S. batophylla* kommt von Natur aus nur in Sekhukhuneland im südafrikanischen Bundesstaat Limpopo vor, tritt vor Ort allerdings in Massen auf und wird als Brennholz genutzt (Siebert et al. 2001, Baloyi 2013).

Der **Karoo-Sumach** (***Searsia burchellii***) wächst vereinzelt in Trockengebieten von Namibia, Südafrika und Lesotho (Curtis & Mannheimer 2005, Kobisi 2005). Die 1 bis 3 m hohen Sträucher fallen durch kleine, ledrige, weißlich bereifte, dunkelgrüne Blätter auf (Abb. 5). Ihre eigentümlichen Blattfiedern sind dreieckig, am Apex gestutzt bis abgerundet oder ausgerandet bis fast verkehrt-herzförmig. *S. burchellii* trägt Früchte, die von verschiedenen Tieren und sogar vom Menschen gegessen werden. Abkochungen der Blätter werden bei Erkältungskrankheiten, Husten, Fieber, Influenza und Magenverstimmungen sowie äußerlich bei Brandwunden und Waschungen nach der Geburt angewendet (Nortje 2011).

Der **Rot-Sumach** (***Searsia chirindensis***) zeichnet sich durch über 10 cm große, ganzrandige Blättchen mit roten Blattstielen und Mittelrippen aus (Abb. 6). Vor dem unregelmäßigen herbstli-

Tab. 1 Die Arten von *Rhus* s. l. in der Sammlung des Kärntner Botanikzentrums mit Angabe ihres Heimatkontinents und einer IPEN-Nr. (IPEN = International Plant Exchange Network, ein internationales Inventarnummern-System).

Toxicodendron vernicifluum ist der jüngste Zuwachs der Sammlung (Saatgut aus Zürich, keimte am 26. 9. 2015).

Taxon	Heimatkontinent	IPEN
Rhus aromatica AITON [≡ *Lobadium aromaticum* (AITON) SWEET]	Nordamerika	XX-0-KL-2012/1065
Searsia batophylla (CODD) MOFFETT	Afrika	ZA-0-KL-2015/3453
Searsia burchellii (SOND. ex ENGL.) MOFFETT	Afrika	ZA-0-KL-2015/3451
Rhus chinensis MILL.	Asien	
Rhus chinensis var. *roxburghii* (DC.) REHDER	Asien	
Searsia chirindensis (BAKER f.) MOFFETT	Afrika	ZA-0-KL-2015/3452
Searsia ciliata (LICHT. ex SCHULT.) A. J. MILL.	Afrika	XX-0-KL-2012/1241
Rhus copallinum L.	Nordamerika	
Rhus coriaria L.	Europa, Asien	IT-0-KL-2015/3458
Searsia divaricata (ECKL. & ZEYH.) MOFFETT	Afrika	XX-0-KL-2012/1243
Searsia erosa (THUNB.) MOFFETT	Afrika	XX-0-KL-2012/1244
Searsia gueinzii (SOND.) F. A. BARKLEY	Afrika	XX-0-KL-2015/3454
Searsia incisa (L. F.) F. A. BARKLEY	Afrika	XX-0-KL-2012/1240
Searsia lancea (L. F.) F. A. BARKLEY	Afrika	XX-0-KL-2012/1245
Malosma laurina (NUTT.) NUTT. ex ABRAMS	Nordamerika	XX-0-KL-2015/3459
Searsia longispina (ECKL. & ZEYH.) MOFFETT	Afrika	XX-0-KL-2015/3455
Searsia montana (DIELS) MOFFETT	Afrika	XX-0-KL-2012/1238
Searsia nebulosa (SCHÖNLAND) MOFFETT	Afrika	XX-0-KL-2012/1239
Searsia pendulina (JACQ.) MOFFETT	Afrika	XX-0-KL-2012/1242
Searsia pentheri (ZAHLBR.) MOFFETT	Afrika	ZA-0-KL-2015/3456
Rhus potaninii MAXIM.	Asien	
Rhus punjabensis J. L. STEWART ex BRANDIS	Asien	XX-0-KL-2012/1237
Searsia pyroides (BURCH.) MOFFETT	Afrika	ZA-0-KL-2015/3457
Toxicodendron succedaneum (L.) KUNTZE	Asien	XX-0-KL-2012/1246
Toxicodendron sylvestre (SIEBOLD & ZUCC.) KUNTZE	Asien	
Toxicodendron vernicifluum (STOKES) F. A. BARKLEY	Asien	

Abb. 5: *Searsia burchellii*. Foto: F. SCHLATTI. Abb. 6: *Searsia chirindensis*. Foto: F. SCHLATTI.

chen Laubabwurf verfärben sich die Spreiten leuchtend rot, wodurch sich der Name der Art erklärt. Das natürliche Areal von *S. chirindensis* erstreckt sich von Tansania entlang der ostafrikanischen Küste bis Südafrika, wo sie zu 6–10 m hohen Kleinbäumen, teilweise sogar zu 20 m hohen Individuen heranwächst (TURNER 2003). Die Herbstfärbung ist bei südlichen Populationen wesentlich häufiger zu beobachten als bei nördlichen. Von *S. chirindensis* sind vielfältige Nutzungsmöglichkeiten bekannt. Die Stämme bilden ein rotbraunes, schön gezeichnetes Kernholz, aus dem verschiedenste Werkzeuge hergestellt werden. Das Volk der Venda bezeichnet die Bäume als „Muvhadela-phanga“, was so viel wie „Holz für Messerstiele“ bedeutet (TURNER 2003). Bei Verletzung des Holzes sondern die Gehölze einen Saft ab, der volksmedizinisch zur Stärkung des Herzens angewendet wird. Aus der Rinde werden Mittel zur Kräftigung des Körpers und zur Steigerung der Blutzirkulation sowie Heiltees gegen Rheumatismus angesetzt. Möglicherweise wirken Rindenextrakte auch schmerzstillend, entzündungshemmend und hypoglykämisch (OJEWOLE 2007). Wissenschaftliche Untersuchungen der letzten Jahre weisen darauf hin, dass auch ein möglicher Einsatz von Blattextrakten gegen Bakterieninfektionen wie Diarrhoe erfolgversprechend wäre (MADIKIZELA et al. 2013).

Der **Sauer-Sumach** (*Rhus ciliata*) leidet im Winter- und im Sommerquartier des Botanischen Gartens unter Staunässe und wurde daher 2015 im Kakteen-Glashaus untergebracht. Sein natürliches Verbreitungsgebiet liegt in Botswana, Südafrika und Namibia, wo er auch als „firebush“

bekannt ist (HARRIS 2003, CURTIS & MANNHEIMER 2005). Die sauren Früchte werden von Vögeln gerne, von Menschen hingegen nur in Notzeiten gegessen (MOFFETT 1993).

Der **Besen-Sumach** (*Searsia erosa*) fällt durch etwa 10 cm lange, jedoch unter 5 mm schmale Blättchen mit entfernt gezähnten Rändern auf (Abb. 1). Durch den gezackten Blattrand, der sie wie angenagt erscheinen lässt, sind die Blätter von *S. erosa* praktisch unverwechselbar. Die Art ist leicht als Zwergbaum zu kultivieren, leidet aber im Winterquartier häufig unter Staunässe. Unter idealen Bedingungen erträgt sie bis -10°C, weshalb eine geschützte Anpflanzung in milden Lagen Mitteleuropas durchaus möglich wäre. Die dicht beasteten, gut schnittverträglichen Bäumchen wären wegen ihrem zarten Laub ein perfekter Kontrast zu kräftig blühenden Pflanzen. In ihrer Heimat Südafrika blühen die Gehölze in Frühling und Frühsommer, etwa von Oktober bis Dezember. Im Botanischen Garten wird die Blütezeit wegen der dunklen Bedingungen im Winterquartier gestreckt und dauert von September bis ins Frühjahr. Die Blüten sind schwach gelbgrün gefärbt und mit 2 bis 3 mm Durchmesser geradezu winzig. Sie werden von Insekten bestäubt und entwickeln im Botanischen Garten regelmäßig gelbgrüne Steinfrüchte, die jedoch keinen guten Geschmack aufweisen (Abb. 3). Verschiedene Pflanzenteile werden zur Behandlung von Diarrhoe bei Mensch und Tier angewandt (GAVHI 2002).

Der **Schlitz-Sumach** (Searsia incisa) trägt oberseits lederige, glänzend dunkelgrüne, unterseits durch Haare schneeweiß gefärbte Blättchen. Sein Name wird von den schmalen Schlitzen abgeleitet, durch welche die Endfieder von den beiden Seitenfiedern getrennt ist (Abb. 1). Die Kleinbäume tragen etwas zusammengedrückte, hellbraune, haarige Früchte, die „rub rub berries" genannt werden, aber nicht essbar sind (VAN WYK & VAN WYK 2013). Einzelne Pflanzenteile haben allerdings veterinärmedizinische Bedeutung. Die Wurzeln der Bäume werden mit jenen von *Asparagus setaceus* vermischt, in kaltem Wasser eingeweicht und dem Weidevieh verabreicht, das nach Unfällen an Schockzuständen leidet. Auch die Rinde kann in kaltem Wasser 10 Minuten lang eingeweicht und dann zur Behandlung von Durchfallerkrankungen bei Rindern zum Einsatz kommen (DOLD & COCKS 2001).

Der **Weiden-Sumach** (*Searsia lancea*) gehört zu den häufigsten Arten der Gattung und wird im Englischen „karee" genannt. Seine Heimat liegt in den Akazienwäldern des südlichen Afrika, etwa von Sambia bis Südafrika, wo er vor allem an Wassergräben und entlang von Flüssen äußerst häufig wächst (STERN 2002, CURTIS & MANNHEIMER 2005, C. B. 2012). Seit einigen Jahren tritt er auch in Kalifornien neophytisch auf und ist dort unter dem Namen „African sumac" bekannt (USDA 2015). Die Ähnlichkeit mit Weiden liegt in dem aufrechten Wuchs mit schlanken, teilweise hängenden Zweigen und den langen, äußerst schmalen, glänzend dunkelgrünen Blättchen (Abb. 1). Die Früchte von *S. lancea* werden von Vögeln, z. B. Bülbüls, Perlhühnern oder Frankolinen, gerne gefressen. Die Blätter stellen aufgrund der relativen Häufigkeit eine bedeutende Nahrungsquelle von Antilopen und Rindern dar (STERN 2002). Der Mensch nutzt *S. lancea* wegen seines raschen Wachstums und des dichten Wurzelgeflechts zur Bodenstabilisierung im Offenland. Die Blätter werden häufig an Rinder verfüttert, können aber den Geschmack der Milch unangenehm beeinflussen. Das äußerst harte Holz wird zur Produktion von Zaunpfählen, Werkzeugstielen, Schüsseln, Tabakspfeifen und Bögen genutzt. Die Früchte sind essbar und galten früher als wichtige Zutaten zur Herstellung von Met oder Honigbier. Mit dem Wort „karee" soll in der Khoisan-Sprachfamilie ursprünglich nicht *S. lancea*, sondern ein metähnliches Getränk gemeint gewesen sein (VENTER & VENTER 1998). Aktuelle Forschungen weisen darauf hin, dass aus *S. lancea* gewonnene ätherische Öle antibakterielle, antifungale und

Abb. 7: *Searsia pendulina*. Foto: F. SCHLATTI.

antioxidative Wirkungen zeigen, die sie möglicherweise für eine pharmakologische Nutzung interessant machen (GUNDIDZA et al. 2008).

Der **Weiß-Sumach** (*Searsia pendulina*) erinnert ebenfalls an kleinwüchsige, immergrüne Trauerweiden (Abb. 7). Seine zarten, hängenden Triebe machen ihn zu einem beliebten Ziergehölz südafrikanischer Vorgärten. Das natürliche Habitat liegt auf Flussbänken in einem relativ kleinen Areal entlang des Oranje an der Grenze zwischen Südafrika und Namibia. Die Gehölze sollen dort inzwischen mit neophytischen Beständen von *Phragmites australis* und *Rhizinus communis* auf Uferbänken und sandigen Inseln dominieren (BEZUIDENHOUT & JARDINE 2001). Blätter und Früchte liefern in diesen Habitaten eine entscheidende Nahrungsgrundlage für Vögel und verschiedenste Schmetterlingslarven. Die zarten, biegsamen Zweige von *S. pendulina* werden vom Menschen traditionell zum Basteln von Fischreusen, Körben und Peitschen, die kräftigeren für Baugerüste und Bögen verwendet. Aus dem zähen und widerstandsfähigen Holz der Stämme stellt die lokale Bevölkerung Zaunpfähle, Werkzeugstiele, Bremsklötze und klei-

Abb. 8: *Searsia pyroides*. Spross-Dornen bei der jungen Pflanze noch nicht zu sehen. Foto: F. SCHLATTI.

nere Teile von Holzwagen her. Die Früchte haben einen hohen Gehalt an Kohlehydraten und können roh, in Milch eingeweicht, mit Quark gemischt oder zu Brei verkocht gegessen werden. Sie sollen wie jene von *S. lancea* auch zum Würzen von metähnlichen Getränken und zum Brauen von Bier gebraucht worden sein. Pflanzensaft von *Acacia karoo* vermischt mit Früchten von *S. pendulina* ist in Südafrika eine beliebte klebrige Süßigkeit (NOTTEN 2005).

Der **Feuerdorn-Sumach** (*Searsia pyroides*) kommt in Südafrika, Lesotho, Botswana und Namibia vor und wird dort „common wild current" oder „gewone taaibos" genannt (GUILLARMOD 1971, MOFFETT 1994). Seine rundlichen, 3 bis 5 cm langen, oberseits glänzend dunkelgrünen Blättchen erinnern an die Blätter der Kultur-Birne, *Pyrus communis* (Abb. 1, 8). Anderen Quellen zufolge leitet sich ihr Name von dem brennenden Schmerz ab, den seine Spross-Dornen hervorrufen. Das griechische Wort „pyra" (πυρα) bedeutet „Feuer", das lateinische Wort „pirus" hingegen „Birne" (SAUERHOFF 2003). Die für die brennende Schmerzreaktion verant-

wortlichen Inhaltsstoffe gehören allerdings nicht zu den Urushiolen.

Das Holz der bis 6 m hohen Kleinbäume wird zur Produktion von Hackenstielen, die Zweige zum Bauen von Hütten und Zäunen genutzt. Die Früchte sind essbar, haben einen süß-sauren Geschmack und werden auch vom Menschen gerne gegessen (MBAMBEZELI 2007). Anderseits enthalten die Zweige von *S. pyroides* hochinteressante appetitzügelnde Bichalkone (MASESANE et al. 2000).

Von *Searsia divaricata* (Südafrika, Lesotho) (Abb. 1), *S. longispina* (Südafrika), *S. gueinzii* (Südafrika, Botswana), *S. montana* (Südafrika, Swasiland) (Abb. 2a), *S. nebulosa* (Abb. 1) und *S. pentheri* (beide Südafrika, Mosambik) liegen bisher erst wenige wissenschaftliche Untersuchungen vor (GUILLARMOD 1971, KOBISI 2005, C. B.2012). Alle Arten, die in den Hochlagen von Lesotho auftreten (*S. burchellii*, *S. divaricata*, *S. erosa* und *S. pyroides*) ertragen Fröste und könnten daher in milden Lagen Mitteleuropas auf ihre Frosthärte getestet werden. *S. longispina* soll eine der wichtigsten Nahrungsquellen für Giraffen im „Shamwari Game Reserve" in Südafrika sein (LÖNNING 2011).

Vor allem diese zuletzt genannten Arten werden äußerst selten in botanischen Gärten kultiviert, was den Aufbau einer Sammlung absolut rechtfertigt. Auch in den kommenden Jahren wird der Botanische Garten Klagenfurt gezielt Saatgut afrikanischer *Searsia*-Arten sammeln, anbauen und die Gehölzgruppe damit systematisch erweitern.

Literatur

AHMED, A.S.; MCGAW, L.J.; MOODLEY, N.; NAIDOO, V.: ELOFF J.N. (2014): Cytotoxic, antimicrobial, antioxidant, antilipoxygenase activities and phenolic composition of *Ozoroa* and *Searsia* species (Anacardiaceae) used in South African traditional medicine for treating diarrhea. S. African J. Bot. 95: 9–18.

BALOYI, K.J. (2013): *Searsia batophylla* CODD) MOFFETT. In: PlantZAfrica. South African National Biodiversity Institute. http://www.plantzafrica.com/ [29.9.2015]

BEZUIDENHOUT, H.; JARDINE, C.L. (2001): A reconnaissance botanical survey of the Lower Orange River (Blouputs to Onseepkans) in the Northern Cape, South Africa. Koedoe 44 (1): 1–8.

BGCI (s.d.): Botanical Gardens Conservation International. PlantSearch. http://www.bgci.org/plant_search.php [16.09.2014]

CHARCO J. (2001): Guia de los arboles y arbustos del Norte de Africa. Claves de determinacion, descripciones, ilustraciones y mapas de distribucion. Agencia Espanola de Cooperacion Internacional, Madrid.

CJB (2012): African Plant Database (version 3.4.0). http://www.ville-ge.ch/musinfo/bd/cjb/africa/recherche.php [29.9.2015]

CURTIS, B.A.; MANNHEIMER, C.A. (2005): Tree Atlas of Namibia. National Botanical Research Institute, Windhoek.

DOLD, A.P.; COCKS, M.L. (2001): Traditional veterinary medicine in the Alice district of the Eastern Cape Province, South Africa: research in action. S. African J. Sci. 97 (9/10): 375–379.

EBERWEIN, R.K. (2011): Die Sammlungsstrategie des Kärntner Botanikzentrums / Landesmuseum Kärnten. Rudolfinum – Jahrbuch des Landesmuseums Kärnten 2009/2010: 291–293.

EBERWEIN, R.K. (2013): 150 Jahre Botanischer Garten Klagenfurt. Carinthia II 203/123: 25–44.

FENNANE, M.; IBN TATTOU, M.; OUYAHYA, A.; EL OUALIDI, J. (2007): Flore Pratique du Maroc. Manuel determination des plantes vasculaires. Vol. 2: Angiospermae (Leguminosae–Lentibulariaceae). Institut Scientifique, Université Mohammed V, Rabat.

GAVHI, P. (2002): *Searsia erosa* (THUNB.) MOFFETT, comb. nov. In: PlantZAfrica. South African National Biodiversity Institute. http://www.plantzafrica.com/ [29.9.2015]

GUILLARMOD, A.J. (1971): Flora of Lesotho (Basutoland). J. Cramer, Lehre.

GUNDIDZA, M.; GWERU, N.; MMBENGWA, V.; RAMALIVHANA, N.J.; MAGWA, Z.; SAMIE, A. (2008): Phytoconstituents and biological activities of essential oil from *Rhus lancea* L.F. African J. Biotechnol. 7 (16): 2787–2789.

HARRIS, S. (2003): *Searsia ciliata* LICHT. ex SCHULT. In: PlantZAfrica. South African National Biodiversity Institute. http://www.plantzafrica.com/ [29.9.2015]

KOBISI, K. (2005): Preliminary checklist of the plants of Lesotho. Southern African Botanical Diversity Network (SABONET), Pretoria.

LÖNNING, W.-E. (2011): The Evolution of the Long-necked Giraffe (Giraffa Camelopardalis L.): What do we really know? Monsenstein und Vennerdat, Münster.

MADIKIZELA B.; ADEROGBA, M.A.; VAN STADEN, J. (2013): Isolation and characterization of antimicrobial constituents of *Searsia chirindensis* L. (Anacardiaceae) leaf extracts. J. Ethnopharmacol. 150(2): 609–613.

MASESANE, I.B.; YEBOAH, S.O.; LIEBSCHER, J.; MÜGGE, C.; ABEGAZ, B.M. (2000): A bichalcone from the twigs of *Rhus pyroides*. Phytochemistry 53(8): 1005–1008.

MBAMBEZELI G. (2007): *Searsia pyroides* (BURCH.) MOFFETT. In: PlantZAfrica. South African National Biodiversity Institute. http://www.plantzafrica.com/ [29.9.2015]

MOFFETT, R.O. (1993): *Rhus ciliata* and *Rhus tridactyla*, two hitherto confused species of southern African Anacardiaceae. Bot. J. Linn. Soc. 112: 33–42.

MOFFETT, R.O. (1994): Names of southern African species of *Rhus* (Anacardiaceae) and their etymology. Bothalia 24: 67–76.

MOFFETT, R.O. (2007): Name changes in the Old World *Rhus* and recognition of *Searsia* (Anacardiaceae). Bothalia 37: 165–175.

NIE, Z.-L.; SUN, H.; MENG, Y.; WEN, J. (2009): Phylogenetic analysis of *Toxicodendron* (Anacardiaceae) and its biogeographic implications on the evolution of north temperate and tropical intercontinental disjunctions. J. Syst. Evol. 47(5): 416–430.

NORTJE, J.M. (2011): Medicinal ethnobotany of the Kiemsberg, Namaqualand, Northern Cape Province, South Africa. Dissertation. University of Johannesburg.

NOTTEN, A. (2005): *Searsia pendulina* (JACQ.) MOFFETT, comb. nov. In: PlantZAfrica. South African National Biodiversity Institute. http://www.plantzafrica.com/ [29.9.2015]

OJEWOLE, J.A.O. (2007): Analgesic, anti-inflammatory and hypoglycaemic effects of *Rhus chirindensis* (BAKER F.) (Anacardiaceae) stem-bark aqueous extract in mice and rats. J. Ethnopharmacol. 113(2): 338–345.

PELL, S.K.; MITCHELL, J.D.; MILLER, A.J.; LOBOVA; T.A. (2011): Anacardiaceae. In: KUBITZKI, K. (Hrsg.): The Families and Genera of Vascular Plants. X: Flowering Plants. Eudicots. Sapindales, Cucurbitales, Myrtaceae. Springer, Heidelberg, Dordrecht, London, New York. S. 7–50.

SAUERHOFF, F. (2003): Etymologisches Wörterbuch der Pflanzennamen. Die Herkunft der wissenschaftlichen, deutschen, englischen und französischen Namen. Wissenschaftliche Verlagsgesellschaft, Stuttgart.

SIEBERT, S.J.; VAN WYK, A.E.; BREDENKAMP, G.J. (2001): Endemism in the flora of ultramafic areas of Sekhukhuneland, South Africa. S. African J. Sci. 97(11, 12): 529–532.

STERN, M. (2002): *Searsia lancea* (L.F.) F.A. BARKLEY. In: PlantZAfrica. South African National Biodiversity Institute. http://www.plantzafrica.com/ [29.9.2015]

THE ROYAL BOTANIC GARDENS, KEW; MISSOURI BOTANICAL GARDEN (2013): The Plant List. http://www.theplantlist.org [21.10.2015]

TURNER, S. (2003): *Searsia chirindensis* (BAKER F.) MOFFETT, comb. nov. – In: PlantZAfrica. – South African National Biodiversity Institute. http://www.plantzafrica.com/ [29.9.2015]

TUTIN, T.G. (1968): *Rhus* L. In: TUTIN, T.G.; HEYWOOD, V.H.; BURGES, N.A.; MOORE, D.M.;

VALENTINE, D. H.; WALTERS, S. M.; WEBB D. A. (Hrsg.): Flora Europaea, Vol. 2. Cambridge Univ. Press, Cambridge. S. 236–237.

USDA (2015): Plants Database. http://plants.usda.gov/java/ [29. 9. 2015]

VAN WYK, B.; VAN WYK, P. (2013): Field Guide to Trees of Southern Africa. Struik Nature, Cape Town.

VENTER, F.; VENTER, J.-A. (1998): Making the most of indigenous trees. Briza, Pretoria.

YI, T.; MILLER, A. J.; WEN, J. (2007): Phylogenie of *Rhus* (Anacardiaceae) based on sequences of nuclear *Nia-i3* intron and chloroplast *trnC-trnD*. Syst. Bot. 32(2): 379–391.

Autor:

Mag. FELIX SCHLATTI

Landesmuseum für Kärnten/Kärntner Botanikzentrum

Prof.-Dr.-Kahler-Platz 1

9020 Klagenfurt am Wörthersee, Österreich

| Mitt. Deutsch. Dendrol. Ges. (MDDG) | 101 | 117-126 | 2016 | ISBN 978-3-8001-0861-9 |

Wildobst im Raum Berlin-Brandenburg zwischen Ökonomie und Ökologie: Forschungsgegenstand, Nischenprodukt, Trendsetter oder Naturschutzobjekt?

Jana Schwefler und Alida Schmal

Zusammenfassung

Inhalt der hier kurz dargestellten Bachelorarbeit sind die versteckten oder noch nicht ausreichend erkannten bzw. erforschten Potenziale der Wildobstarten hinsichtlich ihrer wirtschaftlichen, naturschutzfachlichen sowie kulturhistorischen Bedeutung. Im Raum Berlin-Brandenburg wurden die Gehölze auf ihre potenzielle Rolle als Forschungsgegenstand, Nischenprodukt, Trendsetter oder Naturschutzobjekt untersucht. Ziel war es, die Vielfalt an Wildobstarten und deren Bandbreite an positiven Eigenschaften darzustellen. Außerdem wurden verschiedene Einsatzmöglichkeiten wie die Verwendung als Ziergehölz oder als Naschfrucht im heimischen Garten sowie ihr Nutzen für Landwirtschaft und Naturschutz aufgezeigt. Anhand umfangreicher Befragungen und Literaturrecherchen wurden die verschiedenen Sichtweisen über Wildobstgehölze erarbeitet.

Summary

This Bachelor thesis describes the potentials of wild fruit species regarding their values for economy, nature conservation (ecology) and cultural history, which are often insufficiently studied. How important are wild fruit species as research subject, niche product, trend setter, and conservation objects? On the base of the study area Berlin-Brandenburg it was attempted to answer this question. The aspiration from the thesis is to illustrate the large variety and the positive characteristics of these fruit crops. Furthermore, it was to show different options to usage of wild fruit species e.g. as ornamental shrub and trees or for fruit supply in home gardens as well as for the benefit of agriculture and nature conservation.

1 Einführung

Wildpflanzen als Nahrungs- oder Heilmittel haben eine lange Tradition in der menschlichen Entwicklungsgeschichte. Brombeere, Schlehe, Hagebutte oder Holunder werden seit der Steinzeit gesammelt, roh verzehrt oder verarbeitet. Welche Rolle spielen die wilden Köstlichkeiten, die an so manchem Wegesrand anzutreffen sind, in der heutigen modernen Gesellschaft? Ein Blick in die Herbst- und Frühjahrsausgaben unterschiedlicher Zeitschriften zeigt das steigende Interesse gegenüber den Wildkräutern und -beeren. Ganz nach dem Motto „zurück zur Natur" bietet das Wildobst in den Bereichen Kosmetik, Gesundheit und Ernährung eine natürliche Alternative und willkommene Abwechslung zu den konventionellen Waren. Das gegenwärtige Verlangen und die Suche der Menschen nach gesunden und naturbelassenen Produkten ermöglichen dem Wildobst eine wahrliche Renaissance. Dabei besitzen diese Gehölze durch ihren Nähr- und Zierwert sowie ihre gesundheitsfördernden Inhaltsstoffe einen Mehrfachnutzen (Machatschek 2004; Schmal & Schwefler 2014). So ermöglichen die Früchte eine breite Produktpalette, die Gehölze selbst übernehmen in der freien Landschaft wichtige ökologische Funktionen und bilden essenzielle Lebensräume für diverse Artengruppen.

Hinter dem verallgemeinernden Begriff „Wildobst" verbergen sich eine ganze Reihe von fremdländischen und einheimischen Zier-, Nutz- und Wildgehölzen. Eine allgemeingültige wissenschaftlich fundierte Definition zum Begriff Wildobst gibt es derzeit noch nicht. Jedoch existieren einige Versuche die Komplexität des Wortes unter Berücksichtigung verschiedener Betrachtungsweisen wie Art der Nutzung, Nutzungsgrad, ökologische und ökonomische Bezugspunkte, Unterscheidung in heimisches oder fremdländisches Gehölz sowie deren Vermehrungsweise zu definieren. In der vorliegenden Arbeit fand der Ansatz von ALBRECHT (1996) besondere Beachtung, wonach unter Wildobst Wildgehölze zu verstehen sind, „deren Früchte essbar oder verwertbar sind sowie Kultursorten, deren Früchte den Wildarten nahestehen. Die Grenze zu den eigentlichen Obstarten wie Apfel, Birne, Stachelbeere verläuft fließend". Die entscheidenden Faktoren bei der Differenzierung zwischen Kultur- und Wildobst bilden der Grad der Nutzung sowie die damit einhergehende züchterische Bearbeitung [vgl. hierzu Buchbesprechung in diesem Jahrbuch zu H. PIRC 2015, Enzyklopädie der Wildobst- und seltenen Obstarten; die Red.]. Umso intensiver eine Sorte genutzt wird, desto mehr wird sie züchterisch bearbeitet und gehört in die Kategorie Kulturobst – eine Tendenz, die bei derzeitigen Nutzungsnachfrage einiger Arten gefördert wird (ALBRECHT 1996; KOCH 1993; LUCKE et al. 1992, PIRC 2002). Sorten, die extensiver verwendet werden und der Wildart in zahlreichen Eigenschaften nahe stehen, zählen noch zum Wildobst.

2 Wildobst aus ökologischer, naturschutzfachlicher und kulturhistorischer Sicht

2.1 Bedeutung, Potenzial und in Vergessenheit geratenes Wissen

Gebietsheimische Wildobstarten übernehmen in der freien Landschaft zahlreiche wichtige Funktionen für den Naturschutz. Als Lebensraum, Unterschlupf, Brutstätte und Nahrungsquelle bieten sie zahlreichen Tieren eine Lebensgrundlage (Abb. 1) und ermöglichen allgegenwärtigen wie auch gefährdeten Arten das Überleben. Besonders für den nationalen und internationalen Vogelschutz sind die fruchttragenden Gehölze

von besonderer Wertigkeit als wichtige Nahrungsgrundlage für überwinternde und durchziehende Vögel in den Wintermonaten. So hat beispielsweise die Vogelbeere (*Sorbus aucuparia*) ihren volkskundlichen Namen zu Recht, denn mehr als 63 Vogelarten fressen deren Beeren (BAYERISCHER FORSTVEREIN 1998). Auch im Biotopverbundsystem übernehmen Wildobstarten eine zentrale Funktion. Sie sind Bestandteil zahlreicher Landschaftselemente und vernetzen isolierte Lebensräume. Somit leisten sie einen wesentlichen Beitrag zum Erhalt der Biodiversität und tragen mit ihrer genetischen Vielfalt zur Stabilität zahlreicher Ökosysteme bei (BMU 2007).

Die enorme genetische Vielfalt der Wildobstarten ist für die Züchtung neuer Sorten sehr interessant. Als Beispiel sei die Resistenz des heimischen Wild-Apfels (*Malus sylvestris*) gegenüber dem Feuerbrandbakterium genannt.

Aufgrund ihrer Eigenart sowie ästhetischen Bedeutung eignen sich viele Wildobstarten für Pflanzungen in Gärten oder Parkanlagen und werten diese auf. Aber auch als Naschfrucht in der Landschaft kann das Wildobst wichtige pädagogische Aufgaben erfüllen und Kindern die Natur auf besondere Weise näher bringen. Des Weiteren eignen sich heimische Wildobstarten für landschaftspflegerische Maßnahmen. Sie sind robust und trotzen Krankheiten, Schädlingen und den vorherrschenden Witterungsbedingungen. Der Pflegeaufwand hält sich bei den meisten Arten in Grenzen.

Sowohl wegen ihrer ökologischen Eigenschaften als auch ihrer Eigenart, Vielfalt und Schönheit zeichnen sich Wildobstgehölze als schützenswerte Elemente einer intakten Kulturlandschaft aus. Gleichzeitig blickt das Wildobst auf eine lange Nutzungsgeschichte samt unzähliger Rezepte, Gebräuche und Mythen zurück. Daher sind diese Gehölze ein wichtiges Kulturgut, das auch einen immensen kulturhistorischen Wert aufweist.

Trotz ihrer zahlreichen positiven Eigenschaften gehören etliche Wildobstarten in die lange Liste der „vergessenen" Arten und erfahren nicht die ihnen angemessene Aufmerksamkeit, geschweige denn den erforderlichen Schutz. Schlehe, Holunder, Vogelbeere, Wildrosen und andere Wildobstarten sind vermeintlich an jedem Wegesrand zu finden. Sie prägen zahlreiche Landschaftselemente. Daher gelten die meisten

Abb. 1: Blühendes Wildobst als Nahrungsquelle für zahlreiche Hummeln und Wildbienen (Schmal 2015)

Abb. 2: Eine seltene Erscheinung in der Landschaft, die Mispel, *Mespilus germanica* (Schmal et al. 2014)

Wildobstarten als häufige Erscheinungen in der Kulturlandschaft. Doch was ist mit Vogel-Kirsche, Wild-Apfel, Wild-Birne, Speierling, Mispel (Abb. 2) und Elsbeere? Diese Gehölze finden wir kaum noch in der Landschaft. Die bundesweite Untersuchung „*Erfassung und Dokumentation genetischer Ressourcen seltener Baumarten in Deutschland*" hat ergeben, dass die genannten Arten in Deutschland nicht nur selten, sondern teilweise sogar in ihrem Vorkommen bedroht sind (BLE 2013).

Die Ausräumung sowie Zerschneidung der freien Landschaft, der Verlust von Hecken- und Waldrandstrukturen und anderer für die Wildobstarten essenzieller Lebensräume gehören zu den Ursachen, die das Verschwinden der Wildobstarten beschleunigten. Eine weitere Ursache ist die Nutzungsaufgabe der einstigen Obstgehölze. Mit dem Erwerbsobstanbau wurden viele schmackhafte Wildobstarten von ertragreichen Sorten verdrängt. Hinzu kam die Nutzungsänderung der Gärten, die zunehmend der Erholung und weniger dem Anbau von Nutzpflanzen dienten. Des Weiteren veränderte sich im Laufe der letzten Jahrhunderte das Ernährungsbewusstsein der Menschen. Fertiggerichte wurden zum festen Bestandteil im alltäglichen Leben. Wildobst mit der doch etwas langwierigen Zubereitung hat da keinen Platz mehr. Auch die Geschmäcker haben sich innerhalb weniger Generationen verändert. Viele dieser Arten gelten als ungenießbar oder kaum zum Verzehr geeignet.

Auch die über die Jahre gebildeten Vorurteile sind ein gravierendes Problem. So leidet beispielsweise die Vogelbeere noch heute unter dem Image giftig zu sein. Kindern wird das Naschen der Früchte von den Eltern aus Unkenntnis untersagt. Vogelbeeren sind ungiftig und lassen sich roh verzehren. Das Wissen über die Nutzungsmöglichkeiten der Früchte, welches früher von Generation zu Generation weitergegeben wurde, verschwand in der modernen Gesellschaft. Selbst die Existenz der Arten ist heute vielen nicht mehr bekannt. Daher ist es wichtig bereits Kinder frühzeitig mit den fruchttragenden Gehölzen in Kontakt zu bringen.

2.2 Schutz und Förderung

Im Rahmen die Bachelorarbeit wurden Naturschutzbehörden aller Verwaltungsebenen, Schutzgebietsverwaltungen, Verbände und Institutionen in Berlin und Brandenburg zur Bedeutung von Wildobstarten für den Naturschutz befragt. Der ökologische Wert der heimischen Wildobstgehölze für den Naturschutz, besonders im Hinblick auf den Erhalt der Biodiversität, ist natürlich den Naturschutzbehörden bekannt. Doch leider fehlt es an finanziellen und personellen Kapazitäten, um sich dem Thema eingehend zu widmen. Die Befragung der Grünordnungsämter ergab, dass die Verwendung der Wildobstarten im städtischen Bereich eher spärlich erfolgt, da das Gefahren- und Konfliktpotenzial als zu groß eingeschätzt wird. Zum einen wird der Fruchtfall an Straßen und Wegen als Problem angesehen, zudem ziehen die reifen Früchte Insekten, vor allem Wespen an, was in der Nähe von Kindergärten, Schulhöfen oder Spielplätzen in Parks problematisch werden kann. Hinzu kommt, dass die leuchtenden Früchte oftmals zum Naschen verleiten, was bei einigen Arten zu Vergiftungen führen kann. Auch bei landschaftspflegerischen Maßnahmen spielen Wildobstarten keine nennenswerte Rolle.

Aufgrund der Gefährdung zahlreicher Wildobstarten und ihrer geringen Verwendung bei landschaftspflegerischen Maßnahmen sind die Wildobstarten auf entsprechende Schutzinstrumente angewiesen. Beispielsweise ist hier die Ausweisung ausgewählter Exemplare als Naturdenkmal zu nennen, womit bestehende historische Relikte effektiv gesichert werden können. Im Raum Berlin und Brandenburg befinden sich prachtvolle Wildobstsolitäre, die als solche für künftige Generationen erhalten bleiben und ihre Geschichte weitererzählen.

Seit 2011 sollen in Brandenburg *„Empfehlungen für die Verwendung von Wildobst für Kompensationspflanzungen im Rahmen der Eingriffsregelung"* (LANDESBETRIEB STRASSENWESEN BRANDENBURG 2011) Behörden, Planern und Praktikern über die positiven Eigenschaften ausgewählter Wildobstarten informieren und die verstärkte Nutzung dieser Arten für Kompensationsmaßnahmen anregen. Beim Einsatz von Wildobstarten für landschaftspflegerische Maßnahmen in der freien Natur sollten in der Regel gebietseigene Wildobstarten benutzt werden, die generativ vermehrt wurden. Somit bleibt die genetische Vielfalt erhalten und sie sind ideal an die vorherrschenden Standortbedingungen und Umweltfaktoren angepasst (JESCH 1997).

Mit der Verwendung gebietseigener Pflanzen nach § 40 Abs. 4. BNatSchG werden als Nebeneffekt die aus der Region stammenden Wildobstarten sowie deren genetische Vielfalt gefördert und geschützt (BMU 2012; BFN 2005). Bei den gebietseigenen oder -heimischen Arten handelt es sich um einheimische Pflanzen, die aus einer bestimmten Region stammen und sich dort über einen längeren Zeitraum entwickelt haben (KOWARIK 2013; KOWARIK & SEITZ 2003).

3 Wildobst aus ökonomischer Sicht

3.1 Anbau von Wildobst

Neben den erwähnten Förder- und Schutzinstrumenten ist auch der angemessene Anbau ein wichtiger Faktor zum Erhalt der Wildobstarten. Gesellschaftlich-kulturelle Wandlungsprozesse, veränderte klimatische Bedingungen, gesetzliche Reglementierungen, Subventionen, Messen, Forschungen zu Produktionsverfahren, Inhaltsstoffen und Züchtungen wie auch moderne Vermarktungsstrategien ließen einige Wildobstarten in einen neuen Fokus rücken. Damit erlangten die aus den Früchten entwickelten Produkte im Verarbeitungs- und Verkaufssektor gegenwärtig eine gewisse ökonomische Wertigkeit als Nischenprodukt. Speziell die Medizin, die Lebensmittel- bzw. die Kosmetikindustrie profitieren von den gewonnenen Erkenntnissen und stellen zugleich die heutigen Einsatzgebiete im Wirtschaftsbereich dar (SCHMAL & SCHWEFLER 2014).

Ein ausgeglichener und entsprechender Umgang von Wildobst in der Agrarwirtschaft kann mit einem Anbau – bei Vermeidung eines großflächigen alleinigen Anbaues einzelner leistungsfähiger Sorten – dazu beitragen, den Schutz sowie fortwährenden Bestand einzelner Arten bzw. deren genetische Diversität in der Landwirtschaft bzw. im Obstbau (BMELV 2007) zu fördern. Der Anbau sowie die Vermarktung der Früchte und der daraus produzierten Güter sollten ein gewisses Maß nicht überschreiten, um das Spannungsfeld von Erhaltung und Nutzung im Gleichgewicht zu halten.

Den Bemühungen einiger Baumschulen ist es zu verdanken, dass sich aufgrund ihrer züchterischen Pionierarbeit bestimmte Sorten von Wildobstarten auf dem Markt etablieren konnten. Die Befragung von vier Interviewpartnern (Baumschulen Graeff, Späth, Jacob und Appel) verdeutlichte, dass neben einem eigenen Interesse der Besitzer die Aufnahme von Wildobst ins Firmensortiment an unterschiedliche Motive gekoppelt sind, z. B. Kundennachfrage, Umweltbildung, Abheben von der Konkurrenz, Züchtungsarbeiten oder landschaftsgestalterische Aspekte (Forstwirtschaft, GaLaBau). Dadurch erfolgt die Gewichtung dieser Gehölze in den einzelnen Betrieben differenziert. Die Vermehrungsweise der Pflanzen und das Verlangen nach bestimmten Wildobstarten stehen in Abhängigkeit zu dem bedienenden Kundenkreis. Infolgedessen zeigte sich, dass z. B. bei der Baumschule Appel GmbH Waldsieversdorf, deren Hauptabnehmer (Forst, kommunale Waldbesitzer, GaLa-Bau) speziell Schlehe (*Prunus spinosa*), Weißdorne (*Crataegus*) bzw. Sanddorn (*Hippophae rhammoides*) ordern, eine generative Vermehrung stattfindet (BAUMSCHULE APPEL 2013). Die vegetative Vermehrung findet hingegen in Betrieben Anwendung, die vorwiegend Privatleute oder den kommerziellen Obstbau beliefern (SPETHMANN 1997). Diese Baumschulen erzielen zudem im Verkauf einen höheren Absatz mit den aus den Wildobstarten entstandenen Kultursorten, welche u. a. wegen gesundheitsfördernder Faktoren eine größere Aufmerksamkeit in der Medienlandschaft erfahren (z. B. *Aronia*). Da die Rechte von geschützten Pflanzen überwiegend bei spezialisierten Jungpflanzenbetrieben (z. B. Kordes) liegen, die als Lizenzgeber fungieren, erfolgt die Beschaffung der Sämlinge bei diesen Baumschulen meist über solche Unternehmen (MÜLLER 2013).

3.2 Nutzung ausgewählter Wildobstgehölze

Weiße Maulbeere (*Morus alba*; Abb. 3)
Die Gewinnung von Seide ist unmittelbar mit der aus China stammenden Weißen Maulbeere verbunden. Die Spuren von dem in Preußen (vgl. GEMEINNÜTZIGER VERBAND FÜR SEIDENANBAU 1921) wie in ganz Europa ausgeübten alten Wirtschaftszweig finden sich heutzutage in der Region Berlin-Brandenburg selten, lediglich wenige Maulbeerbäume aus jener Zeit haben die Jahrhunderte überdauert. Das immer wiederkehrende Interesse an *Morus alba*, die zu den ältesten Kulturarten des Menschen zählt, insbesondere in Perioden der Rohstoffknappheit, ist angesichts des Mehrfachnutzens dieses Gehölzes nicht verwunderlich. Die Früchte werden für die Herstellung von Mehl, Marmelade, Trockenfrüchten, Sirup, Saft, als Zuckerersatz und sogar zur Erzeugung von Öl aus den fetthaltigen Samen verwendet (FRIEDRICH & SCHURICHT 1989). Während hierzulande momentan der Wirkstoff Resveratrol, der sich auch in den

Abb. 3: *Morus alba* im Späth-Arboretum, Berlin (SCHWEFLER 2015)

Maulbeeren befindet, als Heilmittel diskutiert und untersucht wird, sind die Bestandteile des Baumes in Asien schon lange als Nutz- und Heilpflanze in Gebrauch.

Schwarzer Holunder (*Sambucus nigra*; Abb. 4)
Der wärmeliebende Flachwurzler, dessen ursprüngliche Standorte Auenwälder und Flussufer waren, wächst heute an unterschiedlichen Standorten, so in Hecken, an Wald-und Wegrändern, auf Schuttplätzen, oft in Siedlungsnähe oder in Siedlungen (BdB 1992). Im Jahre 1920 gelang es dem Züchter D. Adams, vermutlich aus Wildformen der Art *Sambucus canadensis*, die ersten Holunder-Sorten zu züchten (Friedrich & Schuricht 1989). In Europa (Dänemark) begann ab 1954 die Holunderzüchtung aus Wildbeständen von *Sambucus nigra* (Schmidt 1987). Gesetzliche Reglementierungen in der Lebensmittelindustrie gegen chemische Farbstoffe machten die Beeren mit ihrem natürlich enthaltenen Pflanzenfarbstoff Sambucyanin für den Handel und den großflächigeren Anbau attraktiv (Zeitelhöfer 2002). In Deutschland, wo die erste Plantage 1979 in Ahrbrück (Schuth 1993) angelegt wurde, erfolgte 2012 auf einem Areal von ca. 576 ha eine Produktion von Kulturholunder, wobei Spitzenreiter die Bundesländer Bayern (154 ha), Rheinland-Pfalz (120 ha) und Hessen (100 ha) (Statistisches Bundesamt 2013) waren. Diverse Testversuche der garten-baulichen Versuchs- und Lehranstalten zu den einzelnen Sorten sollen bereits im Vorfeld die unterschiedlichen Eigenschaften (Inhaltsstoffe, Standortansprüche, Ertrag, Reife, Krankheits- und Schädlingsbefall) sowie die Tauglichkeit der Gehölze für die Agrarwirtschaft feststellen. Profiteure dieser Erkenntnisse sind vorwiegend die Landwirte, die u. a. durch eine geeignete Sortenwahl im Voraus Vermarktungsweg/-zweig festlegen und dadurch nach bestmöglichen ökonomischen Bedingungen produzieren können. Ob für Schönheitspflege, zum Einfärben, zur Schöpfung von neuen Geschmacksrichtungen bei Lebensmitteln oder zur Anwendung in der Heilkunde, die Einsatzgebiete des Schwarzen Holunders sind breit gefächert.

Sanddorn (*Hippophae rhamnoides*; Abb. 5)
Sanddorn ist in weiten Teilen Eurasiens von Meeresspiegelhöhe bis zu 5000 m ü. M. an Küsten, Berghängen, Uferböschungen und Brachflächen anzutreffen (Friedrich & Schuricht 1989; Mörsel & Singh 2009). Die ehemalige Sowjetunion legte mit ihren Bemühungen zur Züchtung, Vermehrung und Agrotechnik den Grundstein für den erwerbsmäßigen Anbau von Sanddorn. In Deutschland begannen Prüfungen zu dessen Kultivierung ab Mitte des 20. Jh., was vor allem mit dem festgestellten hohen Vitamin C-Gehalt der Pflanze zusammenhing. Dieser ist allerdings, wie heute durch Forschungen belegt,

Abb. 4: *Sambucus nigra* im Volkspark Prenzlauer Berg, Berlin (Schwefler 2015)

Abb. 5: *Hippophae rhamnoides* im Späth-Arboretum, Berlin (Schwefler 2015/2013)

Abb. 6: *Aronia melanocarpa*, Späth'sche Baumschule (Schwefler 2015)

von Standort, Herkunft, Erntezeitpunkt und Sorte abhängig. Doch erst mit der 1979 in der damaligen DDR erschienen Sorte Leikora und der 1980 ersten eröffneten Sanddornanlage in Ludwigslust, die immer noch zu den größten Deutschlands zählt, wurde die Inkulturnahme des Sanddorns eingeleitet (Albrecht 1993; Friedrich & Schuricht 1989). Während weltweit gesehen China (1,6 Mio. ha), Russland (55.000 ha) und Indien (12.000 ha) zu den Hauptproduzenten gehören, nahmen in der Bundesrepublik 2012 Brandenburg (282 ha) und Mecklenburg-Vorpommern (209,41 ha) die Spitzenreiterpositionen ein (MIL BB 2013; Statistisches Bundesamt 2013). Das seit langem für Heilzwecke fungierende Gehölz wurde in Asien und Russland umfassend untersucht. So werden dem Fruchtfleischöl maßgeblich positive antibakterielle, entzündungshemmende und anticarcinogene Wirkungen bzw. gewebegenerierende Funktionen zugesprochen. In mehr als 40 Ländern finden die Inhaltsstoffe der Beeren für verschiedene Heilzwecke Anwendung, u.a. bei Bluthochdruck, Herzerkrankungen, bestimmten Krebsarten, Wundheilungen, zur Stärkung des Abwehrsystems und in der Kosmetikbranche im Anti-Aging-Bereich (Mörsel & Singh 2009). Fortschritte in den Segmenten der Erntetechnologien, Verarbeitungs- und Produktionsverfahren sowie Forschungen zu den Inhaltsstoffen trieben und treiben den Anbau von Sanddorn voran.

Schwarze Apfelbeere (*Aronia melanocarpa*; Abb. 6)
Obwohl die Apfelbeeren (*Aronia melanocarpa, A. arbutifolia, A. prunifolia*) in Nordamerika beheimatet sind, stammen erste Bestrebungen zu deren Kultivierung aus der ehemaligen Sowjetunion. In Deutschland startete 1976 im Raum Schirgiswalde/ Kreis Bautzen die plantagenmäßige Aronia-Nutzung (Friedrich & Schuricht 1989). Gegenwärtig liegt der Hauptanbauschwerpunkt weltweit betrachtet in Polen, Tschechien, Bulgarien und Slowenien (Misfeldt 2007). In der Bundesrepublik befinden sich in Sachsen und Brandenburg (hier seit 2013 die mit 50 ha größte Bio-Aronia-Plantage in Steinreich OT Schöneiche, Janicke 2013). Zwar besteht die Beere zu ca. 85 % aus Wasser, doch wegen der antioxidativen Wirkungen der Inhaltsstoffe entstand um die Aronien ein regelrechter Gesundheitshype (Misfeldt 2007). Ob gegen Hypertonie, Gastritis, Leber- und Gallenerkrankungen, Scharlach, Masern, Diabetes, zur Stärkung des Abwehrsystems oder sogar gegen bestimmte Krebserkrankungen, die Bandbreite der medizinischen Anwendungsgebiete ist mannigfaltig, weswegen sie in Osteuropa seit den 1950er Jahren Mittelpunkt zahlreicher Untersuchungen ist (Kastilio 1993; Mehrwald 2007). Die aus den Beeren gewonnenen Zwischen- und Endprodukte wie Saft, Püree, Pulver, Fruchtfasern, Kerne, Aroma oder Farbextrakte sind vielfältig zur Weiterverarbeitung nutzbar und haben in der Tiefkühl-, Konserven- und Getränkebranche Einzug gehalten. Eine Frischvermarktung hat sich angesichts des adstringierenden, herb-säuerlichen Eigengeschmacks (hoher Gerbstoffgehalt)

bisher nicht durchgesetzt (RUWISCH 1997; KASTILIO 1993). Die gesundheitsfördernden Eigenschaften der *Aronia* und die positiven Parameter zur Bewirtschaftung (frosthart, geringer Einsatz von Pflanzenschutzmitteln, Möglichkeit der maschinellen Beerntung, geringe Standortansprüche, selbstbefruchtend; STOLLE 1993; GÄTKE 1993) lassen eine Ausbreitung im landwirtschaftlichen Anbau erwarten.

3.3 Ergebnisse aus den Untersuchungen zur wirtschaftlichen Bedeutung

Es haben fast ausschließlich die gezüchteten Kultursorten der Wildobstarten eine größere Bedeutung in der Wirtschaft, denn bei der profitablen Pflanzenproduktion sind Erntezeitpunkt, Ertrag oder spezifische Sorteneigenschaften (z. B. Inhaltsstoffe) einzukalkulierende Faktoren. Die „reinen Arten" spielen vornehmlich in der Forstwirtschaft (Saatgutspender), im GaLaBau und im Naturschutz eine Rolle, wo das Hauptaugenmerk besonders auf der Anpassungsfähigkeit der Pflanze liegt. Kleinere Verarbeitungsbetriebe, die eine Herstellung von Waren aus Wildsammlungen betreiben, verfolgen in erster Linie den Nachhaltigkeits-/ Konkurrenzabhebungsgedanken und wollen einen Gegenpol zur konventionellen Massenproduktion bieten (SCHMAL & SCHWEFLER 2014). Wildobst ist in der heutigen Gesellschaft als Nischenprodukt anzusehen, was wiederum den Reiz auf viele Kunden ausübt. Die Kultursorten des Schwarzen Holunders, Sanddorns und der Apfelbeere haben aufgrund von weiterentwickelten Produktionsverfahren, gesundheitsfördernden Inhaltsstoffen und gesetzlichen Verschärfungen gegenüber chemischen Farbstoffen den Sprung in den plantagenmäßigen Anbau geschafft und durch geeignete Vermarktungsstrategien sogar teilweise Trendstatus erreicht (z. B. Holundersirup im Cocktail Hugo, SCHMAL & SCHWEFLER 2014). Weitere Forschungen zu Wildfrüchten in Richtung Produktionsverfahren und Inhaltsstoffe sowie eine Entwicklung von Tourismuskonzepten auf der Grundlage von Wildobst mit Öffentlichkeitsarbeit zu diesem Thema, einer Förderung des Ökolandbaues oder die Kombination von Wildobstplantage und Tierhaltung könnten zukünftig anderen Arten den Weg in den Wirtschaftsbereich öffnen.

Danksagung

Die Autoren danken der Deutschen Dendrologischen Gesellschaft für die Ehrung mit dem Camillo Schneider-Preis. Auch unseren betreuenden Professoren, Herrn Prof. Dr. Mathias Grünwald und Herrn Prof. Dr. Marcus Köhler, gebührt ein großes Dankeschön. Dank ihrer konstruktiven Kritik und der stetigen Unterstützung, sowohl im wissenschaftlichen Arbeiten als auch im fachlichen Bereich, verhalfen sie uns zu der umfangreichen Ausarbeitung der Bachelorarbeit. Ganz besonderer Dank gebührt den befragten Baumschulbetrieben, Gärtnereien, Landwirten (Obstbauern), Produzenten, Vermarktern, Naturschutzbehörden, Spezialisten, Vereinen und anderen Institutionen. Die Gespräche und der schriftliche Austausch bilden eine wesentliche Grundlage dieser Arbeit.

Literatur

ALBRECHT, H.-J. (1993): Möglichkeiten und Besonderheiten des Anbaues von Kultursanddorn. In: ALBRECHT, H.-J. et al.: Anbau und Verwertung von Wildobst. Bd. 24. Thalacker, Braunschweig.

ALBRECHT, H.J. (1996): Wildobst, auch für Gärten interessant. Deutsche Baumschule 48: 725–731.

BAUMSCHULE APPEL GmbH, 2013: Auskunft per E-Mail 02. 10. 2013. Waldsieversdorf.

BAUMSCHULE GRAEFF, 2013: Interview: 16.09. 2013 mit R. Graeff, Zeischa.

BAYERISCHER FORSTVEREIN e.V. (Hrsg.) (1998): Sträucher in Wald und Flur: Bedeutung für Ökologie und Forstwirtschaft: Natürliche Vorkommen in Wald- und Feldgehölzen: Einzeldarstellungen der Straucharten. Landsberg.

BdB (Bund deutscher Baumschulen) (Hrsg.) (1992): BdB-Handbuch 8: Wildgehölze des mitteleuropäischen Raumes. 4. Aufl. Förder-Ges. „Grün ist Leben" Baumschulen mbH, Pinneberg.

BfN (Hrsg.) (2005): Gebietsfremde Arten. Positionspapier des Bundesamtes für Naturschutz. BfN-Skript 128. Bundesamtes für Naturschutz, Bonn-Bad Godesberg.

BLE (Hrsg.) (2013): Kurzfassung: Erfassung und Dokumentation genetischer Ressourcen seltener und gefährdeter Baumarten in Deutschland. Bundesanstalt für Landwirtschaft und Ernährung.

BMELV (Hrsg.) (2007): Agrobiodiversität erhalten, Potenziale der Land-, Forst- und Fischereiwirtschaft erschließen und nachhaltig nutzen. Eine Strategie des BMELV für die Erhaltung und nachhaltige Nutzung der biologischen Vielfalt für die Ernährung, Land-, Forst- und Fischereiwirtschaft. Bundesministerium für Ernährung, Landwirtschaft und Verbraucherschutz, Bonn.

BMU (Hrsg.) (2007): Nationale Strategie zur biologischen Vielfalt. Bundesministerium für Umwelt, Naturschutz und Reaktorsicherheit, Berlin.

BMU (Hrsg.) (2012): Leitfaden zur Verwendung gebietseigener Gehölze. Bundesministerium für Umwelt, Naturschutz und Reaktorsicherheit, Berlin.

FRIEDRICH, G.; SCHURICHT, W. (1989): Seltenes Kern-, Stein- und Beerenobst. 2. Aufl. Neumann, Leipzig-Radebeul.

GÄTKE, R. (1993): Maschinelle Ernte bei der Apfelbeere. In: ALBRECHT, H. J. et al.: Anbau und Verwertung von Wildobst. Bd. 24. Thalacker, Braunschweig. S. 86–90.

GEMEINNÜTZIGER VERBAND FÜR SEIDENANBAU (Hrsg.) (1921): Der Maulbeerbaum ein Retter. Berlin-Wilmersdorf.

JANICKE, G. (2013): Größte Plantage Westeuropas im Spreewald: Bio-Aronia aus Brandenburg. Märkische Allgemeine - Online, Brandenburg.

JESCH, H. H. (1997): Vegetative Vermehrungsverfahren für Wildobstarten. In: Humboldt-Universität zu Berlin (Hrsg.): Beiträge gehalten anlässlich der 1. Intern. Wildfruchttagung, Berlin 1997. Schriftenreihe Inst. für Gartenbauwiss., Fachgebiet Obstbau 11: 53–55.

KASTILIO, S.-L. (1993): Aronia – Heilpflanze der Zukunft? In: ALBRECHT, H. J. et al.: Anbau und Verwertung von Wildobst. Bd. 24. Thalacker, Braunschweig. S. 93–101.

KOCH, H. J. (1993): Die Bedeutung der Wildobstarten in unserer Zeit. In: ALBRECHT, H. J. et al. (Hrsg.): Anbau und Verwertung von Wildobst. Bd. 24. Thalacker, Braunschweig. S. 5–8.

KOWARIK, I. (Hrsg.) (2013): Pflanzen für Berlin - Verwendung gebietseigener Herkünfte. Senatsverwaltung für Stadtentwicklung und Umwelt Berlin, Berlin.

KOWARIK, I.; SEITZ, B. (2003): Perspektiven für die Verwendung gebietseigener („autochthoner") Gehölze. Neobiota 2: 3–26.

LANDESBETRIEB STRASSENWESEN BRANDENBURG (Hrsg.) (2011): Empfehlung für die Verwendung von Wildobst für Kompensationspflanzungen im Rahmen der Eingriffsregelung. Cottbus.

LUCKE, R.; SILBEREISEN, R.; HERZBERGER, E. (1992): Obstbäume in der Landschaft. Stuttgart

MACHATSCHEK, M. (2004): Nahrhafte Landschaft 2: Mädesüß, Austernpilz, Bärlauch, Gundelrebe, Meisterwurz, Schneerose, Walnuss, Zirbe und andere wiederentdeckte Nutz- und Heilpflanzen. Wien-Köln-Weimar.

MEHRWALD, P.-R. (2007): Das hohe antioxidative Potential der einheimischen Aroniabeere (*Aronia melanocarpa*). auf http://www.lebenswert-leben.com/uploads/media/COMED-Das_hohe_antioxidative_Potential_der_Aronia-RenatePetraMehrwald-COMED0507.pdf [Abrufdatum: 7. 02. 2014]

MIL BB (MINISTERIUM FÜR INFRASTRUKTUR UND LANDWIRTSCHAFT DES LANDES BRANDENBURG) (Hrsg.) (2013): Pionier im märkischen Sand: Auf den Spuren des Sanddorns in Brandenburg. Potsdam.

MISFELDT, C. (2007): Gesundheitsfördernde Inhaltsstoffe der Aronia melanocarpa. Diplomarbeit Hochschule für Angewandte Wissenschaften Hamburg, Studiengang Ökotrophologie. http://edoc.sub.uni-hamburg.de/haw/volltexte/2008/513/pdf/med_y_210.pdf [Abrufdatum: 17. 02. 2014]

MÖRSEL, T.-J.; SINGH, V. (2009): Sanddorn: Moderne Anbautechnologien. 1. Aufl. Books on Demand, Norderstedt.

MÜLLER, P. (2013): Interview 09. 10. 2013 mit Frau P. Müller, Friedersdorfer Baumschulen Müller u. Twisselmann GbR, ehemals Späth'sche Baumschulen.

PIRC, H. (2002): Wildobst im eigenen Garten Apfelbeere, Schlehdorn, Kornelkirsche und Co. 2. Aufl. Stuttgart.

RUWISCH, I. (1997): Aronia ein neues Geschmackserlebnis mit unbegrenzter Anwendungsvielfalt. In: Humboldt-Universität zu Berlin (Hrsg.): Beiträge gehalten anlässlich der 1. Intern. Wildfruchttagung, Berlin 1997. Schriftenreihe Inst. für Gartenbauwiss., Fachgebiet Obstbau 11: 150–153.

SCHMAL, A.; SCHWEFLER, J (2015): Wildobst im Raum Berlin-Brandenburg zwischen Ökonomie und Ökologie: Forschungsgegenstand, Nischenprodukt, Trendsetter oder Naturschutzobjekt? AV Akademiker Verlag, Saarbrücken.

SCHMIDT, J. (1987): Holunderanbau. Stocker, Graz.

SCHUTH, T. (1993): Zur Kultur von Holunder. Erfahrungen aus der Praxis. In: ALBRECHT, H. J. et al.: Anbau und Verwertung von Wildobst. Bd. 24. Thalacker, Braunschweig. S. 75–76.

SPETHMANN, W. (1997): Autovegetative Gehölzvermehrung. In: KRÜSSMANN, G. (Hrsg.): Die Baumschule: Ein praktisches Handbuch für Anzucht, Vermehrung, Kultur und Absatz der Baumschulpflanzen. 6. Aufl. Parey, Berlin. S. 382ff.

STATISTISCHES BUNDESAMT (Hrsg.) (2013): Land- und Forstwirtschaft, Fischerei: https://www.destatis.de/DE/Publikationen/Thematisch/LandForstwirtschaft/ObstGemueseGartenbau/Strauchbeerenanbau2030319127004.pdf?__blob=publicationFile [Abrufdatum 09. 02. 2014]

STOLLE, B. (1993): Erfahrungen beim Anbau der Apfelbeere in Sachsen. In: ALBRECHT, H. J. et al.: Anbau und Verwertung von Wildobst. Bd. 24. Thalacker, Braunschweig. S. 79–85.

ZEITLHÖFLER, A. (2002): Die obstbauliche Nutzung von Wildobstgehölzen. Diplomarb. Fachhochschule Weihenstephan, Fachbereich Gartenbau, unveröffentl.

Autorinnen:

Jana Schwefler
Landsberger Allee 153
10369 Berlin
E-Mail: Jana.Schwefler@gmx.de

Alida Schmal
Neu Bauhof 3
19205 Gadebusch

| Mitt. Deutsch. Dendrol. Ges. (MDDG) | 101 | 127-134 | 2016 | ISBN 978-3-8001-0861-9 |

Die Gattung *Ulmus* als Baum der Zukunft unter Berücksichtigung der Holländischen Ulmenkrankheit

Juliette Schwan, Heinrich Lösing und Petra Scheewe

Zusammenfassung

Die Gattung der Ulmen umfasst etwa 45 Arten und kommt überwiegend in der gemäßigten Zone der Nordhemisphäre vor. Die sommergrünen, optisch ansprechenden Bäume können unter optimalen Bedingungen eine Höhe von 30–40 m erreichen. Aufgrund von Eigenschaften wie breite Standorttoleranz, große Anpassungsfähigkeit oder hohe Widerstandsfähigkeit erfreuten sie sich lange Zeit großer Beliebtheit. In Europa und Nordamerika wurden sie bevorzugt als Stadt- und Straßenbaum gepflanzt. Seit Beginn des 20. Jh. sind sie jedoch in ihrem Bestand durch die Holländische Ulmenkrankheit, die in zwei Epidemien einen Großteil der europäischen und nordamerikanischen Ulmenbestände vernichtete, gefährdet. Diese durch Schlauchpilze (*Ophiostoma ulmi, O. novo-ulmi*) verursachte Krankheit zählt zu den gefährlichsten Baumkrankheiten weltweit. Sie führt fast immer zum Tod der Bäume. Bis heute gibt es keine direkten Bekämpfungsmöglichkeiten, die sich in der Praxis für einen großflächigen Einsatz eignen. Daher scheint die Zukunft der Ulmen in der Resistenzzüchtung zu liegen. In die in verschiedenen Ländern durchgeführten Züchtungsprogramme wurden unterschiedliche Arten einbezogen. Auf diese Weise entstanden im Laufe der Jahre tolerante bzw. resistente Sorten, so dass Ulmen wieder eine Zukunft haben.

Abstract

To the genus *Ulmus* belong about 45 species growing mainly in the temperate zone of the northern hemisphere. The deciduous visualy attrac-tive trees can grow up to a height of 30 to 40 m. They have a range of positive characteristics making them popular for a long time. So they are able to grow in different habitats and they have an altogether high adaptability to different environments. In Europe and North America the trees were often grown in urban areas and along roads. Since the beginning of the 20th century, they are endangered due to the Dutch Elm Disease one of the most serious diseases for trees. The disease destroyed a large proportion of the elm population in Europe and North America in two epidemic waves. The causal agents are the different *Ascomycetes* fungi *Ophiostoma ulmi* und *O. novo-ulmi*. Nearly always the infection ends with the dead of the tree. Up to now no effective control methods are available. So resistance breeding seems to be the future of elms. Resistance breeding programs were established in different countries using different species of elms. Over the years a range of tolerant or resistant varieties were released. This might offer a future for growing elms in their geographic range again.

Einleitung

Bis in die 1920er Jahre waren Ulmen in Europa und Nordamerika weit verbreitet. Neben den wild wachsenden Exemplaren hatten sie vor allem als Park-, Stadt- und Straßenbäume eine große Bedeutung (Santini et al. 2012). Seit Beginn des 20. Jh. wurden jedoch Millionen von europäischen und nordamerikanischen Ulmen durch das Auftreten Holländischen Ulmenkrankheit vernichtet. Bei dieser Krankheit handelt es sich um eine tödliche Welkekrankheit, verursacht durch die Pilze *Ophiostoma ulmi* und *O. novo-ulmi* (KIRISITS & KONRAD 2007). Da bisher keine praxistauglichen direkten Maßnahmen zur Bekämpfung bekannt sind, scheint die Zukunft der Ulmen in der Resistenzzüchtung zu liegen. Bereits kurz nach dem ersten Auftreten dieser Ulmenkrankheit begannen Forscher mit der Suche nach resistentem Pflanzenmaterial und der Züchtung resistenter Ulmen (MACKENTHUN 2000).

Gattung *Ulmus*

Die Gattung der Ulmen oder Rüstern (*Ulmus*; Familie *Ulmaceae*) kann in 2 Untergattungen mit insgesamt 5 Sektionen gegliedert werden (vgl. 1. Internationale Ulmenkonferenz 1998, MACKENTHUN 2004):
– Untergattung *Ulmus* mit Sektion *Ulmus* (u.a. mit *U. minor, U. glabra, U. japonica, U. rubra*) und Sektion *Microptelea* (hierzu z.B. *U. parvifolia*),
– Untergattung *Oreoptelea* mit Sektion *Blepharocarpus* (z.B. *U. laevis, U. americana*), Sektion *Chaetoptelea* (z.B. *U. alata*) und Sektion *Trichoptelea* (z.B. *U. serotina*).

Über die Artenzahl weltweit herrscht Uneinigkeit in der Literatur. ROLOFF & BÄRTELS (2014) und MACKENTHUN (2010a) ordnen der Gattung *Ulmus* 45 bzw. 40–50 Arten zu, dagegen sprechen SCHÜTT et al. (2002) und STINGLWAGNER et al. (2009) von ca. 30 bzw. 25 Arten. Die Ursachen dieser Diskrepanzen liegen möglicherweise in der teils noch unzureichenden Erforschung der weltweiten Ulmenbestände. Während diese in Europa und Nordamerika bereits intensiv stattfand, ist dies in Asien noch nicht abschließend erfolgt (MACKENTHUN 2004). Zusätzlich herrschen in systematisch-taxonomischer Hinsicht nach wie vor Unstimmigkeiten bei der Abgrenzung und Benennung einzelner Arten.

Das Verbreitungsgebiet der Ulmen liegt vorwiegend in der gemäßigten Zone der nördlichen Hemisphäre, erstreckt sich aber ebenfalls in subtropische Gebiete Mittelamerikas und SO-Asiens. Die meisten Arten treten in Asien und Nordamerika auf, in Europa sind nur 3 Arten und eine Hybride heimisch (SCHEFFER et al. 2008, BILZ 2006).

Ulmen können an sehr unterschiedlichen Standorten wachsen. Natürlicherweise besiedelt ein Großteil der Arten frische bis feuchte Böden, bevorzugt nährstoff- und basenreich, locker und tiefgründig, in luftfeuchten Lagen. Eine besondere Wertschätzung genießen Ulmen für ihre Widerstandsfähigkeit gegenüber widrigen Umweltbedingungen. Sie überstehen längerfristige Überflutungen sowie Dürren und können gut mit dem Wind und dem Salz in Küstenregionen umgehen. Bekannt sind Ulmen auch für ihre hervorragende Eignung als Stadtbaum. Sie arrangieren sich problemlos mit dem begrenzten Platzangebot (SCHEFFER et al. 2008), vertragen das Stadtklima sowie Luftverschmutzungen und Streusalze (TOWNSEND 2000).

Bei den Ulmen handelt es sich in der Regel um sommergrüne Bäume, die eine Höhe von 30 bis 40 m erreichen können. Während junge Bäume eher schmal mit aufsteigenden Ästen wachsen, zeichnen sich erwachsene Ulmen durch eine breite, ausladende Krone aus. Der Stamm ist meist tief verzweigt, sodass eine tief angesetzte und von mehreren Haupttrieben gebildete, dichte Krone entsteht. Die Triebfarbe variiert je nach Art von grau über rotbraun und oliv bis gelb. Manche Arten zeichnen sich durch Korkleisten oder Haare an den Trieben aus. Während die Rinde junger Bäume zunächst glatt ist, weist die Borke im erwachsenen Zustand oft tiefe Furchen auf. Sie ist bräunlich bis grau oder hellgrau bis silbrig glänzend. Junge Ulmen bilden zunächst eine Pfahlwurzel aus. Mit zunehmendem Alter entsteht ein kombiniertes Herz-Pfahlwurzelsystem mit flachstreichenden Seitenwurzeln (BÄRTELS 2001, MACKENTHUN 2000, 2004, STINGLWAGNER et al. 2009).

Die einfachen, fiedernervigen Blätter der Ulmen sind linealisch-eiförmig bis verkehrt-eiförmig oder rundlich-eiförmig, ihr Rand ist meist doppelt gesägt, die Blattspreite asymmetrisch. Die Blüte beginnt meist vor der Laubentfaltung, einige Arten (z.B. *U. serotina, U. parviflora*) blühen erst im Herbst. Die Blütenstände (büschelige Trugdolden) bestehen aus 5–25 kleinen, unscheinbaren Blüten. Der oberständige Fruchtknoten ist 2-kammerig. Aufgrund der Verkümmerung eines Karpells besteht die Frucht, ein geflügeltes Nüsschen, jedoch nur aus einem Samen. Ulmen vermehren sich sowohl generativ (ab ca. 35 Jahren fortpflanzungsfähig) als auch vegetativ (über Wurzelschösslinge). Es handelt sich um Fremdbestäuber, jedoch ist spontane Selbstbefruchtung ebenfalls möglich (MACKEN-THUN 2004, ROLOFF & BÄRTELS 2014).

Die Holländische Ulmenkrankheit

Seit Beginn des 20. Jh. wurden Millionen von europäischen und nordamerikanischen Ulmen durch das Auftreten der Holländischen Ulmenkrankheit, eine der verheerendsten Baumkrankheiten weltweit, vernichtet (BUTIN 2011; MACKENTHUN 2000). Es handelt sich um eine Welkekrankheit, die durch das Verstopfen der wasserleitenden Gefäße zum Absterben der betroffenen Bäume führt (KIRISITS & KONRAD 2007). Verursacht wird die Krankheit durch *Ophiostoma ulmi* bzw. *O. novo-ulmi* (BUTIN 2011). Die Erreger gehören wie eine Vielzahl anderer forstschädlicher Pilze zur Klasse der Schlauchpilze (*Ascomycota*). Bei der Übertragung ihrer Sporen sind sie auf flugfähige Insekten angewiesen, in erster Linie verschiedene Borkenkäfer. Im Frühjahr beginnen die jungen Borkenkäfer auszuschwärmen. Fand die Entwicklung der Käfer in Bäumen statt, die durch *O. ulmi* oder *O. novo-ulmi* befallen sind, führen die Jungkäfer mit hoher Wahrscheinlichkeit Sporen mit sich. Durch ihren Reifungs- oder Brutfraß verursachen die Jungkäfer Wunden an gesunden Ulmen, über die die mitgeführten Pilzsporen in den Baum eindringen können. Die Folge ist eine Neuinfektion. Nach der Übertragung der Erreger *O. ulmi* oder *O. novo-ulmi* auf einen gesunden Baum breitet sich das Myzel zunächst in den wasserleitenden Frühholzgefäßen des jüngsten Jahresringes aus. Mit dem Saftstrom erfolgt eine schnelle Verbreitung innerhalb des Baumes. Zusätzlich wird das benachbarte Gewebe besiedelt, indem der Pilz kurze Hyphenzweige bildet. Die Hyphen durchdringen Gefäßtüpfel und unversehrte Zellwände (RÖHRIG 1996, NIERHAUS-WUNDERWALD & ENGESSER 2003). Die Ausbreitung des Pilzes innerhalb des Baumes wird durch verschiedene zellwandzersetzende Enzyme erleichtert, die das Pilzmyzel ausscheidet. Zusätzlich kommt es zu einer Ausscheidung diverser Phytotoxine, wobei Ceratoulmin, ein typisches Welketoxin, das wichtigste darstellt. Es verursacht eine Erhöhung der Transpiration, gesteigerte Atmung, Elektrolyt- sowie Turgorverlust und eine Störung des Wassertransportes (RÖHRIG 1996). Aufgrund der Hyphen und der Bildung schleimartiger Stoffwechselprodukte durch den Pilz, die zu einer Verstopfung der Gefäße führen, wird der Wassertransport zusätzlich gestört (NIERHAUS-WUNDERWALD & ENGESSER 2003). Der Baum versucht sich gegen die Pilzinfektion zu wehren, indem er pflanzeneigene Abwehrstoffe (Mansonone) produziert und seine Gefäße mit Thyllen blockiert, um eine Ausbreitung des Pilzes zu verhindern. Die Abwehrstoffe hemmen das Wachstum verschiedener parasitischer Pilze und ihre Produktion findet nur in infizierten Bäumen statt (RÖHRIG 1996). Die Blockierung der Gefäße durch die Thyllen soll die Erkrankung in einzelnen Kompartimenten festhalten (MACKENTHUN 2000). Gleichzeitig führt es jedoch zu einer Unterbrechung der eigenen Wasserversorgung. Die auf der Infektion beruhenden Veränderungen innerhalb des Baumes werden etwa 4–6 Wochen nach der Infektion sichtbar (RUDNICK 1989).

Das erste Anzeichen der Erkrankung ist das Welken der Blätter an einem oder mehreren Ästen im oberen Kronenbereich (BIGGERSTAFF et al. 1999). Im Laufe des Sommers und Herbstes kommt es zu einer Ausbreitung der Krankheitssymptome in der Krone. Ein Großteil der befallenen Zweige stirbt ab und die toten Zweigspitzen krümmen sich hakenartig nach unten. Die Bäume versuchen den Verlust der abgestorbenen Zweige durch eine verstärkte Entwicklung von Wasserschösslingen auszugleichen. Zusätzlich kommt es oft zur Bildung von Stockausschlägen (NIERHAUS-WUNDERWALD & ENGESSER 2003).

Das charakteristischste Merkmal der Holländischen Ulmenkrankheit ist die Verfärbung der Leitbündel. Die braunschwarze oder kastanien- bis rostbraune Verfärbung (RUDNICK 1989) ist selbst mit bloßem Auge gut zu erkennen. Die Holländische Ulmenkrankheit breitet sich in der Regel über den gesamten Baum aus und führt zum Absterben der Ulme. Nur in seltenen Fällen erholen sie sich von der Erkrankung. In der Praxis gibt es kaum Möglichkeiten für eine direkte Bekämpfung der Holländischen Ulmenkrankheit (NIERHAUS-WUNDERWALD & ENGESSER 2003), daher scheint die Züchtung resistenter Ulmen die vielversprechendste Strategie für eine langfristige Eindämmung der Holländischen Ulmenkrankheit zu sein (MACKENTHUN 2000).

Resistenzzüchtung und ausgewählte Arten und Hybriden

Bereits mit dem Ausbruch der Holländischen Ulmenkrankheit in den 1920er Jahren begann die Suche nach widerstandsfähigen Ulmen und eine intensive Züchtungsarbeit (Röhrig 1996), die bis heute fortgeführt wird (Martín et al. 2014). Im Laufe der Jahre entstand international eine Reihe von Züchtungsprogrammen, neben großen in den Niederlanden, Italien, Spanien und den USA eine Vielzahl kleinerer Programme (Mittempergher & Santini 2004). Zunächst standen das Sammeln verschiedener Ulmen und die Prüfung ihres Resistenzverhaltens im Vordergrund. Die vielversprechendsten Exemplare wurden im Anschluss weiter vermehrt und für Kreuzungen genutzt (Guries & Smalley 1990). Oftmals wurden asiatische Arten mit einer hohen Resistenz in die in Europa und Amerika heimischen, anfälligen Arten eingekreuzt, um die Resistenz zu erhöhen (Smalley & Guries 1993). Bei der Entwicklung resistenter Sorten spielt nicht nur die Resistenz gegenüber der Holländischen Ulmenkrankheit eine Rolle, sondern auch Kriterien wie Wüchsigkeit, Standorteignung, Kronenform, Widerstandsfähigkeit gegen Frost und Wind, Stadtklimatoleranz, hoher Zierwert sowie ausreichende Resistenz gegenüber anderen Krankheiten und Schädlingen (Götz 1996, Röhrig 1996). Häufige Verwendung in der Züchtung finden die europäischen Ulmen-Arten bzw. -Hybriden *U. glabra*, *U. minor* und *U. ×hollandica*, die amerikanische *U. americana* und die asiatischen Arten *U. japonica*, *U. parvifolia*, *U. pumila* und *U. wallichiana* (Smalley & Guries 1993; Bilz 2006; Buiteveld et al. 2014).

Für die zur genetisch isolierteren Sektion *Blepharocarpus* gehörenden Arten *U. laevis* und *U. americana* werden starke Kreuzungsbarrieren mit anderen Arten beschrieben (Mittempergher & Santini 2004), wobei aber *U. americana* im Gegensatz zu *U. laevis* in Resistenzzüchtungs-Programmen verwendet wird.

Ulmus laevis (Syn.: *U. effusa*, *U. pedunculata*), Flatter-Ulme, auch Rispen-Ulme, Wasser- oder Weiß-Rüster (Müller-Kroeling 2003): Die Art kommt von O- und SO-Europa bis Frankreich, im westlichen Kleinasien und W. K. ukasus vor (Bärtels 2001). Charakteristisch sind starke Brettwurzeln und Wasserreiser-Knollen an älteren Bäumen. Die Flatter-Ulme erscheint bei op-timalen Standortbedingungen widerstandsfähiger gegenüber der Holländischen Ulmenkrankheit als andere einheimische Ulmen (Bilz 2006). Mackenthun (2000) gibt an, dass eine Infektion zum Teil überstanden werden kann. Zusätzlich scheint *U. laevis* weniger attraktiv für die Ulmensplintkäfer zu sein.

Ulmus glabra (Syn.: *U. scabra*, *U. montana*), Berg-Ulme, auch Weiß-Rüster (Lüder 2013): Das Verbreitungsgebiet reicht über ganz Europa, Kleinasien, Kaukasien und NW-Iran. Im Gegensatz zu den anderen europäischen Arten ist die Blattspreite bei *U. glabra* oft 3-zipfelig, teils auch mit 5 Spitzen, und ihre Oberfläche rau. Die Art besiedelt natürlicherweise vorwiegend Standorte im Berg- und Hügelland, sie bevorzugt eine gute Nährstoffversorgung und gleichmäßige Bodenfeuchte ohne Staunässe (Röhrig 1996). *U. glabra* ist sehr empfindlich gegenüber der Holländischen Ulmenkrankheit und wird heute als stark gefährdet betrachtet (Mackenthun 2001, 2004).

Ulmus minor (Syn.: *U. carpinifolia*), Feld-Ulme oder Rot-Rüster: Die Art kommt von Europa über Kleinasien bis Kaukasien und N-Iran sowie in N-Afrika vor (Bärtels 2001). Charakteristisch sind Korkleisten an den Zweigen jüngerer oder strauchförmiger Exemplare. Die Blätter haben eine ledrige Beschaffenheit und nur eine einzige Blattspitze. Die Feld-Ulme tritt vor allem im Flach- und Hügelland auf, sie ist auf nährstoffreichen, lehmigen, schluffigen oder tonigen, gelegentlich auf sandigen Böden zu finden. *U. minor* ist überschwemmungstolerant, selbst bei wochenlangem Hochwasser (Röhrig 1996). Gegenüber der Holländischen Ulmenkrankheit wird *U. minor* als die empfindlichste der europäischen Ulmenarten angegeben (Mackenthun 2000).

Ulmus ×hollandica (*U. glabra* × *U. minor*), Holländische Ulme: Die Hybride entsteht zum Teil selbstständig in den sich überlappenden Verbreitungsgebieten der Eltern. Da die Hybriden untereinander und mit ihren Eltern bastardieren, entsteht innerhalb von *U. ×hollandica* eine große Formenvielfalt mit unterschiedlichem Habitus (Bilz 2006). Markante Unterscheidungsmerkmale fehlen (Mackenthun 2000). Auch die Holländische Ulme ist anfällig gegenüber der Holländischen Ulmenkrankheit, die einzelnen Exemplare reagieren jedoch unterschiedlich stark auf einen Befall (Kreuzer 1995).

Ulmus americana (Syn.: *U. floridana*), Amerikanische Ulme: Die Art ist über die östliche USA und SO-Kanada verbreitet und hat in Nordamerika eine große Bedeutung. Die bis zu 15 cm langen und 8 cm breiten Blätter weisen eine große Ähnlichkeit zu *U. laevis* auf. Jedoch ist die Blattoberseite der Amerikanischen Ulme leicht bis sehr rau behaart. Sie eignet sich für unterschiedliche Standorten, vorausgesetzt der Grundwasserspiegel liegt im Sommer unter 2,5 m. Im Winter verträgt sie relativ problemlos auch längere Überflutungsphasen. Im Hinblick auf die Holländische Ulmenkrankheit zählt sie zu einer der anfälligsten Arten (MACKENTHUN 2007).

Ulmus japonica (Syn.: *U. davidiana* var. *japonica*), Japanische Ulme: Die Art ist in NO-Asien und Japan beheimatet. Es handelt sich um einen breitkronigen Baum mit einer Höhe von bis zu 35 m (BÄRTELS 2001). Die Borke ist gelbbraun, die Zweige weisen eine dichte Behaarung und später zum Teil auch Korkleisten auf (KRÜSSMANN 1978). Der Standort sollte nährstoffreich, frisch bis feucht und sonnig bis halbschattig sein. Die Art gilt als resistent gegenüber der Holländischen Ulmenkrankheit (SMALLEY & GURIES 2000). In der Züchtung wird meist *U. davidiana* var. *japonica* verwendet. Nach Flora of China (WU et al. 2003) ist *U. japonica* ein Synonym von *U. davidiana* var. *japonica*.

Ulmus parvifolia (Syn.: *Microptelea parvifolia, Planera parvifolia, Ulmus chinensis, U. coreana*), Chinesische oder Kleinblättrige Ulme: Die Art ist in Japan, Korea, Taiwan sowie N- und Mittel-China beheimatet (BÄRTELS 2001). Der in seltenen Fällen bis zu 25 m hohe Baum bildet eine breite Krone mit rundlicher Form und häufig überhängenden Zweigen. Die graue bis graubraune, glatte Borke, löst sich in unregelmäßigen Schuppen ab. Unverwechselbar wird die Art durch feine Borkenstrukturen und auffällige, orange-rote Lenticellen-Reste (MACKENTHUN 2010b). Im Gegensatz zu vielen anderen Ulmenarten blüht *U. parvifolia* erst ab September. Die bis zu 1,3 cm großen, überwiegend unbehaarten Früchte entwickeln sich noch im Herbst desselben Jahres. *U. parvifolia* bevorzugt mittlere Böden mit einer guten Wasserversorgung, kommt jedoch auch mit trockneren Standorten und Küstenklima zurecht. Bezüglich der Holländischen Ulmenkrankheit gilt die Art als widerstandsfähig. Dies liegt eventuell an der Borke, die für Ulmensplintkäfer unattraktiv ist (MACKENTHUN 2010b).

Ulmus pumila (*U. turkestanica, U. campestris* var. *pumila, U. manshurica*), Sibirische oder Zwerg-Ulme: Das Verbreitungsgebiet erstreckt sich über China, O-Sibirien, die fernöstlichen Regionen Russlands, die Mongolei sowie Korea (PUHUA 1999). Im Gegensatz zu vielen anderen Ulmen-Arten ist die Blattbasis von *U. pumila* fast symmetrisch (BÄRTELS 2001). Die Art ist sehr anspruchslos und dürrehart, jedoch nicht für staunasse Lagen geeignet. Auch extreme Wintertemperaturen werden toleriert. Laut PUHUA (1999) wird *U. pumila* nicht von der Holländischen Ulmenkrankheit befallen.

Ulmus wallichiana: Die Art kommt in Indien und im NW-Himalaja vor. Es handelt sich um einen mittelhohen bis hohen Baum mit einer rauen, grauen Borke, die sich rautenförmig abschuppt. Nach dem Blattfall im Herbst erscheinen die Blüten in dichten, kugeligen Büscheln in den ehemaligen Blattachseln (KRÜSSMANN 1978). *U. wallichiana* gilt als resistent gegenüber der Holländischen Ulmenkrankheit (BILZ 2006).

Resistente Sorten und Fazit

Im Laufe der Jahre entstand im Rahmen der verschiedenen Züchtungsprogramme eine nicht mehr zu überschauende Anzahl an Sorten, die im Hinblick auf die Holländische Ulmenkrankheit als tolerant beziehungsweise resistent bezeichnet werden (MACKENTHUN 2010a). In der Praxis gestaltet sich der Umgang mit den Begriffen „resistent" und „tolerant" jedoch als problematisch. Unter den Züchtern sowie den Baumschulen gibt es keine allgemein gültige Definition zur Bestimmung des Toleranz- und Resistenzniveaus der Ulmen (TOWNSEND 2000). Daher lassen sich anhand der Sortenbeschreibungen keine bindenden Aussagen zum Resistenzverhalten treffen und keine Vergleiche zwischen den Sorten ziehen. Eine Möglichkeit, Sorten in Bezug auf ihr Verhalten gegenüber der Holländischen Ulmenkrankheit zu vergleichen, bietet der von 2007 bis 2012 in den Niederlanden durchgeführter Resistenztest. Im Rahmen dieses Tests wurden 19 in den Niederlanden verfügbare Sorten (Cultivare) und Arten sowie 10 bisher unveröffentlichte, nur mit Nummern bezeichnete Cultivare untersucht. Im Anschluss an die künstliche Infektion der Bäume erfolgte nach vier Wochen, acht Wochen und im darauffolgenden Jahr die Bonitur des Krankheitsindexes und des Ausmaßes der Kro-

Tab.1 Im niederländischen Resistenztest untersuchte Sorten (Cultivare; bei Hybriden mit Angabe der Eltern) und Arten (BUITEVELD et al. 2014)

Cultivar/Sorte/Art	Eltern
'Commelin'	*U.* ×*hollandica* 'Vegeta' × *U. minor*
'Groeneveld'	*U. glabra* (no. 49) × *U. minor* no. 1
'Lobel'	(*U. wallichiana* × *U. glabra* 'Exoniensis') × 'Bea Schwarz' geselbstet
'Dodoens'	(*U. glabra* 'Exoniensis' × *U. wallichiana*) geselbstet
'Plantijn'	(*U.glabra* 'Exoniensis' × *U. wallichiana*) × *U. minor*
'Clusius'	(*U.glabra* 'Exoniensis' × *U. wallichiana*) × 'Bea Schwarz' geselbstet
'Columella'	'Plantijn' geselbstet?
'1028'	[(*U. wallichiana* × *U. minor*) × (*U. pumila* × *U. minor*)] × 'Plantijn'
'1043'	*U. davidiana* var. *japonica* Selektion
'1111'	'Plantijn' × 'Dodoens'
'1236'	'Plantijn' × 'Wredei'
'1241'	'Lobel' × ((*U. pumila* × *U. davidiana* var. *japonica*) × *U. pumila*))
'1304'	(*U.glabra* × *U. minor*) × 'Commelin'
'1312'	[(*U. pumila* × *U. minor*) × 'Commelin'] OP
'1315'	[(*U. wallichiana* × 'Commelin') × ('Dodoens' × (*U.glabra* × *U. minor*)]
'1322'	*U. minor* × (*U. pumila* × *U. minor*) × *U. minor*
'1324'	(*U. wallichiana* × 'Commelin') × 'Dodoens' × (*U. glabra* × *U. minor*)
'Belgica'	*U.* × *hollandica*
'Den Haag'	*U. pumila* × 'Belgica'
'Cathedral'	*U. pumila* × *U. davidiana* var. *japonica*
'New Horizon'	*U. davidiana* var. *japonica* × *U. pumila*
'Regal'	'Commelin' × (*U. pumila* × *U. minor* 'Hoersholmiensis')
'Rebona'	*U. davidiana* var. *japonica* × *U. pumila*
'Rebella'	*U. americana* × *U. parvifolia*
'Sapporo Autumn Gold'	*U. pumila* × *U. davidiana* var. *japonica*
'Homestead'	*U. pumila* × ('Commelin' × (*U. pumila* × 'Hoersholmiensis'))
'Pioneer'	*U.* × *hollandica* Selektion
'Urban'	(*U.* × *hollandica* 'Vegeta' × *U. minor*) × *U. pumila*
U. laevis	–

nenschäden (MACKENTHUN 2015). In der Tabelle 1 sind die untersuchten Sorten und Arten mit den jeweiligen Eltern aufgeführt.

Der Test zeigt, dass die Sorte 'Columella' sehr gut mit der Holländischen Ulmenkrankheit zurechtkommt, aber auch bei 'Cathedral', 'Lobel', 'New Horizon', Rebella', 'Rebona' und 'Sapporo Autumn Gold' handelt es sich um empfehlenswerte Sorten. Gut verwendbar sind noch 'Clusius', 'Groeneveld', 'Homestead', 'Pioneer' und 'Plantijn', als weniger geeignet zeigten sich 'Belgica', 'Commelin'; 'Den Haag', 'Dodoens', 'Regal' und 'Urban'. Sehr gut schnitten auch einige der bisher unveröffentlichten Cultivare ab, sodass eine Marktzulassung in Zukunft nicht auszuschließen ist. Neben den getesteten Sorten wurden in den letzten Jahren weitere resistente Ulmen gezüchtet und zum Teil bereits auf den Markt gebracht (MACKENTHUN 2015).

Weltweit steht eine große Bandbreite an resistenten Sorten mit beispielsweise unterschiedlichen Wuchsformen, Größen und Verwendungen zur Verfügung. Da viele Sorten sich durch positive Eigenschaften wie Stadtklimatoleranz, Windfestigkeit und eine ausreichende Frosthärte auszeichnen, ist es den Verbrauchern möglich nach rein ästhetischen Gesichtspunkten aus dem Sortiment zu wählen. Das große, internationale Angebot an toleranten und resistenten Sorten zeigt sehr anschaulich, dass die Ulmen weiterhin eine Zukunft in all ihren natürlichen Verbreitungsgebieten haben.

Literatur

BÄRTELS, A. (2001): Enzyklopädie der Gartengehölze. Ulmer, Stuttgart.

BIGGERSTAFF, C.; ILES, J.K.; GLEASON, M.L. (1999): Dutch Elm Disease and Disease Resistant Elms. Sustainable Urban Landscapes. Iowa State University.

BILZ, D. (2006): Ulme als Straßenbaum. Taspo Baumzeitung 40(3): 29–31.

BUITEVELD, J.; VAN DER WERF, B.; HIEMSTRA, J.A. (2014): Comparison of commercial elm cultivars and promising unreleased Dutch clones for resistance to *Ophiostoma novo-ulmi*. Online verfügbar unter http://www.sisef.it/iforest/contents/?id=ifor1209–008, geprüft am 14.08.2014.

BUTIN, H. (2011): Krankheiten der Wald- und Parkbäume. Diagnose, Biologie, Bekämpfung. 4. Aufl. Ulmer, Stuttgart.

GÖTZ, W. (1996): Die Wiederkehr der Ulme. In: Baumschulpraxis (5), S. 203–206.

GURIES, R.P.; SMALLEY, E.B. (1990): Selecting and Testing Elms: The Wisconsin Elm Breeding Program. In: Proceedings of the 7th Conference of the Metropolitan Tree Improvement Alliance - M.T.IA 7: Trees for the Nineties. The Morton Arboretum, Lisle (Illinois, USA . S. 21–29.

KIRISITS, T.; KONRAD, H. (2007): Die Holländische Ulmenkrankheit in Österreich. Forstschutz Aktuell 2007(38): 20–23.

KREUZER, J. (1995): Laubgehölze, Nadelgehölze. 9. Aufl. Thalacker, Braunschweig.

KRÜSSMANN, G. (1978): Handbuch der Laubgehölze. 2. Aufl. Parey, Berlin.

LÜDER, R. (2013): Bäume bestimmen. Knospen, Blüten, Blätter, Früchte. Haupt, Bern.

MACKENTHUN, G. (2000): Die Gattung *Ulmus* in Sachsen. Forstwiss. Beiträge Tharandt/ Contributions to Forest Sciences 9.

MACKENTHUN, G. (2001): *Ulmus glabra*. In: LANG, U.M.; ROLOFF, A.; SCHÜTT, P.; STIMM, B.; WEISGERBER, H. (Hrsg.): Enzyklopädie der Holzgewächse. Handbuch und Atlas der Dendrologie. Wiley-VCH, Weinheim.

MACKENTHUN, G. (2004): *Ulmus*. In: LANG, U.M.; ROLOFF, A.; SCHÜTT, P.; STIMM, B.; WEISGERBER, H. (Hrsg.): Enzyklopädie der Holzgewächse. Handbuch und Atlas der Dendrologie. Wiley-VCH, Weinheim.

MACKENTHUN, G. (2007): *Ulmus americana*. In: LANG, U.M.; ROLOFF, A.; SCHÜTT, P.; STIMM, B.; WEISGERBER, H. (Hrsg.): Enzyklopädie der Holzgewächse. Handbuch der und Atlas der Dendrologie. Wiley-VCH, Weinheim.

MACKENTHUN, G. (2010a): Gattung *Ulmus* Ulme. Online verfügbar unter http://www.ulmen-handbuch.de/handbuch/ulmus/gattung_ulmus.html, zuletzt geprüft am 11.08.2014.

MACKENTHUN, G. (2010b): Art *Ulmus parvifolia* Chinesische Ulme. Online verfügbar unter http://www.ulmen-handbuch.de/handbuch/ulmus/u_parviflora.html, zuletzt geprüft am 12.08.2014.

MACKENTHUN, G. (2015): Der Ulmenkrankheit trotzen können. Deutsche Baumschule 67(9): 12–15.

MARTÍN, J.A.; SOLLA, A.; VENTURAS, M.; COLLADA, C.; DOMÍNGUEZ, J.; MIRANDA, E. et al. (2014): Seven *Ulmus minor* clones tolerant to *Ophiostoma novo-ulmi* registered as forest reproductive material in Spain. Online verfügbar unter http://www.sisef.it/iforest/pdf/?id=ifor1224–008, zuletzt geprüft am 11.08.2014.

MITTEMPERGHER, L.; SANTINI, A. (2004): The history of elm breeding. Investigación agraria. Sistemas y recursos forestales 13(1): 161–177.

MÜLLER-KROEHLING, S. (2003): *Ulmus laevis*. In: LANG, U.M.; ROLOFF, A.; SCHÜTT, P.; STIMM, B.; WEISGERBER, H. (Hrsg.): Enzyklopädie der Holzgewächse. Handbuch der und Atlas der Dendrologie. Wiley-VCH, Weinheim.

Nierhaus-Wunderwald, D.; Engesser, R. (2003): Ulmenwelke. Biologie, Vorbeugung und Gegenmaßnahmen. 2. Aufl. Merkblatt für die Praxis 20. Eidg. Forschungsanstalt W. L. Birmensdorf.

Puhua, H. (1999): *Ulmus pumila*. In: Lang, U. M.; Roloff, A.; Schütt, P.; Stimm, B.; Weisgerber, H. (Hrsg.): Enzyklopädie der Holzgewächse. Handbuch der und Atlas der Dendrologie. Wiley-VCH, Weinheim.

Röhrig, E. (1996): Die Ulmen in Europa. Ökologie und epidemische Erkrankung. Forstarchiv 67: 179–198.

Roloff, A.; Bärtels, A. (2014): Flora der Gehölze. 4. Aufl. Ulmer, Stuttgart.

Rudnick, M. (1989): Über das Ulmensterben. Bauernblatt/Landpost 23. 12. 1989, S. 88–90.

Santini, A.; Pecori, F.; Ghelardini, L. (2012): The Italien Elm Breeding Program for Dutch Elm Disease Resistance. In: Sniezko, R. A.; Yanchuk, A. D.; Kliejunas, J. T.; Palmieri, K. M.; Alexander, J. M.; Frankel, S. J. (Hrsg.): Proceedings of the fourth international workshop on the genetics of host-parasite interactions in forestry: Disease and insect resistance in forest trees. Eugene, Oregon, USA Gen. Tech. Rep. P. W.GTR-240. Pacific Southwest Research Station, Forest Service, U. S. Department of Agriculture, Albany. S. 326–335.

Scheffer, R. J.; Voeten, J. G.W.F.; Guries, R. P. (2008): Biological Control of Dutch Elm Disease. The American Phytopathological Society 92(2): 192–200.

Schütt, P.; Schuck, H. J.; Stimm, B. (Hrsg.) (2002): Lexikon der Baum- und Straucharten. Das Standardwerk der Forstbotanik. Morphologie, Pathologie, Ökologie und Systematik wichtiger Baum- und Straucharten. Nikol, Hamburg.

Smalley, E. B.; Guries, R. P. (1993): Breeding Elms for Resistance to Dutch Elm Disease. Annual Review of Phytopathology 31: 325–352.

Smalley, E. B.; Guries, R. P. (2000): Asian Elms: Sources of Disease and Insect Resistance. In: Dunn, C. P. (Hrsg.): The elms. Breeding, conservation, and disease management. Kluwer Academic, Boston. S. 215–230.

Stinglwagner, G.; Haseder, I.; Erlbeck, R. (2009): Das Kosmos Wald- und Forst- Lexikon. 4. Aufl., Franckh-Kosmos, Stuttgart.

Townsend, A. M. (2000): U. D. Genetic Research on Elms. In: Dunn, C. P. (Hrsg.): The elms. Breeding, conservation, and disease management. Kluwer Academic, Boston. S. 271–278.

Wu, Z. Y.; Raven, P. H.; Hong, D. Y. (eds.) (2003): Flora of China. Vol. 5 (*Ulmaceae* through *Basellaceae*). Science Press, Beijing, and Missouri Botanical Garden Press, St. Louis. online verfügbar unter http://flora.huh.harvard.edu/china//PDF/PDF05/Ulmus.pdf, geprüft 10. 10. 2015.

Autoren:

Juliette Schwan
Schäferstr. 14
01665 Klipphausen
jetteschwan@msn.com

Dr. Heinrich Lösing
Versuchs- und Beratungsring e. V. Schleswig-Holstein
Thiensen 16
25373 Ellerhoop
dr.loesing@vub.sh

Prof. Dr. Petra Scheewe
Hochschule für Technik und Wirtschaft Dresden
Pillnitzer Platz 2
01326 Dresden
scheewe@htw-dresden.de

| Mitt. Deutsch. Dendrol. Ges. (MDDG) | 101 | 135-144 | 2016 | ISBN 978-3-8001-0861-9 |

Gehölzarten mit „Imageproblem"

Björn Scheffler

Zusammenfassung

Im Rahmen einer Masterarbeit „Cotoneaster, Mahonia & Co – Neubewertung häufig verwendeter Arten in Deckpflanzungen" im Studiengang Landschaftsarchitektur an der Technischen Universität Berlin wird der Frage nachgegangen, ob es Gehölze mit schlechtem Image gibt, woraus sich dieses begründet und vor allem ob es dennoch gelingt mit einigen ausgewählten Arten ästhetisch überzeugende Pflanzbilder zu entwerfen.

Summary

The master thesis „Cotoneaster, Mahonia & Co – Neubewertung häufig verwendeter Arten in Deckpflanzungen" from the course of landscape architecture at the Technical University of Berlin takes a closer look at the question, if there exist shrubs with bad image, how the refusal is justified and mainly, if it is possible to create aesthetic persuasive planting designs with some selected species.

Einleitung

Gehölze wie Cotoneaster, Mahonien und Berberitzen (Arten, Hybriden und Sorten der Gattungen *Cotoneaster, Mahonia, Berberis*) sind in zahlreichen Grünanlagen allgegenwärtig. Man sieht sie oft als raumbildende oder -fassende Decksträucher mit geringen Ansprüchen, wo sie allerdings gestalterisch nur wenig überzeugen können. Zu dicht gepflanzt und dadurch vorzeitig gealtert (s. dazu Brahe et al. 2001: 361), in großen Monokulturen gepflanzt und vollkommen falsch geschnitten, lässt dies nicht nur das Ergebnis einer ästhetischen Gehölzpflanzung vermissen, sondern verführt auch leicht dazu, den hier verwendeten Arten ein schlechtes Image anzurechnen. Warum sonst tauchen bei der Pflanzenverwendung in landschaftsarchitektonischen Entwürfen immer nur Gehölze wie Felsenbirnen oder Zierkirschen auf, nie aber Deutzien, Spireen oder gar mal Cotoneaster?

Im Rahmen der Masterarbeit sollte an diese Vermutungen angeknüpft werden und mit eigens konzipierten Ideen und Pflanzentwürfen versucht werden, das Image einiger ausgewählter Arten zu verbessern bzw. einen gedankenvolleren, gestalterischen Umgang – oder auch eine Neubewertung – anzuregen.

Methodik

Um den wissenschaftlich nur schwer fassbaren Begriff des „Image" einer Gehölzart einigermaßen greifbar zu machen, war es im Vorfeld notwendig, diesen näher zu definieren. Da zu diesem Thema bisher keine Literatur veröffentlich wurde, lag es nahe, durch eine Befragung Meinungen von Fachleuten einzufangen, welche beruflich mit der Planung von Gehölzpflanzungen zu tun haben, wie z. B. Landschaftsarchitekten, Pflanzplaner oder Grünflächenamtsleiter.

Befragt wurden deutschlandweit insgesamt 33 Personen, die den Fragebogen per E-Mail oder Post zugeschickt bekamen. Durchgeführt wurde die Umfrage im Juli / August 2013.

Gefragt wurde u. a. nach
– zu häufig verwendeten Gehölzarten der letzten Jahrzehnte,

– Gründen für deren häufigen Einsatz, sowie
– deren Wahrnehmung / Image inkl. Begründung.
Bei den Arten standen insgesamt 28 zur Auswahl, die zuvor durch eine umfangreich angelegte Literaturrecherche in Fachbüchern und -zeitschriften der Jahrgänge 1970–2011 ermittelt wurden.

Ergebnisse mit Entwürfen für ausgewählte Arten und Hybriden

Die Umfrage brachte bei einer Rückmeldung von 19 Personen für *Berberis thunbergii, Cotoneaster dammeri, Forsythia ×intermedia, Mahonia aquifolium, Prunus laurocerasus, Pyracantha coccinea* und *Symphoricarpos ×chenaultii* folgende Ergebnisse:
– jeweils mindestens 25 % der Befragten waren der Ansicht, dass diese Gehölze in den letzten Jahrzehnten viel zu oft verwendet wurden,
– die Hälfte der Befragten bestätigte diesen Gehölzen ein eher negatives Ansehen, was sich allerdings nicht durch die Pflanzen selbst begründete, sondern neben der häufigen Verwendung weiterhin durch einen schlecht gewählten Standort, monotone Pflanzweisen, sowie ungeeignete Pflegemaßnahmen.

Gründe für den häufigen Einsatz der aufgezählten Arten seien:
– deren geringe Ansprüche, die einfache Pflege, das zuverlässige Wachstum und die universellen Einsatzmöglichkeiten.
Die Ergebnisse der Umfrage unterstützten die in der Einleitung beschriebene Annahme und boten nun eine Grundlage, sich mit genannten Gehölzen tiefergehend zu befassen (Sortimente, Literaturempfehlungen etc.) und alternative Verwendungsmöglichkeiten auszuarbeiten.
Zu jedem Gehölz entstanden zwei Entwürfe mit Pflanzplan, zehnjähriger Entwicklungsprognose, zeichnerischer Ansicht und Beschreibung erforderlicher Pflegemaßnahmen. Grundlage für die Konzeption bot der „Leitfaden für die Planung, Ausführung und Pflege von funktionsgerechten Gehölzpflanzungen im besiedelten Bereich" (FLL 1999). In diesem werden einzelnen Arten in Gehölzpflanzungen Funktionen zuteil (Führende Gehölze, Mantelgehölze, Begleitgehölze, Dienende Arten). Für die Dienenden Arten wurden in den Entwürfen dieser Arbeit ausschließlich Stauden verwendet, die durch fortschreitenden Zuwachs der Gehölze mit der Zeit verdrängt werden. So gibt es durch eine schnellere Entwicklung der Stauden zeitig ein geschlossenes Vegetationsbild, welches sich mit dem Zu-

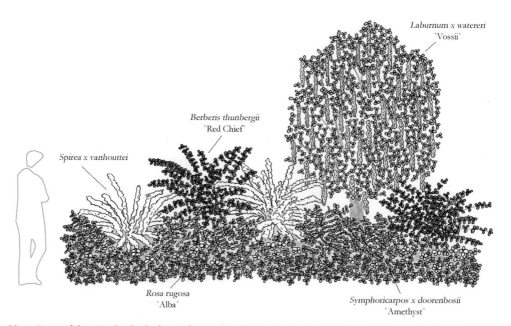

Abb. 1: Entwurf der „Heckenkaskade" nach etwa 10 Jahren Standzeit, dargestellt Ende Mai / Anfang Juni

wachs der Gehölze allerdings verändert und somit auf die Dauer eine dynamische Pflanzung mit unterschiedlichen Aspekten entsteht.

Berberitze (*Berberis thunbergii*)

Diese Berberitze bietet sehr vielfältige Verwendungsmöglichkeiten, da sie sowohl als freiwachsender Strauch wie auch als Formgehölz eingesetzt werden kann. Äußerst reizvoll sind z. B. wolkig geschnittene Gruppenpflanzungen. Die zahlreichen rotlaubigen Sorten wie 'Atropurpurea', 'Harlequin' oder 'Big Chief' (vgl. WARDA 2001: 67 ff) laden dazu ein, sie als Farbelement in der Gehölzpflanzung zu integrieren oder deren Blattfarbe gleich zum Gestaltungsthema zu machen: Ein Entwurf der Arbeit kombiniert daher die rotlaubige *Berberis thunbergii* 'Atropurpurea' in einer „Purple Hedge" zusammen mit *Cotinus coggygria* 'Royal Purple', *Corylus maxima* 'Purpurea', *Physocarpus opulifolius* 'Diabolo' und der rot austreibenden, später rubinrot blühenden *Spiraea japonica* 'Anthony Waterer' (Abb. 1). Eine purpurlaubige *Heuchera* war in diesem Entwurf dienende Art.

Ein weiterer Entwurf zeigt die bereits erwähnte Sorte 'Big Chief', welche bis zu 4 m hoch werden kann, in einer „Heckenkaskade", die üppig ausladende Gehölzpracht zur Schau stellt.

Besonders attraktiv ist diese Pflanzung Ende Mai / Anfang Juni, wenn Goldregen (*Laburnum ×watereri* 'Vossii') und Spireen (*Spiraea ×vanhouttei*) blühen. Zu dieser Zeit entsteht ein Bild in Rot, Weiß und Gelb. Im weiteren Jahresverlauf hebt sich die mächtige, rotlaubige Sorte von den grünlaubigen Gehölzen ab, welche durch weißblühende *Rosa rugosa* 'Alba' eingefasst werden. Im Spätsommer wandeln sich deren Blüten in rote Früchte um und auch die nur selten verwendete *Symphoricarpos ×doorenbosii* 'Amethyst' ziert mit zahlreichem Fruchtansatz.

Felsenmispel (*Cotoneaster dammeri*)

Ein bevorzugtes Umfeld, wo die Felsenmispel gut zur Geltung kommt, sind – wie der deutsche Name es vermuten lässt – Bereiche wie Steingarten, Treppenanlage oder Hangbegrünung. Hier kann das aus der Bergwelt SW-Chinas stammende Gehölz seine Eigenschaften vorteilhaft entfalten (TYCAK 1990: 76–77). In ausreichend besonnten Lagen danken Sorten wie 'Coral Beauty', 'Hachmanns Winterjuwel', 'Jürgl' oder 'Skogholm' (vgl. WARDA 2001: 159 ff) mit weißen Blütenmatten im Frühsommer und lassen mit ihren roten Früchten und der attraktiven Blattfärbung den Garten im späten Jahresverlauf

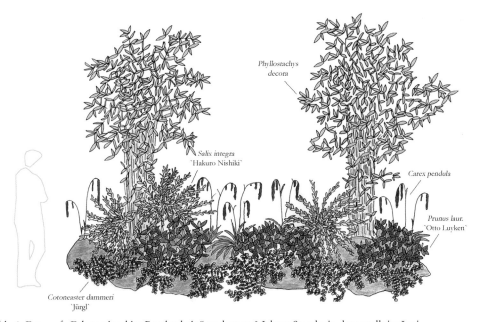

Abb. 2: Entwurf „Felsenmispel im Bambushain" nach etwa 3 Jahren Standzeit, dargestellt im Juni

„noch einmal [...] aufglühen", wie PLOMIN (1975: 90ff.) schreibt.

Ein Entwurf der Arbeit, „Felsenmispel im Bambushain" (Abb. 2), greift die asiatische Herkunft von *Cotoneaster dammeri* auf und zeigt abwechslungsreiche Struktur- und Texturkontraste (s. hierzu KIERMEIER 1997). Während imposante *Phyllostachys decora* mit ihren lichten Kronen die Pflanzung als Solitäre prägen (damit dies auch so bleibt, sind Wurzelsperren einzubauen), stehen darunter der niedrig bleibende *Prunus laurocerasus* 'Otto Luyken' und die farblich verspielte *Salix integra* 'Hakuro Nishiki'. Wenn man letztere nicht als freistehendes Hochstämmchen, sondern mit lediglich 0,4–0,6 m Stammhöhe pflanzt, kann man die sonst eher fragwürdige Züchtung als wirkungsvollen Gegenspieler zum Kirschlorbeer einsetzen, da beide Pflanzen recht unterschiedlichen Charakters sind. Zwischen Natursteinen, mit deren Hilfe die Pflanzung topografisch leicht modelliert ist, lässt sich idealerweise die Felsenmispel einsetzen, da sie das grobe, felsige Material mit ihren Trieben galant umspielt. *Carex pendula* als dienende Art rundet das Bild in den ersten Jahren mit zierlichen Blüten- und Fruchtständen ab. Klimatisch nicht zu raue Lagen sind Vorraussetzung für ein Gedeihen dieses Konzepts.

Der Entwurf „Hachmanns Winterjuwel – das ganze Jahr ein Schmuckstück" zeigt die genannte *Cotoneaster*-Sorte bodendeckend in einem Hochbeet. Durch gezielte, begleitende Pflanzenauswahl präsentiert sie sich zu allen Jahreszeiten vorteilhaft. Im zeitigen Frühjahr blüht *Ribes sanguineum* 'King Edward VII.' über einem Teppich der immer- und dunkelgrünen, feinen Cotoneasterblättchen. Im späteren Jahresverlauf erscheinen aus diesem Teppich zahlreiche, schneeflockenartige Blüten unter der rubinroten *Weigelia* 'Bristol Ruby'. Das Weiß wiederholt sich in den Schirmrispen des darüber solitär stehenden Holunders (*Sambucus canadensis* 'Maxima'). Zum Herbst hin zieren dessen Früchte, wie auch die der Felsenmispel. *Geranium sanguineum* ist hier dienende Art und späterer Lückenfüller zugleich.

Forsythie (*Forsythia ×intermedia*)

Bekannt ist die Forsythie vor allem wegen ihrer gelben Blüten, die zahlreiche Gehölzpflanzungen im zeitigen Frühjahr zieren. Vermutlich ist sie aus diesem Grund in der Umfrage so schlecht bewertet worden: Sie taucht tatsächlich überall im Stadtbild auf, oft allerdings so verschnitten, dass der schleppenartige Wuchs – ein weiteres positives Gestaltungsmerkmal der Pflanze – gar nicht zur Geltung kommt. Es fällt allerdings dennoch schwer, sich ein Frühjahr ohne Forsy-

Abb. 3: Entwurf der „Gelb-Grünen Hecke" nach etwa 5 Jahren Standzeit, dargestellt im März / April

thien vorzustellen. Bereits FOERSTER (1934) lobte die große „Fernleuchtkraft" gelber Blüten und POPE & POPE (1999: 50) schreiben, dass das Gelb „strahlt wie pures Sonnenlicht". Blühende Forsythien läuten das beginnende Frühjahr ein, WARDA (2001: 218) meint sogar, sie seien der „Inbegriff" von diesem.

Neben der bekannten Sorte 'Lynwood' (hell-gelb) sind zahlreiche weitere Sorten zu empfeh-len, wie beispielsweise 'Goldrausch' und 'Gold-zauber' (beide goldgelb) oder 'Weekend' mit dicht besetzten Blütentrieben (SPELLERBERG 2008: 29). Weniger im Vordergrund steht die Forsythie aber wegen ihrer Belaubung. Die lan-zettlichen Blätter wirken im Sommer eher als ruhige Beigabe im Texturenspiel der Gehölz-pflanzung und andere Arten müssen für Blüten-flor sorgen. Der Entwurf „Werden und Verge-hen" greift daher das Thema der ganzjährig blü-henden Hecke auf. Neben Blühaspekten wird aber auch überlegt, wie man bereits abgeblühte Gehölze gestalterisch inszenieren kann. Im Juli entsteht ein schöner Aspekt, wenn die recht lan-gen, abgeblühten braunen Rispen von *Syringa vulgaris* 'Maximowicz' senkrecht aus den cre-mefarbenen Blütenwolken von *Holodiscus disco-lor* hervorragen. Die Forsythie selbst wird hier nach ihrer Blüte zur dezenten Vorpflanzung spä-ter blühender Arten wie *Ligustrum vulgare*, *Cle-*

thra alnifolia und *Hydrangea paniculata* 'Tar-diva'.

Ein anderer Entwurf widmet sich dem Thema der „Gelb-grüne Hecke" (Abb. 3). Gelbblü-hende Gehölze spielen eine genauso große Rolle wie helllaubige 'Aurea'-Sorten. Ein besonders schönes Bild entsteht im zeitigen Frühjahr, wenn das Farbthema einem kurzen Bruch unterliegt. Unter den gelben Forsythien, Ranunkelsträu-chern (*Kerria japonica* 'Pleniflora') und rotstieli-ger *Cornus alba* 'Aurea' erscheinen hunderte *Scilla siberica* und sorgen so in Kombination mit den Gehölzen für erste, sehr intensive Farbein-drücke des Jahres.

Mahonie (*Mahonia aquifolium*)

Die Mahonie hat einige dekorative Qualitäten: Immergrünes, dunkles Blattwerk, leuchtend gelbe Blütentrauben im zeitigen Frühjahr und vom Spätsommer an blauen Fruchtschmuck (vgl. TYCAK 1990: 144–145; WARDA 2001: 331). Es ist allerdings zu beobachten, dass sich Mahonien im kontinentalen, mitteleuropäischem Klima nur wenig prachtvoll entwickeln, da sie an wenig ge-schützten Standorten unter zugigen Winterwin-den genauso leiden wie unter sommerlichen Dürren. Dennoch ist dieses Gehölz recht ver-breitungsfreudig und sät sich gern aus. Ein kränkelndes Gehölz mit Ausbreitungsdrang ist

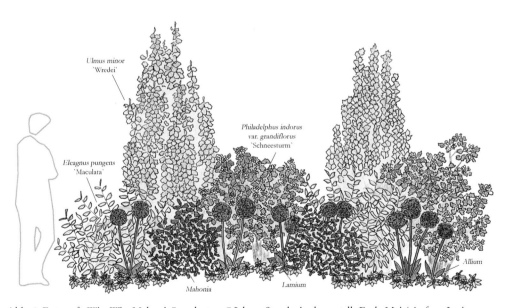

Abb. 4: Entwurf „Win-Win-Mahonia" nach etwa 7 Jahren Standzeit, dargestellt Ende Mai / Anfang Juni

vermutlich auch der Grund für das schlechte Abschneiden in der Umfrage. Dennoch kann man mit *Mahonia aquifolium*, bevorzugt an geschützten, wintermilden Standorten interessante Pflanzbilder gestalten. Im Entwurf „Mahonie im Koniferenreigen" ist sie dunkellaubiger Begleiter grober Blatttextur zu säulenartiger *Taxus baccata* 'Fastigiata Robusta' und fülliger, gelber *Chamaecyparis obtusa* 'Nana Aurea'. Ein schöner Aspekt entsteht im April, wenn neben den Mahonien auch *Spiraea ×arguta* blüht und mit weißen Blütentrauben ziert. *Lonicera nitida* 'Silver Beauty' bildet einen teppichartigen Unterwuchs mit silbrigweißer, feiner Textur.

Ein weiterer Entwurf der Arbeit heißt „Win-Win-Mahonia" (Abb. 4). in welchem sich Gehölze gegenseitig durch abwechslungsreiche Hell-Dunkel-Kontraste der Belaubung in ihrer Wirkung unterstützen. Die Mahonie wurde hier u. a. kombiniert mit *Ulmus minor* 'Wredei', *Eleagnus pungens* 'Maculata', sowie *Philadelphus coronarius* 'Schneesturm', der im Frühsommer durch weiße Blüten das Bild stimmungsvoll ergänzt. *Lamium maculatum* 'Aureum' und *Allium* 'Ambassador' als dienende Arten bringen in den ersten Standjahren zusätzliche Farbtupfer.

Lorbeerkirsche oder „Kirschlorbeer" (*Prunus laurocerasus*)

Ähnliche Aspekte lassen sich auch mit dem dunklen Laub vom Kirschlorbeer erzeugen.

Ein gesunder Kirschlorbeer mit kräftigem Wuchs und glänzenden Blättern wirkt immer elegant. Um allerdings Verkahlung oder gar das Absterben ganzer Triebe im Winter zu vermeiden, erweist sich ein Standort, der keine Frosttrocknis zulässt bzw. das Gehölz vor zugigen, eisigen Winden schützt, als vorteilhaft.

Neben dem Laub sind allerdings auch die weißen, kerzenförmigen Blütentrauben zierend. Wenn man Wert auf diese legt, sind blühfreudige Sorten wie u. a. 'Herbergii', 'Otto Luyken' oder 'Shipkaensis Macrophylla' zu empfehlen. Nach der Hauptblüte im Mai erfolgt bei diesen Sorten zusätzlich eine reiche Nachblüte im Herbst (vgl. Bärtels 1981: 298ff.; Bundessortenamt 2014; Pirc 2011: 49ff.).

Die beiden Pflanzentwürfe der Arbeit sind für absonnige, kühle Plätze entwickelt worden. Der eine zeigt „Panaschierungsvielfalt mit Ruhepunkten": Der Kirschlorbeer steht hier mit seinen dunkelgrünen, großen Blättern grober Textur als ruhiger Kontrahent zwischen der gelbgesprenkelten *Aucuba japonica* 'Crotoniifolia' und *Euonymus fortunei* 'Variegatus'. Überschirmt werden diese von zwei solitärstehenden *Aralia*

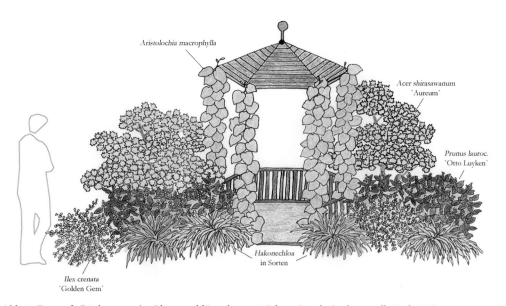

Abb. 5: Entwurf „Rückzugsort im Blätterwald" nach etwa 7 Jahren Standzeit, dargestellt Ende Mai

elata 'Variegata', die nicht nur zierendes Laub besitzen, sondern im Hochsommer auch cremefarbene Blütenwolken.

Ein weiterer Entwurf zeigt einen „Rückzugsort im Blätterwald" (Abb. 5). Dieser schattige Sitzplatz für heiße Sommertage wurde mit Arten umpflanzt, die tropische Exotik assoziieren lassen. Weiterhin sind auch hier Hell-Dunkel-Kontraste in der Belaubung ein Thema.

Neben Kirschlorbeer wurde *Acer shirasawanum* 'Aureum' und *Ilex crenata* 'Golden Gem' um eine Gartenlaube gepflanzt, die mit *Aristolochia macrophylla* berankt ist. *Hakonechloa macra*, das Japan-Waldgras, in der herkömmlichen grünen Form wie auch als helllaubige Sorte 'Aureola`, rundet das Bild als dienende Art in den ersten Jahren ab.

Feuerdorn (*Pyracantha coccinea*)

Der Feuerdorn ist ein äußerst robustes Gehölz, welches sich durch Hitzeresistenz, Stadtklima- und Trockenheitsverträglichkeit auszeichnet (vgl. Tycak 1990: 166–167; Warda 2001: 465–466). Es sind zahlreiche Sorten mit unterschiedlich-farbigen Fruchtschmuck auf dem Markt, wobei in der Sichtung des Bundessortenamtes (2014) besonders 'Orange Charmer', 'Orange Glow' (beide orange), 'Soleil d'Or' (gelb) und 'Red Column' (rot) als empfehlenswert ausge-

zeichnet wurden. Auch als Blühgehölz ist *Pyracantha* reizvoll. Ein vollsonniger Standort erweist sich für reichen Blüh- und Fruchtansatz immer als vorteilhaft. Für solch einen wurden auch die beiden folgenden Entwürfe konzipiert.

Die „Dornröschenhecke" zeigt *Pyracantha* zusammen mit den Wildrosen *Rosa canina* und *R. multiflora*. Neben der Funktionalität einer bewehrten, undurchdringlichen Hecke sprechen neben praktischem Nutzen auch ästhetische Merkmale für diese Kombination. Zur Blütezeit der Rosen ist der Feuerdorn ein zurückhaltender, dennoch aber prachtvoller Begleiter; ebenso im Herbst wenn üppiger Fruchtschmuck diese Gehölze ziert. In den Sommermonaten bringen die vorgepflanzten, weiß-blühenden *Potentilla fruticosa* 'Abbotswood' Blühaspekte in die Pflanzung bzw. in den ersten Jahren der Steppen-Salbei (*Salvia nemorosa* 'Mainacht') als dienende Art.

Der Entwurf „Mediterranes Heckenflair" (Abb. 6) dagegen spielt eher mit dem südländisch-anmutenden Charakter vom *Pyracantha*. Kombiniert wird der Feuerdorn hier mit immergrünen Eichen (*Quercus × turneri* 'Pseudoturneri'), Zwergkiefern (*Pinus mugo* 'Mops') und silbriger Kriech-Weide (*Salix repens* subsp. *dunensis*, Syn. subsp. *argentea*). Dienende Art für die ersten Jahre nach der Pflanzung ist die silbrigblättrige *Anaphalis margaritacea*.

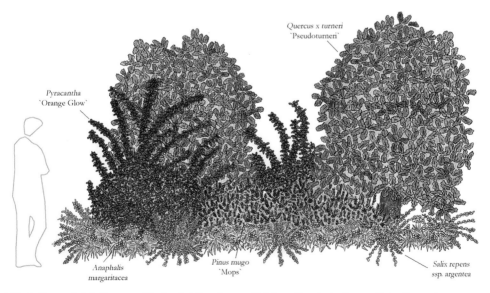

Quercus x *turneri* `Pseudoturneri"

Pyracantha `Orange Glow"

Anaphalis margaritacea

Pinus mugo `Mops`

Salix repens ssp. argentea

Abb. 6: Entwurf „Mediterranes Heckenflair" nach etwa 10 Jahren Standzeit, dargestellt im September

Schneebeere (*Symphoricarpos ×chenaultii*)

Man muss zugeben, dass die gestalterischen Qualitäten der Schneebeere eher gering sind. Sie verfügt zwar über eine Belaubung feiner Textur, welche den Strauch schon früh im Jahr bis zum ersten Frost kleidet und über reizvolle, rosafarbene Beeren ab dem Spätsommer. Ein wirklicher Hingucker ist sie allerdings nicht. Vielmehr sind hier funktionale Qualitäten hervorzuheben: So ist *Symphoricarpos ×chenaultii* als robustes Gruppen- und Heckengehölz, welches sich gut zur Flächenbegrünung, aber auch zur Unterpflanzung großer, schattiger Bäume wie beispielsweise Kastanien, bestens geeignet (vgl. ALBRECHT 2001: 28–29; WARDA 2001: 662). Auch zur Hangsicherung kann man diesen Kleinstrauch bestens verwenden. Neben *Cotoneaster dammeri* 'Skogholm' zählt WARDA die *Symphoricarpos*-Sorte 'Hancock' zu den unverwüstlichsten Bodendeckern, rät allerdings bei beiden ab, diese gleich „hektarweise" zu verwenden.

Da der Zierwert der Schneebeere selbst gering ist, bedarf es Partnern, die aus dem feintexturierten Bodendecker herrausragen und ihn so als dezenten Begleiter wirken lassen. Im Entwurf „Schneebeere als Begleiter exklusiver Partner" (Abb. 7) stellt z.B. *Taxus baccata* 'Fastigiata' einen ganzjährig interessanten Kontrast in Bezug auf Habitus, Belaubung etc. zur Schneebeere dar. Weiterhin sind einzelne Stern-Magnolien (*Magnolia stellata* 'Royal Star') in den Gehölzteppich eingestreut und bestechen durch ihre weißen Blüten im Frühjahr und mit dem großen Blatt in den Sommermonaten.

Konkurrenzstarke, wüchsige Arten unter einem Essigbaum (*Rhus typhina*), die sich gegenseitig in Schach halten zeigt der Entwurf „Wucherhecke". Neben *Rhodotypus scandens*, wächst hier auch *Sorbaria sorbifolia*, welche die rispenartige Blütenform des *Rhus* wiederholt. Als ruhiger, aber nicht weniger wüchsiger Begleitstrauch bildet *Symphoricarpos ×chenaultii* die unterste Schicht und gibt den sonst eher aufrecht stehenden Partnern einen ruhigen Rahmen. *Lamiastrum galeobdolon* sorgt als dienende Art für einen Unterwuchs, bis die Schneebeeren an Fülle gewonnen haben.

Pflegeeinschätzungen

An die Entwürfe anknüpfend werden Pflegeeinschätzungen zu den vorgestellten Pflanzungen gegeben. Grundsätzlich wird geraten, die geplanten Gehölzflächen so zu pflegen, dass das angestrebte Gestaltungsbild erreicht wird.

Weiterhin wird eine Bewertung der Entwürfe vorgenommen, die in drei Pflegestufen (niedrig, mittel und hoch) eingeteilt ist. Bewertet wurden u. a. Kriterien wie absehbarer zeitlicher Aufwand bzw. erforderliche Fachkenntnis eines Pflegenden. Ein wichtiger Faktor war auch die Zusammensetzung der Gehölze innerhalb der Pflanzung, da Vitalitäts- bzw. Verjüngungsschnitt artenbedingt unterschiedlich einzustufen sind.

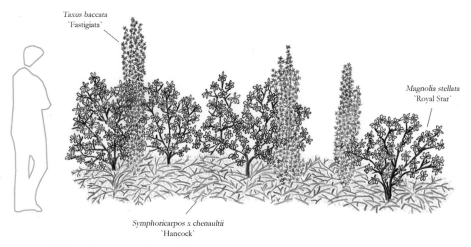

Taxus baccata 'Fastigiata'

Magnolia stellata 'Royal Star'

Symphoricarpos x chenaultii 'Hancock'

Abb. 7: Entwurf „Schneebeere als Begleiter exklusiver Partner" nach etwa 5 Jahren Standzeit, dargestellt im April

Gehölze, deren ältere Triebe vom Grund entfernt werden können, um einen Neuaustrieb zu fördern (z. B. *Kerria japonica*, *Rosa multiflora*, *Berberis thunbergii*) bzw. Gehölze bei denen kein Schnitt notwendig ist (außer bei Bedarf ggf. Totholz entfernen, z. B. *Acer shirasawanum*, *Magnolia stellata*), sind in der Regel als pflegeleichter einzustufen als Arten, bei denen ältere Triebe ganz sorgsam entfernt werden, ohne den bestehenden Habitus zu zerstören (z. B. *Forsythia ×intermedia*, *Sambucus nigra*, *Weigelia*). Weitere Pflegemaßnahmen sind selbstverständlich Unkrautbeseitigung, das Entfernen von Gehölzsämlingen, sowie kosmetische Optimierungen.

Resultat der Pflegeeinschätzung ist, dass die meisten Entwürfe durch geringen bis mittleren Pflegeeinsatz zu erhalten sind.

Abschließend muss man sicherlich erwähnen, dass es auch weiterhin Restflächen geben wird, die mit geringem Pflegeaufwand und unkomplizierten Pflanzen begrünt werden müssen. Trotzdem soll diese Arbeit eine Anregung sein, die hierfür häufig verwendeten Arten einmal aus der Ecke der Unorte heraus zu holen und sie in einem anderen Kontext zu verwenden. Die Entwürfe zeigen, dass es möglich ist, mit ihnen durchaus attraktive Gehölzpflanzungen zu gestalten. Diese erfordern allerdings eine gründliche Planung im Vorfeld und anschließend fachgerechter Pflege. Auch ein Entwicklungsprozess nach dem Schema der FLL (1999) erscheint sinnvoll, um spannungsreiche, sich verändernde Vegetationsbilder zu erzeugen. Sind diese Vorraussetzungen erfüllt, gelingt es „Allerweltsgehölze" mal mit ganz anderen Augen zu sehen.

Literatur

ALBRECHT, H.-J. (2001): *Symphoricarpos* – ein Sortiment im Wandel. Gartenpraxis 2001, 5: 26–31.

BÄRTELS, A. (1981): *Prunus laurocerasus* – die Lorbeerkirsche. Gartenpraxis 1981, 7: 297–302.

BRAHE, P.; RUTYEN, F.; DE KRIJGER, A. (2001): Vergleich von Aufbaumethoden für Gehölzpflanzungen. Stadt und Grün 2001, 5: 361–365.

BUNDESSORTENAMT (2014): Ergebnisse der Bundesgehölzsichtung für *Cotoneaster*-Arten, *Prunus laurocerasus* und *Pyracantha coccinea*. www.gehölzsichtung.de, letzter Zugriff am 14. 01. 2014.

FLL (1999): Leitfaden für die Planung, Ausführung und Pflege von funktionsgerechten Gehölzpflanzungen im besiedelten Bereich. Forschungsgesellschaft Landschaftsentwicklung Landschaftsbau e.V., Arbeitskreis Gehölzpflanzungen, Bonn.

FOERSTER, K. (1934): Der gelbe Garten wird vornehm. In: FOERSTER, E. & ROSTIN, G. (1992): Ein Garten der Erinnerung – Sieben Kapitel von und über Karl Foerster. Union, Berlin. S. 297–301

KIERMEIER, P. (1997a): Pflanzliche Strukturen. Gartenpraxis 1997, 7: 36–40.

KIERMEIER, P. (1997b): Pflanzliche Texturen. Gartenpraxis 1997, 8: 44–48.

PIRC, H. (2011): Lorbeerkirschen auf dem Prüfstand. Gartenpraxis 2011, 6: 42–49.

PLOMIN, K. (1977): Der vollendete Garten. Eugen Ulmer, Stuttgart.

POPE, N.; POPE, S. (1998): Gärten in Weiß, Gelb, Rot oder Blau. Callwey, München.

SPELLERBERG, B. (2008): Eigenschaften und Gartenwert von Forsythien. Gartenpraxis 2008, 1: 29–32.

TYCAK, J. (1990): Ziersträucher. Werner Dausien, Hanau am Main.

WARDA, H.-D. (2001): Das große Buch der Garten- und Landschaftsgehölze. Bruns Pflanzen Export GmbH, Bad Zwischenahn.

Autor:
BJÖRN SCHEFFLER
Samoastraße 21
13353 Berlin
E-Mail: bjoernscheffler@gmx.de

| Mitt. Deutsch. Dendrol. Ges. (MDDG) | 101 | 145-150 | 2016 | ISBN 978-3-8001-0861-9 |

In 13 Jahren vom Samen bis zum Samen der *Cathaya* in meinem Garten (Tecklenburg, Deutschland)

Jost Wallis

Einleitung

Im Mai 1998 war ich mit der deutschen Camellia-Gruppe im botanischen Garten Kunming. Abbildung 1 zeigt, wie Dr. Guan Kaiyun, Direktor der BGK eine kurze Einführung über eine junge *Cathaya argyrophylla* gab. Dies war der Beginn meiner Liebe zur *Cathaya*. Im Januar und Juli 2005 gelang es mir, 6 g Samen bei Sheffield Seed Co. zu kaufen.

Für die Anzucht der *Cathaya* hatte ich kein Geheimrezept. Ich wässerte 48 Stunden, säte in ein Gemisch aus Blumavis Blumenerde mit Erde aus meinem Garten (Maulwurfshügel) 1:1 in 11er Göttinger Töpfe aus. Die Töpfe wurden ganzjährig auf der Fensterbank unter der Biolampe (Osram L18W/77 Fluora) gehalten. Auf eine Stratifikation der Samen habe ich verzichtet. Insgesamt erntete ich 11 stabile Sämlinge innerhalb eines Monats nach der Keimung. Dünger kam

Abb. 1 *Cathaya argyrophylla* im Botanischen Garten Kunming, © Walter Lauer

Abb. 2 *Cathaya*-Sämling 2010. Fotos 2–16: J. WALLIS

Abb. 3 Siebenjährige *Cathaya* von Herrn Wittboldt-Müller

Abb. 4 Meine *Cathaya* im Schnee 2010

Er, ein berühmter Pflanzenzüchter, und sein Pächter UWE LANGWALD haben in ihrem Garten mehr als 20 *Cathaya* Bäume. Sie schenkten mir eine 7-jährige *Cathaya*. Mein kleiner Baum wurde in der gleichen Woche umgepflanzt. Ich bedeckte ihn mit einem Flornetz gegen Sonneneinstrahlung und bewässerte ihn täglich. In Abbildung 3 sieht man, dass sich die *Cathaya* in meinem Garten gut etabliert hat.

Dieser kleine Baum hat sich zu meinem Win-Win Baum entwickelt. Den ersten und zweiten Winter meisterte der Baum die Umpflanzung ohne Schäden und ohne weiteren Schutz. Im Januar 2009 fielen die Temperaturen auf –17/–23°C (2 m/10 cm); diese Temperatur war der erste Test in meinem Garten für die Winterhärte. Die zwei Jahre zuvor (2007/2008) waren noch moderat mit –11/–15°C. Der Winter beginnend im Januar 2010 war noch länger als der von 2009. Abbildung 4 zeigt die *Cathaya* im Schnee und bei klirrendem Frost.

Erneut erlebte die *Cathaya* –16/–20°C am 26., 27. Januar und am 17. Februar –17/–22°C und unglaubliche –13/–17°C am 7. März. Für Monat März die tiefste Temperatur, die ich je im Tecklenburger Land gemessen habe. Die *Cathaya* kam durch und erlitt auch in dem ausgedehnten Winter keine Holz- und sogar keine Nadelschäden. Alles war Grün. Im Mai 2010 kam die *Cathaya* zu einem kräftigen Neuaustrieb (Abb. 5). Im Juni 2010 hatte der neue Blattschmuck sei-

nie zum Einsatz. Eine dieser Sämlingspflanzen aus dem Jahr 2010 ist in Abbildung 2 zu sehen.

Ich gab die „Liner" in den folgenden Jahren zu Freunden, die in den Nadelbaum genauso verliebt waren wie ich. Einer war Dr. VOLKHARD RÖZEL, Internationale Kameliengesellschaft, und ein anderer Dipl. Ing HUBERTUS NIMSCH, 79283 St. Ulrich in Deutschland. Im Juli 2007 traf ich Herrn WITTBOLDT-MÜLLER in Verden / Aller.

Abb. 5 Neuaustrieb der *Cathaya* im Mai 2010

Abb. 6 Neuaustrieb der *Cathaya* im Juni 2010

Abb. 7 Verholzter männlicher Blütenzapfen

nen Höhepunkt (Abb. 6). Die Spitzen der Äste schienen sich unter dem Gewicht der Nadeln nach unten zu biegen.

Im Juli 2010 entdeckte ich die erste männliche Blüte. Sie war schon ausgetrocknet (Abb. 7). Demnach sollte sie im späten April 2010 unbemerkt von mir geblüht haben, zehn Jahre nach ihrer Keimung! Die *Cathaya* wurde immer kräftiger. Im April 2011 sah ich neue männliche Blüten (Abb. 8).

Die ersten weiblichen Blütenstände erschienen Ende Mai 2011 (Abb. 9), elf Jahre nach der Keimung! An der Unterseite eines weiblichen Blütenstandes hing ein Befruchtungstropfen, der bei der Bestäubung den Pollen aufnimmt. Die Aufnahme wurde mit meiner Digitalkamera ohne Stativ gemacht. Leider reicht das Foto (Abb. 9)

Abb. 8 Männliche Blütenzapfen

Abb. 9 Weiblicher Blütenstand (mit Bestäubungstropfen?)

Abb. 10 Entwicklung der blühenden Samenzapfen im
Juni 2013

Abb. 11 Entwicklung der blühenden Samenzapfen im
August 2013

Abb. 13 Samenzapfen, grün

Abb. 12 Fast ausgewachsener Samenzapfen, grün

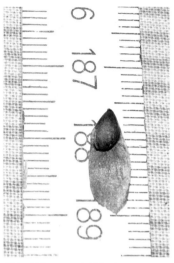

Abb. 14 Samen mit Flügel   Abb. 15 Alle geernteten Samen der *Cathaya*

nicht aus, um den Tropfen eindeutig zu belegen. 2011 war es für eine Bestäubung zu spät. Also habe ich beschlossen, den Pollen im folgenden Jahr zu ernten und in einer schwarzen Film-Box mit Silicagel (als Trockenmittel) aufzubewahren. Im Kühlschrank bei +3°C gelagert ist der Pollen länger haltbar. Weil ich nicht die beste Zeit für die Bestäubung kannte, musste ich den Vorgang der Bestäubung mehrmals wiederholen.

Dann kam 2012; die *Cathaya* segelte durch den Winter ohne jeden Schaden (4. Februar –15/–20°C, 7. Februar –17/–21°C). Im April tat ich, was getan werden musste. Zuerst habe ich den Pollen von den Strobili entnommen, in die schwarze Film-Box geklopft und in den Kühlschrank gelegt. Es war eine riesige Pollenernte! Nach dem Auftauchen des ersten weiblichen Blütenstands am 8. Juni 2012–12 Jahre nach der Keimung – nahm ich den Pollen aus dem Kühlschrank und begann, die weiblichen Blütenstände zu bestäuben. Im folgenden Jahr im Mai 2013 waren die ersten Zapfen zu sehen. Abbildung 10 und 11 zeigen die Zapfen im Juni bzw. August. Das Wachstum der Zapfen ist gut zu erkennen. Ich sah jeden Tag nach ihnen. Ich fürchtete, es könnte etwas passieren, dass sie zerstören könnte, die Babys der „Könige der Tannen". Es ist nichts passiert, aber ich war nervös. Bis zum Herbst 2013 veränderten die Zapfen ihre Farbe nach und nach und wuchsen mehr und mehr. In Abbildung 12 sind die Zapfen fast aus-

gewachsen, aber noch grün. Im November schlug die Farbe der Zapfen von Grün nach Braun um (Abb. 14). Da stärkerer Frost zu erwarten war, beschloss ich die Zapfen zu ernten, der größte war 4,6 cm lang.

Abbildung 14 bildet einen von 9 intakten Samen ab. Das Ergebnis meines kleinen Experiments: Die beiden Zapfen enthielten 9 intakte und 5 verkrüppelte Samen (Abb. 15). Die 9 Samen sahen lebensfähig aus, 5 waren beflügelt wie ein Ei in einem Löffel, bei 4 waren die Flügel bereits abgebrochen. Im Gegensatz zu Angaben in der Literatur fand ich 1 intakten Samen pro Schuppenblatt. Der kleinere Zapfen hatte nur verkrüppelte Samen. Ich weiß nicht, ob das durch die Selbstbefruchtung hervorgerufen wurde. Weitere Tests müssten durchgeführt werden. Im nächsten Experiment werde ich meine „Königin der Tannen" mit Pollen von einem zweiten Baum bestäuben.

Das Wuchsverhalten meiner Cathaya

In den ersten Jahren wuchs die Pflanze buschig und sehr dicht (vgl. Abb. 3–6), zeigte viele aufrechte Triebe. Im Mai 2013 entwickelte der junge Baum dann einen Leittrieb, der von 1,6 Meter auf knapp 2 Meter wuchs. Jetzt sieht man den monopodialen Wuchs des Baumes – wie ein Weihnachtsbaum (Abb. 16, vgl. auch Abb. 1).

Abb. 16 Monopodiale Verzweigung der *Cathaya*

Einige Fakten über meinen Garten

Geographische Übersicht über den „Magnoliagarden"
Lage: Nordwestlicher Ausläufer des Teutoburger Waldes (Osnabrücker Hügelland).
Höhe: 95–101 m ü NN
Geländeform: Nach Westen auslaufendes Tal mit geringer Neigungsstufe, eingebettet zwischen zwei Hügel nordöstlich (105 m ü NN) und südlich (120 m ü NN) des Gartens.
Geologie: Schwerer und tiefgründiger, im Sommer mäßig trockener bis frischer, im Winter feuchter bis nasser Lehmboden des Bundsandsteins mit mäßig hohem bis hohem Nährstoffgehalt und pH-Werten von ca. 5 bis 6.
Vegetation: Die potentielle natürliche Vegetation lässt sich teils dem Luzulo-Fagetum (Hainsimsen-Buchenwald), teils dem Asperulo-Fagetum (Waldmeister-Buchenwald) zuordnen, was

in umliegenden Buchenwäldern zum Ausdruck kommt.
Klima: Die Region ist dem euatlantischen Klimabereich zuzuordnen mit relativ hohen Niederschlagssummen, milden Wintern und kühlen Sommern; nur wenige Kilometer südlich auf der Linie Münster-Lengerich-Osnabrück verläuft die Grenze zum subatlantischen Klimabereich; diese Grenzlage macht sich durch einen hohen Anteil sowohl atlantischer als auch kontinentaler bzw. submediterraner Pflanzenarten bemerkbar.

Statistische Daten

Jahresdurchschnittstemperatur: ca. 8,5 °C (Osnabrück: 9,1 °C)
Januarmittel: ca. 1 °C (Osnabrück: 1,2 °C)
Julimittel: ca. 17 °C (Osnabrück: 17,1 °C)
Jahresniederschlag: ca. 850 mm (Osnabrück: 856 mm)
durchschnittl. absol. Höchsttemp. (AEH): ca. 31,5 °C (Osnabrück: + 31,2 °C)
durchschnittl. absol. Tiefsttemp. (AEL): ca. – 13,5 °C (Osnabrück: – 12,6 °C)
Zahl der Eistage: ca. 15 (Osnabrück: 19)
Zahl der Frosttage: ca. 80 (Osnabrück: 65)
Zahl der Sommertage: ca. 20–25 (Osnabrück: 21)
Absolutes Maximum: + 37,7 °C (12.08. 2003)
Absolutes Minimum:
– 21,0 °C (02.01. 1997)
– 24,5 °C (08.01. 1985) bei fraglicher Messung
– 29,7 °C (1929) in Münster

Danksagung
Für die freundliche Unterstützung in technischen Fragen bedanke ich mich bei Dr. Veit M. Dörken, Universität Konstanz.

Empfehlenswerte Literatur zu *Cathaya*
Callaghan, C. (2011): *Cathaya argyrophylla*, some little known facts. Int. Dendrol. Soc. Yearb. 2011: 94–106

Autor:
Jost Wallis
Danebrocker Esch 6
49545 Tecklenburg
E-Mail: jost@magnoliagarden.de

| Mitt. Deutsch. Dendrol. Ges. (MDDG) | 101 | 151-156 | 2016 | ISBN 978-3-8001-0861-9 |

Der Rasierpinselbaum, *Pseudobombax ellipticum* (Kunth) Dugand

Friedrich Ernst Beyhl

Zusammenfassung

Der aus Mittelamerika stammende Rasierpinselbaum, *Pseudobombax ellipticum* (Kunth) Dugand (Malvaceae: Bombacoideae), wird wegen seiner auffälligen Blüten in den Tropen gerne als Zierbaum oder -strauch kultiviert. Der Artikel beschreibt seine Eigenschaften.

Summary

The Mesoamerican Shaving-bush tree, *Pseudobombax ellipticum* (Kunth) Dugand (Malvaceae: Bombacoideae), is cultivated in the tropics as an ornamental tree or shrub because of its conspicuous flowers. This article describes its properties.

Der Rasierpinselbaum, *Pseudobombax ellipticum* (Kunth) Dugand (Abb. 1), ist ein ornamentaler Baum aus der Familie der Malvengewächse (*Malvaceae*) und dort der Unterfamilie der Wollbaumgewächse (*Bombacoideae*). Er wurde ursprünglich von dem Botaniker Carl Sigismund Kunth, der von 1788–1850 lebte und an der Auswertung der botanischen Ausbeute der berühmten Amerika-Expedition Aimé Bonplands und Alexander von Humboldts von 1799–1804 maßgeblich mitwirkte, als *Bombax ellipticum* H.B.K. beschrieben (Kunth 1821); dieser inzwischen obsolete Name ist das sogenannte Basionym (der wissenschaftliche Name der Erstbeschreibung). Der heute gültige, obenstehende Name wurde von dem kolumbianischen Botaniker Armando Dugand aufgestellt (Dugand 1943). Es existiert eine Reihe von Synonymen, z.B. *Pseudobombax fastuosum* Moc. & Sessé,

Bombax mexicanum Hemsl., *Pachira mexicana* (Hemsl.) A. Terrac., *Pachira fastuosa* (Moc. & Sessé ex DC.) Decne.

Der Rasierpinselbaum kommt wild in Mittelamerika vor, und zwar vom südlichen Mexiko bis Nicaragua (Abb. 2). Er ist als Zierpflanze in andere tropische Länder eingeführt worden, z.B. nach Florida, Kuba, Hispaniola, Grenada, Hawaii, Südafrika und Indien. In seiner Heimat findet man ihn auf armem, trockenem und felsigem Boden, vom Meeresspiegel bis hinauf zu Höhenlagen von 1800 m ü. M. *Pseudobombax ellipticum* liebt Wärme und volle Sonne und verträgt im laubfreien Zustand angeblich kurzzeitig Kälte bis zu –7 °C.

Abb. 1 Rasierpinselbaum, *Pseudobombax ellipticum*: Blüte. Aufnahme: Beyhl, 30. 3. 2015.

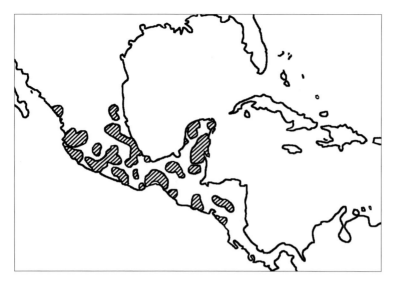

Abb. 2 Natürliches
Verbreitungsgebiet des
Rasierpinselbaums.
Zeichnung: Beyhl,
verändert nach GBIF
(www.gbif.org/spe-
cies/3152212).

Der Baum wird bis 18 m, in seltenen Einzelfällen bis 30 m, hoch. Der leicht sukkulente
Stamm wird bis 1,40 m dick und zeigt Anzeichen
von Pachykaulie (Stammsukkulenz). In der Trockenzeit dient er als Wasserspeicher. Auf diese an
ein Fass oder eine Flasche erinnernde Stamm-
form geht der gebräuchliche spanische Trivial-
name des Baumes, „barrigón" zurück, der so viel
wie „Fässlein, Dickwanst, Fettwanst" bedeutet.
Bei jungen Exemplaren ist die glatte Rinde infolge eines Gehaltes an Chlorophyll grün gefärbt, später ist sie grau mit senkrechten grünen

Streifen. Möglicherweise sind diese Streifen die
Stellen, an denen beim sekundären Dickenwachstum die jeweils äußerste Rindenschicht
aufreißt. Auch die Rinde der Äste und Zweige
hat ähnliche Strukturen (Abb. 3), wie man auf
der Abbildung an verschieden alten Zweigen
sieht.

Die Krone des Baums ist locker. Nach Vester
(2002) gehört ihr Verzweigungsschema zu dem
Baum-Architekturtyp nach Rauh-Massart
(vgl. King 1997; Prusinkiewicz & Remphrey
2000): Zunächst verzweigt sich der junge Heister

Abb. 3 Rasierpinsel-
baum, *Pseudobombax
ellipticum*: Zweigenden
mit Blättern, einer Blüte
und drei abgeblühten
Blüten. Aufnahme:
Beyhl, 30. 3. 2015.

Abb. 4 Wuchsform des Rasierpinselbaums: MASSART-Typ eines wildwachsenden Baums. Zeichnung: BEYHL, 21. 6. 2015.

Abb. 5 Rasierpinselbaum, *Pseudobombax ellipticum*: Abgeblühte Blüten mit Kelch und Stempel. Aufnahme: BEYHL, 30. 3. 2015.

nach dem MASSART-Typ, der ausgewachsene Baum dann nach dem RAUH-Typ (VESTER 2002). Aber diese Wachstumsweise betrifft wohl nur die wildwachsenden, baumförmigen Exemplare (Abb. 4); an den angepflanzten Exemplaren, die durch ständiges Zurückschneiden strauchförmig sind, ist dagegen ein derartiges Verhalten keinesfalls zu erkennen.

Die wechselständigen, langstieligen Blätter (Abb. 3) stehen an den Zweigenden und sind gefingert, mit 3–6, meistens 5 Fingern (Blättchen). Die Blättchen besitzen ein kurzes Stielchen und sind bis zu 12 cm lang, wobei das mittlere immer größer als die anderen ist. Sie sind ganzrandig und lanzettlich-elliptisch, verschmälern sich zum Stiel hin und verbreitern sich zum Blattende hin. Dieses endet in einer kleinen Träufelspitze. Auf der Oberseite sind die Blätter glänzend dunkelgrün, auf der Unterseite etwas heller. In der Trockenzeit wirft der Baum das Laub ab, wobei die abgefallenen Blätter große, deutlich sichtbare Blattnarben hinterlassen; dann erledigen die chlorophyllhaltigen Zweige die Assimilation des Kohlendioxyds. Die rotbraunen, mit einer glänzenden, klebrigen Schicht bedeckten Knospen haben keine Knospenschuppen, wie es z. B. auch vom Wolligen Schneeball (*Viburnum lantana*) bekannt ist. Die kurz vor oder am Beginn der Regenzeit austreibenden jungen Blätter sind zunächst auffällig rotbraun gefärbt und werden später grün, wie dies auch bei anderen tropischen Baumarten häufig der Fall ist. Diese Farbe rührt von Anthozyan-Farbstoffen her, die wohl als Schutz gegen diverse Stressfaktoren dienen (COLEY & AIDE 1989; CHOINSKI & JOHNSON

1993; CHALKER-SCOTT 1999; KARAGEORGOU & MANNETAS 2006) und abgebaut werden, sobald sich das Blatt vollkommen entwickelt hat. Als Auslöser für den Blattaustrieb wird neben Regenfall auch die Zunahme der Tageslänge diskutiert (RIVERA et al. 2002).

Der Rasierpinselbaum blüht in der Trockenzeit, und zwar je nach Gegend von Dez./Jan. bis März/April/Mai. Da die Bäume in dieser Zeit völlig ohne Laub sind, fallen die ohnehin großen Blüten ihren Bestäubern leicht auf (Abb. 1, 3) und sind für diese auch leicht zu erreichen. Nachts öffnen sie sich mit einem hörbaren Geräusch und fallen dann im Lauf des folgenden Tages, an dem sie verblühen, vom Baum. Ihre wichtigsten Bestäuber sind Fledermäuse und Vögel. Insekten spielen anscheinend eine weniger wichtige Rolle; häufig sind sie nur Honigdiebe.

Die Blüten stehen einzeln in den Achseln der abgeworfenen Blätter, wobei der Blütenstiel gelegentlich eine zweite Blütenknospe ausbilden kann (Abb. 3, 5). Die Blütenknospen sehen aus wie Zigarren. Der glocken- bis krugförmige Kelch (Abb. 5) ähnelt dem Becher einer Eichel.

Die 5 fleischigen Kronblätter sind 7–15 cm lang und 0,7–2 cm breit und bilden zunächst die erwähnte zigarrenförmige Blütenknospe. Sie öffnen sich durch Aufreißen oder -platzen von der Basis zur Spitze hin und biegen sich dann zurück (Abb. 1). Der eigentliche Schauapparat der Blüten besteht aus den Staubblättern (Abb. 1). Jede Blüte enthält bis zu 200, angeblich auch bis zu 400 einzelne Antheren, deren Staubfäden am Grund zu einer kurzen Röhre verwachsen sind. Sie sind 10 cm lang, rosaviolett oder weiß gefärbt, mit gelben Staubbeuteln. Der die Staubgefäße noch überragende Griffel ist weiß, an der Spitze leicht zur Seite gebogen und besitzt eine meist fünfzipflige Narbe, welche aber auch kopfförmig ausgebildet sein kann. Jede Blüte erinnert sehr stark an einen Pinsel. Die Blüten sind reich an Nektar. Dessen Produktion ist in den ersten Nachtstunden, in denen die Fledermäuse unterwegs sind, am höchsten und nimmt im Lauf der Nacht und des darauffolgenden Morgens kontinuierlich ab (EGUIARTE et al. 1987). Die Blüten der verwandten weißblühenden Art *Pseudobombax munguba* aus dem Amazonasgebiet werden ebenfalls durch Fledermäuse bestäubt, und bei ihnen ist Selbstbestäubung erfolglos (GRIBEL & GIBBS 2002). Bei kultivierten Exemplaren von *P. ellipticum* haben einige Hobbygärtner durchaus Erfolge mit Handbestäubung erzielt.

Beim Verblühen fällt nur das Ensemble aus Kron- und Staubblättern herunter; Kelch und Stempel verbleiben am Baum (Abb. 5). Da ein Baum sehr viele Blüten ausbildet, sieht man unter ihm diese abgefallenen Blütenteile in großer Anzahl herumliegen. Die Frucht reift Januar/Februar oder März/Mai, ist zylindrisch-elliptisch und 10–25 cm lang und 2,5–3,5 cm dick. Sie öffnet sich mit 5 Spalten. Die zahlreichen Samen sind ca. 0,6 cm groß und in reichliche watte- oder seidenartige, weißliche Fasern eingebettet, so ähnlich wie es auch bei den verwandten Arten *Ceiba pentandra* und *C. speciosa* der Fall ist. Die aufgeplatzte Frucht entlässt die Samen mit je einer Portion dieser Watte, wodurch sie flugfähig sind und vom Wind verbreitet werden können.

Die Keimung erfolgt epigäisch, d. h., die Keimblätter entfalten sich oberhalb der Erdoberfläche. Sie sind ungeteilt und herzförmig, und ebenso die ersten Laubblätter (SÁNCHEZ SÁNCHEZ & HERNÁNDEZ ZEPEDA 2004). Die nächsten Laubblätter sind zwei- und dreifingrig, die späteren Blätter dann, wie oben beschrieben, fünffingrig. Auch alle diese Blätter sind zunächst rotbraun und verfärben sich erst nach einiger Zeit grün. Interessanterweise sind dagegen die Blätter der verwandten Art *P. simplicifolium*, auch die des ausgewachsenen Baums, alle ungeteilt und herzförmig wie die Jugendblätter von *P. ellipticum* (ROBYNS 1963). Diese Beibehaltung der Jugendform auch in späterem Lebensalter ist offensichtlich ein Fall von Pädomorphismus (SEDLAG & WEINERT 1987).

Der Rasierpinselbaum wird vielseitig verwendet. Man benützt ihn als Zierpflanze in Gärten, Parks und an Straßen. Hierbei wird er häufig durch Beschneidung künstlich niedrig und strauchförmig gehalten; dann entwickelt sich der sehr niedrige Stamm zu einer Art Caudex. Auch für lebende Zäune („cercas vivas") ist *P. ellipticum* geeignet.

Man kann ihn auch in großen Töpfen, Kübeln oder Containern halten, und er eignet sich ausgezeichnet zur Bonsai-Kultur, bei der er ebenfalls einen Caudex ausbildet, welcher, wenn er voll ausgebildet ist, entfernt an den Panzer einer Landschildkröte erinnert. In der Ruhezeit September/Oktober – März/April soll man ihn nicht gießen, denn der Caudex dient als Wasserspeicher. Eine solche Pflanze verträgt dann sogar Dunkelheit; die Temperatur darf aber möglichst nicht unter 15 °C sinken. Außer durch Samen kann man den Baum auch leicht durch Stecklinge vermehren.

Das Holz besitzt eine Dichte von 0,34 g/cm³, ist also wesentlich leichter als Wasser und wird für Schnitzereien und als Brennholz verwendet. In der Volksmedizin bereitet man aus der Rinde ein Dekokt („Tee"), das gegen „Diabetes", Geschwüre, gastrointestinale Probleme und allerlei Schmerzen wirkt und auch bei Zahnfleischproblemen verwendet wird. Möglicherweise geht dieser Effekt auf den Gehalt der Rinde an Lupeol zurück, einem pharmakologisch aktiven Triterpenoid (GALLO & SARACHINE 2009), z. B. mit gastroprotektiver Wirkung (CHÁVEZ-PIÑA et al. 2009), welches auch aus anderen Pflanzen, z. B. aus *Calotropis gigantea*, gewonnen werden kann (SARATHA et al. 2011). Eine wässrige Abkochung der Blüten dient in der mexikanischen Provinz Veracruz als Medizin gegen Husten und Fieber und in El Salvador als Mittel gegen gastrointestinale Störungen.

Ähnlich wie Kapok, das äußerst wertvolle und begehrte Fasermaterial vom verwandten Kapokbaum, *Ceiba pentandra* (BEYHL in Vorber.), verwendet man hin und wieder die Samenfasern als Füllmaterial von Kissen, wenn auch nicht sehr häufig. Die Samen sind geröstet genießbar. Das in ihnen enthaltene Samenöl wird zu Beleuchtungszwecken benutzt und findet Verwendung als Ausgangsmaterial für die Seifenproduktion.

Die Maya gebrauchten die Blüten für religiöse Zeremonien und bildeten sie auf ihren Kunstwerken und Keramiken (Abb. 6) ab (ZIDAR & ELISENS 2009; WALKER 2009). Die Azteken opferten Blüten des Rasierpinselbaums ihrem Gott Huitzilopochtli. Diese alten Traditionen von religiöser Verwendung werden in der katholischen Kirche noch heute fortgeführt, indem ebenfalls solche Blüten als Kirchen- und Altarschmuck dienen.

In diesem Zusammenhang sei eine kurze Diskussion der volkstümlichen Namen von *Pseudobombax ellipticum* angebracht. Wegen der Blütenform, die an einen Pinsel erinnert, besitzt die Art Namen, die auf Rasierpinsel anspielen, so der deutsche, der schwedische („rakborsträd"), der englische und der französische Name („arbre à blaireaux"). Der letztere bedeutet, wörtlich übersetzt, „Dachsbaum": „blaireau" heißt „Dachs", aber auch „Rasierpinsel", weil diese aus Dachshaaren hergestellt wurden. Auch einer der spanischen Namen, nämlich „brocha de afeitar" bedeutet „Rasierpinsel" und ein anderer, „escobilla", bedeutet „Kleiderbürste". Bezeichnend ist der aztekische Baumname „xīlōxōchitl": dieses Wort bedeutet, wörtlich übersetzt, „Maiskolbenblüte" und ist aus den Wörtern „xōchitl" (Blume, Blüte) und „xīlōtl" (der junge Maiskolben mit dem Narbenbüschel) zusammengesetzt – eine recht treffende Bezeichnung, die auch für die Leguminosengattung *Calliandra* wegen derer ähnlich aussehenden pinselartigen Blütenbüschel verwendet wird. Andere Ausdrücke beziehen sich auf Frauenhaare, wie „doncellas" (Jungfrau, Edelfräulein), „árbol de doncellas" (Jungfrauenbaum), „bailarina" (Ballerina), „señoritas" (Fräulein) und „cabellos del ángel" (Engelshaar), andere wie „amapola" (Mohn) und „clavelina" (Bartnelke) auf die Namen von Blumen. Weitere Namen weisen auf die botanische Verwandtschaft hin, so wie Spanisch „pochote" (von aztekisch „pochōtl", Kapokbaum, *Ceiba pentandra*) und russisch „baobab" und „meksikansko baobab" (Affenbrotbaum, *Adansonia digitata*). Die vielen Bezeichnungen der Maya-Sprache für *P. ellipticum* (chak-k'uyche, k'uyche', xkunche', xk'uxche', chak k'uxche, chak k'uyche', sak k'uxche' sak k'uyche') zeigen, dass der Baum diesem Volk wohlbekannt war (vgl. ZIDAR & ELISENS 2009; WALKER 2009). Namen wie „acoque, coquito, cubo, lele, sospó, embiriçu" entstammen wahrscheinlich indigenen Sprachen. Der Gattungsname *Pachira* ist von einem in Guyana gebrauchten Trivialnamen abgeleitet.

Im Anschluss sei noch die Art *Pseudobombax septenatum* (JACQ.) DUGAND erwähnt, die von

Abb. 6 Rasierpinselbaum, *Pseudobombax ellipticum*: Darstellung einer Blüte auf einer Maya-Keramik als Kopfschmuck der stehenden Person. Aus: WALKER (2009).

Nicaragua über Costa Rica und Panama bis nach Kolumbien, Venezuela und Perú verbreitet ist und auf Spanisch „ceiba verde" (grüner Kapokbaum) und „barrigón" genannt wird, das letztere wegen ihres deutlich ausgebildeten Stammcaudex. Diese Art ist *P. ellipticum* sehr ähnlich, es ist sozusagen deren „größere Ausgabe". Im Gegensatz zum Rasierpinselbaum wird diese Pflanze allerdings nicht in Kultur gehalten, obwohl man auch von ihr die Samenfasern verwendet. Auch hier wirken Fledermäuse als Bestäuber der weißen Blüten, außerdem auch Insekten, z. B. nachtaktive Bienen (GONZALES-OJEDA o. J.).

Auch die Art *Pachira quinata* (JACQ.) W. S. ALVERSEN [Syn.: *Bombacopsis quinata* (JACQ.) DUGAND und *Pochota quinata* (JACQ.) W. D. STEVENS], die in Trockenwäldern Mittelamerikas und Teilen Kolumbiens und Venezuelas vorkommt, bezeichnet man als „Rasierpinselbaum"; denn sie besitzt ähnliche Blüten wie die *Pseudobombax*-Arten, allerdings breitere Blütenblätter. Auch diese Blüten dienten den Maya als Motiv auf ihren Keramiken (ZIDAR & ELISENS 2009; WALKER 2009). Im Gegensatz zu *Pseudobombax* trägt der Stamm Stacheln mit scharfen Spitzen und ähnelt dadurch dem Kapokbaum (*Ceiba pentandra*).

Danksagung

Der Autor dankt Herrn Prof. F.-G. Schroeder für seine kritischen und nützlichen Anmerkungen zu diesem Artikel.

Dieser Artikel ist dem Andenken des Frankfurter Baumfreundes, Herrn K. Schöne, gewidmet, der 2014 in hohem Alter verstarb.

Literatur:

Chalker-Scott, L. (1999): Environmental Significance of Anthocyanins in Plant Stress Responses. Photochemistry and Photobiology 70 (1): 1–9.

Chávez-Piña, A.; Sandoval, A.; Arrieta, J.; Reyes, B.; Flores, A.M.; Navarrete, A. (2009): Gastroprotective effect of ß-lupeol: role of prostaglandins, sulfhydryls and nitric oxide. Rev. Latinoamer. Quím. 37 (2): 133–143.

Choinski, Jr., J.S.; Johnson, J.M. (1993): Changes in photosynthesis and water status of developing leaves of *Brachystegia spiciformis* Benth. Tree Physiology 13: 17–27; Victoria (CND) [Heron Publishing].

Coley, P.D.; Aide, T.M. (1989): Red coloration of tropical young leaves: a possible antifungal defense? J. Tropical Ecology 5: 293–300.

Dugand, A, 1943: Revalidación de *Bombax Ceiba* L. como especie típica del género *Bombax* L. y descripción de *Pseudobombax* gen. nov. Caldasia, 2 (6): 47–68.

Eguiarte, L.; Martínez del Río, C.; Arita, H. (1987): El nectar y el polen como recurso: el papel ecológico de los visitantes a las flores de *Pseudobombax ellipticum* (H.B. K.) Dugand. Biotropica 19: 74–82.

Gallo, M.B.G.; Sarachine, M.J. (2009): Biological Activities of Lupeol. Intern. J. of Biomedical and Pharmaceutical Sciences 3 (Special Issue I): 46–66.

Gonzales-Ojeda, T. (o. J.): Ecología de la polinización de dos species de árboles por abejas nocturnas, Megalopta (Hymenoptera; Halictidae), en Panamá. https://www.stri.edu/espanol/educacion_becas/PDFs/Ejemp.

Gribel, R.; Gibbs, P.E. (2002): High outbreeding as a consequence of selfed seed ovule mortality and single vector bat pollination in the Amazonian tree *Pseudobombax munguba* (Bombacaceae). Int. J. Plant Sci. 163 (6): 1035–1043.

Karageorgou, P.; Mannetas, Y. (2006): The importance of being red when young: anthocyanins and the protection of young leaves of *Quercus coccifera* from insect herbivory and excess light. Tree Physiology 26: 623–621.

King, D.A.; Leigh, Jr. G.; Condit, R.; Foster, R.B.; Hubbell, S.P. (1997): Relationships between branch spacing, growth rate and light in tropical forest saplings. Functional Ecology 11: 627–635.

Kunth, C.S. (1821): Nova genera et species plantarum quas in peregrinatione ad plagam æquinoctialem orbis novi collegerunt / descripserunt, partim adumbraverunt Amat. Bonpland et Alex. De Humboldt; ex schedis autographis Amati Bonplandi in ordinem digessit Carol. Sigismund. Kunth 5: 299–300. Paris.

Prusinkiewicz, P.; Remphrey, W.R. (2000): Characterization of architectural tree models using L-systems and Petri nets. In: The tree 2000: Papers presented at the 4th International Symposium on the Tree (Labrecque, M., Ed.), S. 177–186.

Rivera, G.; Elliott, S.; Caldas, L.S.; Nicolossi, G.; Coradin, V.T.R.; Borchert, R. (2002): Increasing day-length induces spring flushing of tropical dry forest trees in the absence of rain. Trees 16: 445–456.

Robyns, A., 1963: Essai de monographie du genre *Bombax* s.l. (Bombacaceae). Bull. Jard. Bot. Etat Brux. 33: 1–315.

Sánchez Sánchez, O.; Hernández Zepeda, C. (2004): Estudio morfológico de plántulas de la familia Bombacaceae en Quintana Roo, México. Foresta Veracruziana 6 (2): 1–6.

Saratha, V.; Pilla, S.I.; Subramaniam, S. (2011): Isolation and characterization of lupeol, a triterpenoid from *Calotropis gigantea* latex. Intern. J. of Pharmaceutical Sciences Review and Research 10 (2): 54–57.

Sedlag, U.; Weinert, E. (1987): Biogeographie, Artbildung, Evolution. Stuttgart (= Wörterbücher der Biologie, UTB Nr. 1430).

Vester, H.F.M. (2002): Modelos arquitectónicos en la flora arbórea de la peninsula de Yucatán. Bol. Soc. Bot. Mex. 71: 45–57.

Walker, M. (2009): Sacred plants of the Maya forest. B.C.Earth News. http://news.bbc.co.uk/go/pr/fr/-/earth/hi/earth_news/newsid_8083000/8083812.stm

Zidar, C.; Elisens, W. (2009): Sacred Giants: Depiction of Bombacoideae on Maya ceramics in Mexico, Guatemala, and Belize. Economic Botany 63 (2): 119–129.

Autor:

Friedrich Ernst Beyhl
Pfingstweidstr. 9
D-60316 Frankfurt am Main

| Mitt. Deutsch. Dendrol. Ges. (MDDG) | 101 | 157-160 | 2016 | ISBN 978-3-8001-0861-9 |

Carya ovata im Dendrologischen Garten Glinna (Glien), Polen

Volker André Bouffier und Klaus-Dietrich Gandert

Am 29. und 30. Mai 2010 fand die 21. Exkursion der Berliner Interessengemeinschaft Dendrologie statt (s. Gandert & Albrecht 2011). Über die Ziele dieser traditionellen Veranstaltung für dendrologisch und gartenkulturell Interessierte wurde in den Beiträgen zur Gehölzkunde ausführlich berichtet (Gandert 2009). Wir besuchten das uckermärkische Dorf Wolfshagen, das an der Grenze zum Bundesland Mecklenburg-Vorpommern liegt, das Dorf Jatznick (nördlich von Pasewalk) mit einer sehr alten Maulbeerbaum-Allee sowie den „Botanischen Garten Christiansberg" in der Nähe des Stettiner Haffs. Am 2. Tag (30. Mai) ging die Fahrt von Gartz über die Oder nach Gryfino (Greifenberg) und weiter nach Glinna (Glien) zum dortigen „Dendrologischen Garten".

Der Dendrologische Garten Glinna geht zurück auf die 1823 unter dem damaligen Oberförster Friedrich Hartig (1788–1850) gegründete preußische Forstbaumschule und wurde von Bendix (2009) beschrieben. Dr. Bernd Bendix führte uns auch vor Ort, und wir entdeckten noch einige aus der Gründungszeit des Gartens stammende, heute prächtig anzusehende Gehölze wie die alte Hickory *Carya ovata*, unter welcher am 30. Mai 2010 ein Foto unserer Exkursionsgruppe entstand (Gandert & Albrecht 2011, S. 216, Abb. 9). Dieser Baum wurde bereits 1911 von dem Eberswalder Forstwissenschaftler Prof. Dr. Adam Schwappach (1851–1932) (s. Schwerin 1932a, b) in seiner Abhandlung *„Die weitere Entwicklung der Versuche mit fremdländischen Holzarten in Preußen"* erwähnt. Damals (1911) hatte die „90jährige Hickorynuss" (*Carya ovata*) – ihr heutiger korrekter deutscher Name ist Schindelborkige Hickory und geht auf ihre charakteristische Borke zurück – einen Stammdurchmesser (StØ) von 54 cm und eine Höhe von 23 m. Im Jahre 2011 war sie folglich 190 Jahre alt, ihr StØ betrug 96 cm, ihre Höhe 32 m.

Nach dem Abgleich mit den bisherigen Rekordbäumen dieser Art in Deutschland, z. B. Exemplare im Botanischen Garten Bonn mit 2,33 m Stammumfang (StU) in 2007 (Messung Ehlert) oder am Katzenweg im Schlosspark Heltorf mit 2,41 m StU in 2014 (Messung Bouffier)), kann festgestellt werden, dass der Baum in Glinna letztere nach Alter, StU und Höhe übertrifft. Lediglich ein im Juli 2014 von Detlef Ehlert während der Jahrestagung der DDG in Stuttgart-Hohenheim (s. Gruber 2015) vermessener, ebenfalls relativ solitär stehender Baum, ist mit einem StU von 3,04 m und einer Höhe von ca. 26 m ähnlich stark und hoch und, erst um 1920 gepflanzt, mit ca. 95 Jahren gerade mal halb so alt wie das Exemplar in Glinna.

Fast genau auf den Tag 72 Jahre zuvor, am 29. Mai 1938, hatte die Deutsche Dendrologische Gesellschaft während ihrer Jahresversammlung in Stettin, Vorpommern und Rügen den *„Revierförsterei Pflanzgarten, im Forstamt Mühlenbeck"* besucht und eine wertvolle, wahrscheinlich von Forstmeister Heinemann und Revierförster Schmidt erstellte Liste der Gehölze in den MDDG 51 veröffentlicht (Höfker; Friedrich-Schroeter 1938, S. 262/63). *„Ganz besondere [dendrologische] Sehenswürdigkeiten"* wurden in dieser Pflanzenliste mit einem Stern (*) ge-

Abb. 1: *Carya ovata* „an der Fährstraße", 2,10 m StU (1938), aus: Bildarchiv der DDG Format II C N. 99, vom 29. Mai 1938

kennzeichnet, so auch „* *Carya ovata* (Umfang 210 cm, Höhe 30 m)". Ein Foto dieses Baums aus dem Bildarchiv der DDG (Abb. 1) gab nun Anlass zu dieser Kurzmitteilung.

Nach BENDIX (2009) *„konnten bei einer detaillierten Inventur 1970/71, die von der polnischen Staatsforstverwaltung – in deren Verantwortungsbereich das Forstgartengelände Glien seit 1945 liegt – in Auftrag gegeben wurde, allerdings nur noch 23 der in der Zusammenstellung aufgeführten Baumarten bestätigt werden. Die meisten der fehlenden Exemplare haben vermutlich die strengen Winter 1939/40 und 1941/42 nicht überstanden. Es ist auch bekannt, dass in den Jahren zwischen 1950 und 1970 zahlreiche Altbäume Stürmen oder Trockenheit zum Opfer gefallen sind. Die von den polnischen Forstleuten seit 1970 kontinuierlich durchgeführten Nachpflanzungen, die fast ausschließlich aus dem* Pflanzgut des Arboretums Rogów stammen, *brachten den Bestand des Arboretums im Jahre 1998 auf nunmehr 916 Bäume und Sträucher aus 135 Gattungen mit 360 Arten."* Aus Rogów erhielten wir freundlicherweise von dem Leiter des Arboretums, Piotr BANASZCZAK, ein aktuelles Foto dieses prächtigen Baums in seiner „sattgelben" Herbstfärbung (Abb. 2).

Nach BENDIX (2009) wurden *„auf Initiative von Prof. Dr. Bolesław SZYMKIEWICZ von der Agraruniversität (SGGW) Warschau und des stellvertretenden Leiters der Regionaldirektion der Staatsforsten in Szczecin, Dr.-Ing. Jerzy JACKOWSKI, 1970 die wissenschaftliche Betreuung des Forstgartens in die Obhut des Arboretums der Agraruniversität Warschau in Rogów gegeben. Als Flächeneigentümer ist jedoch die heutige Oberförsterei Gryfino (Greifenhagen) für die Bewirtschaftung und Gartengestaltung* verantwortlich. *Im Jahre 1997 wurden neben dem Arboretum ein Informations- und Ausbildungszentrum des Wald-Promotionskomplexes, ein Lehrpfad sowie Parkplatz für die Besucher eingerichtet. Alle Baum- und Strauchexemplare sind beschildert, nummeriert und in einem Plan eingetragen. Eine Informationsbroschüre enthält darüber hinaus eine gesonderte Tabelle der 1993 vermessenen wertvollsten Bäume"* (Tumilowicz 1996).

Prof. Dr. Jerzy Tumilowicz war von 1970–2012 wissenschaftlicher Leiter des Arboretums und hat uns in einem Brief vom 6. März 2015 die folgende Übersicht zu einigen bemerkenswerten Gehölzen des Arboretums zusammengestellt:

Das historische Foto der *Carya ovata* (Abb. 1) stammt aus dem Bildarchiv der DDG Format II C Nr. 99. In und auf dieser Fototasche befinden sich weitere Fotos des Baumbestands im Dendrologischen Garten Glinna. Auf der Rückseite der Fototasche ist eine heute nicht mehr vorhandene *Abies pinsapo* abgebildet. In der Fototasche sind Fotos mit einer solitären *Ulmus campestris*, ein weiteres mit *Corylus colurna* und der zuvor erwähnten *U. campestris*, die heute nicht mehr im Arboretum anzutreffen sind. Ein letztes Foto zeigt *Abies grandis* mit einer großen Gruppe von Dendrologen. Sie wurde 1938 mit *„2,70 m StU 35 m Höhe, 55 Jahre alt"* taxiert. Dieser Baum ist der oben in der Tabelle aufgenommene mit Ø von 1,40 m und 42 m Höhe. Im neu aufgelegten

Abb. 2: *Carya ovata*, 194 Jahre alt, ca. 3 m StU 32 m Höhe (2015). Foto: Piotr Banaszczak, 11. 10. 2006.

Die ältesten Bäume des Arboretums mit StØ und Höhe (H), nummeriert nach Plan, Messungen von 2014

1	*Sequoiadendron giganteum*	starb nach hartem Winter 1986/87, StØ 1,42 m, Höhe 40 m
2	*Abies grandis*	StØ 1,40 m, H 42 m
3	*Carya ovata*	StØ 1,00 m, H 32 m (Abb. 1 und 2)
4	*Tsuga canadensis*	StØ 0,90 m, H 21 m
5	*Abies procera*	StØ 0,78 m, H 27 m
7	*Chamaecyparis pisifera*	StØ 0,60 m, H 25 m, der stärkste von 12 Bäumen
9	*Platanus ×hispanica*	StØ 1,39 m, H 30 m
11	*Juniperus virginiana*	StØ 0,60 m, H 18 m
12	*Chamaecyparis thyoides*	StØ 0,38 m, H 14 m
13	*Taxodium distichum*	StØ 0,67 m, H 16 m
15	*Abies cephalonica*	StØ 1,15 m, H 21 m, durch Sturm ausgebrochener Baumwipfel

Baumart	Alter (Jahre)	StØ (m)	Höhe (m)
Calocedrus decurrens	46	0,50	19
Cryptomeria japonica	45	0,32	18
Cunninhamia lanceolata, 5stämmig	44	0,40	15
Cupressus bakeri	25	0,27	8
Metasequoia glyptostroboides	52	1,00	25
Liriodendron chinense, 4stämmig	45	0,23	18
Pinus coulteri	30	0,35	13
Pseudotsuga macrocarpa	34	0,18	6
Sequoiadendron giganteum	37	0,66	18

Arboretumsführer von TUMILOWICZ & PAJEWSKI (2011) findet sich auf Seite 13 ein Foto dieser Riesen- oder Küsten-Tanne.

Der Dendrologische Garten Glinna präsentiert nicht nur eine Fülle weniger bekannter, in unserer Gartenkultur kaum verwendeter Baum- und Straucharten sondern vermittelt auch neue Erkenntnisse über die Anpassungsmöglichkeiten von bei uns bisher nicht als frosthart geltenden Taxa. Der Garten ist gegen Eintrittsgeld (Zloty!) täglich zugänglich. Es gibt genügend Parkplätze, ein Informations- und Ausbildungszentrum (nur zeitweilig geöffnet) und einen Lehrpfad. Die Gehölze sind etikettiert. Besonders attraktiv ist ein Besuch zur Hauptblütezeit und zur Zeit der Laubfärbung.

Literatur

ALBRECHT (2009): Gehölze im Arboretum Glinna (Polen). Schriftl. Mitteilung.

BENDIX, B. (2009): Zur Geschichte der ersten preußischen forstlichen Großbaumschule in Mühlenbeck (Smierdnica/Puscza Bukowa) und des Arboretums Glien (Glinna). Beiträge zur Gehölzkunde, Hemmingen 18: 188–193.

GANDERT, K.-D. (2009): Dendrologische Exkursionen 1991–2009. 2008: Bäume und Parks in Berlin-Tegel. Beiträge zur Gehölzkunde, Hemmingen 18: 232–243.

GANDERT, K.-D. (2010): Hinweise zur Exkursion am 29. Mai 2010 nach Wolfshagen (Uckermark) und Christiansberg (Mecklenburg-Vorpommern). Exkursionsführer.

GANDERT, K.-D.; Albrecht, H.-J. (2011): Ausflug zu Gehölzsammlungen in Vorpommern und Polen. Beiträge zur Gehölzkunde, Hemmingen 19: 211–218.

GRUBER, H. F. (2015): Bericht zur Jahrestagung der DDG vom 25. bis 30. Juli 2014 in Stuttgart-Hohenheim. Mitt. Deutsch. Ges. 100: 285–299.

HÖFKER, H.; FRIEDRICH-SCHROETER, C. von (1938): Jahresversammlung in Stettin, Vorpommern und Rügen. 28. Mai bis 2. Juni 1938. Mitt. Deutsch. Dendrol. Ges. 51: 246–277.

NADLESNICTWO GRYFINO (o. J.): Ogrod Dendrologiczny w Glinnej, Dendrologischer Garten in Glinna, Faltblatt.

NOACK, H. (1996): Das Portrait. Carya ovata (MILLER) K. KOCH. Mitt. Deutsch. Dendrol. Ges. 82: 195–199.

SCHWAPPACH, A. (1911): Die weitere Entwicklung der Versuche mit fremdländischen Holzarten in Preußen. Mitt. Deutsch. Dendrol. Ges. 20: 3–37.

SCHWERIN, F. Graf von (1932a): Geschäftsbericht. Mitt. Deutsch. Dendrol. Ges. 44: V. I.-XVIII (XI [Portrait] Prof. *Schwappach* †, Eberswalde).

SCHWERIN, F. Graf von (1932b): Nachruf. Geheimrat Schwappach†. Mitt. Deutsch. Ges. 44: X. I..

TUMILOWICZ, J. (1996): Ogród Dendrologiczny w Glinnej pod Szczecinem, Gehölzführer mit Tabelle der ältesten Gehölze mit Ø und Höhe, sowie Pläne.

TUMILOWICZ, J. (2009): Der Dendrologische Garten in Glinna in 40 Jahren seiner Erneuerung. Polnisches Dendrologisches Jahrbuch 57: 75–93 (polnisch).

TUMILOWICZ, J.; PAJEWSKI, Z. (2011): Ogród Dendrologiczny w Glinnej. P.Z.WODNIK, Gryfino.

Autoren:

VOLKER ANDRÉ BOUFFIER
Büdinger Str. 47
57647 Nistertal

Prof. Dr. sc. KLAUS-DIETRICH GANDERT
Dahme Str. 11
12527 Berlin

| Mitt. Deutsch. Dendrol. Ges. (MDDG) | 101 | 161-162 | 2016 | ISBN 978-3-8001-0861-9 |

Baumreihe aus *Magnolia ×loebneri* 'Merrill' in Bad Zwischenahn OT Aue

VOLKER ANDRÉ BOUFFIER

Das außergewöhnlich trocken-warme Frühjahr 2011 brachte u. a. auch eine gute Magnolienblüte hervor. Da viele Gehölze jedoch dadurch schon im Blattaustrieb weit voraus waren, bedingte es andererseits große Spätfrostschäden um den 3. Mai 2011 herum (zumindest im Westerwald), was die früh blühenden Magnolien jedoch nicht mehr tangierte.

Im Internet fand ich zufällig ein Foto einer blühenden Baumreihe aus Magnolien (Abb. 1), die mich zu weiteren Recherchen veranlasste. Ende der 1990er Jahre wurde nach Informationen von Björn EHSEN durch die auf Laubgehölze im Solitärbereich, Schwerpunkt *Magnolia* und *Syringa,* im Freiland und neu auch im Lochtopfverfahren spezialisierte Baumschule Ubbo KRUSE, eine Baumreihe aus 20 Hochstämmen von *Magnolia ×loebneri* 'Merrill' auf einer Länge von

Abb. 1: Baumreihe aus 20 *Magnolia ×loebneri* 'Merrill' in Aue (Foto: Hans-Juergen ZIETZ, 09. 04. 2011)

ca. 400 m in Aue, einem Ortsteil von Bad Zwischenahn, angelegt. Im Alter von etwa 10 Jahren gepflanzt, sind sie heute ca. 25–30 jährig, haben eine Höhe von 5 bis 6 m und Stammumfänge von 0,4 bis 0,5 m erreicht. Der Abstand in der Baumreihe beträgt 20 m.

Die Sorte 'Merrill' blüht viel reicher und setzt gut eine Woche früher ein als die von der altbewährten, aber sehr spät Blühfähigkeit erreichenden Art *Magnolia kobus*. 'Merrill' ist eine der besten weiß blühenden Sorten, die den ganzen April über ihren, besonders bei warmer Witterung und Windstille, süßen Duft entfaltet.

Alleen und Baumreihen von Magnolien sieht man noch recht selten in Deutschland. Sie sollten viel öfter zur Pflanzung kommen, sind sie doch während der Blüte eine echte Augenweide!

Einige weitere interessante Standorte von Magnolien-Alleen und -baumreihen

Eine „Magnolienallee" aus verschiedenen, teils sehr seltenen Magnolien-Arten und -Sorten begleitet die Besucher vom Eingang an in den Forstbotanischen Garten in Köln- Rodenkirchen.

Eine Baumreihe aus ursprünglich 50 aktuell (2015) 28jährigen *Magnolia hypoleuca*- Hochstämmen bei Murchin begeisterte den Autor schon 1996 auf der Durchreise zur Insel Usedom (BOUFFIER 2007, S. 133/34, Abb. 10). Wie sie sich wohl seither entwickelt hat?

Auf die Baumschule RÖSCH bei Achern/ Schwarzwald führt ebenfalls eine Baumreihe aus Magnolien-Arten und -Hybriden zu, die dem verstorbenen Seniorchef als Magnolienliebhaber zu verdanken ist; darunter auch Hybriden von *Magnolia campbellii*, die in klimatisch begünstigten Regionen Deutschlands viel öfter gepflanzt werden sollten.

Im Park Hohenrode bei Nordhausen konnte eine von Fritz KNEIFF (s. BOUFFIER 2013) 1934 begründete Baumreihe aus 15 *M. hypoleuca*

(KNEIFF 1940, S. 180) von der nur noch ein Altbaum im Park verblieben war, im Frühjahr 2012 um drei weitere Bäume ergänzt werden (s. VOGT 2011, S. 123).

An eine Allee – wahrscheinlich auch von 'Merrill' – in der Nähe des Stadtparks Lahr/ Schwarzwald, den die GDA im Sept. 2014 besuchte, erinnere ich mich ebenso.

Eine weitere Allee aus Kultivaren befindet sich auf der Insel Mainau. Im ehemaligen „Park der Gewerkschaftsjugend" bei Oberursel im Taunus bestehen mehrere Baumreihen von rosa und weiß blühenden *M. ×soulangiana*-Sorten auf einem terrassierten Hang.

Über weitere Angaben zu Standorten von Magnolienalleen und -baumreihen freut sich der Autor.

Literatur

BOUFFIER, V. A. (2007): Winterharte Großblatt-Magnolien in historischen Gärten und forstlichen Versuchsanbauten Deutschlands. *In:* Beiträge zur Gehölzkunde: 121–140, Hansmann Verlag, Hemmingen.

BOUFFIER, V. A. (2013): Die Geschichte der Bildersammlung der DDG – von ihren Anfängen bis zur Schaffung eines Bild- und Baumarchivs. Mitt. Deutsch. Dendrol. Ges. 98: 29–46.

KNEIFF, F. (1940): Erinnerungen und Erfahrungen meiner 60jährigen dendrologischen Aera. Mitt. Deutsch. Dendrol. Ges. 53: 167–182.

VOGT, B. (2011): Park Hohenrode in Nordhausen. Villenpark und Gehölzsammlung – ein Kleinod in seinem 135. Jahr. Beiträge zur Gehölzkunde 19: 117–128.

Autor:
VOLKER ANDRÉ BOUFFIER
Büdinger Str. 47
57647 Nistertal
E-Mail: v.a.bouffier@online.de

Mitt. Deutsch. Dendrol. Ges. (MDDG)	101	163-166	2016	ISBN 978-3-8001-0861-9

Brombeeren unter Erstaufforstungen am Niederrhein

Dietrich Böhlmann

In den 1950er Jahren sind besonders am Niederrhein großflächig über Arbeitsbeschaffungsmaßnahmen auf von Landwirten zur Verfügung gestellten Agrarnutzflächen Pappeln gepflanzt worden. Unter diesen jetzt erwachsenen und schlagreifen Pappelbeständen haben sich oft Brombeeren (*Rubus* spec.) üppig entfaltet. Sie dürften für Folgeaufforstungen ein Problem darstellen.

Vorweg sei bemerkt, dass die mir in Privathand zur Verfügung stehende Fläche nur 1 ha umfasst, auf der waldbauliche Konzeptionen nur bedingt umsetzbar und auswertbar sind. Trotzdem möchte ich meine speziellen Erfahrungen

mit den Brombeeren darlegen, damit sie eventuell andernorts bei Waldbegründungen berücksichtigt und einbezogen werden können.

Auf dieser ursprünglich landwirtschaftlichen Fläche steht ein tiefgründiger, gut wasserversorgter Standort mit einem Lösslehmhorizont in 15 cm Tiefe und einer hochwertigen Humusauflage zur Verfügung, d. h. also mit bester Nährelement- und speziell Stickstoffversorgung. Die Fläche wurde zudem noch laufend durch Gülle-Verdriftung von angrenzenden Weiden, durch Mitanbau von Erlen mit ihrer Stickstoff-Fixierung über Actinomyceten-Knöllchen und Ein-

Abb. 1: Pappel-Altbestand mit eingesprengten Birken und überbordend wuchernden Brombeeren als Bodendeckung

Abb. 2: Holunder-Bestand unter den Pappeln, welcher die Brombeeren möglicherweise allelopathisch zurückgedrängt hat. Rechts im Bild befindet sich noch eine üppige Brombeerendeckung

trag über Stickoxide aus Autoabgasen aufgefrischt. Anfänglich nutzten Brennnesseln das Stickstoffangebot. Gelegentlich kann man in der weiteren Umgebung noch Pappel-Aufforstungsflächen finden, wo nach wie vor Brennnesseln die Bodenbedeckung bestimmen. Deren Waldbesitzer können sich glücklich schätzen, denn die Brennnessel lässt sich durch eine bis mehrmalige Mahd bei Folgeaufforstungen relativ leicht kurz halten, was für Brombeeren nicht gilt.

Auch auf meiner Waldfläche haben sich dann nach und nach Brombeeren eingefunden, die die Brennnesseln verdrängten und allmählich die ganze Fläche überwucherten, zumal sie im Unterstand der erwachsenen Pappeln genug Licht erhalten (Abb. 1).

In den 1970er Jahren hatte ich versucht, unter den Pappeln (*Populus* × *canadensis* 'Aigeiros') fremdländische Tannen zu etablieren, deren Schnittgrün gesucht war, um aus dieser Nebennutzung eine Ertragsverbesserung zu erzielen. Die Anpflanzung ist mir nur mit der Küsten-Tanne (*Abies grandis*) gelungen, wobei gezäunt werden musste, um das Abäsen durch Kaninchen und Rehwild zu unterbinden und außerdem mussten 2- bis 3-mal im Jahr die Brombeeren zurückgeschnitten werden, da sie sich aus Adventivknospen am Wurzelstock ständig erneuerten. Auf einer weiteren Unterbaufläche mit der Edel-Tanne (*Abies procera*), welche im Unterschied zur Küsten-Tanne in den ersten 15 Lebensjahren

äußerst langsamwüchsig ist, ist die Anpflanzung misslungen, nicht zuletzt wegen der Überwucherung durch die Brombeeren.

Im Dichtstand unter dem inzwischen bis auf 10–12 m Höhe herangewachsenen Bestand der Küsten-Tanne hat sich die Brombeere zurückziehen müssen, d. h. ist lichtmäßig ausgehungert. Leider hat sich inzwischen herausgestellt, dass das Schnittgrün der Küsten-Tanne, welches in Norddeutschland gesucht und absetzbar ist, im Bereich des Ruhrgebietes nicht verkauft werden kann, weil das Angebot des für Adventgestecke und Kränze besser geeigneten Schnittgrüns von *Abies procera* reichhaltig ist.

Jetzt hat sich inzwischen als dritter Nutznießer des gut stickstoffversorgten Bodens Holunder (*Sambucus nigra*) bestandsbildend eingestellt. Von diesen Strauchbeständen wird, und das ist hoffnungsvoll, offenbar allelopathisch die Brombeere verdrängt (Abb. 2–3). Ich neige deshalb dazu, dem Holunder in der Ausweitung seiner Bestandsfläche Vorschub zu leisten, teilweise durch Verbreiten der Fruchtdolden, wobei ein Erfolg dieser Aktion noch nicht zu erkennen ist. Im Falle einer Folgeaufforstung, die eigentlich angezeigt wäre, weil die Pappeln ihr optimales Höhen- und Dickenwachstum fast erreicht haben, wäre es dann leichter, den Holunder abzuschlagen und zurückzuhalten.

Da zurzeit aber der Einschlag der an und für sich schlagreifen Pappeln nicht lohnt, lasse ich

164

Abb. 3: Unter diesem Holunderbestand ist die Brombeere völlig verdrängt

alles weiterwachsen, wobei ich hoffe, dass der Holunder sich weiter ausbreitet und mir die Brombeere für den Tag X zurückdrängt. Die Tannen, die einmal die Pappeln ablösen sollen, werden nur nachgeastet, um Wertholz zu erzielen. Es wird bei Zuwarten nur schwierig werden, die Pappeln ohne allzu große Beeinträchtigungen der Küsten-Tanne herauszuholen. Geplant ist, auf der Restfläche 2–3jährige Heister der schnell-wachsenden Hybrid-Aspe (*Populus tremula* × *P. tremoloides*) auszubringen, welche die Brombeeren aufgrund ihrer Größe dann überwachsen werden.

Autor:
Prof. Dr. Dietrich Böhlmann
Beymestr. 8 A
12167 Berlin

Mitt. Deutsch. Dendrol. Ges. (MDDG)	101	167-170	2016	ISBN 978-3-8001-0861-9

Lycium chinense Mill. – ein Synonym von *Lycium barbarum* L.?

Juraj Paclt

Summary

The plants known in Eastern Asia as Goji or Wolfberry belong to a species of *Lycium*, especially *L. chinense* Mill. Possible differences between *L. chinense* and *L. barbarum* according to some authors are being discussed – with the result that *L. chinense* should become a synonym of *L. barbarum*.

In Zusammenhang mit den derzeit verbreiteten Züchtungen von Goji-Pflanzen und Angeboten von Goji-Beeren erhebt sich die Frage nach der Identität des als *Lycium chinense* Mill. beschriebenen Bocksdornes.

Der Chinesische Bocksdorn, *L. chinense*, steht dem Gemeinen Bocksdorn, *L. barbarum* L., am nächsten. Dies drückt sich unter anderem darin aus, dass er dieser Art auch als Varietät, *L. barbarum* var. *chinense* (Mill.) Ait., zugeordnet oder nicht von ihm unterschieden wurde.

Der Gemeine Bocksdorn, heute mit *Lycium barbarum* korrekt benannt, trug innerhalb der letzten 150 Jahre mehrere wissenschaftliche Artnamen, so *L. flaccidum* K. Koch, *L. vulgare* Dunal, *L. halimifolium* Mill. (vgl. z.B. Lauche 1883, Koehne 1893, Bean 1934, Danert 1973). Dass die Unterschiede zwischen *L. barbarum* und *L. chinense* nicht immer klar sind, zeigt die Einordnung von *L. rhombifolium* (Moench) Dippel, eigentlich Synonym von *L. chinense*, als subspezifisches Taxons sowohl dieser als auch jener Art (vgl. Domin 1935). Die Variabilität der Blattform selbst an ein- und demselben Individuum zeigt z.B. das Bild bei Bolliger et al. (1996).

Vergleicht man *L. chinense* Mill. mit dem von demselben Autor (Miller) aufgestellten *L. halimifolium* Mill. (= *L. barbarum*), liegen die Hauptunterschiede (vgl. Tab. 1) in den Blättern (*L. chinense* eiförmig-lanzettliche bis fast rhombische, im Gegensatz zu lanzettlichen bei *L. halimifolium*) und in der Blütenkrone (*L. chinense* Kronlappen etwa so lang wie oder länger als die Röhre, im Gegensatz dazu kürzer als die Röhre bei *L. barbarum*). Die Länge des engröhrigen Teiles der Blütenkone soll bei *L. chinense* nur 1,5 mm betragen, bei *L. barbarum* 2,5 bis 3 mm (Jäger 2011).

Da die artspezifischen Merkmale in der Literatur nicht immer korrekt angegeben werden, ist eine Zuordnung von Angaben oft schwierig. So gibt z.B. Brandis (1924) aus Indien drei *Lycium*-Arten an, darunter *L. barbarum*, ohne jedoch auf die Merkmale einzugehen. Die auf Java kultivierten *Lycium*-Pflanzen werden von Backer & B. Bakhuizen (1965) dagegen eindeutig als *L. chinense* beschrieben. Bei dem ebenfalls als Kulturpflanze in Rumänien vorkommenden *L. barbarum* wird unter den Synonymen *L. halimifolium* genannt (Popescu & Sanda 1998).

In den neueren botanischen Werken Chinas werden 2 Arten unterschieden und der Name *L. chinense* für die Goji-Pflanze angewandt (Chang & Lai 1993, D'Arcy et al. 1994, Fairylake Botanical Garden Shenzhe etc. 2012). Dagegen werden im chinesischen Handel Goji- (Gouji-, Wolfberry-)Pflanzen bzw. -Produkte merkwürdigerweise meist unter *L. barbarum* angeboten.

Vom Verfasser wird *L. chinense* nicht als ei-

Tab. 1 Merkmale, die den Autoren zur Unterscheidung der beiden *Lycium*-Arten dienten

Merkmal	*Lycium chinense*	*Lycium halimifolium = L. barbarum*
Zweige	wenig oder gar nicht dornig	mehr oder weniger dornig
Blätter	breit oder eiförmig lanzettlich bis fast rhombisch, meist lebhaft (freudig) grün	länglich bis lanzettlich, graugrün
Blüten	einzeln oder zu 2–3, purpurviolett, 1 cm lang	zu 1–4, purpurlila, etwa 1,5 cm lang
Kelch	2- bis 3-zipflig bis fast regelmäßig 5-zipflig	meist 3 zipflig
Blütenkrone	Röhre 4–6 mm lang, ihr unterster, engröhriger Teil etwa 1,5 mm lang	Röhre 7–10 mm lang, ihr unterster, engröhriger Teil 2,5–3 mm lang

gene Art und der Name damit als Synonym von *L. barbarum* angesehen:
– Die ursprüngliche Heimat der beiden verbreitet kultivierten Taxa ist China.
– Die Merkmale unterliegen einer großen Variabilität, wie z. B. am Kew-Material aus Europa und China festgestellt werden konnte (BEAN 1973).
– Manche Differenzen sind mehr von physiologisch-ökologischer als taxonomischer Bedeutung (z. B. das Grün der Blätter, Grad der Dornigkeit der Zweige).

Literatur

BACKER, C. A.; BAKHUIZEN VAN DEN BRINK, R. C. Jr. (1965): Flora of Java (Spermatophytes only), vol. 2. Noordhoff, Groningen.

BEAN, W. J. (1934): Hand-list of Trees and Shrubs (excluding Coniferae) cultivated in The Royal Botanic Gardens Kew: 4th ed. H. M. Stationary Office, London.

BEAN, W. J. (1973): Trees and Shrubs hardy in the British Isles. 8th ed. Vol. II. John Murray, London.

BOLLIGER, M.; ERBEN, M.; GRAU, J.; HEUBL, G. R. (1996) : Strauchgehölze. Mosaik, München.

BRANDIS, D. (1921): Indian Trees. 4th ed. Constable & Comp., London.

CHANG, MEI-CHEN; LAI, MING-JOU (1993): A Check-list of Plants in East China. Shanghai. (In Chinese).

DANERT, S. (1973): Tubiflorae. In: Urania Pflanzenreich, Höhere Pflanzen Bd. 2. Urania, Leipzig-Jena-Berlin. S. 220–328.

D'ARCY, W. G.; LU, AN-MING; ZHANG, ZHI-YUN (1994): Solanaceae. In : Flora of China 17: 300–332.

Science Press, Beijing, and Missouri Botanical Garden Press, St. Louis.

DOMIN, K. (1935): Plantarum Čechoslovakiae Enumeratio. Preslia 13–15: 1–305.

FITSCHEN, J. (Begr.) (2007): Gehölzflora. 12. Aufl., bearb. von MEYER, F. H. et al. Quelle & Meyer, Wiebelsheim.

JÄGER, E. J. (Hrsg.) (2011): Rothmaler – Exkursionsflora von Deutschland. Gefäßpflanzen : Grundband. 20. Aufl. Spektrum Akademischer Verlag, Heidelberg.

KOEHNE, E. (1893): Deutsche Dendrologie. Kurze Beschreibung der in Deutschland im freien aushaltenden Nadel- und Laubholzgewächse. Ferdinand Enke, Stuttgart.

LAUCHE, W. (1883): Deutsche Dendrologie. Systematische Übersicht, Beschreibung. Kulturanweisung und Verwendung der in Deutschland ohne oder mit Decke aushaltenden Bäume und Sträucher. 2. Ausgabe. Paul Parey, Berlin.

POPESCU, A.; SANDA, V. (1998): Conspectul florei cormofitelor spontane din România. In: Acta botanica Horti Bucurestiens. Editura Universității, București.

FAIRYLAKE BOTANICAL GARDEN SHENZHE; CHINESE ACADEMY OF SCIENCES (2012) : Flora of Shenzhen Vol. 3. China Forestry Publishing House, Beijing. (In Chinese).

Autor:
Dr. JURAJ PACLT
Martin-Benka-Platz 24
SK – 811 07 Bratislava, Slowakei

Anmerkung der Redaktion (P. A. Schmidt):
Im vorliegenden Kurzbeitrag wird eine allgemein interessierende Frage aufgeworfen (vgl. auch H.-D. Krausch in Beiträge zur Gehölzkunde 2007: 98–105). So werden z. B. im „Rothmaler" (Jäger 2011) zwar *Lycium barbarum* und *L. chinense* als 2 Arten verschlüsselt, aber unter *L. chinense* in Klammern vermerkt „Artwert umstritten". In der 12. Auflage des „Fitschen" (Meyer et al. 2007) wurden beide Arten zusammengefasst (*L. chinense* als Synonym von *L. barbarum*), in der in Vorbereitung befindlichen Neuauflage dieser Gehölzflora werden jedoch – wie auch im Pro-ject Lyciae, in Flora of China oder The Plant List u. a. – zwei Arten unterschieden. Molekularbiologische Untersuchungen belegen zumindest, dass diese beiden rotfrüchtigen Arten und der schwarzfrüchtige Russische Bocksdorn, *L. ruthenicum* Murray, unter den eurasischen Arten sich am nächsten stehen. Dr. Paclt, der seit längerer Zeit Beiträge in den MDDG publizierte, wurde die Möglichkeit eingeräumt, hier seine Auffassung darzustellen, wenn auch zur Beantwortung der Fragestellung weitere Recherchen unter Einbeziehung aktueller Publikationen notwendig erscheinen.

| Mitt. Deutsch. Dendrol. Ges. (MDDG) | 101 | 171-182 | 2016 | ISBN 978-3-8001-0861-9 |

Bericht zur Jahrestagung der DDG vom 24. bis 29. Juli 2015 in Osnabrück

Mirko Liesebach und Jürgen Bouillon

Die Jahrestagung 2015 fand in Osnabrück statt, wo die DDG bereits 1956 tagte. Einige Ziele wurden nochmals 1985 von der Jahrestagung in Münster aus aufgesucht. Die Anzahl der Teilnehmer, die sich mehr oder weniger gleichmäßig über die Tage verteilten, lag mit 105 in der Größenordnung der Vorjahre. Der folgende Bericht gibt einige Eindrücke der Jahrestagung wieder. Weitergehende Informationen und Quellenangaben finden sich im Programm, das in den Ginkgoblättern 139 (April 2015) mit einer Beschreibung der einzelnen Exkursionsziele abgedruckt ist. Das Protokoll der Ordentlichen Mitgliederversammlung ist in den Ginkgoblättern 141 (Oktober 2015) zu finden.

Öffentliche Vorträge

In Vertretung für den Präsidenten, Prof. Dr. Peter A. Schmidt, der an der Teilnahme und damit Leitung der Jahrestagung wegen der notwendig gewordenen Betreuung seiner erkrankten Frau an der Teilnahme verhindert war, begrüßten die Vizepräsidenten Dr. Mirko Liesebach und Eike Jablonski sowie Prof. Dr. Jürgen Bouillon, Hochschule Osnabrück, Fakultät Agrarwissenschaften und Landschaftsarchitektur und Leiter der AG Junge Dendrologen, die Teilnehmer.

Im öffentlichen Teil der Mitgliederversammlung, die auf dem Campus Haste der Hochschule Osnabrück ausgerichtet wurde, begrüßte die Bürgermeisterin der Stadt Osnabrück Frau Karin Jabs-Kiesler die DDG in der Stadt im Grünen. Sie hob hervor, dass etwa zwei Drittel des Stadtgebiets unbebaut seien. In Verbindung mit einem bewegten Relief aus Hügeln und Tälern sorgen sie für ein abwechslungsreiches Stadtbild und bieten Raum für Naherholung.

Anschließend führte Prof. Dr. Hubertus von Dressler in Landschaft und Kultur vom Osnabrücker Land bis zum Emsland ein. Er wies auf die unterschiedlichen Baustile der Bauernhäuser mit Hallenhäusern in Zweiständer-Bauweise am Teutoburger Wald sowie im Osnabrücker Land und der Bauweise der Vierständerhäuser, einer komfortableren Weiterentwicklung im reichen, nördlich angrenzenden Artland hin. Dagegen sind die heutigen Gewerbegebiete entlang der Autobahn uniform und langweilig und lassen jegliche Regionalität vermissen.

Die Mitgliederversammlung wurde mit der Verleihung des Camillo-Schneider-Preises beendet. Frau Jana Schwefler und Frau Alida Schmal erhielten die Auszeichnung für Ihre Bachelorarbeit, die sie unter Betreuung von Prof. Dr. Marcus Köhler an der Hochschule Neubrandenburg gefertigt hatten. Die Preisträgerinnen stellten ihre Arbeit mit dem Titel „Wildobst im Raum Berlin-Brandenburg zwischen Ökonomie und Ökologie: Forschungsgegenstand, Nischenprodukt, Trendsetter oder Naturschutzobjekt?" in einem Vortrag vor. Eine Kurzfassung der Arbeit ist in diesem Jahrbuch abgedruckt.

Im Foyer des Hörsaalgebäudes hatte Uwe Thomsen, Fachreferent für Baumschutz und Baumpflege, äußerst ansprechend die Bäume des Jahres ausgestellt (Abb. 1).

Abb. 1: Bäume des Jahres im Foyer des Hörsaalgebäudes (Foto: M. LIESEBACH)

Abb. 2: Gebirgslandschaften im Botanischen Garten Osnabrück (Foto: J. BOUILLON)

Botanischer Garten der Universität

Der öffentlich zugängliche 10,4 ha große Botanische Garten der Universität wurde 1984 eröffnet und besteht aus zwei ehemaligen Steinbrüchen und einem Regenwaldhaus. In einem der Steinbüche wird schwerpunktmäßig die Vielfalt der Pflanzengemeinschaften wie beispielsweise der Wälder Nordamerikas (mit *Quercus alba*, *Acer macrophyllum*, *Cornus nuttallii*, *Ribes aureum*) und Eurasiens, der Pflanzen der Gebirge Europas und Asiens (z. B. *Abies nebrodensis*, *Pinus mugo*, *Paeonia mascula*) vorgestellt (Abb. 2). Im Regenhaus wird die Vegetation des Amazonasbeckens gezeigt. Weiterhin gibt es noch themenbezogene Bereiche mit Arzneipflanzen, Steppenpflanzen, Heidekrautgewächsen usw. Der zweite, naturnahe Steinbruch, der durch einen Tunnel zu erreichen ist, vermittelt die natürlich vorkommende Vegetation der Kalkmagerasen-Pionierstadien und der Laubgebüsche trockener Kalkstandorte.

Bürgerpark und Hasefriedhof

In wechselnden Gruppen gab es Führungen durch den Bürgerpark und über den Hasefriedhof. Im Laufe des Nachmittags wurde das Wetter zunehmend kälter, regnerischer und stürmischer, weshalb die Blicke öfters sorgenvoll in die Baumwipfel schweiften. Aus Sicherheitsgründen fand daher für die zweite Gruppe keine Führung durch den Bürgerpark statt, nachdem aus einer mehrstämmigen *Aesculus hippocastanum* ein Stämmling herausgebrochen war (Abb. 3).

Der Osnabrücker Tuchhändler und Vorsteher der Herrenteichslaischaft GERHARD FRIEDRICH WAGNER (1768–1846) setzte Anfang des 19. Jhs. seine Vision einer öffentlichen Parkanlage – den „Lustgarten am Gertrudenberge" heute **Bürgerpark** – um. Es ist der älteste, von einem Bürger für die Öffentlichkeit eingerichtete Park Deutschlands und 9,3 ha groß. Mit seinem wertvollen alten Baumbestand und seinen vielfältigen Landschaftsparkelementen ist der Bürgerpark noch nahe dem Ursprungszustand und als Gartendenkmal in Osnabrück einmalig. Im Gehölzbestand finden sich *Calocedrus decurrens*, *Cornus kousa*, *Cotinus coggygria* 'Royal Purple', *Enkianthus campanulatus*, *Gleditsia triacanthos*, *Liquidambar styraciflua*, *Parrotia persica*, *Styphno-*

Abb. 3: Sturmschaden am Exkursionsnachmittag: *Aesculus hippocastanum* im Bürgerpark Osnabrück (Foto: J. BOUILLON)

lobium (Sophora) japonica, *Tsuga canadensis* und vieles mehr.

Der unter Denkmalschutz stehende **Hasefriedhof** mit einer Ausdehnung von etwa 10,5 ha gliedert sich in sechs Abteilungen und weist als Besonderheiten eine Kriegsgräberanlage sowie eine Kapelle aus dem Jahre 1866 auf. Ende 2015 wird der nicht mehr aktive Hasefriedhof offiziell für Bestattungen entwidmet. Der Gang über dieses Denkmal bot Einblicke in 200 Jahre Bestattungsgeschichte. Wir erfuhren viel über für die Stadt wichtige Persönlichkeiten, über Kunst, Kultur, Symbolik und über die Natur. Die Hochschule Osnabrück hat in einem Projekt erforscht, wie ehemalige Friedhöfe genutzt werden können. Das grüne Kleinod mit seinem parkähnlichen Charakter und besonderen Charme der Anlage lädt bereits jetzt bei gutem Wetter zum Entspannen und Ausruhen ein.

Abb. 4: Aufstellung zum Gruppenfoto auf dem Campus Haste (Foto: M. Liesebach)

Campus Haste der Hochschule Osnabrück

Bei sonnigem Wetter (Abb. 4) wurden am Sonntagvormittag in drei Gruppen der Campus Haste der Hochschule Osnabrück besichtigt. Der heutige Campus ist aus der im Jahre 1949 gegründeten Höheren Gartenbauschule Osnabrück hervorgegangen.

Durch den 7,2 ha großen **Park Haste**, der durch alten Buchen- und Eichenbestand geprägt ist, führte Jörn Holtmann, Leiter des Lehr- und Versuchsbetriebes Landschaftsarchitektur. An einer *Quercus frainetto* vor einem unter Denkmalschutz stehenden Gebäude der Hochschule wurde ausgiebig über Baumschutz bei öffentlichen Baumaßnahmen und standortgerechter Unterpflanzung diskutiert (Abb. 5). Weitere interessante Gehölze waren z. B. *Acer monspessulanum*, *A. tataricum*, *Betula platyphylla*, *Cedrus brevifolia*, *Prunus serotina* mit Schwefelporling und *Tilia tomentosa*.

Den **Staudengarten** mit seinen unterschiedlichen Gartenräumen stellte Prof. Dr. J. Bouillon vor. Im ersten Beet wurde gezeigt, wie mit

Farn Giersch unterdrückt werden kann. In einem anderen Beet bekamen wir die Funkien-Vielfalt vorgeführt. Das „Liguster-Zimmer" war nicht etwa mit einer klassisch einheitlich geschnittenen Hecke eingefasst – die Liguster-Einfassung umwand den Raum wie eine Raupe. An anderer Stelle wurde mediterranes Flair nachempfunden: *Pinus densiflora* wurde anstelle von der frostempfindlichen *P. pinea* und Wacholder anstelle von Zypressen gepflanzt. An Gehölzen durften hier Oliven nicht fehlen, die in Kübeln eingebracht waren. Die Einfassung des „Eiben-Zimmers" wird mit Lasertechnik zweimal jährlich in Form gebracht. Die Bepflanzung um dem Teich folgte Karl Förster's Motto: *Es wird durchgeblüht*.

Die **Versuchsflächen** der Teilbereiche **Baumschule und Obstbau** wurden von Frau Edith Oltmanns vorgestellt. So sahen wir Versuche mit Birnen auf unterschiedlichen Unterlagen und mit Heidelbeeren auf unterschiedlichen Kultursubstraten, die sich im Wuchs unterschieden, die *Hydrangea*-Sichtung und eine Prüfung für ADR-Rosen.

174

Abb. 5: Ungarische Eiche (*Quercus frainetto*) am Campus Haste (Foto: M. Liesebach)

Anhand eines Posters wurden wir über eine Hybride aus Apfel und Birne informiert, die wegen der Erweiterung ihres Genpools mit neuen einkreuzbaren Eigenschaften (z. B. Fruchtqualitätsmerkmale, Nichtwirtsresistenzen) für die Kernobstzüchtung von Interesse sein kann. Vorgestellt wurde außerdem ein Gewächshaus mit Wärmeschutzverglasung, das im Verbundprojekt Zukunftsinitiative Niedrigenergiegewächshaus (ZINEG) am Standort Osnabrück erprobt wurde.

Vortragsnachmittag

Am Nachmittag wurde das Programm mit einer Vortrags- und Diskussionsveranstaltung zum Thema „Multifunktionale Räume – Nutzungskonflikte und Freiraumpotenziale in Stadt und Landschaft" im Hörsaal fortgesetzt. In vier Vorträgen wurde von Absolventen der Hochschule aus dem Spektrum der Abschlussarbeiten berichtet. Die Vorträge setzten sich mit Therapiegärten, der Gestaltung blütenreicher Wegränder aus heimischem Saatgut, solidarischer Feldwirtschaft im

urbanen Umfeld auseinander ebenso wie mit der einer Analysemethode zur mobilen Blickregistrierung. Prof. Dr. Jürgen Milchert (Freiraumplanung und Gartenkunst) regte die Zuhörer durch seinen Vortrag über sakrale Landschaften zu Diskussionen an. Den Abschluss bildete Eike Jablonski, der den Feld-Ahorn (*Acer campestre*), Baum des Jahres 2015, vorstellte.

Pfarrgarten Emsbüren

Am Montag begann das auswärtige Exkursionsprogramm Richtung Emsland mit dem Pfarrgarten der katholischen Kirchengemeinde St. Andreas in Emsbüren, der seit 2012 von Mitgliedern der DDG betreut wird. In dem kleinen Stück vom Paradies, wie der Untertitel eines Faltblattes lautet, begrüßte uns der naturverbundene Pastor Stephan Schwegmann. Der direkt hinter dem katholischen Pfarrhaus gelegene 1,5 ha große Garten ist eine grüne Oase mitten im Dorf. Die Entwicklung des um 1840 von dem sehr vielseitig interessierten Pfarrer Albert Deitering gegründeten Gartens mit seinen sieben Quartieren

Abb. 6: Wieder vernässter Teil im Bourtanger Moor (Foto: M. LIESEBACH)

und der aktuelle Baumbestand wurden von Prof. Dr. FRED-GÜNTER SCHROEDER in den MDDG 100 beschrieben (SCHROEDER 2015). Neben bemerkenswerten Exemplaren von *Ilex aquifolium* (hier Hülskrabbe genannt) und Buchen begeisterten uns viele dendrologische Raritäten, die in den letzten Jahren mit Hilfe von DDG Mitgliedern (z.B. GÜNTER DIAMANT, PAUL SCHWIETERS) eingebracht wurden.

Emsland Moormuseum

Das Emsland ist vor allem für seine tief gelegenen Moorgebiete bekannt, von denen ein Teil des westlichen Emslandes zum Internationalen Naturpark Bourtanger Moor-Bargerveen gehört. Inmitten des Bourtanger Moores (Abb. 6), das mit über 2.000 km² das größte zusammenhängende Hochmoor Mitteleuropas bildete, liegt das Emsland Moormuseum in Geeste.

In einer Museumsführung wurden uns die einzigartigen Sammlungen zur Moorentstehung, -entwicklung und -kultivierung, zur Besiedlung, dem sog. Emslandplan, zur Torfgewinnung und -verarbeitung sowie zum Moorschutz und zu Fragen der Renaturierung erläutert. In den beiden modernen Gebäuden mit über 2.500 m² Ausstellungsfläche tauchten wir in einer Zeitreise in vergangene Lebens- und Arbeitswelten ein.

„Riesenlinde" zu Heede

Die „Tausendjährige Linde" von Heede, wie der Baum auch genannt wird, wurde zum Champion Tree / Rekordbaum des Jahres 2014 gekürt. Die berühmte Sommer-Linde (*Tilia platyphyllos*) ist die nach derzeitigem Kenntnisstand der Baum dieser Art in Deutschland mit dem stärksten Stamm und zählt auch europaweit zu den fünf Linden mit stärkstem Stammdurchmesser. DDG und GDA küren seit 2010 jeweils am Internationalen Tag des Baumes (25. April) einen Rekordbaum des Jahres. Zu den Zielen der Aktion gehört, zur Wertschätzung alter und starker Bäume und zum Bewusstsein über die Bedeutung der Bäume beizutragen. An der Linde wurden wir durch den Vertreter des Landkreises und Bürgermeister ANTONIUS POHLMANN begrüßt. Nach

Abb. 7: Vom Wind freigelegte Wurzeln einer Stiel-Eiche (Foto: M. Liesebach)

Vorstellung der Champion Tree-Initiative erläuterte Frau Dr. Heike Liesebach, dass genetische Untersuchungen am Thünen-Institut für Forstgenetik ergeben hatten, dass es sich bei der Linde um ein Individuum handelt, da sich alle Stämme als genetisch identisch erwiesen (siehe auch H. Liesebach & Ewald 2015).

Der Rekordbaum und die Aktion wurden durch die Aufnahme als Exkursionspunkt der Jahrestagung einem breiteren Mitgliederkreis bekannt gemacht. Mit der „Riesenlinde" zu Heede nimmt Deutschland im Frühjahr 2016 erstmals auch am Wettbewerb „Europäischer Baum des Jahres" teil.

NSG Borkener Paradies

Mit dem 33,4 ha großen Gebiet wurde ein Ausschnitt einer ehemaligen Hutelandschaft, die als Allmende-Weide genutzt wurde, 1937 unter Schutz gestellt. Das Naturschutzgebiet (NSG) ist ein Lehrbuchbeispiel einer ehemals gemeinschaftlich genutzten, historischen Kulturlandschaft, wie sie noch im 19. Jh. auf der nordwest-

deutschen Geest weiten Raum einnahm. Erhalten geblieben ist das in einer Emsschleife gelegene Gebiet, da es von der Stadt Meppen aus nur schwer erreichbar war. Um den ehemaligen Charakter der Landschaft zu erhalten und die Sukzession bis hin zum geschlossenen Wald zu verhindern, wird das Gebiet heute mit Kühen und Pferden extensiv beweidet. Das Gebiet ist von einem Mosaik von Offenbiotopen über Gebüsch-Sukzessionsstadien bin hin zu lichten Eichenaltbeständen und Auenwald geprägt. Auf einem Rundweg führte uns Dr. Niels Gepp (Landratsamt Emsland) durch Sanddünen mit Sandpionierfluren, Magerrasen und Zwergstrauchheiden, Gebüsche aus mit Dornen und Stacheln bewehrten, damit die Beweidung ertragenden, Sträuchern (z.B. *Prunus spinosa, Rosa-* und *Crataegus*-Arten und -Hybriden) und lichte Baumbestände mit markanten Exemplaren der Stiel-Eiche. Eindrucksvoll sind mehrstämmige Eichen oder Eichen mit teilweise von angewehtem Sand umschlossenem unterem Stammbereich oder durch Verwehungen freigelegten Wurzeln (Abb. 7).

Abb. 8: Großartiger Ausblick vom Haus Flörbach ins Arboretum VAN DELDEN (Foto: J. BOUILLON)

Arboretum VAN DELDEN

Am Dienstag brachen wir in das nördliche Münsterland auf. Im etwa 5 ha großen Arboretum am Haus Flörbach in Epe bei Gronau empfing uns die Zwillingsschwester HILDE VAN DELDEN unseres 2012 verstorbenen langjährigen Mitglieds HELMUT VAN DELDEN, die die Pflege der Anlage im Sinne der Familie vorbildlich fortführt. Das Arboretum befindet sich nun in dritter Generation in Privatbesitz namhafter Dendrologen und DDG-Mitglieder. Der Park Flörbach und das Haus entstanden zwischen 1900 und 1908. Am Eingang zum Park des Hauses Flörbach steht immer noch eine mächtige Westliche Hemlocktanne (*Tsuga heterophylla*), unter der die DDG bereits 1985 anlässlich der Jahrestagung in Münster empfangen wurde.

HELMUTH VAN DELDEN pflegte, zunächst zusammen mit seinem älteren Bruder KARL WILLEM VAN DELDEN, bis 2012 diesen Park. Durch Nachpflanzen seltener Gehölze, insbesondere von Magnolien, Rhododendren und Ahornen, die auf dem Moorboden bestens gedeihen, ge-staltete er den Park mit Sichtachsen und Teich zu einer Anlage weiter, in der die Gehölzkostbarkeiten in einen landschaftlichen Kontext eingebunden sind (Abb. 8). Sein Vorgehen war pragmatisch und von einem tiefen Naturverständnis geprägt. Auf seinen Reisen in weite Teile der Welt nahm er viele unterschiedliche Landschafts- und Vegetationsbilder auf, die er in seine Gestaltung einfließen ließ. Die Pflanzen wurden von Reisen mitgebracht oder von Dendrologenkollegen und -freunden, wie WERNER BROCKMANN, GÜNTER DIAMANT oder PAUL SCHWIETERS, bezogen. Weitere bemerkenswerte Gehölze sind Schlangenhaut-Ahorne, *Acer pseudoplatanus* 'Leopoldii', *Magnolia grandiflora*, *Platycarya strobilacea* und Eichen neueren Datums.

Zur Freude vieler insbesondere älterer Teilnehmer hatte Frau VAN DELDEN auf der Terrasse des Hauses Fotos ausgelegt, die Erinnerungen erweckten.

Abb. 9: Spannende Gartenideen und Raritäten bei der Baumschule SCHWIETERS (Foto: J. BOUILLON)

Baumschule PAUL SCHWIETERS

Nach dem Mittag ging es in die Baumschule des DDG-Mitglieds PAUL SCHWIETERS nach Rosendahl-Holtwick. Hier erwartete uns ein umfangreiches Sortiment vom Zwergstrauch bis zum Hausbaum, das die Grundausstattung eines Gartens bildet. PAUL und EVA SCHWIETERS haben sich darauf spezialisiert, Gehölze anzubieten, die saisonal als Highlights wirken können (Abb. 9). Von der Winterblüte bis zur Herbstfärbung und zu spektakulären Rindenfärbungen und Silhouetten halten sie passende Pflanzen für jede Gartengröße bereit. Im Sortiment finden sich auch atemberaubend schöne Magnolien, herrliche Hortensiensorten und sommerblühende Ziersträucher. Stauden und die in allen Farben blühenden Dahlien fehlten nicht.

Unser Rundgang führte durch feine Schaugärten und in ein Quartier, in dem eine Vielzahl von Gehölzraritäten, eine besondere Leidenschaft der SCHWIETERS, aufgepflanzt waren. Darunter waren *Chaenomeles cathayensis*, ×*Chitalpa tash-* *kentensis* 'Pink Dawn' (*Chilopsis linearis* × *Catalpa bignonioides*), *Hemiptelea davidii*, *Juglans nigra* 'Laciniata', *Quercus macrocarpa* und *Robinia pseudoacacia* 'Tortuosa'.

Arboretum LOISMANN

Die Geschichte des Arboretum LOISMANN (früher Arboretum Dörenthe) begann in den Jahren 1894/95. Beim Bau des Dortmund-Ems-Kanals wurde mit dem Aushub auf dem Land von BERNHARD LOISMANN ein Hügel mit einer Grundfläche von etwa 2 ha aufgeschüttet, der eine Höhe von fast 6 m besaß. Zunächst angepflanzte Obstbäume brachten nicht die erwünschten Erträge. Der Pflanzenliebhaber B. LOISMANN begann um 1910 auf dem Hügel daher aus Samen angezogene einheimische und exotische Gehölze anzupflanzen. So entstand im Laufe der Jahre ein sehenswertes Arboretum, das bereits 1924 durch die Deutsche Dendrologische Gesellschaft ausgezeichnet wurde (MDDG 34: S. 444–446 und Bildtafel 63).

Abb. 10: Im Arboretum Loismann (Foto: J. Bouillon)

Der Baumbestand ist im Wesentlichen bis heute erhalten und wird von der Enkelin des Gründers, Frau Marianne Niemann, die uns durch die Anlage führte, gepflegt (Abb. 10). Unter den etwa 300 Arten sind folgende bemerkenswerte Gehölze: *Actinidia kolomikta*, *Calocedrus decurrens* (Weihrauchzeder), *Clerodendrum trichotomum* var. *fargesii* (Losbaum), *Davidia involucrata* (Taschentuchbaum), *Fagus sylvatica* 'Cristata' (Hahnenkamm-Buche), *Ginkgo biloba* 'Pendula' (Ginkgo-Hängeform), *Halesia carolina* (Schneeglöckchenbaum), *Magnolia hypoleuca* (Honoki-Magnolie, 20 m hoch), *Sequoiadendron giganteum* (Mammutbaum, über 33 m hoch) und *Torreya nucifera* (Nusseibe).

FriedWald Bramsche-Osnabrücker Land

Der letzte Exkursionstag begann mit einem Waldbesuch im Niedersächsischen Forstamt Ankum. Das 2005 durch Zusammenlegungen entstandene Forstamt Ankum bewirtschaftet

12.000 ha Landeswaldfläche und betreut 1.000 ha Körperschafts- und Genossenschaftswald. Die Baumarten setzen sich zu 73 % aus Nadelholz (Hauptbaumart ist die Kiefer mit 42 %) und zu 27 % Laubholz (Eichen 14 %) zusammen. Das Forstamt wird seit 1990 nach den Grundsätzen der Langfristigen Ökologischen Waldentwicklung (LÖWE-Waldbauprogramm) bewirtschaftet, mit dem Ziel den Laubholzanteil langfristig zu erhöhen.

Zu den Angeboten des Forstamtes gehört der FriedWald Bramsche-Osnabrücker Land (Abb. 11), dessen Konzept uns bei einer Waldführung vorgestellt wurde. Der 51 ha große FriedWald befindet sich im Naherholungsgebiet Gehnwald nordwestlich der ehemaligen Tuchmacherstadt Bramsche. Der Wald wächst hier in den Ausläufern des Wiehengebirges auf Sand- und Tonstein aus der Jura-Formation. Auf den gut mit Feuchtigkeit versorgten Böden gedeihen heute alte Eichen-, Eichenhainbuchenbestände und typische Buchenmischwälder. Insbesondere Hainbuchen

Abb. 11: Gedenkstein am Eröffnungsplatz im FriedWald Bramsche-Osnabrücker Land (Foto: M. Liesebach)

geben dem FriedWald Bramsche sein typisches Gepräge.

FriedWald ist eine „naturverbundene" Form der Bestattung. Die Asche Verstorbener wird im ausgewiesenen FriedWald in einer abbaubaren Urne aus Flüssigholz am Fuß eines Baumes beigesetzt. Um einen Baum herum haben bis zu zehn Urnen Platz. Am Baum wird lediglich eine kleine Plakette mit einer Nummern- oder Buchstabenkennzeichnung angebracht. Auf Wunsch können auch Initialen, Familienname sowie Daten des Verstorbenen eingraviert werden. Die Grabpflege übernimmt die Natur.

Schlosspark Ippenburg

Den Abschluss des Exkursionsprogramms bildete der von Freifrau Viktoria von dem Bussche umgestaltete Park Ippenburg. Das Schloss wird bereits in der 22. Generation von der Familie bewohnt. Den privat genutzten Park, der sonst nur an drei Festivalterminen geöffnet hat, stand den Exkursionsteilnehmern außer der Reihe offen. Mit großem Enthusiasmus stellte uns Freifrau von dem Bussche die einzigartigen Gartenräume vor, die sie auf dem 8 ha großen Gelände um das Schloss entstehen lassen hatte.

Als Vorreiterin der beliebten Gartenfestivals veranstaltete sie 1996 das deutschlandweit erste Gartenfest. Seither gewinnt sie immer wieder namhafte Gartenkünstler für die Umsetzung unterschiedlichster Konzepte in den Gärten. Mit ihrem Gartenteam bewirtschaftet sie den deutschlandweit größten und vielfältigsten Küchengarten, der anlässlich der Landesgartenschau Niedersachsen 2010 angelegt wurde. Im Jahr 2013 wurde mit dem Rosarium 2000+ ein einzigartiges, lebendiges Rosenmuseum angelegt (Abb. 12). Diese Sammlung umfasst ausschließlich Züchtungen des 21. Jahrhunderts – vergleichbar einem Museum für zeitgenössische Kunst.

Östlich des Schlosses beindruckte uns auch ein Trompetenbaum mit seinem gewundenen

Abb. 12: Mit Freifrau Viktoria von dem Bussche im Rosarium 2000+ (Foto: J. Bouillon)

Stamm. Eine südwestlich vom Schloss stehende imposante Esche ist derart geschädigt, dass sie aus Sicherheitsgründen stark eingekürzt werden musste.

Zitierte Literatur:

Liesebach, H.; Ewald, E. (2015): DNA-Nachweis: Die „tausendjährige" Linde von Heede (*Tilia platyphyllos* Scop.) ist ein einziges Individuum. Mitt. Deutsch. Dendrol. Ges. 100: 229–232.

Schroeder, F.-G. (2015): Der Pfarrgarten zu Emsbüren, ein bemerkenswertes dendrologisches Objekt. Mitt. Deutsch. Dendrol. Ges. 100: 205–228.

Autoren:
Dr. Mirko Liesebach
Thünen-Institut für Forstgenetik
Sieker Landstr. 2
22927 Großhansdorf
mirko.liesebach@thuenen.de

Prof. Dr. Jürgen Bouillon
Hochschule Osnabrück,
Fakultät Agrarwissenschaften und Landschaftsarchitektur,
Fachgebiet Gehölzverwendung und Vegetationstechnik
Am Krümpel 31
49090 Osnabrück
j.bouillon@hs-osnabrueck.de

| Mitt. Deutsch. Dendrol. Ges. (MDDG) | 101 | 183-208 | 2016 | ISBN 978-3-8001-0861-9 |

Bericht zur Studienreise der DDG nach Marokko vom 24. April bis 7. Mai 2015

Peter A. Schmidt und Mirko Liesebach,

Der nordwestafrikanische Staat Marokko war das Ziel der Studienreise der DDG im Jahre 2015. Bereits 1997 führte eine Studienreise der DDG nach Marokko (vgl. Hecker 1997, Grund 2000, Lock 2002). In 2014 organisierte Eugen Moll für den Freundeskreis Botanischer Garten Köln zwei Studienreisen (Hecker 2014a, b; Haberer 2014), die ebenfalls wertvolle Anregungen für die DDG-Studienreise 2015 gaben. Ausführliche, das Exkursionsgebiet (zumindest teilweise) betreffende Pflanzenlisten finden sich unter anderem bei Dinter (2010), Hecker (2014b) und Haberer 2014) sowie von Schmidt im Exkursionsführer dieser Studienreise (Schmidt & Liesebach 2015).

Da in den genannten Berichten zu den Exkursionen bereits umfangreiche Angaben zum Land und seiner Naturausstattung sowie der Landnutzung zu finden sind, soll hier nur eine kurze Einführung gegeben werden. Der Schwerpunkt der Darstellung liegt auf den Exkursionszielen und den an diesen sowie während der Busfahrten beobachteten Pflanzen, wobei neben den Gehölzen auch krautige Pflanzen berücksichtigt werden. Allerdings ist die Abgrenzung zwischen Stauden mit Verholzungstendenz basaler Sprossbereiche und Halb- oder Zwergsträuchern oft fließend ist, vor allem in den Gebirgen und ariden Pflanzenformationen.

Die Landesfläche des Königreichs Marokko beträgt 458.730 km² (ohne die umstrittenen Saharagebiete). Die Nord-Süd-Ausdehnung misst 2.100 km und die Ost-West-Ausdehnung 750 km. Die Höhenstufen reichen von planar (Meeresküsten und Tiefebenen) bis alpin (Hoch-gebirge mit Höhen bis über 4.000 m). Im Vergleich zu den Nachbarländern ist Marokko ein kleines Land, das allerdings durch seine geografische, geologische und klimatische Vielfalt ökologisch und geobotanisch äußerst abwechslungsreich ist.

Landschaftsprägend für Marokko sind vor allem die Gebirgszüge des Atlas, die auch den größten Teil der Landesfläche einnehmen. Entlang der vorwiegend steilen und felsigen Mittelmeerküste im Norden verläuft das Hochland des Er Rif (Rif-Gebirge), das Höhen bis 2.456 m ü. M. erreicht. Parallel zur Atlantikküste im Westen des Landes ziehen sich von Nordosten nach Südwesten die Ketten des Mittleren, des Hohen und des Anti-Atlas. Im Hohen Atlas liegt der höchste Berg des Landes, der Jebel Toubkal (4.167 m), der auch gleichzeitig der höchste Berg Nordafrikas ist. Von der Atlantikküste steigt das Gelände an zum zentralen Teil der weitläufigen, schwach gewellten Meseta von ca. 450 m ü. M. mit einzelnen, die Ebene überragenden Inselbergen. Die Meseta wird im Süden und Osten vom Hohen bzw. Mittleren Atlas begrenzt. Während es im nördlicheren Teil des Landes fruchtbare Ebenen mit ganzjährig Wasser führenden Flüssen gibt, geht die Landschaft südlich und östlich der Atlasketten langsam in die Wüstengebiete der Sahara über, in denen nur Flussoasen grüne Lebensadern darstellen.

1. Tag: Freitag, 24. April 2015

Die 34 Teilnehmer waren individuell nach Frankfurt am Main gereist, um von dort gemeinsam

Abb. 1: Moschee Hassan II. in Casablanca (Foto: M. Liesebach)

nach Casablanca zu fliegen, wo wir kurz nach Mitternacht eintrafen. Bei der Einreise erhielten wir am Flughafen eine kaum lesbare Nummer in den Pass geschrieben, die wir bei jedem Hotel in den Meldebogen eintragen mussten. Anschließend wurden wir von unserem marokkanischen Reiseführer Lahcen Balhous empfangen. Es stellte sich bald heraus, dass uns mit Lahcen, so wollte er während der Reise angesprochen werden, ein exzellenter Kenner von Land und Leuten begleiten wird. Zudem hatte er ein erstaunliches Interesse an Pflanzen, lauschte aufmerksam den Ausführungen des für die fachliche Führung zuständigen Exkursionsleiters (P. A. Schmidt), stellte Fragen zu den Pflanzen und legte sich während der Reise ein „Mini-Herbarium" in seinem Notizbuch an.

2. Tag: Samstag, 25. April 2015

Nach einer kurzen Nacht führte uns die Fahrt durch **Casablanca** vorbei am Café Ritz zur Moschee Hassan II. Die zweitgrößte Moschee der Welt beeindruckt durch ihre Lage und Größe. Das weithin sichtbare Wahrzeichen erstreckt sich auf einer Fläche von 9 ha am Atlantikufer. Das quadratische Minarett ragt 200 m in die Höhe, damit ist die Moschee der weltweit höchste Sakralbau (Abb. 1).

Nach einem Stopp an der Küste mit Blick zur Moschee, wo wir unter anderem Mariendistel (*Silybum marianum*), Strauch-Melde (*Atriplex halimus*) und in einer Hecke den aus Australien stammenden immergrünen Strauch *Myoporum acuminatum* sahen, ging es auf den Markt mit seinem reichhaltigen Angebot an Gemüse, Obst, Gewürzen, Fleisch, Fisch, Krebsen, Muscheln etc. Botanisch interessant waren die als Zahnstocher angebotenen Dolden der Umbellifere *Ammi visnaga* (Syn. *Visnaga daucoides*), der Zahnstocher-Ammei. Während der Fahrt durch die Stadt konnten wir bereits eine Vielzahl interessanter Bäume, die uns in den Grünanlagen der Städte immer wieder begegneten, sehen, so den Kurrajong-Flaschenbaum (*Brachychiton populneus*), die Palmen *Chamaerops humilis, Syagrus romanzoffiana* und *Washingtonia filifera* oder die *Ficus*-Arten *F. benjamina* und *F. macrophylla*. Danach ging es auf der Autobahn nach Norden in Richtung Rabat.

Etwa auf halber Strecke von Casablanca nach Rabat hielten wir an einer Raststätte **bei Bouznika**. Neben dem kleinen Picknickpark zogen nicht nur einige Gehölze wie ein blühender Korallenbaum (*Eythrina* spec.), Zederachbaum (*Melia azedarach*) oder Myrtenblättriges Kreuzblümchen (*Polygala myrtifolia*) unsere Aufmerksamkeit auf sich, sondern eine aufgelassene Fläche mit einzelnen Aleppo-Kiefern (*Pinus halepensis*) erwies sich als besonders interessant. Hier wuchsen unter anderem der auffällige blühende Wurzel-Schmarotzer Blutrote Sommerwurz (*Orobanche sanguinea*; Abb. 2), Spanisches Rohr oder Riesenschilf (*Arundo donax*), ein halbstrauchiger kletternder Spargel (*Asparagus acutifolius*), Kronen-Wucherblume (*Chrysanthemum coronarium*), Eibischblättrige Winde (*Convolvulus althaeoides*), Milchfleckdistel (*Galactites tomentosa*), Spanische Golddistel (*Scolymus hispanicus*), Ackerröte (*Sherardia arvensis*).

Wir setzen unsere Fahrt von der wirtschaftlichen Metropole Casablanca entlang der Atlan-

Abb. 2: Blutrote Sommerwurz (*Orobanche sanguinea*) (Foto: M. Liesebach)

Abb. 3: Blütenstand der Natal-Strelitzie (*Strelitzia nicolai*) mit kahnförmigen blauen Hochblättern und Blüten mit äußeren weißen und inneren blauen Blütenhüllblättern, deren reichlicher Nektar Ameisen anlockt
(Foto: P. A. Schmidt)

185

Abb. 4: Brasilianischer Pfefferbaum (*Schinus terebin-thifolius*) (Foto: M. Liesebach)

tikküste zur Hauptstadt Rabat fort. Vor Rabat durchquerten wir einen Grüngürtel, u. a. mit *Eucalyptus*-Arten, Kiefern (*Pinus halepensis*, *P. pinea*) und Opuntien.

Als wir uns in **Rabat** dem nicht der Öffentlichkeit zugänglichen 40 ha großen, im 18. Jh. errichteten Königspalast, einer Stadt in der Stadt, nähern, stieg ein örtlicher Reiseführer zu. Er begleitet uns bis vor das Haupttor aus Stilelementen marokkanischer Baugeschichte. Vor dem Königspalast stehen Wachen der unterschiedlichen Waffengattungen. Auf dem Wege zum Palast sehen wir u. a. Zimmertanne (*Araucaria heterophylla*), mächtige, stark beschnittene Korallenbäume (*Erythrina abyssinica*), Jacarandabaum (*Jacaranda mimosifolia*), die Pfefferbäume *Schinus molle* und *S. terebinthifolius*, blühende Natal-Strelitzie (*Strelitzia nicolai*, Abb. 3).

Das nächste Ziel war die außerhalb der Stadtmauer liegende alte Meriniden-Nekropole Chellah, eine Oase der Ruhe. In den Anlagen der Nekropole nisten auf den alten Ruinen Weißstörche in großer Zahl. Wir sehen hier an Gehölzen u. a. *Celtis australis*, *Crassula arborescens*, *Dombeya wallichii*, *Euphorbia tirucalli*, *Grevillea robusta*, *Justicia adhatoda*, *Lycianthes rantonnetii*, *Malvaviscus arboreus*, *Olea europaea* (auch subsp. *sylvestris*), *Phytolacca dioica*, *Polygala myrtifolia*, *Ruscus hypoglossum*, *Schinus terebinthifolius* (Abb. 4), *Tecomaria capensis*, *Thevetia peruviana*, *Tipuana tipu*. Unter den kultivierten Stau-

den seien der Kalifornische Strauchmohn (*Romneya coulteri*), unter den wildwachsend vorkommenden krautigen Pflanzen die einjährige, zarte Erinusblättrige Glockenblume (*Campanula erinus*) und die Braunwurz *Scrophularia arguta* erwähnt.

Zu den schönsten Sakralbauten Marokkos gehört das Mausoleum von Mohammed V. im neomaurischen Stil. Die Anlage besteht aus dem monumentalen Grabmal, ein Carrara-Marmor verkleideter Betonbau, und einer Moschee. Der Innenraum unter dem pyramidenförmigen Dach ist mit feinem Stuck und Fliesenmosaik ausgeschmückt. Die Fensterrahmen der Kuppel wurden aus Mahagoni geschnitzt. Der ebenerdig stehende Sarkophag ist aus weißem pakistanischem Onyx. Auch Nichtmuslime dürfen das Mausoleum betreten und sogar fotografieren. An dem Mausoleum befindet sich auch das Wahrzeichen Rabats, der von weitem sichtbare Hassan-Turm, ein unvollendetes Minarett einer im 12. Jh. geplanten Moschee. In der benachbarten Grünanlage, in der die einheimische Bevölkerung gern auf dem Rasen lagert, spenden kastenförmig geschnittene Zypressen Schatten. Da hier von den Dattelpalmen sowohl *Phoenix canariensis* als auch *P. dactylifera* gepflanzt sind, kann man die Unterschiede der beiden Arten (Dichte und Farbe der Blätter, Stammstärke) beobachten.

Als Straßenbäume oder Gehölze, die in den Grünanlagen und Gärten von Rabat gepflanzt sind, seien außer den bereits für Casablanca genannten Arten erwähnt: *Casuarina equisetifolia*, *Ceratonia siliqua*, *Harpullia pendula*, *Jacaranda mimosifolia*, *Jasminum officinale*, *Malvaviscus arboreus*, *Melia azedarach*, *Phytolacca dioica*, *Polygala myrtifolia*, *Solandra guttata*, *Strelitzia alba*, *S. nicolai*, *Tecoma stans*, *Tipuana tipu*, außerdem die Agaven *Agave americana* und *A. sisalana*.

3. Tag: Sonntag, 26. April 2015

Das wehrhafte Bab el-Oudaïa ist eines der ältesten Bauwerke der Festungsanlage Kasbah des Oudaïas. Sein von feinen Schmuckbändern gerahmtes Tor zählt zu den schönsten Monumenten der Hauptstadt. Von einer Aussicht hat man einen herrlichen Blick auf den Atlantik und die Stadt. Im südlichen Bereich der Kasbah laden die Gassen zu einem Bummel zwischen gepflegten, weiß und blau bemalten Häusern ein. An diese schließt sich ein prachtvoller, um die Wende zum 20. Jh. angelegter Andalusischer Garten an. Er stellt eine kleine grüne Oase dar, es sind u.a. *Dombeya wallichii, Euphorbia pulcherrima, E. tirucallis* und *Solandra guttata* zu sehen.

Der weiträumige, eher europäisch wirkende Botanische Garten (Jardin d'Essais Botanique) untersteht dem Nationalen Forschungsinstitut für Landwirtschaft (INRA). Der 1914 von JEAN CLAUDE NICOLAS FORESTIER gegründete Garten hat eine Größe von 17 ha. Auf die von uns erbetene und vom Reisebüro zugesagte Führung warten wir vergebens, so dass P. A. SCHMIDT die Führung durch den ersten Teil der Anlage übernimmt. Der zweite Teil des Gartens ist verschlossen, aber nach mehreren Telefonaten gelingt es LAHCEN, die Leiterin der Anlage ausfindig zu machen und sie führt uns durch diesen sonntags eigentlich geschlossenen Gartenbereich.

Im Botanischen Garten werden über 700 Taxa kultiviert. Es kann nur eine kleine Auswahl von Arten genannt werden: *Aeonium arboreum, Agave sisalana, Bauhinia purpurea, B. variegata, Brahea armata* (Abb. 5), *Calodendrum capense, Callistemon viminalis, Cestrum parqui, Cinnamomum camphora, Dombeya ×cayeuxii, D. spectabilis, Dracaena draco, Enterolobium cyclocarpum, Euphorbia aphylla, Ficus macrophylla* (eindrucksvolle Allee), *Furcraea*-Arten, *Grevillea robusta, Homalocladium platycladum, Jasminum mesnyi, J. polyanthemum, Justicia cydoniifolia, Lagunaria patersonia, Malvaviscus arboreus, Montanoa bipinnatifida, Pinus canariensis, Prunus lusitanica, Punica granatum* (in vielen Sorten), *Spathodea campanulata,* aber auch die europäische Stiel-Eiche (*Quercus robur*).

Unweit von Rabat befindet sich der Jardin Exotique Bouknadel mit einer artenreichen Pflanzensammlung. Der 4 ha große, 1952 eingerichtete Garten ist bei der erholungssuchenden Bevölkerung beliebt, wovon wir uns überzeigen konnten. Vor dem Eingang stehen einige Tipubäume (*Tipuana tipu*) mit Früchten, die an Ahornfrüchte erinnern, aber nur einseitig geflügelt sind. Beispielhaft seien aus dem Pflanzenbestand einige Gehölzarten und Sukkulente genannt: *Asparagus setaceus, Casuarina cunninghamiana, Cedrus atlantica* (auch Stammscheibe eines 330 Jahre alten Baumes), *Cestrum foetidum, Crassula ovata, Hylocereus* auf *Schinus molle* kletternd, *Erythrina caffra, Ficus pumila, Montanoa bipinnatifida, Petrea volubilis, Phytolacca dioica, Pi-*

Abb. 5: Blaue Hesperidenpalme (*Brahea armata*) im Jardin d'Essais Botanique, Rabat (Foto: P. A. SCHMIDT)

nus canariensis, Pittosporum tobira, Plumeria rubra, Podranea ricasoliana, Russelia equisetiformis, Taxodium distichum. An krautigen Arten sollen lediglich Zypergras (*Cyperus alternifolius*), Schwertlilie (*Iris foetidissima*) und Zinerarien (*Pericallis cruenta, P. ×hybrida*) erwähnt werden.

4. Tag: Montag, 27. April 2015

Unsere heutige Strecke führte über die Autobahn bis nach Kenitra. Von dort aus ging es weiter über Landstraßen nach Nordosten. Bereits nach wenigen Kilometern legten wir im Waldgebiet von Maamora einen Halt ein, um uns einen Bestand aus Kork-Eiche (*Quercus suber*), in dem Hirten ihre Schafherden weiden ließen, anzusehen. Der Wald ist staatlich und wird erst ab dem Alter von 27 Jahren interessant, wenn das erste Mal Kork gewonnen werden kann. Die Stämme der Kork-Eiche wiesen unterschiedliche Farben auf, da sie etwa alle 8 Jahre, aber nicht alle zur

Abb. 6: Wo Zistrosen vorkommen, ist auf den auf ihren Wurzeln schmarotzenden Gelben Zistrosenschmarotzer (*Cytinus hypocistus*) zu achten (Foto: P. A. SCHMIDT)

gleichen Zeit, geschält werden, die zuletzt geschälten sind dunkelrot. Unter den Eichen gedeihen auch Trüffeln, die hier von Hunden aufgespürt werden und an Ständen entlang der Straße angeboten werden.

Wir fahren weiter vorbei an Beständen aus Kork-Eiche, Kiefern (*P. halepensis, P. pinea*), Eukalyptus und Akazien (z. B. *Acacia mearnsii*). Streckenweise dominierte niedrigwüchsige Zwergpalme (*Chamaerops humilis*) im Unterwuchs, da die Wälder beweidet werden und die Zwergpalme vom Weidevieh gemieden wird.

Auf unserer weiteren Fahrt durchquerten wir weite Ebenen, die landwirtschaftlich genutzt werden, u.a. werden Getreide (z. B. Weizen), Sonnenblumen, Zuckerrohr, Melonen, Tabak, Saubohne (*Vicia faba*) und Kichererbse (*Cicer arietinum*) angebaut. Streckenweise begleiteten uns mächtige Bewässerungskanäle auf hochgestellten Betonrinnen entlang der Straße, die von einem ausgeklügelten Bewässerungssystem zeugen.

Bei einem Stopp auf einer beweideten Fläche entdeckten wir auf wenigen Quadratmetern min-

Abb. 7: Blick auf die „Blaue Stadt" Chefchaouen im Rif-Gebirge (Foto: P. A. SCHMIDT)

destens 30 krautige Pflanzenarten, u. a. zwei attraktiv blühende Winden (*Convolvulus tricolor, C. althaeoides*), den zwar kleinen, aber durch seinen Fruchtkelch auffallenden einjährigen Stern-Klee (*Trifolium stellatum*), verschiedene Flockenblumen (*Centaurea pullata, C. solstitialis*), Milchfleckdistel (*Galactites tomentosus*) mit weißnervigen Blättern und strahlend blauvioletten Blüten. In einer Vertiefung wuchsen Basilienkraut-Ziest (*Stachys ocymastrum*) und Binsen-Weiderich (*Lythrum junceum*). Auf einmal befanden wir uns inmitten einer Schafherde. Ein junger Hirte kommt auf uns zu, schält wilde Artischocken (*Cynara cardunculus*) heraus und teilt sie mit uns. In einer Hecke an der Straßen-

seite gegenüber wuchsen die aus Südafrika eingeführte Schreckliche Akazie (*Acacia karroo*), die durch ihre starken und langen Dornen oft zur Anlage undurchdringlicher lebender Zäune gepflanzt wird, und die im Mittelmeerraum verbreitete Raue Stechwinde (*Smilax aspera*).

Nach Ouezzane (320 m ü. M.) führte die Straße über die Hochebene (Meseta) und die Landschaft wurde abwechslungsreicher. In der Ferne ist bereits das Rif-Gebirge sichtbar. Das Gelände begann anzusteigen, die Straße windet sich in Serpentinen die Berge hinauf. Die Hänge waren stark, vor allem von Schafen, beweidet, von trockenen Mäandertälern durchzogen und oft mit Ölbaumkulturen bestanden.

Abb. 8: Chefchaouen
(Zeichenstudie: Elvi
Schmidt)

189

Abb. 9: Lack-Zistrose (*Cistus ladanifer* subsp. *africanus*), Rif-Gebirge (Foto: Heike LIESEBACH)

Bei einem Stopp in der Steineichen-Waldstufe fanden wir eine Vielzahl mediterraner Gehölze, denen wir an den nächsten Tagen mehrfach begegnen, u. a. Zistrosen (z. B. *Cistus monspeliensis*, *C. salvifolius*), stellenweise mit dem Gelben Zistrosenschmarotzer (*Cytinus hypocistus*, Abb. 6), Erdbeerbaum (*Arbutus unedo*), Dornginster (*Calicotome villosa*), Zwergpalme (*Chamaerops humilis*), Baum-Heide (*Erica arborea*), Schopf-Lavendel (*Lavandula stoechas*), Wilder Ölbaum (*Olea europaea* subsp. *sylvestris*), Mastixbaum (*Pistacia lentiscus*), Immergrüne Rose (*Rosa sempervirens*), Lorbeer-Schneeball (*Viburnum tinus*). Dicht am Boden anliegende Blattrosetten gehörten zur berühmten Alraune (*Mandragora autumnalis*, heute meist nicht mehr unterschieden von *M. officinarum*), deren Verwendung als Zaubermittel (Aphrodisiakum, Narkotikum, u. a.) seit der Antike legendär ist

Schließlich erreichen wird das nicht so stark besiedelte **Rif-Gebirge**. Nachdem wir in **Chefchaouen**, der größten Stadt im Rif-Gebirge (Abb. 7, 8), unser Hotel am Rande der Medina bezogen haben, folgt noch ein Rundgang durch die Medina. Hier machten wir unsere ersten Erfahrungen im Handeln und genossen frisch gepressten Orangensaft. Charakteristisch für die Stadt sind die blau getünchten Fassaden der Häuser der Medina, was schon bei einem Blick aus der Umgebung auf die Stadt ins Auge fällt und den Namen „Blaue Stadt" erklärt. In der Stadt fielen stark beschnittene Maulbeerbäume (*Morus alba*) auf. Auf Vordächern und Mauern

zog auch manche Pflanze Blicke auf sich, so der Venusnabel (*Umbilicus rupestris*) mit seinen schildförmigen Grundblättern.

Am Abend bot P. A. SCHMIDT an, einige der krautigen Pflanzen, die unterwegs nicht gleich identifiziert werden konnten, gemeinsam zu bestimmen. Dies fand anfangs regen Zuspruch, jedoch in den nächsten Tagen, wohl ermüdet von den Tagestouren, sank das Interesse daran. So stellte er dann morgens vor der Abfahrt die abends von ihm determinierten Pflanzen vor.

5. Tag: Dienstag, 28. April 2015

Heutiges Ziel ist der Nationalpark Talassemtane im Rif-Gebirge. Dabei sind mehrere Stopps unterwegs geplant. Bereits am Ortsrand von Chefchaouen bittet P. A. Schmidt um den ersten Halt, um an einer Böschung neben der Straße die Gelbe Ragwurz (*Ophrys lutea*) zeigen zu können. Zu unserer Freude blüht eine weitere Orchidee: Pflugschar-Zungenständel (*Serapias vomeracea*). Wir können aber auch von hier nochmals einen Blick auf Chefchaouen genießen, eindrucksvoll bestätigend, warum diese Stadt den Namen „Blaue Stadt" trägt.

Es dauerte nicht lange bis zum nächsten Stopp, veranlasst durch die ersten blühenden Lack-Zistrosen (*Cistus ladanifer* subsp. *africanus*, Kronblätter weiß, aber meist mit braunrotem Fleck am Grund, Abb. 9), aber im Verlaufe des Tages sahen wir fast alle weiteren in Marokko vorkommenden Zistrosen-Arten, wenn auch nicht alle blühend oder mit weniger auffallender Blütenkrone als bei *C. ladanifer*. Unter den (hell) purpurrosa blühenden Arten waren dies *Cistus albidus*, *C. crispus* und *C. incanus*, unter den weiß blühenden Arten neben den schon am Vortage gesehenen *C. monspeliensis* und *C. salvifolius* (Kronblätter an der Basis oft mit gelbem Fleck) auch *C. laurifolius*.

Entlang der Straße erstreckten sich an den Hängen noch erhaltene Wälder aus Kork-Eiche (*Quercus suber*) und Stein-Eiche (*Quercus ilex* subsp. *ballota* bzw. *Q. rotundifolia*) sowie gebüschartige Macchie. In diesen, den mediterranen Vegetationstyp Marokkos widerspiegelnden Lichtwäldern und Gebüschen kamen u. a. neben den bereits genannten Zistrosen vor: *Arbutus unedo*, *Calicotome villosa*, *Clematis flammula*, *Daphne gnidium*, *Erica arborea*, *Genista quadrifolia*, *Lavandula stoechas*, *Myrtus communis*,

Abb. 10: Blick in die Nadelwaldstufe mit der Marokko-Tanne (*Abies marocana*), Rif-Gebirge (Foto: P. A. Schmidt)

Prunus lusitanica, Teucrium fruticans. Dazwischen stand immer wieder die Palisaden-Wolfmilch (*Euphorbia characias*) und streckenweise kam flächendeckend der fast kosmopolitisch verbreitete Adlerfarn (*Pteridium aquilinum*) vor.

In Bab-Taza (800 m ü. M.) bestiegen wir die auf uns wartenden Geländewagen und setzten die Fahrt in den in weiten Teilen noch unberührten **Nationalpark Talassemtane** fort. Zunächst fuhren wir durch landwirtschaftlich genutzte Flächen, die an den Hängen weit hinauf reichten. Anfangs begleiten uns noch Korkeichenwald (bis etwa 1.300 m) und Steineichenwald, wenn auch darüber schon Marokko-Tanne (*Abies marocana*) und Atlas-Zeder (*Cedrus atlantica*) zu sehen waren. In den lichten Wäldern traten weitere, zuvor noch nicht genannte Gehölzarten auf: *Acer opalus* subsp. *granatense, Alyssum spinosum, Berberis hispanica, Crataegus orientalis* subsp. *preslia, Daphne laureola, Ilex aquifolium, Juniperus oxycedrus, Phillyrea angustifolia* und *P. latifolia, Pinus pinaster, Quercus faginea, Rosa sempervirens, Ruscus aculeatus, Taxus baccata, Viburnum tinus.*

Mit zunehmender Höhe (1.500–1.700 m ü. M.) prägten Nadelbäume (*Abies marocana, Cedrus atlantica, Pinus pinaster*) das Waldbild (Abb. 10). Am Waldrand, im Wald, an felsigen oder steini-

gen Hängen traten Dornpolster von *Alyssum spinosum* (Syn. *Ptilotrichum spinosum*) und *Bupleurum spinosum* auf, außerdem sahen wir interessante krautige Arten wie *Arabis alpina* subsp. *caucasica, Centranthus calcitrapa, Raffenaldia primuloides* subsp. *riphaensis* oder einen zart blühenden Scheinkrokus, *Romulea bulbocodium.* Besondere Aufmerksamkeit zog die rosa bis kräftig rot blühende Leder-Pfingstrose oder Lederblättrige Korallen-Pfingstrose, *Paeonia* (*mascula* subsp.) *coriacea,* auf sich.

Auf dem Rückweg hielten wir noch für einen Fotostopp an einem Hanffeld, bevor wir in Bab-Taza wieder in unseren Bus umstiegen, der uns nach Chefchaouen zurückbrachte. Marokko ist der weltgrößte Exporteur von Haschisch. Die Hanfpflanzen werden überwiegend im Rif-Gebirge angebaut, daher nannte Lahcen es auch „Kiff-Gebirge".

Wie am Vortag verwöhnte uns die Hotelküche wieder mit traditionellen marokkanischen Gerichten.

6. Tag: Mittwoch, 29. April 2015

Während der Fahrt von Chefchaouen nach Volubilis konnten wir anfangs nochmals Pflanzen beobachten, wie wir sie am Vortage in den Steinei-

191

chen- und Korkeichen-Wäldern bzw. in den an ihrer Stelle als Ersatzvegetation auftretenden Hartlaubgebüschen gesehen hatten.

Wir verließen das Rif-Gebirge und erreichten die Vorberge des Mittleren Atlas. Das Gebiet wird auf weiten Strecken landwirtschaftlich genutzt: Ackerbau, Grünland und Ölbaumkulturen. Entlang der Straße waren *Acacia karroo, Agave americana* und *Opuntia maxima* (Kultursippe des Feigenkaktus mit unbekannter Herkunft) angepflanzt, oft als Dornhecken bzw. lebende, bewehrte Zäune dienend.

Die eindrucksvolle römische Ausgrabungsstätte **Volubilis** war kulturhistorisch wie botanisch äußerst sehenswert. Auf einer Fläche von 40 ha erhielten wir einen Eindruck von einer ehemaligen römischen Provinzstadt. Zu den Sehenswürdigkeiten zählen ein Caracalla-Triumph-

bogen und ein Jupiter-Tempel. Mitten in einem Ölbaumanbaugebiet gelegen, verdankte die Stadt dem Handel mit Olivenöl ihren Wohlstand. Seit dem Ende des 3. Jh. wurde Volubilis allmählich verlassen. Trotz Plünderungen standen zu Beginn des 18. Jh. noch zahlreiche Bauwerke, die erst ein Erdbeben im Jahr 1755 zum Einsturz brachte. Seit 1887 wird die Ruinenstätte ausgegraben.

Bei einem Rundgang durch die Ruinenstadt waren nicht nur gut erhaltene Bodenmosaike ehemaliger Villen, Säulen, Ruinen von Stadttoren und Triumphbögen etc. zu sehen (Abb. 11), sondern eine vielfältige Flora. Neben Zypressen, Echter Feige, Johannisbrotbaum, Ölbaum oder Zwergpalme seien an Sträuchern oder Halbsträuchern *Lavandula multifida, Rosa sempervirens* und die dornigen Arten *Asparagus albus, Witha-*

Abb. 11: Römische Ruinenstadt Volubilis (Foto: M. Liesebach)

Abb. 12: In der Medina der Königsstadt Fes (Foto: M. Liesebach)

nia frutescens, Ziziphus lotus genannt. Unter den interessanten krautigen Arten, die an den Pfaden durch die Ruinen, an Mauern und Böschungen vorkamen, seien beispielhaft genannt: Italienische Ochsenzunge (*Anchusa aurea*, Syn. *A. italica*), Affodill (*Asphodelus aestivus*), Sternauge (*Asteriscus pygmaeus*), Schwarznessel (*Ballota hirsuta*), Brillenschötchen (*Biscutella didyma*), Ringelblume (*Calendula meuselii*), Tausendgüldenkraut (*Centaurium erythraea*), Natternkopf (*Echium plantagineum*), Goldgras (*Lamaeckia aurea*), Mauretanischer Lein (*Linum austriacum* subsp. *mauritanicum*), Stein-Imortelle (*Phagnalon saxatile*), Blasenwundklee (*Physanthyllis tetraphylla*, Syn. *Tripodion tetraphyllum*), Weiße Resede (*Reseda alba*), Blaustern (*Scilla peruviana*), Filz-Klee (*Trifolium tomentosum*), Eisenkraut (*Verbena officinalis*). Besonders beeindruckend waren die riesigen Blütenköpfe der Kugeldistel *Echinops fontqueri*.

Wir setzen unser Fahrt durch landwirtschaftlich genutzte Gebiete fort und erreichten am Nachmittag Fes, die älteste und vielleicht schönste der vier marokkanischen Königsstädte. Sie wurde 789 von Idriss I. als Residenz und Festung

gegründet. Die Stadt liegt in der fruchtbaren Sais-Ebene („Stadt der Oliven") und ist Zentrum marokkanischer Kunst, Kultur und Geschichte. Sie besteht aus Fes el-Bali, dem älteren Stadtviertel, und Fes Djedid, dem „neuen" Fes, mit Königspalast. Die Medina von Fes stellt für europäische Reisende die orientalische Stadt par excellence dar mit ihrem unendlichen Gewirr von teils offen und teils überdachten Gassen (Abb. 12). Um sie vor dem Verfall zu bewahren, wurde sie in die UNESCO-Liste des Weltkulturerbes aufgenommen. Fes ist die Stadt des Kunsthandwerks. Jedoch wurden traditionelle Handwerkszweige in den letzten Jahren an den Stadtrand verdrängt und in den Geschäften werden immer mehr Industrieprodukte angeboten.

Im Gerberviertel von Fes schien die Zeit stehengeblieben zu sein. Die Gerber von Fes el-Bali gehören zu den berühmtesten Handwerkern Marokkos. Ihr Leder wurde bereits im Mittelalter bis nach Bagdad exportiert. Nach traditionellen Methoden werden die Häute von Schafen, Ziegen und Rindern zu Leder verarbeitet.

Das „neue" Fes wurde als Residenzviertel angelegt, wo am Platz des Alaouites der nicht zugängliche Königspalast Dar el-Makhzen mit einem prachtvollen maurischen Tor mit reichen Ornamenten steht. Davor befinden sich Alleen aus Pomeranzen (*Citrus aurantium*). Diese Bitterorange ist oft in den Grünanlagen der Städte zu sehen. In Fes trat neben den für andere Städte bereits genannten Gehölzen als Straßenbaum Osagedorn (*Maclura pomifera*) auf.

7. Tag: Donnerstag, 30. April 2015

Als Beispiel einer harmonischen Verbindung alter und neuer Architektur zählt die von einer 40 km langen Mauer umgebene alte Königsstadt **Meknes** zum UNESCO-Weltkulturerbe. In Meknes steht das Mausoleum des Sultans auch Nichtmuslimen offen. Über zwei Innenhöfe erreichten wir den quadratischen, von zierlichen Säulen getragenen Gebetsraum, von dem man einen Blick in das eigentliche Mausoleum werfen kann. Der Palast wird noch heute von der königlichen Familie genutzt und ist daher nicht zugänglich. Am Rande des Platzes el Hedime besichtigten wir das berühmte, prachtvolle Stadttor Bâb Mansour. Es stammt aus dem 18. Jh. und gilt als eines der schönsten ornamentalen Tore Marokkos. Die massive Holztür allein ist über 15 m hoch.

Entlang der Straßen in Meknes standen u. a. *Brachychiton populneus, Jacaranda mimosifolia, Justicia, Melia azedarach, Styphnolobium japonicum* und *Robinia pseudoacacia*. Meknes bereitete sich auf die 10. Landwirtschaftsmesse vor, an der auch das marokkanische Weingut Château Roslane teilnahm. Zu dessen Besichtigung brachen wir auf, als es aus Zeitgründen zu entscheiden galt, entweder Besichtigung des Weingutes oder Rundgang in Meknes. Da wir mehrere Medinas im Programm haben, fiel die Entscheidung zugunsten des Weingutes aus.

Die Straße von Meknes über Boufakrane zum Weingut **Chateau Roslane** führte entlang von Baumschulen, Apfel-, Pfirsich- und Quittenplantagen und Rebfeldern. Das größte Weingut Marokkos (450 Beschäftigte) verfügt über einen 70.000 Hektoliter fassenden, klimatisierten und modern ausgestatteten Keller. Die Reifung der Weine wird in allen Stadien in eigenen Laboren überwacht. Zum Château Roslane gehören 700 ha Weinberge, Gärten, „Riads" (Innenhöfe), Brunnen, marokkanische Empfangsräume. In den großzügigen Anlagen im Betriebsgelände

finden sich neben Hecken aus Rosmarin (*Rosmarinus officinalis*), Strauch-Melde (*Atriplex halimus*) und Strauch- Gamander (*Teucrium fruticans*) u. a. alte Ölbäume, *Callistemon citrinus, Cercis siliquastrum, Lycianthes rantonnetii*. Nach diesem letztendlich für alle beeindruckenden Stopp mit abschließender Weinverkostung ging es weiter in die Berge des Mittleren Atlas.

Zur Mittagspause hielten wir im Bergstädtchen **Ifrane** im Mittleren Atlas, einem Luftkurort und – für Marokko recht exotisch – Wintersportort, der 1929 als französischer Ferienort in 1.650 m Höhe gegründet wurde. In den Grünanlagen dominierten Zedern, deren natürliche Vorkommen in der Umgebung später unser Ziel waren. Auf Laubgehölzen in einem Park wuchs die Rotbeerige Mistel (*Viscum cruciatum*).

Nachdem wir Ifrane verlassen hatten, bestiegen wir einen bewaldeten Hang (ca. 1.500 m ü. M.) mit sommergrünen (*Quercus faginea*) und immergrünen (*Quercus ilex* s. l.) Eichen und Atlas-Zeder (*Cedrus atlantica*). An weiteren Gehölzen sahen wir u. a. *Acer monspessulanum, Cotoneaster nummularia, Crataegus monogyna, Daphne laureola, Ilex aquifolium, Pinus halepensis*. Unter den krautigen Pflanzen seien die schon im Rif-Gebirge von uns bestaunte Pfingstrose (*Paeonia coriacea*) oder eine noch nicht ganz aufgeblühte Orchidee, der Violette Dingel (*Limodorum aborlivum*), hervorgehoben. In Straßennähe wuchsen u. a. Marokko-Bertram oder Marokkokamille (*Anacyclus depressus* bzw. *A. pyrethrum* var. *depressus*), *Moricandia arvensis, Ranunculus paludosus, Saxifraga granulata*.

Den letzten Stopp legten wir im berühmten Zedern-Wald von Gouraud (Forêt de Cèdres, Kalk, 1.600 m ü. M.) ein, dessen Bestände überwiegend auf Aufforstungen zurückgehen. Anziehungspunkt für Touristen ist die größte, inzwischen leider abgestorbene Atlas-Zeder Marokkos mit dem Namen Cèdre Gouraud ein. In unmittelbarer Nähe stehen aber weitere mächtige Zedern mit Stammumfängen bis 8,30 m (Abb. 13, 14). Auffällig sind die unterschiedlichen Kronenformen und die von Grün bis Silberblau variierende Nadelfarbe. An einem Stubben einer kürzlich eingeschlagenen stärkeren Zeder zählten wir 220 Jahrringe. Eine Attraktion stellen auch die hier lebenden Berberaffen, eine Makakenart (*Macaca sylvanus*), dar, die darauf warten, mit den von lokalen Händlern den Besuchern angebotenen Leckereien gefüttert zu werden.

Abb. 13: Atlas-Zeder (*Cedrus atlantica*) im Zedernwald von Gouraud (Foto: P. A. SCHMIDT)

Abb. 14: Ein Teil der Exkursionsteilnehmer vor einen alten Zeder im Zedernwald von Gouraud
(Foto: M. LIESEBACH)

Abb. 15: Die Färberdistel *Carduncellus rhaponticoides* am Sidi-Ali-See (Foto: P. A. Schmidt)

Am Abend erreichten wir in Azrou ein typisch marokkanisches Hotel (3-Sterne Landeskategorie), wo uns Abendessen und Wein besonders mundeten. Im Garten standen u.a. einige Bäume der in Marokko oft gepflanzten Arizona-Zypresse (*Cupressus arizonica*) mit grau- bis blaugrauen Trieben und jungen Zapfen, hier die glattrindige Varietät var. *glabra*, denn die charakteristische dünne und abrollende Stammrinde war gut zu beobachten.

8. Tag: Freitag, 1. Mai 2015

Nach der Übernachtung in Azrou, das noch im Mittleren Atlas liegt, stand eine lange Fahrt über Ausläufer des Hohen Atlas bis nach Erfoud in das Randgebiet der Sahara vor uns. An mehreren Stopps verfolgten wir die sich ändernde Flora der Hochebenen und Gebirgsökosysteme, deren Vegetation durch zunehmenden klimatischen Einfluss der Sahara immer mehr von der Trockenheit geprägt wird.

Im Seengebiet von **Sidi-Ali** (2.060 m ü.M.) war die Landschaft weitgehend entwaldet und überweidet. Auf und an dem blockreichen Gelände am See waren bereits einige interessante Arten zu beobachten, z.B. *Adonis aestivalis, Anacyclus pygmaeus, Carduncellus rhaponticoides* (Abb. 15), *Pilosella pseudopilosella* (Syn. *Hieracium pseudopilosella*), *Raffenaldia primuloides* oder auch Stachelbeere (*Ribes uva-crispa*).

Besonders beindruckend war aber auf den benachbarten felsigen, geröll- oder schotterreichen Hangstandorten die Dornpolstervegetation, in der neben halbkugeligen oder kissenförmigen Dornpolsterpflanzen auch Zwiebelgewächse und alpine Stauden wachsen. Am auffälligsten war der in voller Blüte stehende, blau blühende Igelginster *Erinacea anthyllis* (Abb. 16). Weiterhin kamen u.a. *Alyssum atlanticum, Erodium sebaceum, Helianthemum croceum, Linum austriacum* subsp. *mauritanicum, Ononis cristata* und *Veronica rosea* vor.

In Zeida einer kleinen Marktstadt auf der Hochebene zwischen Mittlerem und Hohem Atlas kauften wir für den Mittagsimbiss ein. Anschließend folgte unsere Route der Passstraße im Hohen Atlas, vorbei an verstreut stehenden, schönen alten Zedern und uralten Wacholdern (*Juniperus oxycedrus, J. phoenicea, J. thurifera*). Einige Bäume des Phönizischen Wacholders (*J. phoenicea*, einzige altweltliche schuppenblättrige Wacholderart mit rotbraunen Zapfen) und des Stech-Wacholders (*J. oxycedrus*, ebenfalls rotbraune Zapfen, aber nadelblättrig) konnten wir uns an der Passhöhe **Tizi-n-Tairhemt** (1.907 m ü.M.), wo wir am Rande eine Aufforstung mit *Pinus halepensis* Mittagsrast einlegten, näher ansehen (Abb. 17). Die eigentümlichen, zerzaust wirkenden Kronen der einzeln stehenden, noch erhaltenen Wacholderbäume weisen stark beschnittene und gestutzte Äste auf, da deren Holz von der lokalen Bevölkerung genutzt wird, wohl vor allem von den Hirten für Brennholzgewinnung.

Nach dem **Tunnel du Legionnaire** (1.250 m ü.M.) hatten wir von einem Parkplatz eine wunderbare Aussicht in die vom Fluss Ziz gestaltete Landschaft mit ihren Schluchten und Hängen sowie eindrucksvollen Verwerfungen. Im Flussbett wächst Oleander (*Nerium oleander*), der uns an den Wasserläufen immer wieder begegnen wird. An den Trockenhängen oberhalb der Straße konnten wir Gehölze wie Kapernstrauch (*Capparis spinosa*), Dorn-Winde (*Convolvulus trabutianus*), Nacktfrucht (*Gymnocarpos decandrus*), Dornlattich (*Launaea arborescens*), Halbstrauch-Morikandie (*Moricandia suffruticosa*), Retamastrauch (*Retama sphaerocarpa*) und den dornstrauchigen Kreuzblütler *Zilla spinosa* sehen. Einheimische, die hier auf Touristen warten, drängten uns zum Kauf von aus Palmenfiedern geflochtenen Figuren (überwiegend Dromedare).

Abb. 16: Dornpolstervegetation mit dominierendem Igelginster (*Erinacea anthyllis*) am Sidi-Ali-See
(Foto: P. A. Schmidt)

Die Straße führte am oberen Rand des tief in das Plateau eingeschnittenen Tals des Qued Ziz entlang. Der Talbereich mit seiner Oase stach durch sein saftiges Grün hervor, damit kamen wir, nachdem wir die Echte Dattelpalme (*Phoenix dactylifera*) seit dem ersten Tag in den Ortschaften bereits sahen, in das erste Anbaugebiet der Dattelpalme zur Produktion von Datteln. Dies war auch sofort zu spüren, denn bei einem Fotostopp traten wie aus dem Nichts plötzlich Händler auf, die Datteln anboten und verkauften. Einblicke in Täler mit rotbraunen Stampflehmhäusern und Oasengärten, die sich bis an die senkrechten, den Fluss begrenzenden Felswände ausdehnen, werden uns mehrfach begegnen.

Über Er-Rachidia ging die Fahrt weiter in Richtung Erfoud, unserem nächsten Quartier. Die inzwischen ebene, fast vegetationslose Landschaft nahm mehr und mehr den Charakter einer Halbwüste an und die Steppenraute (*Peganum harmala*), deren Areal von hier bis in die mittelasiatischen Wüstengebiete reicht, wurde in den kommenden Tagen unser Begleiter.

9. Tag: Samstag, 2. Mai 2015

Den Tag begannen wir mit der Besichtigung des Grabs von Mohammed am Rand der Marktstadt **Rissani**. Die Anlage wurde nach Schäden durch Überschwemmungen im neomaurischen Stil wieder errichtet. In der kleinen Gartenanlage, die uns wie eine grüne Insel im Rot- bis Gelbbraun des Umfeldes erschien, konnten wir nun sehen, was uns Lahcen schon im Bus schilderte: in weibliche Dattelpalmen wird ein Wisch aus männlichen Blüten zur künstlichen Bestäubung der Palme gehängt. Anschließend besuchten wir in Rissani einen Ksar. Ein Ksar ist ein durch ein recht unspektakuläres Hauptportal zugänglicher kleiner Stadtteil. Seine Gassen sind zum Schutz vor der Sonne teilweise überdacht, wodurch sich ein abgeschlossenes Labyrinth bildet, das eine Vorstellung von einer südmarokkanischen Siedlungsform vermittelt. Auf dem benachbarten Markt deckten wir uns individuell für den Mittagsimbiss mit frischem Obst, Brot, Jogurt usw. ein.

Abb. 17: Phönizischer Wacholder (*Juniperus phoenicea*) am Pass Tizi-n-Tairhemt mit dem marokkanischen Reiseführer Lahcen (links) und Dr. S. Bräutigam (Foto: P. A. SCHMIDT)

In der Umgebung (ca. 800 m ü. M.) befinden sich ausgedehnte Palmenhaine, wie sie für die Oasen des südlichen Marokko typisch sind. Die Wildsippe der Dattelpalme, einer Kulturpflanze, die wahrscheinlich aus Persien und Arabien über Ägypten in den Maghreb gelangte, ist nicht mehr bekannt. Für den Anbau von Dattelpalmen ist Grundwasseranschluss existentiell. Bei der Besichtigung eines Palmenhains bekamen wir demonstriert, wie eine Bewässerungsanlage funktioniert. Dattelpalmen erreichen eine Höhe von 15–20 m und können 200 Jahre alt werden. Ab dem 8. Jahr trägt die weibliche Pflanze Früchte. Die höchsten Erträge bringen sie im Alter zwischen 30 und 100 Jahren (bis zu zwei Zentner Datteln jährlich). Da die Dattelpalme zweihäusig ist, wird entweder in die weiblichen Bäume ein männlicher Blütenstand gehängt, wie wir es bereits gezeigt bekamen, oder zu 20 weiblichen Palmen wird zur Bestäubung eine männliche gepflanzt. Noch heute zählt die Frucht der Dattelpalme aufgrund ihres hohen Zucker- und Eiweißgehalts im arabischen Raum zu den wich-

tigsten Nahrungsmitteln. Während es vor etwa 100 Jahren noch 15 Mio. Dattelpalmen in Marokko gab, sind es heute nur noch 4,5 Mio. Wasserknappheit (bis Jahresbeginn 2015 hatte es z. B. im Raum Erfoud und Rissani 4 Jahre lang nicht geregnet), zunehmende Bodenversalzung und der Pilz *Fusarium oxysporum*, der oft ganze Bestände zum Absterben bringt, gehören zu den Ursachen.

In **Erfoud**, der Fossilienmetropole der Sahara, besichtigten wir einen Steinmetzbetrieb. Die Steinbrüche liegen 30 km außerhalb. Fossilien wie Cephalopoden, Crinoiden, Brachiopoden, Ammoniten und Belemniten werden hier bearbeitet und zum Verkauf angeboten.

Nach der Mittagspause ging es in Geländewagen vom Hotel zur Stein- bzw. Sandwüste **Erg Chebbi**, dem westlichsten Ausläufer der Sahara. Auf der Fahrt nach Erg-Chebbi studierten wir bei mehreren Stopps die spärliche Wüstenflora, darunter Arten, wie wir sie während der ganzen Marokko-Exkursion nur hier zu sehen bekamen. Eindrucksvoll waren u. a. eine nordafrikanische

Abb. 18: Drehfrüchtige Akazie (*Acacia tortilis* subsp. *raddiana*), Wüste Erg Chebbi (Foto: P. A. SCHMIDT)

Abb. 19: Oscherstrauch oder Apfel von Sodom (*Calotropis procera*) auf Dünen der Sandwüste, Erg Chebbi (Foto: P. A. SCHMIDT)

Akazie (*Acacia raddiana* bzw. *A. tortilis* subsp. *raddiana*) mit ihren verdrehten Hülsen (Abb. 18) oder der Oscherstrauch *Calotropis procera* (Abb. 19), dessen Areal von den Wüsten NW-Afrikas bis Indien reicht. Wegen seiner aufgetriebenen apfelartigen Früchte, die das verkommene und verfluchte Sodom und Gomorra symbolisieren sollen, wird die Art auch „Apfel von Sodom" genannt – nicht zu verwechseln mit dem südafrikanischen Sodomsapfel *Solanum sodomaeum*, der in Marokko eingebürgert ist und z. B. an ruderalen Standorten im Palmenhain von Rissani zu sehen war. Neben einigen weiteren Gehölzen wie *Farsetia occidentalis*, *Haloxylon articulatum*, *Launaea arborescens*, *Pergularia tomentosa* oder *Zygophyllum gaetum* sollen unter den krautigen Arten vor allem die Gräser *Stipa tenacissima* und *Stipagrostis pungens* erwähnt werden. *Stipa tenacissima*, das Halfagras, wird wegen der Gewinnung von Espartofasern zur Herstellung von Flechtwerk (früher zudem für hochwertiges Papier) auch Esparto genannt, darf aber dann nicht mit dem in gleicher Weise nutzbaren Espartogras (*Lygeum spartum*), das wir die nächsten Tage an tonigen oder salzhaltigen Stellen in der Steinwüste sahen, verwechselt werden.

Als wir uns den Sanddünen näherten, trauten wir unseren Augen nicht. An deren Fuß hatte sich ein riesiger See – keine Fata Morgana – von den reichlichen Regenfällen im zeitigen Frühjahr gebildet, nachdem es zuvor mehrere Jahre hier nicht geregnet hatte. Diesen Niederschlägen ist auch zu verdanken, dass die Steinwüste, die wir zuvor durchquerten, üppiger als in sonstigen Jahren mit Vegetation bestanden ist.

Am Parkplatz an einer Kasbah teilte sich die Gruppe. Die meisten bevorzugten einen Ritt in die Dünen auf den geschmückten Dromedaren, die mit ihren Führern auf Touristen warteten. Einige wenige erklommen die Dünen zu Fuß, neben einem Oscherstrauch (Abb. 19) waren an Pflanzen nur noch einzelne Wüstengräser zu sehen.

10. Tag: Sonntag, 3. Mai 2015

Von Erfoud fuhren wir durch eine recht eintönige, ebene Landschaft bis zu den **Khettaras**, in Reihen angeordneten Sandhügeln, die sich als eine historische Anlage mit unterirdischen, ehemals der Bewässerung dienenden Kanälen erwiesen.

Die Vegetation an den Khettaras und im weiteren Verlauf der Fahrt am Rande des Hohen Atlas über die Oasenstadt Tinerhir bis nach Boumalne-du-Dadès war überwiegend durch Pflanzen sandiger und steiniger Halbwüsten geprägt. Gegenüber den Khettaras demonstrierte uns ein marokkanischer Botaniker, der uns an diesem Tage begleitete, Maßnahmen zur Erosionsminderung durch Holzbau- und Flechtwerk und Pflanzung einheimischer Tamarisken (z. B. *Tamarix aphylla*, incl. *T. articulata*). Hier und bei einem weiteren Halt sahen wir an Gehölzarten u. a.: *Carduncellus fruticosus*, *Convolvulus trabutianus*, *Fagonia zilloides*, *Farsetia aegyptiaca*, *Pergularia tomentosa*, *Randonia africana*, *Withania adpressa*, *W. frutescens*, *Zilla spinosa* und *Ziziphus lotus*. Letztgenannte Art, die Lotosfrucht-Jujube oder Seedra, ist ein wildwachsender dorniger Strauch oder Kleinbaum des Mittelmeerraumes und Nordafrikas, während die Gewöhnliche Jujube oder Chinesische Dattelpflaume (*Ziziphus jujuba*; Mittel- und Ostasien) wegen der Früchte kultiviert wird.

An krautigen Arten seien *Asphodelus tenuifolius*, *Asteriscus graveolens*, *Bituminaria bituminosa*, *Broccia cinerea* (Syn. *Cotula cinerea*), *Carduncellus davauxii*, *Echinops bovei*, *Echium humile*, *Euphorbia guyoniana*, *Linaria ventricosa*, *Moricandia arvensis*, *Reseda alba* oder *Ruta tuberculata* erwähnt.

Einer der Standorte wies salzhaltige Bereiche auf, wo der Glieder-Salzstrauch (*Haloxylon articulatum*), das Spartagras (*Lygeum spartum*) und der Geflügelte Strandflieder (*Limonium sinuatum*) hinzukamen. Letztgenannte Art hatten wir schon vom Bus aus farblich wahrgenommen, aber die hell blauviolette Farbe der Blüten geht nicht auf die kleine Blütenkrone (klein und gelblichweiß) zurück, sondern auf den so gefärbten größeren, papierartigen Kelchsaum.

Während der Fahrt hielt P. A. Schmidt angestrengt Ausschau nach einer Pflanze, die leicht zu übersehen ist, da sie sich wenig vom steinigen Boden abhebt. Schließlich wurde sie entdeckt und wir betrachteten das originale Gänsefußgewächs *Fredolia aretioides* (Syn. *Anabasis aretioides*) näher. Die bis zu 40 cm breiten, verholzten, dem Boden dicht angepressten, harten, trittfesten, silbrigen kissenförmigen Polster sollen bis 300 Jahre alt werden (Abb. 20).

Am Nachmittag wurden wir vor einem eher zentralafrikanisch anmutenden Hotel in Boumalne du Dades von einer Folkloregruppe begrüßt. Nachdem wir unsere Zimmer bezogen hatten, setzten wir unser Programm mit Minibussen fort. Es ging in die relativ naturbelassene **Dades-Schlucht.** Die Strecke führte in Serpentinen vorbei an beeindruckenden Kasbahs in die Schlucht. Die Talsohle wird in unterschiedlicher Breite als Flussoase landwirtschaftlich genutzt (Abb. 21). Angebaut wurden Fruchtbäume wie Mandel, Aprikose, Feige, Ölbaum und Walnuss, untergepflanzt sind Getreide oder Gemüse. Auffällig sind auch Pappeln mit ihren weißen Blättern. Es handelt sich um die ausgesprochen heterophylle (neben schmalen, an Weiden erinnernde Blätter typische Pappelblätter) Euphrat-Pappel (*Populus euphratica*), die neben ihrem Areal von SW- bis Mittelasien und China auch disjunkte Vorkommen in NW-Afrika aufweist.

Flussaufwärts hat sich der Dades durch die Südhänge des Hohen Atlas gegraben und ein landschaftlich grandioses, wild zerklüftetes Flusstal entstehen lassen. Neben Pflanzenarten,

Abb. 20: Kissenförmiges Polster des verholzten Gänsefußgewächses *Fredolia aretioides* (Foto: P. A. Schmidt)

Abb. 21: Flussoase in der Dades-Schlucht (Foto: M. Liesebach)

Abb. 22: Ernte der Blüten der Ölrosen (Foto: P. A. SCHMIDT)

die wir bereits sahen (z. B. *Tamarix aphylla, Carduncellus fruticosus, Marrubium vulgare, Salvia verbenacea*) kamen einige hinzu, denen wir auf der Exkursion erstmalig begegneten, so unter den Gehölzen Balearen-Buchsbaum (*Buxus balearica*), Leinblättriger Ginster (*Genista linifola,* Syn. *Cytisus linifolius*) und Rosmarinblatt-Heiligenkraut (*Santolina rosmarinifolia*) oder unter den krautigen Arten den Bockshornklee *Trigonella anguina* (Syn. *Medicago anguina*). Hervorzuheben sind noch zwei endemische Arten Marokkos: *Thymus satureioides* und *Artemisia mesatlantica*.

Nach dem Abendessen präsentierte ELVI SCHMIDT auf der Hotelterrasse noch Zeichenstudien und Bilder, die sie während der bisherigen Exkursionstage anfertigte.

11. Tag: Montag, 4. Mai 2015

Heute ging die Fahrt auf der Südseite des Hohen Atlas, dessen teils noch schneebedeckte, über 3.000 m hohe Gipfel wir in der Ferne sehen konnten, in Richtung Quarzazate. Die Fahrt

führte durch Trockentäler (Wadis) mit Steinwüsten, die mehrfach von grünen Flussoasen mit Anbau von Dattelpalmen, Ölbäumen, Mandeln und Feigen durchzogen waren.

Im **M'Gouna**-Tal, das wegen des Anbaus von Ölrosen bekannt ist, treten zunehmend die für den Süden Marokkos typischen Kasbahs auf, die früher fast ausschließlich mit Stampflehm gebaut wurden. Stampflehm wird aus Lehm, Kies und Stroh hergestellt. Die Kasbahs sind bestens an die klimatischen Bedingungen angepasst und fügen sich harmonisch in die Landschaft ein. Allerdings kann starker Regen die Bausubstanz gefährden.

Umgeben von zahlreichen, meist zerfallenen Kasbahs, liegt die nach einem Berberstamm benannte Oase El-Kelaa. Das kleine Marktstädtchen ist Zentrum des marokkanischen Rosenanbaus. Die dafür verwendeten Ölrosen gehören zur Damaszener-Rose (*Rosa ×damascena*). Die Rosen werden in Hecken zwischen kleinräumigen Anbauflächen (mit Bewässerungssystem) für Getreide oder Obstgehölze (z. B. Mandeln, Aprikosen) gepflanzt, wobei uns in den kleinen Getreidefeldern auch blühende Gladiolen (*Gladiolus italicus*) erfreuten. Aus den Blüten der Rosen werden Rosenwasser und -öl gewonnen. Rosenwasser wird für Kosmetik und zum Backen, Rosenöl als Essenz in der Parfümherstellung verwendet. 300 kg Rosenblüten ergeben 1 Liter Öl. Zur Erntezeit im Mai werden die Blüten gepflückt (Abb. 22) und sofort verarbeitet. Weit über die Grenzen der Oase hinaus bekannt ist das jährlich im Frühjahr am Marktplatz veranstaltete Rosenfest (*Moussem des Roses*).

Die weitere Fahrt begleiteten uns wieder Steinwüsten, eingestreut Bereiche mit salzertragender Flora, bei Stopps sahen wir u. a. *Retama sphaerocarpa, Limoniun pruinosum, L. sinuatum, Lygeum spartum* und *Ziziphus lotus*. Ein angepflanzter grauweißer Strauch, den wir aus dem Bus mehrfach flächenweise, wenn auch teils recht kümmerlich wachsend, sahen, fiel auf. Die salztolerante, aus Australien eingeführte Melde *Atriplex nummularia* wurde zur Bodenbefestigung und als Viehfutter gepflanzt, wobei sich die in dieses Projekt gesetzten Erwartungen nicht erfüllten.

In **Ouarzazate** angekommen, bezogen wir unsere Zimmer und hatten noch ausreichend Zeit, durch die Stadt zu bummeln. In Grünanlagen oder über Mauern rankend, teils prächtig blühend, waren diverse Ziergehölze zu sehen, z. B. *Bougainvillea glabra* (und Hybriden), *Caesalpinia gilliesii, Dodonaea viscosa, Jacaranda mimosifolia, Lantana camara, Melia azedarach, Parkinsonia aculeata* und *Schinus molle*. An dem reichlich mit Oleander bewachsenen Flussbett standen Pappeln, die alle Merkmale der Silber-Pappel (*Populus alba*) aufwiesen. Euphrat-, Silber- und Schwarz-Pappel sind die drei in Marokko natürlich vorkommenden Pappelarten, wurden aber auch gepflanzt.

12. Tag: Dienstag, 5. Mai 2015

Zunächst durchfuhren wir am Fuße des Atlasgebirges ein Gebiet, in dem die Filmindustrie über 80 Filme gedreht hat, wovon noch viele, im Sand stehenden Filmkulissen zeugen. Nach wenigen Kilometern verließen wir die Hauptstraße und gelangten zu einem weiteren Höhepunkt unserer Reise, der am Fluss Mellah gelegenen Kasbah-Stadt **Ait-Benhaddou**, ein UNESCO-Weltkulturerbe.

Die von den Berbern errichtete Stampflehm-

Abb. 23: Blick in die Kasbah der Welterbestätte Ait-Benhaddou (Foto: P. A. SCHMIDT)

siedlung erweckte den Eindruck, als ob die eng aneinander gedrängten Häuser an einem Hang zu kleben schienen. Die Untergeschosse der Lehmbauten sind schmucklos, dagegen tragen die oberen Geschosse, besonders aber die sich nach oben verjüngenden Ecktürme, reiche Verzierungen (Abb. 23). Geometrische Ornamente wurden entweder in den noch feuchten Lehm geritzt oder durch Lehmziegel gebildet.

Von der obersten Terrasse aus bot sich ein großartiger Überblick über die Landschaft mit Ait Benhaddou und dem Tal des Mellah. Im Ort am Ufer des Flusses, wo Frauen ihre Wäsche wuschen, wachsen u. a. *Nerium olender, Punica granatum* und *Tamarix africana*.

Zur Überquerung des Hohen Atlas führte uns der Weg zum **Pass Tizi-n-Tichka** (2.260 m ü. M.), der wichtigsten Nord-Süd-Verbindung in diesem Atlasgebirge. Während des Aufstiegs und am Pass beobachteten wir u. a. die charakteristische Dornpolstervegetation des Atlas und Aufforstungen mit Zypressen und Kiefern.

Dornpolster, wie wir sie schon an einigen Exkursionsorten (z. B. im Rif-Gebirge oder am

Abb. 24: Arganölgewinnung (Foto: M. LIESEBACH)

Sidi-Ali-See) sahen, werden von mehreren Arten unterschiedlichster Pflanzenfamilien gebildet. Von den hier vorkommenden Arten wie Dorn-Steinkraut (*Alyssum spinosum*), Bewehrter Tragant (*Astragalus armatus*), Dorn-Hasenohr (*Bupleurum spinosum*), Dornlattich (*Launaea arborescens*), Verworrener Bocksdorn (*Lycium intricatum*) oder *Zilla spinosa* konnten wir kaum einen Blick erhaschen, da die Zeit für den Stopp auf der Passhöhe knapp war und die schon auf Touristen wartenden, uns bedrängenden Händler nur schwer abzuschütteln waren. Einige weitere strauchige und krautige Arten, die hier vorkamen (z. B. *Asphodelus ramosus*, *Erodium sebaceum*, *Isatis tinctoria*, *Lavandula multifida*, *Moricandia arvensis*, *Scorzonera undulata*) konnten aber auch noch beim nächsten Halt beobachtet werden, wo die Mittagsrast dafür Freiraum ließ. An den Hängen entlang der Straße begleitete uns streckenweise der gerade blühende Drüsenginster (*Adenocarpus anagyrifolius*), der 1–3 m Höhe erreichen kann.

Nachdem wir die Passhöhe überquert hatten, hielten wir, um die Herstellung des berühmten Arganöls aus den Früchten des Arganbaumes (*Argania spinosa*) besichtigen zu können. Frauen, die einer Kooperative angehören, saßen auf dem Boden und klopften die Schalen von den Kernen, die mit einer Stein-Handmühle gemahlen wurden (Abb. 24). Im Umfeld dieser Arganöl-Schau konnten an Gehölzen u. a. Retamasträucher (*Retama dasycarpa*, *R. monosperma*), Immergrüner Kreuzdorn (*Rhamnus alaternus*), Berg-Raute (*Ruta montana*), ein Verwandter des Polei-Gamanders (*Teucrium luteum*) sowie an weiteren Arten *Asphodelus fistulosus*, *Crambe filiformis*, *Isatis tinctoria*, *Lamarckia aurea*, *Polygala rupestris* und *Salvia taraxifolia* beobachtet werden.

Auf der weiteren Fahrt in Richtung Marrakech änderte sich die Vegetation und wir sahen wieder Pflanzen, die wir in Steineichen- und Wacholder-Beständen sowie xerothermen Gebüschen im Rif-Gebirge und Mittleren Atlas bereits kennenlernten, u. a. *Chamaerops humilis*, *Cistus incanus*, *C. monspeliensis*, *C. salvifolius*, *Juniperus oxycedrus*, *J. phoenicea*, *Quercus ilex*. Trotz angestrengter Ausschau konnte P. A. SCHMIDT hier noch nicht die Gliederzypresse oder Berberthuje (*Tetraclinis articulata*) entdecken und zeigen.

Am Abend erreichten wir die fruchtbare Ebene um Marrakech, in die aus dem nahen Gebirge das Wasser zur Bewässerung der Felder und Obstkulturen geleitet wird. Die orientalische Metropole **Marrakech** trägt auch den Namen „Perle des Südens" und wurde 1062 auf bis dahin unbesiedeltem Gebiet in 450 m ü. M. als Militärlager gegründet. Aus der Gründerzeit ist heute kaum noch etwas erhalten.

13. Tag: Mittwoch, 6. Mai 2015

Wir verließen Marrakkech in südöstlicher Richtung, um noch einmal in den Hohen Atlas zu fahren. Vorher besuchten wir in Tnine-de-l'Ourika einen **Duft- und Aromagarten**.

Im **Ourikatal** führte das visuelle Absuchen der Hänge aus dem Bus schließlich zum Erfolg und wir hielten, um die am Vortage nicht erspähte *Tetraclinis articulata*, ein schuppenblättriges Zypressengewächs mit etwa 1 cm dicken, aus vier verholzten Zapfenschuppen bestehenden Zapfen (Abb. 25), näher anzuschauen. Die Berberthuje, deren Verbreitung weitgehend auf NW-Afrika begrenzt ist (isolierte kleine Vorkommen noch auf Malta und in SO-Spanien), besitzt ein duftendes, rötliches, schön gemasertes Holz, das vielseitig verwendet wird. Wir konnten an dem Hang außerdem Zistrosen (*Cistus monspeliensis, C. salvifolius, C. albidus*), Wacholder (*Juniperus oxycdrus, J. phoenicea*), ein dorniges Kreuzblümchen (*Polygala balansae*) und einen interessanten Klee (*Trifolium angustifolium*) beobachten. Bei der Weiterfahrt sahen wir in etwa 1.600 m ü. M. gepflanzten Zedernwald und die westmediterran verbreitete Weihrauch-Zypresse (*Juniperus thurifera*), deren Populationen in NW-Afrika auch als eigene Sippe (subsp. *africana*) aufgefasst werden.

Im Wintersportort **Oukaïmeden** (2.500–2.700 m ü. M.) nahmen wir ein kleines Mittagessen ein – eine nicht ganz so gute Idee, wie sich später herausstellte. Aufgrund der zu dieser Zeit geringen Besucherzahl war nicht alles Essen frisch und einige bekamen Magenprobleme. Auf einer kurzen Wanderung lernten wir einige typische Pflanzen der Gebirgsvegetation kennen, von denen die Reifrock-Narzisse (*Narcissus bulbocodium*) und der Scheinkrokus (*Romulea bul-

Abb. 25: Zweige mit den Schuppenblättern und Zapfen der Gliederzypresse *(Tetraclinis articulata)* (Foto: P. A. Schmidt)

bocodium*) hervorgehoben werden sollen. In einer erst zur Sommerweidezeit genutzten Berbersiedlung wies die lokal dominierende Pfeilkresse (*Lepidium draba*), ein Stickstoffanzeiger, auf die sommerliche Nutzung hin.

Die Besichtigung der Altstadt von Marrakech und der Majorelle-Garten standen noch im Programm. Den Besuch des Gartens verlegten wir auf den Folgetag, den Abreisetag, um der Gefahr zu entgehen, dass sich am letzten Tag ein Teilnehmer in den Suks verläuft und das Flugzeug verpasst.

Der belebteste Platz Marokkos, Jemaa-el-Fna, das Zentrum der Medina von Marrakech, ist ein Muss bei einer Marokkoreise. Vormittägliches Markttreiben wird abgelöst von Gauklern, Schlangenbeschwörern, Feuerschluckern, Affendresseuren, Märchenerzählern, Musikanten und anderen Unterhaltungskünstlern. Nicht weniger spannend sind die ausgedehnten Suks mit Textilgeschäften, Ständen für Trockenfrüchte und Flechtwaren, Schmuck- und Lederwaren, Eisen- und Kupferschmieden, Färbern, Holzschnitzern usw. Wir feilschten ein letztes Mal mit den Händlern. An unserem letzten Abend gab es ein Abschiedsessen in einem traditionellen Lokal.

Abb. 26: Majorelle-Garten in Marrakech (Foto: P. A. Schmidt)

14. Tag: Donnerstag, 7. Mai 2015

Vor dem Abflug besichtigten wir den berühmten, von einer Mauer eingefassten Majorelle-Garten. Angelegt wurde der eindrucksvoll gestaltete „Blaue Garten" von Jacques Majorelle 1923. Später wurde er von Yves Saint-Laurent und Piere Bergé umgestaltet.

Faszinierend ist der artenreiche Pflanzenbestand mit seiner Vielfalt alter Kakteen und anderer Sukkulenten, riesiger Palmen und einer Bambusallee (Abb. 26). Anhand kleiner Tafeln mit Skizzen von Gartenausschnitten, die Umrisse der Pflanzen und ihren Namen wiedergeben, erschlossen wir uns den Garten auf eigene Faust. Es soll nur eine kleine Auswahl von Gattungen und Arten, die im Majorelle-Garten anzutreffen sind, aufgezählt werden:
– Palmfarne: *Cycas revoluta* (Japanischer Sagopalmfarn), *Lepidozamia peroffskyana*,
– Palmen: *Bismarckia nobilis* (Bismarckpalme), *Butia capitata* (Geleepalme), *Washingtonia robusta* (Mexikanische Washingtonpalme), Arten der Gattungen *Phoenix* (Dattelpalmen) und *Raphia* (Bast-, Wein- und Raffiapalme),
– Kakteen und andere Sukkulente: *Cereus repandus* (Perukaktus), *Echinocactus grusonii* (Goldkugelkaktus), *Hylocereus*-Arten, *Trichocereus*-Arten (*T. huascha, T. terscheckii*), Feigenkakteen (*Opuntia robusta, O. tomentosa, O. tunicata*), sukkulente Wolfsmilch-Arten (*Euphorbia canariensis, E. grandicornis* und *E. tirucalli*)„
– Agavengewächse: Arten der Gattungen *Agave* (*A. americana, A. angustifolia, A. attenuata, A. macroacantha, A. sisalana*), *Furcraea* und *Yucca* (Palmlilie),
– Drachenbaumgewächse: *Beaucarnea recurvata* (Ponyschwanz-Klumpstamm), *Dasylirion* (Rauschopf-Arten), *Dracaena draco* (Echter Drachenbaum).

An Gräsern seien beispielhaft ein Bambus (*Phyllostachys aureosulcata*, Gelbgruben-Flachrohrbambus) und ein rasiges Flachgras der Tropen (*Stenotaphrum secundatum*, St.-Augustin-Gras), an Gummibäumen *Ficus elastica* und *F. lyrata* genannt. Hoch ist auch die Zahl der Klettergehölze, z. B. *Asparagus setaceus, Bougainvillea spectabilis, Hedera canariensis, Lonicera japonica, Monstera deliciosa, Rubia peregrina, Thevetia peruvianua.*

Von den Eindrücken überwältigt, ging es von Marrakech zurück über Frankfurt zum Heimatort. Durch die außergewöhnlichen Regenfälle im zeitigen Frühjahr 2015 erlebten wir Marokko in weiten Bereichen als ein recht „grünes" Land. Wir haben die Worte unseres Reiseführers LAHCEN, mit denen er seine Ausführungen oft spickte und auch am Flughafen beendete, noch im Ohr: „Inschallah" und „Alles Handgemacht".

Literatur

DINTER, I., 2010: Marokko. Pharmakobotanische Exkursion 23.4.-09.05. 2010. Exkursionsbericht. Univ. Hohenheim, Stuttgart.

GRUND, I., 2000: Dendrologische Studienreise nach Marokko vom 14. bis 25. Juni 1997 – Nur ein Erlebnisbericht. Mitt. Deutsch. Dendrol. Ges. 85 : 211–224.

HABERER, M., 2014: Reisebericht zur Botanisch-naturkundlichen und kulturhistorischen Studienreise durch Marokko vom 05.–18.04. 2014 und vom 25.04.–08.05. 2014. Berichte mit Pflanzenlisten. Freundeskreis Botanischer Garten Köln, Deutsche Dendrologische Gesellschaft. Mskr., Nürtingen.

HECKER, U., 1997: Dendrologische Exkursion nach Marokko Juni 1997. Exkursionsführer. Deutsche Dendrologische Gesellschaft.

HECKER, U., 2014a: Exkursionsführer. Botanisch-naturkundliche Studienreise nach Marokko vom 5.-18. April 2014 und vom 25. April -8. Mai 2014. Freundeskreis Botanischer Garten Köln, Deutsche Dendrologische Gesellschaft. Mskr., Mainz.

HECKER, U., 2014b: Pflanzenprotokoll der Marokko-Exkursion der Freunde des Botanischen Gartens Köln 05.–18. April 2014. Mskr., Mainz.

LOCK, S., 2002: Reiseeindrücke aus Marokko, dem Land der Berber. Mitt. Deutsch. Dendrol. Ges. 87: 251–259.

SCHMIDT, P. A.; LIESEBACH, M., 2015: Exkursionsführer zur Studienreise der Deutschen Dendrologischen Gesellschaft (DDG) nach Marokko 24.April – 7.Mai 2015. Deutsche Dendrologische Gesellschaft, Ahrensburg.

Autoren:

Prof. Dr. PETER A. SCHMIDT
Am Wasserwerk 24
01640 Coswig, OT Sörnewitz
E-Mail: peteraschmidt@yahoo.de

Dr. MIRKO LIESEBACH
Thünen-Institut für Forstgenetik
Sieker Landstr. 2
22927 Großhansdorf
E-Mail: Mirko.liesebach@ti.bund.de

Mitt. Deutsch. Dendrol. Ges. (MDDG)	101	209-240	2016	ISBN 978-3-8001-0861-9

Unsere Eindrücke von der botanischen Exkursion nach North Carolina vom 31. Juli bis 17. August 2014

HEIKE GERHARDT, unter Mitwirkung von DETLEF EHLERT (Pflanzenliste Gehölze), ANDREAS STADLMAYER (Pflanzenliste Stauden) und VOLKER MENG (Mehrzahl der Fotos)

Diese Exkursion wurde als gemeinsame Veranstaltung der DDG und des Freundeskreises der botanischen Gärten zu Göttingen von Prof. FRED SCHROEDER und Dipl.-Ing. VOLKER MENG vorbereitet und geleitet. Die technische Organisation besorgte Herr PETER KLOPPMANN, Göttingen. In den USA erhielten wir Unterstützung von der Appalachian State University in Boone, N. C. (Prof. em. PETER PETSCHAUER, Ms. ANDREA MITCHELL und Ms. TERY REDDICK von der Verwaltung, Dr. GARY WALKER und ANDREW JENKINS vom Biology Department).

Zielgebiete waren das bis 2000 m hohe Mittelgebirge der Süd-Appalachen und seine Randgebiete im Tiefland (Piedmont), gelegen bei 35–36° nördlicher Breite. Trotz der südlichen Lage befindet es sich noch in der nemoralen Klima- und Vegetationszone ebenso wie Mitteleuropa, doch sind die Standortsverhältnisse viel günstiger, und so gehört diese Gegend zu den floristisch reichsten Teilen des östlichen Nordamerika. Die wichtigsten Klimadaten zeigt Tabelle 1. Dabei ist anzumerken, dass der Niederschlag über das ganze Jahr verteilt ist, allerdings mit leichtem Maximum im Sommer.

Donnerstag, 31. 7. 2014

Gegen 10 Uhr trifft sich ein Großteil der Gruppe im Frankfurter Flughafen. Wir starten relativ pünktlich um 12:30 Uhr mit U. S. Airways. Nach rund 9 Stunden landen wir in Charlotte, N. C. um 16:10 Uhr Ortszeit. Nachdem alle die hohen Sicherheitschecks am Flughafen unbehelligt durchlaufen sind, treffen wir schließlich auf die noch fehlenden Mitreisenden, die schon seit ein paar Tagen in den USA sind. Einige nutzen die Möglichkeit, Geld zu tauschen, während die Unterlagen für die Mietwagen noch ausgefüllt werden müssen. Als wir das Flughafengebäude verlassen, schlägt uns ein, wie mir scheint, subtropisch-warmer Wind entgegen. Die Klimaanlage im Pendelbus, der uns zu den Leihwagen bringt, versucht uns wieder „herunterzukühlen".

Wir verteilen uns auf 3 Vans und einen Pkw, verstauen das Gepäck, und gegen 19 Uhr beginnt die Fahrt durch Charlotte hinaus gen Norden nach Boone, Watauga County. Mittlerweile ist es Abend geworden. Die Sonne verschwindet hinter den Appalachen und zaubert ein schönes Abendrot an den Himmel. Als wir nach 21 Uhr

Tab. 1 Ausgewählte Klimadaten für die Süd-Appalachen

Ort	Höhe ü. M. (m)	Julimittel (°C)	Absolutes Minimum (°C)	Niederschlag pro Jahr (mm)
Charlotte N. C.	220	26	–21	1094
Boone N. C.	1016	20	–28	1384
Mt. Mitchell	2037	15	–27	1894

unser Ziel erreichen, ist es schon dunkel. Boone, unser Aufenthaltsort für die nächsten 10 Tage, wirkt auf mich wie eine Kleinstadt, ohne die Studenten soll sie etwa 17 000 Einwohner haben. Die Stadt liegt auf 1000 Höhenmetern, umgeben von ca. 200–500 m höheren bewaldeten Bergen. Die Häuser, die wir unterwegs an der Durchfahrtsstraße sehen, gehören überwiegend zu einem Einkaufs- und Gewerbegebiet sowie zur Universität. Die Wohngebiete liegen weiter in den umliegenden Bergen versteckt und sind auf den ersten Blick für uns nicht sichtbar.

Wir sind zwar müde und geschafft, dann aber doch nicht abgeneigt, zunächst in einem typisch amerikanischen Restaurant noch etwas zu essen, bevor wir unser Quartier beziehen. Das Hotel „Fairfield Inn" befindet sich am Stadtrand ca. 3 km vom Zentrum.

Freitag, 1.8. 2014

Frühstück gibt es ab 6:30 Uhr, danach treffen wir uns in der Lobby, wo bereits ANDREA MITCHELL von der Appalachian State University auf uns wartet und die Formalitäten klärt. TERY REDDICK vom Besucherservice der Universität wird uns in den nächsten Tagen betreuen, und Dr. GARY WALKER vom botanischen Institut übernimmt heute die Führung. Wir verteilen uns auf 3 Autos und folgen Dr. WALKER zum etwa 2 km entfernten Campus der Universität.

Die Appalachian State University wurde 1899 als Watauga Academy gegründet und ist seit 1972 Teil der University of North Carolina. Mittlerweile studieren ca. 14 560 Studenten hier, welche von ca. 900 Dozenten unterrichtet werden. Die Universität ist, neben der Tourismusbranche, der Hauptarbeitgeber der Stadt. Die gesamten Gebäude wurden als Klinkerbauten errichtet und das über mehrere Jahre hinweg im gleichen angenehmen Stil, so dass es schwer auszumachen ist, welches Gebäude als letztes gebaut wurde. Die Grünflächen und Bepflanzungen sind sehr gepflegt.

Zuerst besichtigen wir das Biologische Institut (inkl. Mineralogisches Museum). Ein Blick wird uns in das Herbar gewährt. Wir erfahren einiges über die Forschungsarbeit am hiesigen Institut. Dr. WALKER zeigt uns noch ein Stück Holz in handlicher Größe von *Juniperus virginiana*, das schätzungsweise 700 Jahre alt sein soll. Von der Art soll es noch lebende Exemplare mit 900 Jah-

ren geben. Im Uni-Laden recherchieren wir gleich die Literatur, kaufen einige Bücher bzw. nutzt ein Teil der Gruppe die Gelegenheit, einen gelb-schwarzen Schirm mit dem Logo der Uni zu erwerben, denn der Himmel neigt heute zur Inkontinenz.

Mittagessen bekommen wir in der Mensa, wo im Moment nicht viel Betrieb ist, da auch hier Semesterferien sind. Während unseres Aufenthaltes in Boone werden wir in der Mensa stets das Abendessen einnehmen, das Mittagessen wird uns dann meist als Lunchpaket auf unsere Exkursionen mitgegeben. Nach dem Mittagessen setzen wir unseren Rundgang fort, besuchen u. a. noch die Uni-Bibliothek, die rund um die Uhr geöffnet ist (welch Traum!).

Eine kleine Fahrt führt uns zu den Uni-Gewächshäusern, die sich in einem super Zustand befinden. Wir staunen über die Artenvielfalt, Fülle und auch Vitalität der Pflanzen. Alles wird in Töpfen kultiviert.

Nach dem Abendessen fahren wir zurück zum Hotel. Gegen 19 Uhr holt uns TERY ab, und es geht noch einmal zu einem kleinen Stadtrundgang durch Boone. Das „Stadtzentrum" von Boone besteht vorwiegend aus 1- bis 2-stöckigen Häusern, die sich an der King Street befinden. Beeindruckend finde ich die wohl schon über 100 Jahre alten Zuckerahorne, die sich vor dem ehemaligen Hospital, welches jetzt als kulturelles Zentrum der Gemeinde dient, befinden. Ein kurzer Bummel – und man hat die Altstadt besichtigt. In den Nebenstraßen, die teilweise auch schon in die bergigen Lagen führen, befinden sich typisch amerikanische kleine Einfamilienhäuser mit zum Teil sehr schön gestalteten Gärten.

Samstag, 2.8. 2014

Um 9 Uhr treffen sich alle in der Lobby, um die Umgebung von Boone zu erkunden. Aufgeteilt auf 3 Vans starten wir gegen 10 Uhr im Nieselregen. Eine kurze Autofahrt führt uns zu unserem ersten Exkursionspunkt, einem bewaldeten Gelände am Westrande des Campus in der Nähe eines Footballstadions. Auf dem „Appalachian Heights Nature Trail" beginnen wir unsere kleine Wanderung in einem naturnahen (nicht angepflanzten!) Laubmischwald (Abb. 1). Diese Artenvielfalt! Die Autos noch in Sichtweite, haben wir in kürzester Zeit viele Arten notiert: z. B.

Weiß-Eiche (*Quercus alba*), Scharlach-Eiche (*Q. coccinea*), Rot-Eiche (*Q. rubra*), Gurken-Magnolie (*Magnolia acuminata*), Giftsumach (*Rhus radicans*), der sich wie Efeu als Wurzelkletterer an den Bäumen hochzieht und deshalb hier „Poison Ivy" heißt. Im Unterholz ein mehrere Meter hohes großblättriges immergrünes Rhododendron (*Rhododendron maximum;* dessen Höhepunkt der Blütezeit liegt in der ersten Julihälfte, es zeigt aber auch jetzt noch einige seiner weißen, außen leicht rosa getönten Blüten, denen es seinen englischen Namen „Rosebay Rhododendron" verdankt; Abb. 2). Auffällig ist auch die Vielfalt der Stauden, die allerdings meist schon längst verblüht sind; eine weithin sichtbare Ausnahme sind die weißen, nahe mit unserem Fichtenspargel verwandten „Indian Pipes". Der Weg ist zum Teil nur ein Trampelpfad, und wir treffen dort zwei Mitarbeiter von GARY WALKER, ANDREW JENKINS und seine aus Deutschland stammende Kollegin KATRIN, die sich beide bestens mit der einheimischen Flora auskennen. In der ersten Stunde der Wanderung kommen wir kaum 100 m weit, und insgesamt brauchen wir für den nur 1,5 km langen Rundweg über 3 Stunden, in denen wir über 40 Gehölzarten notieren (siehe #1 in der Artenliste). Währenddessen bessert sich das Wetter, und es wird noch ein schöner Tag.

Da das Gelände am Ausgangspunkt des Trails nicht sehr attraktiv ist, beschließen wir, das Mittagspicknick an einem schöneren Ort einzulegen, und fahren bei dem südlich von Boone gelegenen Nachbarort Blowing Rock auf den „Blue Ridge Parkway". Dieser ist eine 469 Meilen (= 755 km) lange, seit 1936 von der Nationalpark-Verwaltung erbaute Verbindungsstraße zwischen dem Shenandoah National Park im NO (in Virginia) und dem Great Smoky Mountains National Park im SW, die allein dem Tourismus dient und die landschaftlich schönsten Punkte der Gebirgskette berührt. Entlang dieser Route sind überall geeignete Ländereien angekauft oder oft auch gestiftet worden, sozusagen als „grünes Band", in dem auch vielerorts Wanderwege angelegt wurden. Eine dieser Parkflächen ist der beim Parkway-„Milepost" 294 in etwa 1200 m ü. M. gelegene Moses Cone Memorial Park, wo wir gegen 14 Uhr für das Picknick anhalten.

Der 1200 ha große Cone Park war der Landsitz eines deutsch-jüdischen Millionärs, der um die Jahrhundertwende hier einen größeren land-

Abb. 1: Waldbild am Appalachian Heights Nature Trail

Abb. 2: *Rhododendron maximum*

wirtschaftlichen Betrieb besaß und dessen Erben diesen Besitz 1950 dem National Park Service übereigneten. Das ehemalige Herrenhaus („Manor") wird jetzt als Besucherzentrum und als Ausstellungsgebäude und Verkaufsraum von örtlichen (Kunst-) Handwerkern genutzt. An diesem Wochenende findet hier eine kleine Schau zur Herstellung von Papier aus verschiedensten Naturmaterialien statt, die wir besuchen.

Abb. 3: *Castanea pumila*

Während wir anschließend in der näheren Umgebung des Hauses botanisieren, beobachtet uns eine Weißwedel-Hirschkuh aus unmittelbarer Nähe. Auf den umliegenden (ehemaligen) Weideflächen fallen mir sofort riesengroße Weiß-Eichen, uralte Eschen-Ahorne (*Acer negundo*) sowie wunderschöne Weißdorne (*Crataegus*) auf. Am Waldrand steht ein Sassafras (*Sassafras albidum*), umgeben von vielen Wurzelsprossen; diese wurden wahrscheinlich mehrmals abgemäht.

Da es inzwischen schon spät geworden ist, verschieben wir die Begehung eines längeren Trails auf morgen. Um 18 Uhr müssen wir spätestens in der Mensa zum Abendessen sein, so dass die Zeit nachmittags doch sehr knapp bemessen ist.

Nach dem Abendbrot bietet Tery an, mit uns den „Daniel Boone Native Garden", einen kleinen botanischen Garten in einem anderen Teil von Boone, zu besuchen. Einige von uns nutzen die Gelegenheit und fahren in der Abenddämmerung dorthin, botanisieren ein wenig und erfreuen sich an vielen Glühwürmchen, die über die Wiese huschen. Ein Rot-Ahorn (*Acer rubrum*) zeigt sich schon in Laubfärbung, der Schneeflockenstrauch (*Chionanthus virginicus*) lässt seine blauen Früchte glänzen; die Zwerg-Kastanie (*Castanea pumila*, Abb. 3) hat leider noch keine reifen Früchte. Diese mehr strauchige Art, die nicht vom Kastanienkrebs befallen wird, ist eigentlich eine Art tieferer Lagen.

Sonntag, 3. 8.

Wie jeden Morgen starten wir auch heute kurz nach 9 Uhr. Auf dem Parkway geht es wieder zum Cone Park. Strahlender Sonnenschein verheißt uns einen schönen Tag.

Wir begehen nun den zu einem kleinen Stausee führenden Trout Lake Trail. In dem wieder sehr reichhaltigen Baumbestand (Liste #2) fallen als erstes mehrere sehr große, prächtige Exemplare der Berg-Magnolie (*Magnolia fraseri*) auf. Weniger erfreulich ist der Anblick einiger abgestorbener Kanadischer „Hemlocktannen" (*Tsuga canadensis*). Ein aus Ostasien eingeschleppter Schädling, die Tsugen-Wolllaus (*Adelges tsugae*), hat sich in den letzten Jahrzehnten stark ausgebreitet; starke Nadel- und Triebschäden führen nach wenigen Jahren zum Absterben der Bäume, so dass die Kanada-Tsuge etwa im südöstlichen Viertel ihres natürlichen Areals schon weitgehend ausgerottet ist (Näheres hierzu siehe in MDDG 93: 9–16, 2008). Wie am ersten Tag, so ist auch hier eine vielfältige Strauch- und Krautschicht zu finden. Neben *Rhododendron maximum*, der Art der Tieflagen, findet sich hier auch die zweite immergrün-großblättrige Art, das für die höheren Lagen typische, schon im Juni rosa blühende Catawba-Rhododendron (*Rh. catawbiense*). Ein weiteres im Gebiet häufiges Rhododendron ist die sommergrüne „Flame Azalea" (*Rh. calendulaceum*), deren orangerote, von Kolibris bestäubte Blüten schon ab Ende Mai erscheinen (vgl. Abb. 20); im jetzigen Zustand ist sie aber sehr unauffällig.

Unsere kleine Wanderung führt uns an den Trout Lake, der fast zum Baden einlädt – leider ist das im Nationalparkgelände verboten. Etliche Angler sitzen am Rand und frönen ihrem Hobby. 12:45 Uhr sind wir wieder an den Autos, fahren noch ein Stück auf dem Parkway zu einer Picknickstelle und halten Mittagsrast am Bach. Viele amerikanische Familien tun es uns gleich, nutzen die hier bereitgestellten Grills und halten in Großfamilien ein Barbecue ab. Eine wunderschöne Gelbe Rosskastanie (*Aesculus flava*), voll mit noch unreifen Früchten, fasziniert mich.

14:20 Uhr fahren wir den Blue Ridge Parkway weiter gen SW und halten beim Milepost 308 in ebenfalls 1200 m Höhe am Parkplatz zum Flat Rock Trail bei Linville, den wir begehen (Liste #3). In der Krautschicht des Laubmischwaldes fallen uns hier zunächst fruchtende Exemplare von *Trillium undulatum* auf (Abb. 4). Entlang des langsam ansteigenden Weges wird der Wald immer niedriger und geht am Rande des „Flat Rock", einer offenen Felsplatte aus Quarzit, in

Abb. 4: *Trillium undulatum* mit Frucht

Abb. 5: *Sorbus americana*

Abb. 6: Blick vom Flat Rock zum Grandfather Mountain, im Vordergrund „Heath Bald"

dichtes Gebüsch („Heath Bald") aus *Rhododendron catawbiense* und anderen Sträuchern (z. B. *Vaccinium*-Arten, *Aronia melanocarpa*) über, das nur mit einzelnen Stech-Kiefern (*Pinus pungens*) durchsetzt ist; ein typisches Element des natürlichen Waldrandes ist auch die Eberesche (*Sorbus americana*, Abb. 5). Vom höchsten Punkt der Quarzitplatte (auf der das herrliche Wetter zum „Sonnenbaden" einlädt) hat man einen wunderschönen Überblick über die Gebirgslandschaft mit dem Grandfather Mountain (Abb. 6).

Auf dem Rückweg bekommen wir erstmals Stockausschläge der Amerikanischen Kastanie (*Castanea dentata*) zu sehen. Große Bäume und echte Naturverjüngung dieser Art gibt es kaum noch. 1920 wurde mit Pflanzgut aus Japan der Pilz *Endothia parasitica* eingeschleppt, der sich in die Leitungsbahnen der *Castanea dentata* setzt, diese verstopft und den Baum zum Absterben bringt. Seit 1970 trat der „Kastanienkrebs" massiv auf, so dass von dieser früher häufigen und auch wirtschaftlich sehr wertvollen Baumart (Holz, Früchte) heute nur noch minimale Reste vorhanden sind.

Abb. 7: ANDREW JENKINS, unser einheimischer Führer (mit PAUL SCHWIETERS und ANDREAS STADLMAYER)

Montag, 4.8.

Unser heutiges Ziel ist der ca. 15 km nördlich von Boone gelegene Elk Knob State Park, den wir unter kompetenter Führung besuchen. Es begleitet uns ANDREW JENKINS vom botanischen Institut, sein Chef GARY WALKER hat ihm für heute und die nächsten Tage frei gegeben, um an unseren Exkursionen teilzunehmen. ANDREW (Abb. 7), der in der Universität als Herbar-Kustos arbeitet, ist ein sehr versierter und, wie wir schnell merken, auch begeisterter Florist. Den Elk Knob hat er speziell floristisch untersucht. Dieser völlig mit natürlichem Laubwald bedeckte Berg, mit 1684 m einer der höchsten in der näheren Umgebung von Boone, steht erst seit kurzem unter Naturschutz. In den 1990er Jahren plante eine Immobilienfirma, große Teile davon mit Häusern zu bebauen. Eine Gruppe engagierter Bürger aus der Umgebung konnte das aber verhindern, zusammen mit der Nature Conservancy kauften sie den größten Teil des Berges und stifteten ihn der Division of Parks and Recreation des Staates North Carolina. 2003 wurde er als State Park deklariert, inzwischen am Pottertown Gap (1370 m) ein Visitor Center erbaut, und es wurden mehrere Trails angelegt.

Im Besucherzentrum informieren wir uns über das Gelände von Elk Knob, u.a. über die Geologie: Die Berge dieser Gegend bestehen nämlich aus besonderen Gesteinen (u.a. Hornblendegneis), die zu einem sehr nährstoffreichen Boden verwittern, was eine besonders artenreiche Vegetation zur Folge hat. Schon am Ausgangspunkt unserer Wanderung zum Gipfel begrüßen uns große Exemplare von *Magnolia fraseri* und *Aesculus flava*, es folgen u.a. *Quercus rubra*, Buche (*Fagus grandifolia*), Esche (*Fraxinus americana*), Zucker-Ahorn (*Acer saccharum*), Linde (*Tilia americana* s.l.), *Betula lutea* u.v.a. (Liste #4). Unter den Sträuchern fällt uns z.B. der Rote Holunder (*Sambucus pubens*) auf, von unserem *S. racemosa* kaum zu unterscheiden.

Der Trail wird schmaler und steiniger, schließlich stehen in den oberen Regionen nur noch vom Wetter gezeichnete uralte Birken und Buchen am Hang (Abb. 8). Wie ein Gespensterwald wirkt das auf mich.

Abb. 8: Niedriger Hochlagen-Laubwald aus Buche und Gelb-Birke bei ca. 1600 m ü. M.

Zum Glück haben wir auch heute schönes Wetter, die Sonne meint es sehr gut mit uns. Vom Gipfel (1684 m), der mit 2–4 m hohem Gebüsch (darunter die Hasel *Corylus cornuta*) bedeckt ist, hat man einen fantastischen Rundblick auf die Berge, die bläulich schimmern. Wir halten Mittagsrast und lassen die wunderschöne Landschaft auf uns wirken. Reife Heidelbeeren von *Vacci-*

Abb. 9: *Clematis viorna*

nium constablaei sind eine willkommene Ergänzung zum Lunchpaket. Auch interessante Stauden finden sich hier, so die Prachtscharte (*Liatris spicata*) am Wegesrand. Dann laufen wir zwar denselben Weg wieder zum Parkplatz zurück, entdecken dabei aber noch einige Schönheiten, wie z. B. eine kleine, rotblühende Waldrebe (*Clematis viorna*, Abb. 9).

Gegen 17 Uhr sind wir wieder in Boone und nutzen die Zeit, noch einmal schnell durch ein Gartencenter/Baumarkt zu schlendern. Das Angebot ist aber eher mäßig, was die Pflanzen anbelangt. Einige lechzen nach Wasser.

Dienstag, 5.8.

Heute starten wir zu einer etwas längeren Fahrt (etwa 70 km) in Richtung Westen, zum Roan Mountain an der Grenze von North Carolina und Tennessee. Bereits in Boone geht aber eins unserer Autos „verloren", weil die Insassen Briefmarken kaufen wollen, währenddessen die beiden übrigen Autos am falschen Postamt warten.

Abb. 10: Kleiner Bestand von *Picea rubens*: Das vordere, größere Exemplar zeigt ausnahmsweise an den Abgängen der Seitenzweige vom Hauptstamm Verdickungen, wie sie gelegentlich auch bei *Picea abies* vorkommen („Zitzenfichte")

Auf der Fahrt faszinieren im feuchten Straßengraben blühende Mischbestände von Scharlach-Indianernessel (*Monarda didyma*, rot) und Schlitzblättrigem Sonnenhut (*Rudbeckia laciniata* var. *humilis*, leuchtend gelb), teils noch durchsetzt mit *Lilium superbum*. Bei weiterhin schönem Wetter treffen wir uns dann um 11:20 Uhr alle erleichtert am geplanten ersten Zielpunkt wieder, auf der Passhöhe des Carvers Gap bei 1681 m Höhe. Wir sind hier am unteren Rande des für die höchsten Lagen des Gebirges typischen Nadelwaldgürtels, der sich nur aus 2 Baumarten zusammensetzt: Fraser-Tanne (*Abies fraseri*) und Rot-Fichte (*Picea rubens*). Im Bereich des Roan Mountain sind diese Wälder aber vielerorts durch offene Flächen ersetzt, die teils mit Grasfluren („Grass Balds"), teils mit Rhododendron-Beständen bewachsen sind („Heath Balds"); deren Entstehung ist umstritten.

Von hier aus wandern wir zunächst ein Stück den „Appalachian Trail" entlang auf den östlich gelegenen Round Bald (1770 m), der auf seinen weiten Grasflächen eine schöne Rundsicht bietet. Hier gibt es nur an wenigen Stellen kleinere Nadelwälder oder Rhododendren-Gruppen; größere geschlossene Waldbestände sieht man jedoch auf dem höher bis auf den Gipfelbereich (höchster Punkt 1917 m) ansteigenden Gelände westlich des Passes. An den Waldrändern finden sich nicht selten einige für diese Hochlagen typi-

sche Laubgehölze (*Betula lutea, Sorbus americana, Prunus pensylvanica, Acer spicatum, Amelanchier laevis, Viburnum alnifolium, Vaccinium
constablaei*). Auf flach-felsigen Bodenstellen innerhalb der Grasbestände wächst die niedrige,
weiß blühende *Potentilla tridentata,* die uns
zur genaueren Betrachtung in die Knie zwingt
(Liste #5).

Gegen 13:30 Uhr sind wir wieder zurück am
Carvers Gap. Hier ist noch eine Rarität zu besichtigen: das einzige Vorkommen der nordi-
schen Grün-Erle (*Alnus crispa,* nahe verwandt
mit unserer *Alnus viridis*) in den Südappalachen.
Daneben steht ein blühender Schwarzer Holunder (*Sambucus canadensis*). Wir fahren nun wei-

ter die Straße nach Westen bergauf bis zu einem
Park- und Picknickplatz auf dem Gipfelplateau,
wo wir Mittagsrast halten.

Anschließend begehen wir auf fast ebenem
Gelände einen Trail durch den Tannen-Fichten-
Wald. Während die in geringerer Zahl vorhandenen Fichten meist gesund aussehen (Abb. 10),
sind die dominierenden Tannen ziemlich niedrig
und z. T. krüppelig, es gibt auch viel Totholz.
Doch sind sie kaum vom Aussterben bedroht:
Sie tragen massenhaft Zapfen, und auf dem
Waldboden steht Tannen-Naturverjüngung dicht
an dicht (Abb. 11), sie rufen quasi „Nimm mich
mit!" – doch wir halten uns zurück.

Dazwischen sehen wir das Schattenblümchen

(*Majanthemum canadense*), von unserer europäischen Art kaum zu unterscheiden. Ähnlich ist es mit anderen Waldbodenpflanzen, z. B. Dornfarn (*Dryopteris campyloptera* – wie *D. dilatata*), Sauerklee (*Oxalis montana* – wie *O. acetosella*). Völlig identisch mit unserer Art ist die am Wegrand wachsende Draht-Schmiele (*Deschampsia flexuosa*), aber einheimisch, nicht aus Europa eingebürgert! Doch gibt es auch Besonderheiten: So ist die rosa blühende Staude *Chelone lyonii* eine typische Art des Südappalachen-Nadelwaldes, ebenso die niedrige Heidelbeere *Vaccinium erythrocarpum*, deren nächste Verwandte in ähnlichen Gebirgslagen Japans wächst. Das Gipfelplateau und damit auch der Trail endet am „Roan High Bluff", einem Felsabsturz, auf dem ein Pavillon mit schönem Ausblick nach Westen steht.

Wir gehen zurück zum Parkplatz und nehmen von dort aus einen anderen Wanderweg zu den „Rhododendron Gardens". Wenn man „Garden" liest, denkt man unwillkürlich an einen gestalteten Garten. Das ist hier allerdings nicht so! Wir stehen in einem von Natur aus wunderbar geschaffenen Gelände, welches durch den Kontrast von Wald und Gebüschen wie ein gestalteter Park oder Garten aussieht. Es soll sich hierbei um die größten zusammenhängenden Gebüsche aus *Rhododendron catawbiense* im Osten von Nordamerika handeln. Die etwas erhöhten, betonierten Wege erschrecken mich erst ein wenig. So etwas ist man von Deutschland nicht gewöhnt. Im Nachhinein finde ich es toll, denn dies ermöglicht selbst Rollstuhlfahrern oder auch Familien mit Kinderwagen ein wunderbares Naturerlebnis, diese Pracht der Rhododendren doch hier in der Natur hautnah zu erleben. Die spektakuläre Rhododendronblüte im Juni hat schon seit Ende des 19. Jh. alljährlich gewaltige Menschenmengen auf den Roan Mountain gelockt. Wir waren in diesem Jahr leider 6 Wochen zu spät. Ein Grund, noch einmal hierher zu fahren (ein weiterer ist das im Oktober stattfindende „Fall Coloring")!

Fasziniert gehen wir bis zu einer Aussichtsplattform, von der aus man einen herrlichen Überblick über die schier endlosen „Wälder" von *Rhododendron catawbiense* hat. Zwischen den 2–4 m hohen Rhododendren finden sich öfter auch kleinere Sträucher wie *Kalmia latifolia*, *Vaccinium constablaei* oder *Viburnum cassinoides*, die aber wenig auffallen. Wo der Rhododendronbestand an den Nadelwald grenzt, sind ihm

oft einzelne Tannen beigemischt; nähert man sich ihm vom Walde her, so findet man unter den Bäumen viele abgestorbene Rhododendren. Es scheint also, dass der Wald gegen das Rhododendrongebüsch vorrückt – ein Grund mehr, sich über die Entstehung dieses Vegetationstyps Gedanken zu machen!

Auf der Rückfahrt stoppen wir noch kurz an einer wunderbaren Wiese, die voll blühender *Monarda didyma* und *Rudbeckia laciniata* steht! An einer Weihnachtsbaumplantage aus *Abies fraseri* fahren wir nur noch vorbei. Vielleicht ein anderes Mal.

Um 19:30 Uhr treffen sich einige wieder in der Lobby, und wir fahren mit einigen Autos zu den Boone Native Gardens, wo sich nebenan die Freilichtbühne des Ortes befindet. Da werden allabendlich im Sommer von Laiendarstellern aus Boone unter dem Titel „Horn in the West" die Abenteuer des DANIEL BOONE aufgeführt, und wenn man schon in dem nach ihm benannten Ort Station macht, sollte man sich dieses historische Schauspiel nicht entgehen lassen. Die Zuschauerränge sind nur mäßig gefüllt, und wir lauschen gespannt den über 40 Akteuren. Die Grillen (Zikaden) zirpen dermaßen laut, dass einige von uns denken, das wären bewusst eingespielte Hintergundgeräusche. Das Zirpen hört man allerdings auch weiter nach Beendigung des Stückes, als wir zum Parkplatz zurückgehen, es ist wohl doch natürlich.

Mittwoch, 6.8.

Heute besuchen wir einen weiteren Berg, der bis in die Nadelwaldstufe hinauf reicht: den Grandfather Mountain, ein bewaldetes, kammartiges Bergmassiv von ca. 10 km Länge etwa 30 km südwestlich von Boone; höchster Punkt ist der Calloway Peak (1813 m ü. M.) Mit zahlreichen Felspartien aus Quarzit auf dem Kamm und an den Hängen gilt Grandfather als der felsigste Berg der Südappalachen. Das etwa 16 km² große Gelände befindet sich in Privatbesitz, ist jedoch öffentlich zugänglich. Ein etwa 3 km² großer südwestlicher Teil ist als „Attraction Area" touristisch entwickelt, alles Übrige ist ein durch Trails erschlossenes Quasi-Naturschutzgebiet.

Nach unserem üblichen Start um 9 Uhr erreichen wir kurz vor 10 Uhr die bei 1300 m Höhe gelegene Entrance Station, wo eine Eintrittsgebühr bezahlt werden muss; von hier führt eine

Abb. 12: Die „Mile High Swinging Bridge" auf dem Grandfather Mountain

Straße bergauf. Gegen 10:15 Uhr sind wir am Nature Museum, dessen gut ausgestattete Ausstellung nicht nur der Geologie, Pflanzen- und Tierwelt gewidmet ist, sondern auch zwei Botanikern, die im 18. und 19. Jh. wesentlich bei der Erforschung der Region mitgewirkt hatten: Andʀé Michaux und Asa Gʀay. Im umgebenden Gelände befinden sich Freilandgehege für einheimische Wildtiere, von denen die Schwarzbären die attraktivsten sind. Nachdem wir von dort unsere „Bärenfotos" im „Kasten" und auch zahlreiche Kolibris fotografiert haben, die an einer Futterstation naschen, verschiedenste Schmetterlinge sehen, die sich auf einer eigens dafür angelegten „Schmetterlingswiese" tummeln, fahren wir noch ein Stück weiter den Berg hinauf bis zum Ende der Straße. Hier befindet sich ein großes Visitor Center. Haupt-Anziehungspunkt ist die „Mile High Swinging Bridge", eine Hängebrücke über eine kleine Schlucht, die sich in genau 1610 m ü. M. befindet, was einer Meile entspricht (Abb. 12). Schließlich getrauen sich dann doch alle auf diese wunderschöne, im Winde leicht schwingende und singende Hängebrücke,

von der man einen fantastischen Ausblick auf die umgebende Bergwelt hat. Entgeistert schaue ich auf einen der gegenüberliegenden Berggipfel, wo man in den 1980er Jahren im Zuge einer Ski-Entwicklung eine „Bettenhochburg" gebaut hat. Welch scharfer Einschnitt in die sonst so herrli-

Abb. 13: *Leiophyllum buxifolium*, Blüten und junge Früchte (stark vergrößert)

che Bergwelt hier! Dieser Schandfleck in der Landschaft hat viel Protest hervorgerufen, mit der Folge, dass die Errichtung solcher Hochhäuser außerhalb geschlossener Siedlungen inzwischen verboten wurde.

Auf felsigen Stellen neben der Brücke stehen Sandmyrte *(Leiophyllum buxifolium,* Abb. 13), Heidelbeeren *(Vaccinium constablaei)* und Prachtscharten *(Liatris spicata)* in voller Blüte, als hätte diese jemand hingepflanzt. An einer etwas windgeschützten Stelle halten wir Mittagspicknick.

Schließlich starten wir zur Wanderung auf dem „Grandfather Trail", der laut Angaben in 5 Std. zum höchsten Gipfel führt. Wie weit wir diesen ziemlich beschwerlichen Weg begehen, muss jeder entsprechend seiner Kondition selbst entscheiden; gegen 16 Uhr sollte man aber an die Rückkehr denken. Da das Gelände vielfach mit Felsstellen durchsetzt ist, ist die Vegetation (Liste #6) sehr uneinheitlich, mit Wechsel von Gebüschen aus *Rhododendron catawbiense, Clethra acuminata,* „Highbush Blueberries" *(Vaccinium constablaei),* Birnblatt-Schneeball *(Viburnum cassinoides,* schon mit leichter Herbstfärbung*),* Streifen-Ahorn *(Acer pensylvanicum)* u. a., und kleinen Waldstücken aus Tanne, Fichte, Gelb-Birke, Felsenbirne *(Amelanchier laevis)* und Eberesche *(Sorbus americana).* Die hier wachsende Brombeere (evtl. *Rubus canadensis)* gefällt mir immer besser, ist das doch mal eine pflückfreundliche Art: keine Stacheln!

Faszinierende Ausblicke auf die Umgebung lassen mich die Zeit vergessen, und am liebsten würde ich den Trail weiterlaufen. Der Pfad wird aber immer anspruchsvoller. Als dann Leitern zum Weiterklettern einladen, geben doch einige auf. Drahtseile, an denen man sich am Felsen hinaufhangelt, stellen die nächste Überwindung dar, und so wird unsere Gruppe immer mehr „ausgedünnt", so dass schließlich wohl nur noch 4 oder 5 Männer den ersten höheren Gipfel erreichen.

Donnerstag, 7.8.

Heute haben wir eine weite Fahrt (ca. 100 km) vor uns, es geht auch nicht in die höheren Berge, sondern ganz im Gegenteil in tiefere Lagen, in denen schon die Vegetation des Piedmont dominiert. Das Ziel, das uns ANDREW JENKINS empfohlen hat, ist der Stone Mountain State Park in

Abb. 14: *Juniperus virginiana* im Randbereich des Waldes

Wilkes County, den wir bei strahlendem Sonnenschein auf der Fahrt über den Parkway in Richtung Nordosten erreichen.

Hauptattraktion des durchschnittlich in ca. 500 m Meereshöhe gelegenen, etwa 2500 ha großen Parks ist ein ausgedehntes Granitmassiv („Granitdom"), welches sich als völlig kahle, glatte Fläche aus dem Wald heraus schiebt, im oberen Teil noch fast eben, hangabwärts immer steiler werdend und dort nicht mehr begehbar.

Schließlich stehen wir am Rande dieses riesengroßen Granitplateaus und lassen nicht nur die Hitze, sondern auch den wunderschönen Ausblick auf die schier endlosen Wälder auf uns wirken. Selbst an diesem unwirtlichen Ort haben sich Pflanzen etabliert, sobald eine Ritze im Gestein minimalen Platz für Substrat bot, und so finden wir an der Grenze zwischen Wald und offener Felsfläche besonders trockenheitertragende Gehölze, z.B. Pech-Kiefer *(Pinus rigida)* und andere Kiefern sowie Virginischen Wacholder *(Juniperus virginiana,* Abb. 14), an dem eine

Gelbe Passionsblume (*Passiflora lutea*) hochgeklettert.

Abseits von der Granitfläche zeigt der gutwüchsige Wald eine große Artenvielfalt, zu den uns aus den Bergen bekannten Baum- und Straucharten treten viele neue hinzu, z. B. mehrere verschiedene Eichen- und *Carya*-Arten, die strauchige *Aralia spinosa* sowie Vertreter uns bisher nicht geläufiger Gattungen (Liste #7). Der Tupelobaum (*Nyssa sylvatica*) zeigt schon die ersten Blätter in der Herbstfärbung.

Parallel zu dem Abhang des Granitdomes führt ein Trail abwärts in das Tal des Roaring River, zu einem Wasserfall, an dem sich einige Exkursionsmitglieder abkühlen. Die Flussufer sind von dichten Rhododendrengebüschen (*Rh. maximum*) eingerahmt. Hier im feuchten Tal stehen wieder riesige Exemplare von Magnolien, *Carya* und *Nyssa*, in deren Schatten wachsen *Gaultheria procumbens* und *Galax aphylla*.

Auf der Heimfahrt kreuzt noch ein wilder Truthahn unseren Weg. Wir schmunzeln, denn es gibt bei den Lunchpaketen stets Schinken-, Käse- oder Truthahn-Sandwich.

Freitag, 8. 8.

Kurz nach 9 Uhr fahren wir heute wieder in Richtung Südwesten. Das schöne Wetter ist vorbei, es regnet in Strömen. Ziel ist das Parkgebiet von Linville Falls, Milepost 316 am Parkway. Der am Grandfather entspringende Linville River, der zunächst in gemächlichen Windungen über das ca. 1000 m hohe Plateau nach Süden fließt, stürzt hier plötzlich mit zahlreichen Stromschnellen und Wasserfällen in eine über 300 m tiefe Schlucht (Linville Gorge) hinab, die sich ca. 10 km weit nach Süden zieht und in das Nationalparkgelände einbezogen ist. Etwa 400 m vor dem Beginn des Absturzes liegt das Visitor Center, von dem 2 Trails ausgehen: Einer führt auf der Ostseite hinab in den Grund der Schlucht, der andere auf der Westseite an der Oberkante des Steilhanges entlang zu mehreren schönen Aussichtspunkten.

Der Regen scheint uns heute nicht verlassen zu wollen, und so ziehen wir uns nach einem Besuch im Besucherzentrum die Regensachen an, spannen die Schirme auf und starten gegen 11 Uhr eine Wanderung auf dem westlich gelegenen „Erwins View Trail" (die Begehung des sehr abschüssigen Weges in die Schlucht hinunter wäre wegen der Nässe zu gefährlich). Der Weg führt zunächst noch am ruhigen Teil des Flusses entlang, der wie üblich von einem Dickicht aus *Rhododendron maximum* gesäumt wird, und überquert diesen auf einer Brücke, vorbei an wunderschönen, riesengroßen Tulpenbäumen und Weymouth-Kiefern (*Pinus strobus*). Einige dicke, alte *Tsuga canadensis* sind auch hier in den letzten Jahren der Wolllaus zum Opfer gefallen und ragen nur noch als Leichen in den Himmel. Direkt am Flussufer steht in feurigem Rot eine einzelne Kardinal-Lobelie (*Lobelia cardinalis*) und wartet darauf, fotografiert zu werden. Im weiteren Verlauf führt der Weg an den Rand des Steilhanges. Immer wieder fällt der Blick hinab in die Schlucht, wo sich das Wasser in mehreren Etappen über Quarzitgestein in die Tiefe ergießt (Abb. 15).

Als wir einen der größeren Aussichtspunkte erreichen, macht der Regen eine kleine Pause, und wir schauen fasziniert auf die gegenüberliegenden Hänge, von denen der Nebel sacht aufsteigt. Gespenstisch sehen die vielen abgestorbenen Tsugen aus, die aus dem Laubwald herausragen und einen eigenartigen Anblick bieten. Bald folgt der nächste Regenguss. Die felsigen Teile des Hanges sind mit artenreichem Gebüsch bedeckt (Liste #8), als besondere botanische Kostbarkeiten finden sich hier das niedrige, immergrüne Carolina-Rhododendron (*Rhododendron minus*) und als Kleinbaum die Carolina-Tsuge (*Tsuga caroliniana*), ein nur ca. 10 m hoch werdender Endemit der Südappalachen. In mancher Felsspalte haben sich Rhododendronsämlinge einen Platz gesucht. Wie groß werden sie wohl werden?

Wir fahren weiter zu einer Gärtnerei „Gardens of the Blue Ridge." Es handelt sich hierbei um eine kleine Staudengärtnerei, die früher Stauden einfach aus dem Wald holte, aufpflanzte und dann weiter verkaufte. Mittlerweile werden vorwiegend einheimische Stauden aber durch Aussaat kultiviert und vor Ort vermarktet. Die Foliengewächshäuser sind alle frei zugänglich, und hin und wieder haben einige Exkursionsteilnehmer wohl Lust, einige Pflanzen vom Wildwuchs zu befreien.

Der Regen scheint heute unser ständiger Begleiter zu sein. Ein kurzer Halt wird noch bei einem Garden Center „Mountaineer Landscaping" eingelegt, wollen wir doch am Abend nicht mit leeren Händen einer Einladung folgen.

Abb. 15 Linville Gorge

Heute kommen wir mal nicht all zu spät nach Boone zurück, denn nach dem Abendessen sind wir alle bei Prof. PETER PETSCHAUER, einem langjährigen Freund von Prof. SCHROEDER, in sein Haus auf einen Umtrunk eingeladen.

Samstag, 9.8.

Heute ist der letzte Tag in Boone für uns angebrochen. Am Morgen starten wir, wieder mit Regenschirmen, zum Farmers Market auf dem Platz neben der Freilichtbühne. Der Markt findet hier jeden Samstag statt. Gärtner, Bauern, Handwerker, aber auch Privatpersonen bieten dort ihre regionalen Produkte zum Verkauf an. Heute scheint der Schwerpunkt auf der Sorten-

vielfalt der Tomaten zu liegen, und so kommen einige aus unserer Gruppe auf ihre Kosten, verkosten Tomaten, kaufen natürlich welche, da der Same gewiss noch keimfähig ist. In unmittelbarer Nähe des Marktes befindet sich auch ein Freilichtmuseum, das gerade am Wochenende von Hobbyhistorikern belebt wird. In den Häusern und Hütten aus dem 18. Jh. sind verschiedene Szenen aus dem Leben der damaligen Bevölkerung dargestellt. Einige von uns nutzen die Zeit, sich dies anzuschauen.

Nach dem Mittagessen lässt uns ein kleiner Bummel Abschied nehmen von dem gastlichen Städtchen Boone (Abb. 16). Um 15 Uhr haben wir uns vor dem Kunstmuseum mit Prof. PET-SCHAUER verabredet, der ein Freund und Förde-

222

Abb. 16: Abschied von Boone: Unsere Gruppe vor dem Standbild des „Yosef" (Maskottchen des University Football Club) im Campus der Appalachian State University

rer des Museums ist und uns durch die aktuelle Ausstellung, Südafrikanische Kunst, führt. Einige Kunstwerke faszinieren mich, andere jagen einem aber auch einen kalten Schauer über den Rücken, zeigen sie doch sehr unverblümt die noch immer existierende Apartheid in Südafrika.

Kurz nach 18 Uhr fahren wir heute zu TERY REDDICK, die für die Besucherbetreuung der Universität zuständig ist und uns täglich im Hotel besucht, evtl. aufkommende Fragen beantwortet und stets um unser Wohlergehen bemüht war. Heute hat sie uns zu sich nach Hause eingeladen, und wir verleben einen wunderbaren Abend in einer typisch amerikanischen Familie. Die Zeit vergeht viel zu schnell.

Sonntag, 10. 8.

Gegen 9 Uhr Abfahrt in Boone, heute mit allen vier Autos und Gepäck. Das Wetter hat sich wieder verschlechtert, die Berge sind hinter Wolken und Nebel versteckt. Über die Straßen NC 105 und 194 erreichen wir nach ca. 70 km Spruce Pine, wo wir gegen 10:30 Uhr dem Mineralogischen Museum einen Besuch abstatten. Die kurze Weiterfahrt auf dem Parkway führt uns bei Milepost 340 zum Park Crabtree Meadows auf 1100 m ü. M. Das ca. 100 ha große Schutzgebiet umfasst einen mit vielen Quellbächen durchsetzten Hang, der sich etwa 100 Höhenmeter abwärts bis zu einem Wasserfall erstreckt. Mit Regenschirmen bewaffnet, starten wir auf den 3 km langen, dort hinunter führenden Rundweg. Beeindruckende, sehr artenreiche Wälder (Liste #9), viel botanisiert. Die Nässe macht ein Notieren der vielen Arten sehr schwierig. Nebelschwaden ziehen dahin, die Regentropfen werden nicht weniger. Die üppige Natur profitiert davon – soll sie ruhig! Fruchtstände der Amerikanischen Pfeifenwinde (*Aristolochia macrophylla*) hängen herab. Riesige Bäume, die zum Teil wieder von Giftsumach (*Rhus radicans*) bewachsen sind, säumen den Weg. Tosend stürzt sich das Wasser in die Tiefe, aber wir haben heute kein Bedürfnis uns abzukühlen. Über den Weg liegen hin und wieder Baumstämme und verleihen dem Trail einen urwaldähnlichen Charakter. Diese Artenvielfalt lässt mich wieder staunen! Hin und wieder zeigt sich sogar noch eine leuchtend rosa Blüte am Catawba-Rhododendron. Kleine Sämlingspflanzen gedeihen auch hier in den Felsspalten. Zimterlen (*Clethra acuminata*) blühen und der Schildkrötenkopf (*Chelone glabra*) verrät von weitem dank seiner pinken Farbe den Standort.

Gegen 14 Uhr sind wohl die ersten zurück, die letzten kommen anderthalb Stunden später. Das ehemalige Visitor Center scheint schon lange geschlossen zu sein, so dass wir uns begnügen müssen, unter dem Vordach das Picknick, zum letzten Mal die Lunchpakete der Uni-Mensa, einzunehmen.

In dickem Nebel, d.h. in den Wolken, fahren wir auf dem Parkway weiter, der nun ständig ansteigt bis zur Ridge Junction, Milepost 355, 1569 m ü.M. Hier zweigt eine Stichstraße ab auf den höchsten Berg der Southern Appalachians (und ganz Ost-Nordamerikas), den Mt. Mitchell (6684 ft. = 2037 m). Der Ausblick vom Gipfel in die Ferne muss bei schönen Wetter grandios sein, aber heute ist die Aussicht fast gleich Null, nur gespenstisch im Nebel stehende tote Tannen zeugen von einem einst schönen Nadelwald. Allein die Ebereschen (*Sorbus americana*) sehen noch lebendig aus. Im Gipfel-Restaurant, wo wir uns zum Trost den dünnen Kaffee und manch einer auch ein schönes Stück Kuchen schmecken lassen, erfahren wir, dass die in den südlichen Appalachen endemische Tannenart durch die aus Europa eingeschleppte Tannenlaus (*Adelges piceae*, engl. Woolly adelgid) stark geschädigt wurde. Um 1950 erreichte diese die Hochlagen der Appalachen und brachte seitdem mancherorts ca. 80 % des Tannen-Bestandes zum Absterben.

Die Fahrt zurück zur Junction und weiter auf dem Parkway führt dann ständig bergab, schon bald passieren wir die Untergrenze der Wolkendecke und die Aussicht wird wieder klar. Gegen 19:15 erreichen wir die im Tal des French Broad River bei nur noch 600 m ü.M. gelegene Stadt Asheville und beziehen unser Quartier im Ramada Hotel.

Montag, 11.8.

Um 9 Uhr, bei zunächst gutem Wetter, Abfahrt vom Hotel zum am südlichen Stadtrand von Asheville gelegenen North Carolina Arboretum. Das Arboretum gehört zur University of North Carolina, ist 175 ha groß, aber nur 26 ha sind davon in Kultur. Der Rest ist natürliche Vegetation. Nach einem kurzen Halt am Besucherzentrum, wo 1,5 h Zeit zur Besichtigung gegeben wird, trennt sich die Gruppe und ein jeder schaut sich nach Lust und Laune um. Einige wählen die 10 Themengärten (z.B. eine große Bonsai-Sammlung), andere schlagen doch einen Trail im naturnahen Teil ein. Um 11:30 Uhr treffen sich dann alle wieder im Laden, ergattern noch das eine oder andere Souvenir und bestaunen schließlich am Parkplatz die gerade wunderschön blühende *Franklinia alatamaha* (Abb. 17), eine Rarität, die früher als Endemit in einem kleinen Gebiet im Staat Georgia vorkam, aber seit ca. 200 Jahren nicht mehr wildwachsend gefunden wurde und jetzt nur noch in Kultur bekannt ist.

Anschließend fahren wir zunächst auf NC 191 im Haupttal weiter Richtung Brevard und dann im Tal des Looking Glass River wieder aufwärts in die Berge. Bei ca. 1000 m Höhe liegt das „Cradle of Forestry in America" (Wiege der amerikanischen Forstwirtschaft), der Ort der ersten amerikanischen Forstschule. Nachdem wir uns mit einem Picknick gestärkt haben, besuchen wir das Informationszentrum und dann das idyllisch im Wald gelegene Museumsdorf. Ende des 19. Jh. gehörten ausgedehnte Waldgebiete in dieser Gegend dem Millionär GEORGE VANDERBILT. Dieser engagierte 1895 den deutschen Forstmann CARL ALWIN SCHENCK, der eine professionelle Bewirtschaftung der Wälder organisieren sollte. SCHENCK gründete dort 1898 eine private Forstschule, welche bis 1913 existierte. Zahlreiche amerikanische Forstleute wurden hier ausgebildet. 1968 wurde dieses Areal als Freilichtmuseum eingerichtet und veranschau-

Abb. 17: *Franklinia alatamaha*

Abb. 18: *Vaccinium constablaei* mit leckeren Früchten

licht heute, wie man in damaliger Zeit lebte, lehrte, unterrichtete – und selbst die Schmiede ist zu sehen (Näheres vgl. MDDG 90: 153–171, 2005).

Bei der Weiterfahrt erreichen wir am Wagon Road Gap (1380 m, Milepost 412) wieder den Parkway und folgen diesem weiter nach Westen. Auf dieser Strecke steigt er noch bis über 1750 m in die Nadelwaldstufe auf. Inzwischen ist das Wetter wieder unsicher geworden mit Wechsel von Schauern und Auflockerungen. Leider ist die Aussicht oft durch Nebelschwaden beeinträchtigt, so dass man nur die Schönheit erahnen kann. Als der Himmel sich einmal weiter öffnet, halten wir an einem Aussichtspunkt an, genießen den Rundblick und botanisieren sofort. Vor allem die großen Heidelbeeren (*Vaccinium constablaei*, Abb. 18) haben es uns angetan, von denen wir allerdings die meisten in den Mund wandern lassen.

Der Parkway endet bei Meile 469 am Rande des Great Smoky Mountains N. P., in nur 600 m Höhe. Auf der Straße US 441 fahren wir weiter und kommen gegen 18:45 in Cherokee an. Cherokee ist im Appalachen-Bereich die einzige Indianer-Reservation (22 km² groß, ca. 5000 Einwohner, von denen nur noch etwa 700 einigermaßen unvermischte Indianer sein sollen). Haupteinnahmequelle ist der Tourismus, für den es einige seltsame Regelungen gibt: Einerseits darf in den Restaurants kein Alkohol ausgeschenkt werden, andererseits hat die Verwaltung der Reservation aber das Recht, ein Spielkasino zu betreiben.

Unsere Zimmer beziehen wir im „Grand Hotel", welches auch schon bessere Tage erlebt hat, und auf Empfehlung des Hotels gehen wir zum Abendessen ins Kasino, in dessen Restaurant man ausnahmsweise doch ein Gläschen Bier oder Wein konsumieren kann. Die Speisekarte wirkt allerdings sehr preisintensiv, so dass ein Großteil der Gruppe sich lieber für eine Pizzeria entscheidet.

Dienstag, 12.8.

Heute machen wir noch eine lange Fahrt, über 100 km weiter nach Westen. Als wir an unserem heutigen Ziel, dem Joyce Kilmer Memorial Forest, gegen 11 Uhr die Autos verlassen, fällt nur ganz leichter Nieselregen und wir denken optimistisch, dass das Wetter sich schon noch bessern wird (was dann auch bald der Fall ist). Der 1540 ha große, in 700–1500 m Höhe liegende Waldkomplex ist ein Urwaldrest, der infolge seiner unzugänglichen Lage in den hintersten „Backwoods" von North Carolina niemals von den im 19. und 20. Jh. aktiven „Lumbering Companies" erreicht wurde. Er wurde bereits 1936 unter absoluten Schutz gestellt und nach dem im ersten Weltkrieg gefallenen Pionier, Patriot und Dichter

Abb. 19: Von den großen Tulpenbäumen sind diese beiden, die „Twin Poplars", besonders berühmt

Joyce Kilmer benannt, dessen berühmtes Gedicht „Trees" am Eingang des Parkes auf einer Tafel verewigt ist. (Näheres vgl. MDDG 93: 109–118, 2008).

Der Wald ist durch mehrere, z. T. weit in die Berge hinauf führende Trails erschlossen. Wir begehen vom Parkplatz aus einen Rundweg, der durch die Bestände mit den größten Baumriesen führt. Schon beim Passieren einer kleinen Brücke über den Santeetlah Creek hat man das Gefühl, in einer ganz ursprünglichen Natur unterzutauchen (Liste #10). Rhododendrongebüsche entlang der Flussufer, riesige Schneeglöckchenbäume (*Halesia monticola*), an den Stämmen von Weißeichen (*Quercus alba*) hinaufkletternder Giftsumach (*Rhus radicans*), am Erdboden dahinkriechende Rebhuhnbeere (*Mitchella repens*), deren reife Früchte orangerot glänzen. Es hat aufgehört zu regnen, und wir wandern meist kurzärmlig in den sommerlich warmen Wald hinein. Riesige Buchen (*Fagus grandifolia*) und Magnolien (*Magnolia acuminata*) lassen uns das Bandmaß herausholen, und Detlef Ehlert vermisst einige Bäume. Immer wieder stehen wir da, versuchen die Krone zu erkennen – und müssen aufgeben, so hoch sind die Bäume, so dicht der Bewuchs. Hin und wieder ragen tote Tsugen in den Himmel und erinnern uns daran, dass auch hier eine kleine Laus riesige Bäume zum Absterben brachte. Neben riesigen Tulpenbäumen, ca.

60 m hoch, fast 30 m astfrei, bis zu 6,35 m Umfang, lässt sich wohl ein jeder von uns zur Erinnerung fotografieren (Abb. 19).

Wir fahren nach Cherokee zurück und suchen ein auf dem Ortsplan eingezeichnetes „Arboretum". Im Ort kennt es so gut wie keiner, und wir versuchen an Hand der Karte die Lage herauszubekommen. Wie sich zeigt, handelt es sich um einen „Indianer-Garten", der sich neben dem „Freiluftmuseum" befindet. Dieser wurde 1954 angelegt. Die Pflanzen sind nicht nur mit den Namen beschildert, sondern man findet auch Hinweise, wozu die Indianer diese (vorwiegend Gehölze) verwendet haben, welchem Heilzweck welcher Teil der Pflanze diente. Die Beschilderung ist nicht nur mit englischen und lateinischen Namen versehen, sondern auch in der Sprache der Indianer. Interessant finde ich, dass die Bäume wie mir scheint zum Großteil gar nicht angepflanzt sind, sondern vom natürlichen Bestand hier einfach stehen blieben und nun als Anschauungsmaterial benutzt werden, wie ein Naturlehrpfad bei uns in Deutschland. Und für uns hat die Flammen-Azalee (*Rhododendron calendulaceum*) noch eine verspätete Blüte erzeugt (Abb. 20)! Ein Nutzgarten gehört auch mit zu dem Gelände und zeigt, dass die Cherokee durchaus auch Ackerbau betrieben haben.

Abb. 20: Blühende Flame Azalea im Cherokee-Arboretum

Mittwoch, 13. 8.

Heute, am letzten Tag in den Bergen, besuchen wir den 2020 km² großen Great Smoky Mountains National Park. Um 9 Uhr starten wir bei strahlendem Sonnenschein am Hotel und fahren auf der US 441, der einzigen Straße, die den Nationalpark von North Carolina im Süden nach Tennessee im Norden durchquert, zunächst im Tal des Oconaluftee River aufwärts. Eigentlich wollten wir uns zunächst am Visitor Center Oconaluftee treffen, aber da dieses gleich hinter dem Ort liegt, fährt das „Führungsauto" versehentlich vorbei und alle anderen hinterher. Auf der Wiese am Straßenrand in der Nähe des Centers weiden Hirsche, so dass wir alle unsere obligatorischen „Hirschfotos" machen können.

Wir folgen also der US 441 bis auf die Passhöhe Newfound Gap (1520 m), und von hier weiter auf einer Stichstraße zum Parkplatz Forney Ridge (1900 m), dieser ist zusammen mit dem hier befindlichen Visitor Center und dem asphaltierten Fußweg zum Clingmans Dome ein Zentrum des Massentourismus. Im Visitor Center versorgen sich einige wieder mit Literatur, Postkarten oder Andenken. Dann gehen wir inmitten einer großen Menschenmenge zum höchsten Berg des Nationalparks, dem Clingmans Dome (2019 m), von dessen Aussichtsplattform man eine wunderbare Aussicht bis in fast 70 km Entfernung über die schier unendlichen Wälder der Great Smoky Mountains hat.

Gegen 11:30 Uhr verlassen wir dann dieses „Ballungszentrum" und beginnen eine Wanderung auf dem „Appalachian Trail" Richtung Südwesten. Dieser berühmte Fernwanderweg erstreckt sich, 2048 Meilen = 3300 km lang, über den ganzen Verlauf des Appalachen-Gebirgssystems von Maine im N bis Georgia im S. Wir gönnen uns davon nur wenige Meilen. Der Trail verläuft hier direkt auf dem Kamm der Smoky Mountains entlang, und man hat mal linker Hand bzw. nach einigen Metern rechter Hand eine Aussicht hinab in die Täler und auf die umliegenden Berge. Er ist so schmal, dass wir nur im Gänsemarsch laufen können, und jeder geht so weit wie es seine Kondition erlaubt. Wir durchwandern noch einmal das Vegetations-Mosaik, das wir aus der gleichen Höhe von den Bergen bei Boone kennen: Wechsel von Tannen-Fichten-Wald und Strauchbeständen (Heath Bald) an steinigen und abschüssigen Stellen (Liste #11); als Besonderheit finden wir hier noch ein blühendes Exemplar von *Lilium michauxii*.

Gegen 15 Uhr finden sich alle am Parkplatz ein und packen hungrig die Lunchpakete aus.

Abb. 21: Detlef Ehlert und Paul Schwieters vermessen eine gewaltige Platane am Oconaluftee River

Den bekannten Straßen folgend geht es dann wieder hinab in das Tal gen Cherokee, wo wir am unteren Visitor Center, an dem wir heute früh vorbeigefahren sind, nun doch anhalten und botanisierend an den Oconaluftee River gehen, an dem sich ein Auwald aus sehr großen Eichen und Linden sowie gewaltigen Platanen (Abb. 21) entlang zieht (Liste #12). In der Nähe gibt es auch ein Freilichtmuseum, das die Lebensweise der ersten europäischen Siedler darstellt.

Donnerstag, 14.8.

Gegen 9 Uhr begeben wir uns zunächst ins Zentrum des Ortes Cherokee, wo wir das Indianermuseum besuchen, in dem die Geschichte und frühere Lebensweise des Cherokee-Stammes sehr gut dargestellt ist. Pünktlich um 11 Uhr setzen wir unsere Fahrt bei strahlendem Sonnenschein fort. Wir verlassen endgültig das Gebirgsland (und auch North Carolina) und erreichen gegen 13:30 Uhr die im Piedmont gelegene Stadt Spartanburg in South Carolina. Hier organisiert unser „Doktor" (wir haben einen „echten Medi-

ziner" mit) noch ein Mittelchen gegen die gefährlichen „Feuerameisen" (Fire Ants), die im nächsten Exkursionsgebiet aktiv sein sollen.

14:20 Uhr geht es weiter, um 15:30 Uhr machen wir Station im Croft State Park, ca. 30 km südwestlich von Spartanburg. Dass wir jetzt im südlichen Tiefland (Piedmont, ca. 300 m ü. M.) sind, merken wir schon an den unglaublich hohen Temperaturen. Die Luft ist schwül-warm, ganz anders als in den Bergen. Nachdem sich alle aus der Gruppe die Waden mit „Ameisenschreck" imprägniert haben, getrauen wir uns auf einen Wanderweg, der in leicht welligem Gelände durch den Wald zu einem kleinen Bachtal führt. Oberstes Gebot scheint zu sein, dass man nicht zu lange an einem Fleck stehen bleibt, um den „Angreifern" keine Chance zu geben. Also sollten auch Botaniker stets in Bewegung bleiben und nicht längere Zeit vor einer Pflanze verweilen. Welch schwieriges Unterfangen! Die reiche Gehölzflora (Liste #13) ähnelt sehr der im früher besuchten Stone Mountain Park in ähnlicher Höhenlage. Allein aus der Gattung *Quercus* treffen wir 7 Arten an, darunter riesige Weiden-Ei-

Abb. 22: Große Exemplare von *Taxodium distichum* (links; vorn Atemknie) und *Nyssa aquatica* (rechts)

chen *(Q. phellos)* mit ihren schmalen Blättern sowie Schwarz-Eiche *(Q. nigra)*; beeindruckend in ihrer Größe sind auch Amberbäume *(Liquidambar styraciflua)* und Tulpenbäume.

Nach 2 weiteren Fahrstunden über die Interstates 26 und 20 sind wir gegen 19:30 Uhr in unserem letzten Quartier am Rande der kleinen Stadt Camden.

Freitag, 15.8.

Unseren letzten Exkursionstag beginnen wir wieder am Supermarkt, um uns für das Mittagessen zu versorgen; um dorthin zu kommen, müssen wir zunächst das Zentrum von Camden durchqueren, das ein sehenswertes historisches Stadtbild zeigt – aber leider fehlt uns die Zeit zur Besichtigung. Gegen 11 Uhr sind wir dann im ca. 65 km südlich von Camden gelegenen Congaree Swamp National Park und wandern bei brütender Hitze (zum Glück im Schatten der Bäume) auf einem Holzbohlenweg durch die Sümpfe, die allerdings im Moment nicht viel Wasser führen. Der Weg führt hindurch zwischen gewaltigen

Sumpfzypressen *(Taxodium distichum)*, deren Wurzelknie bis zu 70 cm aus der Erde ragen, und fantastischen Wasser-Tupelobäumen *(Nyssa aquatica;* Abb. 22). Welche Riesen! Dieses Gebiet soll 90 Baumarten beherbergen (Liste #14); ganz besonders bemerkenswert darunter ist auch die Kiefernart *Pinus taeda* (Loblolly Pine), die an diesem für Kiefern höchst ungewöhnlichen Sumpfstandort Höhen von über 50 m erreicht. Als typisches „Southern"-Merkmal sehen wir hier auch erstmals das „Spanish Moss", die wundervoll von den Zweigen der Bäume herabhängende epiphytische Bromeliacee *Tillandsia usneoides*, die wie eine graue Strauchflechte aussieht.

Nach einer Pichnickpause am Visitor Center besuchen wir am Nachmittag als letzten Exkursionspunkt den etwa 25 km weiter östlich gelegenen, 400 ha großen Poinsett State Park, ein vor allem aus verschiedenen Eichen- und Kiefern-Arten (Liste #15) bestehendes Waldgebiet auf trockneren Böden. Auf einem Rundwanderweg fasziniert uns besonders eine neue Kiefernart, die Longleaf Pine *(Pinus palustris* – dieser Name ist

Abb. 23: *Pinus palustris*, Jungpflanze

irreführend, sie wächst keineswegs im Sumpf, sondern auf trockenem Dünensand). Ihre Sämlingspflanzen sehen wie Kobolde aus, in ihren ersten Lebensjahren haben sie keinerlei Längen-, sondern nur Dickenwachstum und erscheinen dann als „Grasbüschel" (Abb. 23). Die Wanderung führt uns zu einem Stausee, an dessen Ufer mehrere mit Spanish Moss behangene Taxodien stehen. Auf einem Hinweisschild wird vor Alligatoren gewarnt (und ich wollte schon baden gehen).

Gegen 18:45 Uhr sind wir wieder am Ende des Rundweges – aber 3 Frauen fehlen! Ein Auto fährt zurück, einige warten an der Ranger-Station. Nach erfolgloser Suche kommen die drei Grazien angewandert, sind erleichtert, uns noch zu sehen, hatten aber schon einen „Notfallplan" im Kopf, wie sie vielleicht doch noch zum Hotel gekommen wären, denn schließlich führte der Wanderweg an einem Campingplatz vorbei, wo doch sicherlich hilfsbereite Menschen waren.

Wir sind froh und glücklich, dass die Gruppe wieder vollständig ist. Im Anschluss an das Abendessen halten wir bei einem Schluck Wein noch einen kurzen Rückblick auf die Exkursion.

Samstag, 16.8.

9:45 Uhr sind schon fast alle am Hotelausgang, 10 Uhr starten wir nach Charlotte. Die Autos werden zur Vermietung zurückgebracht, man bringt uns dann zum Flughafen, wo wir gegen 12 Uhr sind. Check-in, noch gut 2 Stunden bis zum Abflug – denken wir optimistisch. Als wir dann endlich im Flieger sitzen und um 16:30 Uhr starten sollen, bekommen wir mitgeteilt, dass es ein kleines technisches Problem gibt und etwas Verspätung. Nach 3 Stunden Verspätung, um 19:32 Uhr, hebt die Maschine dann endlich ab, und so erleben wir nicht nur einen fantastischen Sonnenuntergang, sondern dann auch einige Stunden später einen wunderschönen Sonnenaufgang, aber nun über Europa. Der Flieger landet am 17.8. gegen 12 Uhr in Frankfurt. Eine interessante, wohl einmalige Exkursion geht zu Ende.

Danksagung
Ein ganz herzlicher Dank an Prof. SCHROEDER, der uns fachlich während der ganzen Exkursion beriet und dessen Kontakte uns vor allem in Boone von Vorteil waren, VOLKER MENG, der das Ganze mit organisiert hat, TERY REDDICK und ANDREW JENKINS von der Appalachian State University sowie Prof. PETSCHAUER für seine Gastfreundschaft. Ein besonderer Dank sei hiermit auch an unsere 5 Fahrer gerichtet, die uns stets sicher ans Ziel brachten!

Autorin:
HEIKE GERHARDT
Freiberger Str. 30
01737 Tharandt
E-Mail: gerhardt@forst.tu-dresden.de

Anhang: Artenliste

Die Liste basiert auf den Aufzeichnungen von DETLEF EHLERT (Gehölze) und ANDREAS STADLMAYER (Krautige Pflanzen), sie wurde durch Notizen anderer Teilnehmer ergänzt. Die Nomenklatur entspricht im Wesentlichen dem Manual of the Vascular Flora of the Carolinas (RADFORD, AHLES & BELL 1968). Wichtige Synonyme sind in Klammern beigefügt. Bei einigen Gehölz-Gattungen, z.B. *Carya*, *Crataegus*, *Rubus*, *Vaccinium*, *Vitis*, konnten manche Exemplare wegen taxonomischer Schwierigkeiten oder fehlender Blüten bzw. Früchte nicht eindeutig bis zur Art bestimmt werden. Von den krautigen Pflanzen konnte wegen der großen Artenfülle eh nur eine Auswahl in die Liste aufgenommen werden.

Nummern der Exkursionspunkte in der Artenliste (#, Näheres im Text):

 1 Boone, Appalachian Heights Nature Trail (1000 m ü. M.)
 2 Blue Ridge Parkway, Moses Cone Memorial Park (1200 m ü. M.)
 3 Parkway, Flat Rock Trail (1200 m ü. M.)
 4 Elk Knob State Park (1300–1600 m ü. M.)
 5 Roan Mountain, Höhenlagen oberhalb Carvers Gap (1600–1900 m ü. M.)
 6 Grandfather Mountain (1300–1700 m ü. M.)
 7 Stone Mountain State Park (ca. 500 m ü. M.)
 8 Parkway, Linville Falls, Erwins View Trail (1000 m ü. M.)
 9 Parkway, Crabtree Falls Trail (1000–1100 m ü. M.)
10 Joyce Kilmer Memorial Forest (700 m ü. M.)
11 Great Smoky Mountains N. P., Clingmans Dome Area (1900–2000 m ü. M.)
12 GSM N.P., Okonaluftee Valley (600 m ü. M.)
13 Croft State Park bei Spartanburg, SC (ca. 300 m ü. M.)
14 Congaree Swamp N. P., SC (100 m ü. M.)
15 Poinsett State Park bei Camden, SC (ca. 200 m ü. M.).

Bei einigen Exemplaren mit besonderer Stammstärke oder Höhe wurden von DETLEF EHLERT die Stammumfänge (BHU) gemessen, z.T. auch die Höhe geschätzt:

Betula lenta, #9, BHU bis ca. 230 cm
Betula lutea, #4, BHU bis ca. 270 cm
Crataegus cf. *crus-galli*, #4, Höhe ca. 8 m (baumförmig)
Fagus grandifolia, #10, riesige Exemplare, BHU bis ca. 350 cm
Halesia monticola, #10, BHU 161 cm, Höhe ca. 25 m
Ilex opaca, #14, BHU ca. 150 cm, Höhe ca. 18 m
Liriodendron tulipifera, #9, BHU bis ca. 300 cm, Höhe ca. 40 m
Liriodendron tulipifera, #10, BHU 470 cm / 531 cm / 505 cm / 627 cm / 552 cm / 612 cm, bis 20 m astfreie, säulenförmige Stämme, Höhe ca. 40–50 m. Im Gebiet ca. 30–50 starke Expl. mit Stammumfängen um 500 cm oder mehr
Magnolia acuminata, #9, BHU ca. 250 cm, Höhe ca. 30 m
Magnolia acuminata, #10, BHU 390 cm, Stamm 15 m astfrei, weitere starke Expl. BHU ca. 300 cm
Magnolia fraseri, #2, BHU ca. 250 cm
Quercus alba, #9, BHU 346 cm
Quercus prinus, #9, BHU ca. 320 cm
Quercus prinus, Stammscheibe im Museum am Grandfather Mountain, Durchmesser 80 cm, 263 Jahre, Jahrringbreite 0,15 cm
Pinus taeda, #14, BHU 475 cm, Höhe ca. 50 m
Platanus occidentalis, #12, BHU 546 cm
Prunus serotina, #9, BHU 189 cm, einstämmig, Höhe ca. 30 m
Tilia americana, #12, BHU ca. 300 cm
Tsuga canadensis, #2, BHU bis ca. 300 cm
Tsuga canadensis, #8, BHU 327 cm.

Anmerkungen zu Gehölzen der Gärten und Anlagen

Betrachtet man den Gehölzbestand in Gärten und öffentlichen Anlagen, so fällt sofort auf, dass sehr viel weniger exotische Gehölze verwendet werden als etwa in Deutschland. Das liegt selbstverständlich an der großen Artenfülle der einheimischen Flora: Um im privaten und öffentlichen Grün Artenvielfalt zu erreichen, braucht man keine Exoten aus anderen Erdteilen wie Europa, Ostasien oder West-Nordamerika.

Im älteren Teil des Universitäts-Campus in Boone finden sich neben großen einheimischen Bäumen auch einige große Exemplare von *Acer platanoides*, *Picea abies*, *Pinus nigra* und *Pseudotsuga menziesii*. Bei neueren Anpflanzungen verwendet man meist kleinere Bäume, z. B. *Acer griseum* und die einheimische *Tsuga caroliniana*, an Sträuchern neben dem einheimischen *Chionanthus virginicus* z. B. auch *Hibiscus syriacus*. Als kleiner Straßenbaum im Zentrum von Boone ist neuerdings viel *Acer buergerianum* angepflanzt, neben dem von früher vorhandenen *Cornus florida*. Als für uns interessantes Kuriosum sei noch eine misslungene Exotenpflanzung aus dem Jahre 1979 erwähnt: Als in diesem Jahr die DDG ihre erste Exkursion nach SO-Nordamerika machte, stiftete sie einen Mammutbaum (*Sequoiadendron*), der aus einer kalifornischen Baumschule importiert und am 7. Juni 1979 feierlich im Booner Campus gepflanzt wurde. Er gedieh zunächst prächtig, fiel aber schon nach wenigen Jahren einem Winterfrost von −28 °C zum Opfer.

Auch die Gehölzflora der Privatgärten besteht in Boone meist überwiegend aus Einheimischen, oft sind es an Ort und Stelle übrig gebliebene Reste des früheren Waldes. Angereichert werden diese gelegentlich z. B. durch Gartensorten von ostasiatischen *Acer*- oder *Chamaecyparis*-Arten. Der weitaus häufigste Exot ist hier aber *Buxus sempervirens*, der, meist in Kugelform geschnitten, zur Dekoration des Vorgarten-Rasens dient.

Art Exkursionspunkt →	1	2	3	4	5	6	7	8	9	10	11	12	13	14	15
Gehölze															
Abies fraseri					+	+					+				
Acer negundo		+										+			
Acer pensylvanicum	+		+	+		+	+	+	+	+					
Acer rubrum	+	+	+				+	+	+	+		+	+	+	+
Acer saccharum	+	+		+		+		+	+	+		+			
Acer saccharum subsp. *floridanum*														+	
Acer spicatum			+	+	+	+			+	+	+				
Aesculus octandra (= flava)		+		+	+	+			+	+	+	+			
Alnus crispa				+											
Alnus serrulata							+			+		+			
Amelanchier arborea							+						+		
Amelanchier laevis (= arborea var. *laevis)*	+		+	+	+	+			+		+				
Aralia spinosa	+						+	+		+		+	+	+	
Aristolochia macrophylla				+				+	+	+		+			
Aronia arbutifolia							+								+
Aronia melanocarpa			+			+					+				
Arundinaria gigantea												+	+	+	+
Asimina triloba													+		+
Betula lenta	+		+				+	+	+	+					
Betula lutea (= allegheniensis)			+	+	+	+			+	+	+	+			
Betula nigra							+						+		+
Callicarpa americana														+	
Calycanthus floridus s.l.							+		+			+			+
Campsis radicans							+					+	+	+	
Carpinus caroliniana	+						+			+		+	+	+	+
Carya aquatica													+		
Carya ovata				+			+		+	+					
Carya tomentosa	+						+						+		
Carya spec.							+		+			+	+	+	
Castanea dentata	+		+	+			+	+	+	+					
Castanea pumila	+														+
Celastrus scandens	+						+								
Celtis laevigata														+	

Art Exkursionspunkt →	1	2	3	4	5	6	7	8	9	10	11	12	13	14	15
Cercis canadensis							+					+	+		+
Chionanthus virginicus							+						+		
Clematis viorna				+			+								
Clematis virginiana		+					+								
Clethra acuminata	+		+			+	+	+	+	+	+				
Clethra ainifolia															+
Cornus alternifolia	+		+	+		+		+	+	+	+				
Cornus amomum	+														
Cornus florida	+	+					+	+		+		+	+		+
Corylus americana		+					+					+			
Corylus cornuta				+											
Crataegus spec.	+			+	+		+								
Decumaria barbara														+	
Diervilla lonicera				+		+					+				
Diospyros virginiana							+								+
Euonymus americanus							+			+					
Fagus grandifolia	+			+		+			+	+			+	+	+
Fraxinus americana	+	+		+		+	+	+	+	+		+	+	+	
Gaultheria procumbens			+				+	+							
Gaylussacia baccata			+				+								
Gelsemium sempervirens															+
Halesia monticola										+		+	+		
Hamamelis virginiana	+		+	+			+	+	+	+		+			+
Hydrangea arborescens		+		+			+	+	+	+		+			
Ilex decidua														+	+
Ilex monticola (= *ambigua* var. *montana*)	+		+	+				+	+	+					
Ilex opaca							+	+		+		+	+	+	+
Itea virginica															+
Juglans cinerea												+			
Juglans nigra							+					+	+		+
Juniperus virginiana							+						+		+
Kalmia angustifolia															+
Kalmia latifolia	+		+		+	+	+	+	+	+	+				+
Leiophyllum buxifolium					+	+									

Art Exkursionspunkt →	1	2	3	4	5	6	7	8	9	10	11	12	13	14	15
Leucothoe axillaris														+	+
Leucothoe editorum (= fontanesiana)							+	+	+	+		+	+		
Lindera benzoin							+		+	+		+			
Liquidambar styraciflua												+	+	+	+
Liriodendron tulipifera	+	+					+	+	+	+		+	+	+	+
Lyonia ligustrina			+			+					+				
Magnolia acuminata	+		+				+	+	+	+		+			
Magnolia fraseri	+	+	+	+			+	+	+	+					
Magnolia grandiflora														+	
Magnolia tripetala							+		+		+				
Magnolia virginiana														+	+
Menziesia pilosa			+	+		+		+	+		+				
Morus rubra							+					+	+	+	+
Myrica cerifera															+
Nyssa aquatica														+	
Nyssa sylvatica	+		+				+	+	+	+		+	+		+
Ostrya virginiana	+			+				+	+	+		+			
Oxydendrum arboreum	+						+	+	+	+		+	+		+
Parthenocissus quinquefolia	+						+	+	+	+		+		+	
Physocarpus opulifolius								+	+			+			
Picea rubens					+	+					+				
Pieris floribunda											+				
Pinus echinata							+						+		+
Pinus palustris															+
Pinus pungens			+				+	+							
Pinus rigida			+				+								
Pinus strobus		+	+				+	+		+					
Pinus taeda							+							+	+
Pinus virginiana							+						+		
Platanus occidentalis							+					+			+
Prunus pensylvanica			+	+	+	+				+	+	+			
Prunus serotina		+	+	+			+	+	+	+		+	+		+
Quercus alba	+	+	+				+	+	+	+			+		+
Quercus coccinea	+		+				+		+						

235

Art / Exkursionspunkt →	1	2	3	4	5	6	7	8	9	10	11	12	13	14	15
Quercus falcata							+						+	+	
Quercus imbricaria												+	+		
Quercus marilandica															+
Quercus michauxii														+	
Quercus nigra													+	+	
Quercus phellos													+	+	+
Quercus prinus	+		+			+	+	+	+						
Quercus rubra	+	+	+	+			+	+	+	+		+	+		+
Quercus stellata							+						+		+
Quercus velutina	+						+					+			+
Rhododendron calendulaceum	+	+		+	+		+	+	+		+				
Rhododendron catawbiense		+	+		+	+	+	+	+		+				
Rhododendron maximum	+	+	+				+	+	+	+		+			
Rhododendron minus						+		+							
Rhododendron viscosum						+		+						+	+
Rhus copallina							+								
Rhus glabra							+		+						
Rhus radicans (= *toxicodendron* p.p.)	+			+			+	+	+	+		+	+	+	
Ribes cynosbati				+											
Ribes glandulosum				+	+										
Robinia hispida							+	+							
Robinia pseudoacacia			+				+	+	+			+			+
Rosa palustris		+													
Rubus fruticosus agg.		+		+	+	+	+			+	+				
Rubus odoratus				+											
Sabal minor														+	
Salix humilis				+											
Salix nigra							+					+			+
Sambucus canadensis	+						+				+				
Sambucus pubens				+	+						+				
Sassafras albidum	+	+	+				+			+		+			+
Smilax hispida	+		+	+	+			+		+	+		+		+
Smilax rotundifolia			+				+	+					+		
Sorbus americana			+	+	+	+		+	+		+				+

236

Art　　　　　　　Exkursionspunkt →	1	2	3	4	5	6	7	8	9	10	11	12	13	14	15
Taxodium distichum														+	+
Tilia americana s.l.			+				+	+	+	+		+	+		
Tsuga canadensis	+	+	+				+	+	+	+		+			
Tsuga caroliniana								+							
Ulmus americana s.l.													+	+	
Vaccinium constablaei	+		+	+	+	+		+	+	+	+				
Vaccinium corymbosum														+	+
Vaccinium erythrocarpum					+	+					+				
Viburnum acerifolium	+					+	+			+					
Viburnum alnifolium (= lantanoides)		+	+	+	+	+			+		+				
Viburnum cassinoides			+		+	+	+			+					
Viburnum prunifolium													+		
Vitis rotundifolia								+				+			
Vitis spec.	+							+		+			+		
Krautige Pflanzen															
Actaea pachypoda	+								+						
Adiantum pedatum									+	+					
Amphicarpa bracteata		+					+						+		+
Angelica venenosa							+		+						
Angelica triquinata		+		+		+					+				
Arisaema triphyllum	+				+				+						
Aruncus dioicus									+						
Asarum canadense								+		+					
Asplenium platyneuron	+														+
Aster acuminatus				+	+	+		+	+		+				
Aster divaricatus		+			+				+		+				
Aster macrophyllus			+												
Astilbe biternata									+						
Asclepias exaltata									+			+			
Asclepias syriaca	+	+													
Aurinia laevigata												+			
Botrychium virginianum				+											+
Campanula americana		+													
Camptosorus rhizophyllus								+							

Art / Exkursionspunkt →	1	2	3	4	5	6	7	8	9	10	11	12	13	14	15
Caulophyllum thalictroides	+			+						+					
Chelone lyonii					+	+					+				
Chelone obliqua									+						
Chimaphila maculata								+							
Cimicifuga racemosa	+			+					+						
Circaea alpina					+										
Clintonia borealis									+		+				
Clintonia umbellulata			+												
Collinsonia canadensis	+			+					+						
Convallaria montana									+						
Desmodium nudiflorum	+														
Dioscorea villosa			+	+					+						
Diphylleia cymosa				+	+				+						
Disporum lanuginosum	+			+					+						
Dryopteris campyloptera				+	+	+		+			+				
Dryopteris intermedia								+		+					
Epifagus virginiana				+		+									
Erigeron pulchellus	+	+													
Erigeron strigosus				+											
Eupatorium rugosum	+	+		+			+	+			+				
Eupatorium purpureum	+											+			
Eupatorium perfoliatum				+											
Euphorbia corollata							+		+				+		+
Galax aphylla		+	+			+	+	+							
Geranium maculatum		+		+				+	+						
Geum radiatum					+										
Goodyera pubescens			+					+		+					+
Helianthus divaricatus								+							
Helianthus glaucus									+						
Hepatica acutiloba	+			+						+					
Heuchera americana									+						
Heuchera villosa			+	+	+			+			+				
Hexastylis arifolia								+					+		+
Houstonia caerulea					+				+						

Art Exkursionspunkt →	1	2	3	4	5	6	7	8	9	10	11	12	13	14	15
Impatiens capensis	+				+										
Impatiens pallida	+		+												
Iris cristata	+								+						
Liatris spicata				+		+									
Lilium michauxii											+				
Lilium superbum	+		+	+	+						+				
Lobelia cardinalis								+		+					
Lobelia syphilitica			+												
Lycopodium (Huperzia) lucidulum	+		+	+				+							
Lycopodium obscurum				+		+	+								
Majanthemum canadense			+		+										
Medeola virginiana			+						+	+					
Mitchella repens	+							+		+					
Monarda didyma		+			+			+			+				
Monotropa uniflora	+														
Orobanche uniflora	+		+												
Osmorhiza longistylis	+								+						
Osmunda cinnamomea		+	+						+					+	+
Osmunda regalis													+	+	+
Pachysandra procumbens								+							
Pedicularis canadensis		+		+											
Phryma leptostachya	+														
Physostegia virginiana				+											
Phytolacca americana		+													
Podophyllum peltaum	+			+					+	+					
Polystichum acrostichoides		+						+							+
Prenanthes serpentaria			+						+						
Prunella vulgaris	+														
Rhexia mariana							+								
Rudbeckia lanceolata	+			+	+			+							
Sanguinaria canadensis	+							+							
Sanicula canadensis	+								+						
Saururus cernuus														+	+
Saxifraga micranthidifolia					+					+	+				

Art Exkursionspunkt →	1	2	3	4	5	6	7	8	9	10	11	12	13	14	15
Selaginella rupestris			+				+								
Silene stellata	+								+						
Silene virginica				+											
Smilacina racemosa	+		+						+						
Smilax herbacea			+	+					+	+					
Solidago flexicaulis	+	+						+							
Solidago glomerata				+	+	+		+			+				
Stachys latidens				+							+				
Thalictrum dioicum				+					+		+				
Thelypteris hexagonoptera	+								+						
Thelypteris noveboracensis	+							+							
Tillandsia usneoides													+	+	+
Trillium erectum		+		+				+							
Trillium undulatum	+		+	+											
Tradescantia subaspera	+												+		
Trautvetteria carolinensis					+										
Uvularia grandiflora	+			+				+							
Veratrum parvifolium			+	+						+	+				
Veratrum viride						+					+				
Viola rotundifolia	+							+		+					
Viola rugulosa		+						+		+					
Zigadenus leimanthoides			+												

Buchbesprechungen

Enzyklopädie der Holzgewächse. Handbuch und Atlas der Dendrologie. 65.–66. Erg.Lfg. in 2014–2015, herausgegeben vom WILEY-VCH-Verlag, Weinheim.

Die einzelnen Gehölze werden mit ihren natürlichen Verbreitungsgebieten, Morphologie, Taxonomie, Wachstum, Vermehrung, Ökologie, Pathologie und Verwendung beschrieben. Der Umfang je Beschreibung liegt zwischen 3 und 12 Seiten mit 3–12 Abbildungen. Der Preis je Lieferung richtet sich nach dem jeweiligen Umfang und liegt zwischen 50–69 €.

Von den **Laubbäumen gemäßigter Klimate** werden folgende Arten beschrieben:

Die Gattungsbeschreibung der **Eichen** (*Quercus*) (65. Erg. Lfg. 01/14) kennt heute bis zu 530 Eichenarten, die überwiegend die Nordhalbkugel besiedeln, verbunden mit bedeutsamer wirtschaftlicher Gewichtung. Sie werden in 2 Untergattungen und 4 Sektionen eingefügt. Die morphologische Ausprägung von Spross und Blättern zeigt eine große Bandbreite, aber relativ einheitlich sind sie in der Ausbildung der Früchte mit Eichel und Cupula. Es werden 2 Mannigfaltigkeitszentren unterschieden: eines in SW-USA bis Guatemala, das andere in SO-Asien. Eichen vermögen junge Triebe bei Verknappung des Wasserangebotes aktiv abzutrennen. Das Holz ist ausgesprochen ringporig. Die unscheinbaren Blüten sind windblütig. Die Frucht ist eine einsamige Nuss mit 2 Keimblättern und großem Embryo, heranwachsend in einem arttypischen Fruchtbecher. Die Eicheln der Sektion *Cerris* und *Lobatae* reifen erst im 2. Jahr ihrer Anlage. In einem Küstenstreifen am Atlantik N-Amerikas und im Osten des Himalajas finden sich immergrüne Eichenarten. Es gibt eine Vielzahl von Eichenhybriden, geringer ist dagegen die Sortenauslese, wie z.B. die Säulenform der Stiel-Eiche oder Sorten mit panaschierten Blättern. Ausführlich wird die Vergesellschaftung aller Eichenarten in natürlichen Waldgesellschaften skizziert, obwohl diese aufgrund von Nutzungen so natürlich nicht mehr sind. Die Eignung des Anbaues verschiedener Eichenarten im Rahmen des Klimawandels wird diskutiert. Insektenbefall und Pathologie werden angesprochen, ebenso das breite Nutzungsspektrum vergangener Zeiten. In Europa werden gepflanzte Eichen oft als „Ehrenbäume" überhöht. (Verf. E. JABLONSKI).

Die **Rot-Eiche** (*Quercus rubra*) (66. Erg. Lfg. 01/15) hat man 1691 aus dem Osten Nordamerikas nach Europa eingeführt, wo sie sich als invasiver Neophyt fest etabliert hat. Sie ist neben der Douglasie die waldbaulich wichtigste fremdländische, schnellwüchsige Baumart. Sie wächst ausgeprägt phototrop in jede Bestandeslücke hinein. Es können dabei Wasserreiser am Stamm und nach Fällung am Stock entstehen. Zweigabsprünge können für eine Astreinigung sorgen. Der Blattaustrieb erfolgt relativ spät und ist herkunftsbedingt bestimmt. Blätter der Licht- und Schattenkrone variieren. Die Bäume erblühen vor Laubaustrieb. Die „fassförmige" Frucht (= Nuss) in ihrer flachen Cupula reift erst im Herbst des Folgejahres. Der Embryo keimt hypogäisch. Das Holz ist ringporig. Es ist weniger dauerhaft als das der heimischen Eichen. Entsprechend der Herkünfte aus Regionen der Appalachen existieren phänologische Varietäten. Saatgut sollte in Europa aus den schon angepassten Vorkommen gewonnen werden. Die Zuwachsleistungen liegen in der Jugend über denen heimischer Eichen. Der Zieldurchmesser von 60 cm wird schon im Alter von 100–120 Jahren erreicht. Die Rot-Eiche eignet sich als Mischbaumart in Buchenbeständen, gepflegt über eine gestaffelte Hochdurchforstung. Verjüngung erfolgt durch Saat oder Pflanzung. Das Keimprozent ist mit 75–90 % in der Regel sehr hoch. Bezüglich der Standortansprüche wird die Art als bodenvag bezeichnet, wobei ihr leicht vernässende Böden wie auch Kalkböden nicht zusagen. Die Rot-Eiche ist eine aggressive Pionierbaumart, die eine Überschirmung schlecht verträgt. Sie gilt als äußerst standfest, umweltresistent und gering anfällig für tierische und mykologische Schädlinge. Das Holz wird gegenüber dem der heimischen Eichen als schlechter eingestuft. Sie bildet ein empfohlenes Gehölz für den Klimawandel. Ihr rotes Herbstlaub trägt zum „Indian Summer" bei. Die ausführliche Beschreibung der Rot-Eiche ist eine gute Handreichung für den Forstmann. (Verf. A. Brauer, Dr. U. Pietzarka, Prof. Dr. A. Roloff).

Die **Wilsons Großblatt-Pappel** (*Populus glauca*) (66. Erg. Lfg. 01/15) ist eine Hochgebirgs-Pappel, die auf der Abdachung des Tibetischen Hochlandes in China zwischen 1300–3400 m ü. M. und südwestlich bis Bhutan in Tallagen wächst und dort wasserregulierend wirkt, also landschaftsökologische Bedeutung besitzt. Mit ihren großen, bläulich-grünen Blättern hat sie Eingang in viele Gehölzsammlungen gefunden. In ihren Wuchsleistungen bleibt sie jedoch hinter Balsam- und Schwarz-Pappel zurück. Sie wird in der Regel nicht älter als 80 Jahre. Auffällig sind auf ihren großen Blättern die fiederartigen, weißlich hellgrünen Leitungsbahnen. Ihre Blüten sind einhäusig. Sie blüht jährlich wiederkehrend schon ab dem 10. Lebensjahr. Das horizontal ausgerichtete Wurzelsystem verleiht ihr ausreichend Standfestigkeit, mitgetragen von gelegentlichen Senkerwurzeln. Die Verjüngung erfolgt hauptsächlich über Samen, weil Stecktholzvermehrung nicht immer erfolgreich ist, eher noch die Mikrovermehrung. Höhen- und Dickenzuwachs kulminieren schon im Alter 20. Ihre Hauptwuchsareale in Tallagen haben wegen der leichten Zugänglichkeit zur Übernutzung geführt. (Verf. Prof. Dr. H. Weisgerber u. Prof. Dr. Zang).

Von den **Sträuchern Mitteleuropas** werden folgende Arten beschrieben:

Der **Rosmarin-Seidelbast** (*Daphne cneorum*) (65. Erg. Lfg. 01/14) ist eine immergrüne Reliktpflanze aus den Zwischeneiszeiten mit einem stark gesplitteten Areal in Gebirgen von Mittel- und Südeuropa. In Deutschland findet er sich im Schwarzwald, um Regensburg und in den bayerischen Alpen entlang der Flüsse Lech und Isar. Die montane Verbreitung liegt zwischen 150–2000 m ü. NN. Der meist gruppen- bis horstweise auftretende Strauch bleibt ein buschiger Zwergstrauch ohne Hauptachse. Die zwittrigen, meist leuchtend rosafarbenen Blüten stehen in doldenförmigen Blütenständen mit nur kronblattartig ausgebildetem Achsenbecher. Sie duften nach Nelken. Selbstbestäubung ist möglich. Baumschulen haben für Steingärten zahlreiche Bastarde und Sorten gezüchtet. Die Samen werden durch Ameisen verschleppt. Alle Pflanzenteile sind giftig. (Verf. Prof. Dr. D. Bartha).

Von den **Bäumen subtropischer und tropischer Klimate** werden folgende beschrieben:

Der **Flaschenbaum** (*Ceiba chodatii*) (65. Erg. Lfg. 01/14) ist relativ begrenzt im mittleren Südamerika in Paraguay bis Bolivien und Argentinien beheimatet und ist bis in Höhen von 750 m ü. M. anzutreffen. Er besitzt einen mittig markant angeschwollenen Stamm, der als Wasserspeicher für Trockenzeiten dient. Die handförmig gefiederten, langstieligen Blätter werden in Trockenzeiten separiert. Die zwittrigen Blüten verblühen in einer Nacht. Die elfenbeinfarbenen Kronblätter sind im Kelchbereich miteinander verwachsen, spreizen ansonsten weit auf. Die 15, zu je 3 miteinander verwachsenen Staubblätter bilden eine Röhre um den Griffel, wodurch Selbstbefruchtung der herausragenden Narbe verhindert wird. Die bis 18 cm lange, verholzte Kapsel ist angefüllt mit Kapokfasern, in welchen die Samen eingebettet sind. Mit der anfänglich grauen Rinde kann ein Beitrag zur Fotosynthese geleistet werden. Auf der Rinde finden sich zahlreiche Stacheln. Das weiche, schwammige Holz besitzt keine wirtschaftliche Bedeutung. Seine Wasserspeicherkapazität kann zur Viehtränkung angezapft werden. (Verf. G. Mackenthun).

Die **Australische Silber- oder Seideneiche** (*Grevillea robusta*) (65. Erg. Lfg. 01/14) aus dem mittleren Osten Australiens ist dort ein geschätzter Straßenbaum, hat aber in Regionen mit tropischem bis gemäßigtem Klima weltweit als Zier- und Schattenbaum Verbreitung gefunden. Die deutschsprachige Bezeichnung resultiert aus der blattunterseitig dichten silbrigen Behaarung des fiederteiligen Blattes. Sie blüht wiederholend überaus üppig mit zwittrigen, gelben Blüten. Die kahnförmig gestalteten Früchte enthalten nur 1–2 abgeflachte, mit einer papiernen Segelhülle umstellte Samen. Das Holz der Bäume ist bedingt dauerhaft, es neigt zum Aufreißen und Verwerfen. Beim Anbau außerhalb Australiens erfolgt oft eine agroforstliche Landnutzung, wobei er erosionsschützend wirken kann. Das Höhenwachstum kulminiert bereits mit 15–20 Jahren. Bezüglich Bodenansprüche ist die Seideneiche flexibel. Sie ist in Tee- und Kaffeeplantagen als Schattenspender geschätzt. Sie trägt zur Verbesserung der Bodenwertigkeit bei, wobei 285–300 Bäume je Hektar optimal sind. Sie bildet eine ergiebige Bienenweide. Gelegentlich kann Naturverjüngung störend wirken. (Verf. Prof. Dr. H. und E. Weisgerber)

Auf Madagaskar, dieser vegetations-ökologisch so hochdifferenzierten Insel, haben sich allein 6 Baobab-Arten herausgebildet. Hinzu kommt noch die großräumig auf dem afrikanischen Festland vertretene, von Neueinwanderern mitgebrachte *Adansonia digitata*. Die imposanteste Art ist *Adansonia grandidieri* (66. Erg. Lfg. 01/15) mit BHD von bis 7 m und einem säulenförmigen Habitus sowie einer geweihartig aufgesetzten Krone. Zu Beginn der Trockenzeit im südlichen Winter werden die handförmig gefiederten Blätter aller Arten separiert. Die Blüten der madegassischen Baobabs stehen aufrecht und sind nur für 24 Stunden bestäubungsfähig, bestäubt hauptsächlich durch Fledermäuse, gelegentlich aber auch durch die für Madagskar so typischen Lemuren. Die Blütezeit liegt in der blattlosen Zeit, exklusiv präsentiert für die Bestäuber. Die 15–21 cm großen Früchte entwickeln sich noch in der blattlosen Zeit und enthalten in einem weißen, süßlich-säuerlichen und fetthaltigen Fruchtfleisch, deretwegen sie gehandelt werden, eine Vielzahl von bohnenförmigen Samen. Das schwammige Holz besitzt einen hohen Anteil von Holzparenchym, in dem Wasser für die Trockenzeit gespeichert wird. Die gewellte Rinde wurde und wird noch immer geschält und als Dachabdeckung für Wohnhütten eingesetzt. Das Wurzelsystem ist lateral weitstreichend. Neben *A. grandidieri* werden *A. rubrostipaza, A. madagascariensis, A. suarezensis* und *A. perrieri* grob beschrieben. *A. gregorii* findet sich im Norden von Australien. Die Artdifferenzierung setzte auf Madagaskar erst vor 60 Mio. Jahren ein, als die Insel sich von Afrika trennte, während der Indische Subkontinent weiter wanderte. Mit der Übervölkerung der Insel sind viele Wälder gerodet, sodass die Baobabs nur noch in Nationalparks zu finden sind. (Verf. Prof. Dr. D. Böhlmann).

Geläufig ist **Rizinus** (*Ricinus communis*) (66. Erg. Lfg. 01/15) dem Mitteleuropäer als etwas größerer Strauch und nicht als subtropischer Baum bis 13 m Höhe und bis 30 cm Stammdurchmesser. In gemäßigten Breiten, wo er teilweise als Nutzpflanze kultiviert wird, bleibt er ein mehr krautiger Strauch bis maximal 4 m Höhe. Aus den eingeschlechtigen Blüten gehen dreifächerige, bestachelte Kapselfrüchte hervor. Die Samen besitzen ein mächtiges, stark ölhaltiges Endosperm, welches wirtschaftlich genutzt wird. Daneben ist aber noch giftiges, nicht fettlösliches Ricin enthalten, das beim Abpressen nicht in das Öl übergeht. *Ricinus* ist monotypisch, die Art lässt sich aber durch züchterische Auslesen unterteilen. Für die Ölgewinnung wurden viele Kultursorten ausgelesen, die schnellwachsend in 3–4 Monaten 5 m Höhe erreichen können. Für eine mehrjährige Nutzung werden sie in 1 m Höhe geköpft. Ihre Kultur ist handarbeitsintensiv. In gemäßigten Regionen stirbt die frostempfindliche Pflanze ab und wird folglich nur einjährig kultiviert. Die Zahl von Schadorganismen ist beträchtlich. Die Nutzungsbreite abgepressten Öles ist beachtlich. Es ist ein bekanntes, aber nur noch selten genutztes Abführmittel. Es ist wichtiger in der Kunststoffherstellung, als Motorschmierung, in Anstrichmitteln sowie in der Kosmetik. Nicht zuletzt sei die Wirkung als rote Zierpflanze hervorgehoben. (Verf. Dr. M. Liesebach).

Die aus N-Australien und Papua-Neuguinea stammende **Ohrförmige Akazie** (*Acacia auriculiformis*) (65. Erg. Lfg. 01/14) wächst in Küsten- und Flussregionen in einem heiß-humiden Klima. Sie wurde wegen ihres schnellen Wachstums und des harten, widerstandsfähigen Holzes auch in Thailand, Vietnam, China und Indien als Forstbaum eingeführt. Sie vermag dabei mithilfe ihrer Symbiose mit stickstoffbindenden Bakterien auch nährstoffarme und degradierte Böden zu nutzen. Als Neophyt neigt sie auf den neuen Standorten zur invasiven Ausbreitung. Sie kann Höhen bis 35 m erreichen. Die Samen haben eine charakteristische Spiralform. An den Fruchtstielen wird Nektar abgesondert, der zur Verbreitung der Samen durch Vögel beiträgt. (Verf. Dr. J. Schmerbeck u. N. Naudiyal).

Das sogenannte **Gabungelbholz** (*Pentaclethra macrophylla*) (66. Erg.Lfg. 01/15) stammt aus der humiden bis subhumiden Zone W- und Zentral-Afrikas, wird inzwischen auch in O-Afrika angebaut, ist aber überall übernutzt. Die Stammbasis weist häufig zerfurchte Brettwurzeln auf. Die braun behaarten Blüten sind nektarreich und werden von Bienen bestäubt. Die lange geschlossen bleibenden Samenhülsen kringeln sich nach der Öffnung und entlassen dabei die Samen, die sehr ölreich und das ganze Jahr über zu finden sind. Der Baum gilt wegen der genutzten Samen bei der Bevölkerung in ländlichen Regionen als Brotbaum und wird als „Ölbohnenbaum" bezeichnet. Das termitenresistente, rotbraune Kernholz ist fester als Teak. Der Baum benötigt Niederschläge zwischen 1000 und 2700 mm. (Verf. Dr. J. Onyerkwelu u. Dr. B. Stimm).

DIETRICH BÖHLMANN, Berlin

Fathers of Botany. The discovery of Chinese plants by European missionaries.
Von JANE KILPATRICK. Kew Publishing. Royal Botanic Gardens Kew and The University of Chicago Press, Chicago and London, 2014. 254 Seiten mit zahlreichen, z.T. großformatigen Farbabbildungen, Schwarzweißfotos und geographischen Karten. Fester Einband 29,5 × 24,5 cm. Kew Publishing ISBN 978-1-84246-514-1; Chicago Press ISBN-13: 978 0 226 20670 7. 40,00 £ .

Was wären unsere Gärten und Parks ohne Pflanzenarten aus China! Das gilt für Gehölze und Stauden gleichermaßen. Viele dieser Pflanzen gelangten im 19. und Anfang des 20. Jahrhunderts durch Missionare, vor allem aus Frankreich, nach Europa und die USA. JANE KILPATRICK hat diesen Personen in ihrem Buch ein Denkmal gesetzt und ihr Wirken und ihre Forschungs- und Sammelreisen durch historische und neue Abbildungen von Landschaften, Personen und wohlausgesuchte Pflanzenportraits veranschaulicht.

Diese Missionare hatten meist in ihrer Heimat eine solide theologische und gleichermaßen naturwissenschaftliche Ausbildung. Ihre Forschungs- und Sammeltätigkeit beschränkt sich meist nicht nur auf Pflanzen, sondern auch auf verschiedene Tiergruppen. Ihr gesammeltes und in der Regel gut herbarisiertes oder präpariertes Material sandten sie an Museen, wie das Muséum d'Histoire Naturelle Paris und dessen Herbarium. Die Wissenschaftler dort, wie ADRIEN RENÉ FRANCHET, bearbeiteten das Material, bei dem es sich in den meisten Fällen um bis dahin unbekannte Gattungen und Arten handelte. Sie sind es, die den Missionaren wie ÉMILE BODINIER, PIERRE CAVALERIE, ARMAND DAVID, JEAN MARIE DELAVAY, PAUL GUILLAUME FARGES, GUISEPPE GIRALDI, EDOUARD ERNEST MAIRE, PAUL PERNY UND JEAN ANDRÉ SOULIÉ durch ihre Arbeiten auf systematischem und nomenklatorischem Gebiet ein Denkmal setzten. Uns allen vertraut sind die Gattungsnamen *Davidia*, *Farsetia* und *Incarvillea*, aber auch die Artepitheta *armandii*, *davidii*, *delavayi*, *giraldii*, *pernyi* oder *souliei*. Jedoch auch die „rein weltlichen" Sammler und Wissenschaftler wie EMIL BRET-

SCHNEIDER, HENRY HANCE, CHARLES SPRAGUE SARGENT oder ERNEST HENRY WILSON werden nicht vergessen. Auf diese Wissenschaftler wird ebenso ausführlich eingegangen wie auf die Baumschulinhaber und Gärtner wie VICTOR LEMOINE, MAURICE DE VILMORIN, JAMES, JOHN GOULD und HARRY JAMES VEITCH, die sich der übersandten Samen annahmen, die Pflanzen betreuten und für ihre Verbreitung in Europa und den USA sorgten.

Zwei Seiten Quellen und eine Bibliographie, 16 Seiten Anmerkungen und Referenzen, nach den 17 Kapiteln des Buches gegliedert, und ein Index runden das Werk ab.

Das Buch eignet sich als umfassendes Nachschlagewerk für die Entdeckungs- und Einführungs- bzw. Kulturgeschichte von uns vertrauten Pflanzen. Es birgt freilich auch die Gefahr, dass man sich darin vertieft und die Zeit um sich vergisst. Für rund 60 € erwirbt man ein Buch, das zwar einen festen Platz im Bücherregal hat, dort allerdings sehr oft fehlen wird.

ULRICH HECKER, Mainz

North Asian Woody Plants. In 2 Bänden: **Vol. 1 Taxaceae – Rosaceae, Vol. 2 Fabaceae – Asteraceae.** Von IGOR YU. KOROPACHINSKIY. Russian Academy of Sciences, Siberian Branch. Novosibirsk: Academic Publishing House „Geo". 2015. Bd. 1: 527 Seiten, 319 Abbildungen (Zeichnungen, Farbfotos, Arealkarten, Grafiken), dazu nicht nummerierte Farbfotos mit Vegetationsbildern und 1 Tabelle in den einleitenden Kapiteln; Bd. 2: 391 Seiten, 248 Abbildungen (Zeichnungen, Farbfotos, Arealkarten). Format 21 × 28,5 cm. Hardcover. ISBN 978-5-906284-65-5 (Gesamtwerk); 978-5-906284-66-2 (Bd. 1); 978-5-906284-67-9 (Bd. 2).

Für die an der reichhaltigen Gehölzflora Russlands interessierten, aber die russische Sprache nicht beherrschenden Dendrologen eröffnet sich mit dem zweibändigen Werk „North Asian Woody Plants" die Möglichkeit, sich umfassend über die Gehölzarten des Urals, Sibiriens und des russischen Fernen Ostens zu informieren. Prof. Dr. KOROPACHINSKIY, ehemaliger Direktor des Sibirischen Botanischen Gartens der Russischen Akademie der Wissenschaften in Novosibirsk, hat die Ergebnisse der 50-jährigen Erforschung der Gehölzflora des asiatischen Russlands in einem beeindruckenden zweibändigen Werk zusammengefasst. Nachdem KOROPA-

CHINSKIY und Mitarbeiter bereits zahlreiche Publikationen zu den Gehölzen Sibiriens und mehrere Bücher mit Bestimmungsschlüsseln, Beschreibungen, Abbildungen und Arealkarten der Gehölze Sibiriens und des Fernen Ostens Russlands in russischer Sprache herausgegeben haben, erschien jetzt eine Dendroflora in Englisch. Sie umfasst den asiatischen Raum Russlands. Im Gegensatz zum inhaltlich weitestgehend identischen russischsprachigen Vorgänger „Die Gehölze des asiatischen Russland" (KOROPACHINSKIY & VSTOVSKAYA 2002) wird im Titel der Bezugsraum als „Nordasien" bezeichnet, worauf im Vorwort eingegangen wird. Es wurden alle Gehölzarten, von Bäumen und Sträuchern bis zu Zwerg- und Halbsträuchern sowie verholzten Lianen, aufgenommen. Insgesamt werden 570 Arten aus 166 Gattungen und 57 Familien ausführlich beschrieben und umfassend illustriert (im Gegensatz zur russischen Ausgabe auch zahlreiche Farbfotos), zahlreiche weitere Sippen sind im Text zu den einzelnen Arten genannt oder kurz charakterisiert. Bestimmungsschlüssel führen zu den Familien, Gattungen und Arten.

In einleitenden Kapiteln werden die Geschichte der Erforschung der Gehölzflora und die pflanzengeografischen „Makroprovinzen" des asiatischen Russlands dargestellt. Diese Provinzen unterscheiden sich wesentlich in den Artenzahlen der Gehölze, so sind der Ferne Osten (Makroprovinzen „Amur-Maritime" und „Okhotsk Sea Coast-Kamchatka") und das Gebiet der südsibirischen Gebirge (Makroprovinz „Altai-Sayan") mit 225–263 Arten am artenreichsten, während in der Arktischen Makroprovinz nur 55 Gehölzarten vorkommen.

KOROPACHINSKIY überrascht den Nutzer des Buches, denn der Autor folgt nicht unbedingt dem in Russland verbreiteten Konzept eng gefasster Arten (KOMAROV-Schule). Teils fasst er die Arten im Vergleich zu den meisten russischen Botanikern recht weit, in einigen Fällen sogar weiter als in Mittel- und Westeuropa üblich. Bei anderen Gattungen entsprechen die Artabgrenzungen eher der russischen Schule. Einige Gattungen (*Alnus, Cornus, Prunus, Ribes*) werden, wie in Russland Tradition, in zwei oder mehr Gattungen aufgeteilt. Oft verweist KOROPACHINSKIY auf noch unzureichende Kenntnis der Variationsbreite der Arten und Forschungsbedarf zur Klärung ihrer Taxonomie. Verschiedentlich werden Unterarten ausgeschieden, die Kategorien Varietäten und Formen finden fast ausschließlich nur Anwendung für in der Natur oder in Kultur auftretende und ausgelesene Abweichungen, die bei uns in der Regel als Sorten geführt werden. Die Sorten werden weit überwiegend als Formen benannt, dabei oft mit nicht korrekten Namen (z. B. *Rosa rugosa* f. *tipica*).

Da das Werk von KOROPACHINSKIY für Dendrologen, seien es Botaniker, Landschaftsplaner, Forstleute, Gärtner, Baumschuler oder Gehölzliebhaber, die sich für Gehölze Sibiriens und des Fernen Ostens interessieren, von großer Bedeutung ist, soll etwas ausführlicher auf den Inhalt eingegangen werden. Nach einigen Bemerkungen zu den Nadelgehölzen sollen die Darstellungen ausgewählter Gattungen der Laubgehölze kurz kommentiert werden.

Bei den Tannen (*Abies*) unterscheidet der Autor neben *A. sibirica* 3 Arten, die im Fernen Osten vorkommen (*A. holophylla, A. nephrolepis, A. sachalinensis*), erkennt also *A. mayriana* und *A. gracilis* nicht als eigene Sippen an, sondern führt die Namen als Synonyme von *A. sachalinensis* auf. Bei den Lärchen (*Larix*) akzeptiert er neben *L. sibirica* 3 Arten, gliedert also Sippen, die heute meist als Varietäten unterschieden werden, aus der Artengruppe der Dahurischen Lärche (*L. gmelinii* agg.) als eigene Arten aus: *L. gmelinii, L. cajanderi* und *L. olgensis*. Im Überlappungsgebiet der Areale von *L. sibirica* und *L. gmelinii* sowie *L. cajanderi* und *L. gmelinii* werden Übergangszonen mit Bastarden dieser Arten ausgewiesen. Erstaunlich bei *Picea* ist, dass der Autor die Korea-Fichte (*P. koraiensis*) nicht anerkennt, sondern sie der Sibirischen Fichte (*P. obovata*) zuordnet. Unverständlich bleibt, warum die Ajan-Fichte – wie auch sonst bei russischen Autoren – als *P. ajanensis* bezeichnet wird, obwohl der korrekte Namen *P. jezoensis* als Synonym aufgeführt wird. Als unbegründet sieht KOROPACHINSKIY die Angaben anderer Autoren für *Pinus densiflora* und deren Bastard mit *P. sylvestris* (*P. × funebris*) im Fernen Osten Russlands an. Im Gegensatz zu westlichen Autoren werden *Juniperus* communis und *J. sibirica, J. rigida* und *J. conferta, J. chinensis* und *J. sargentii, J. sabina* und *J. davurica* jeweils als eigene Arten und nicht als Unterarten oder Varietäten einer Art aufgefasst.

Besonders artenreich unter den Laubgehölzen ist die Gattung der Weiden (*Salix*), es werden 77

Arten (darunter *S. berberifolia* mit 5 Unterarten) behandelt. Fraglich erscheint die Einbeziehung von *S. dasyclados* bzw. *S. gmelini* in die Korb-Weide (*S. viminalis*).

Stachelbeeren (**Grossularia**) und Johannisbeeren (**Ribes**) werden auf Gattungsebene getrennt, wobei 22 *Ribes*-Arten anerkannt werden (einige mit Hinweis auf unzureichende Kenntnis, z.B. sei *R. ussuriensis* schwierig von *R. nigrum* zu unterscheiden).

Die Gattung **Prunus** wird, wie in der russischen Literatur üblich, in mehrere Gattungen aufgeteilt: *Amygdalus, Armeniaca, Cerasus* (hier *Prunus kurilensis* als Synonym von *Cerasus nipponica*), *Padus* und *Prunus*. Die Sibirische Traubenkirsche (*Padus asiatica* und *P. racemosa* als Synonyme von *P. avium*) und die Sibirische Eberesche (**Sorbus** *sibirica* als Synonym zu *S. aucuparia*) werden weder als Arten noch infraspezifische Sippen anerkannt. Auch die diversen, aus Sibirien und dem Fernen Osten beschriebenen Holunder-Arten aus der Verwandtschaft von **Sambucus** *racemosa* (z.B. *S. sibirica, S. kamtschatica, S. sachalinensis, S. sieboldiana*) werden nicht als eigene Sippen unterschieden. Sie werden alle zum Trauben-Holunder (*S. racemosa*) gestellt, da die von anderen Autoren angegebenen Merkmale eine Identifikation der „Rassen" nicht ermöglichen und erst ein umfassendes Studium der innerartlichen Variation im Gesamtareal zur Klärung beitragen kann.

Unter den 15 vom Autor anerkannten **Lonicera**-Arten ist die Blaue Heckenkirsche, *L. caerulea*, am weitesten verbreitet, ihr Areal erstreckt sich vom Ural bis in den Fernen Osten. Da diese sehr polymorph ist, werden einige von anderen Autoren anerkannte Arten (*L. altaica, L. edulis, L. pallasii, L. stenantha*) unter *L. caerulea* sogar verschlüsselt, aber nicht als Sippen unterschieden, obwohl nicht ausgeschlossen wird, dass es sich möglicherweise um geografische Rassen oder Ökotypen von *L. caerulea* handelt. Dagegen wird für *L. kamtschatica*, von der Selektionen mit besonders großen und schmackhaften Früchten bei uns als Maibeere oder Kamtschatkaheidelbeere im Handel sind, in Frage gestellt, dass es sich um eine eigene Sippe (Unterart) handelt, da sie sich von *L. caerulea* nicht durch stabile Merkmale unterscheiden lässt.

Bei den Linden (**Tilia**) findet sich *T. mongolica* eigenartigerweise als Synonym von *T. amurensis* und für letztere wird herausgestellt, dass sie nur

schwer von *T. cordata* unterscheidbar ist und weiteren Studiums bedarf.

Die Erlen werden zwei Gattungen (**Alnus, Duschekia**) zugeordnet, denn die Verwandtschaft der Grün-Erle (*Alnus alnobetula* agg.) wird als Gattung *Duschekia* abgetrennt. Dabei wird die Sibirische Grün-Erle (*D. fruticosa*) sehr weit gefasst, denn *Alnus manshurica, A. maximowiczii* und die nordamerikanische *A. crispa* werden als Synonyme betrachtet.

Bei den Birken (**Betula**) werden 11 Arten und einige Unterarten (z.B. *B. ermanii* subsp. *lanata*) behandelt und zahlreiche der von russischen Autoren unterschiedenen Arten als Synonyme aufgeführt, einige aber auch unter den akzeptierten Arten näher besprochen. Bei den meisten Arten wird auf das Vorkommen von Bastarden hingewiesen. Die Europäische Strauch-Birke (*B. humilis*) wird *B. fruticosa* zugeordnet. Sehr weit gefasst wird die Hänge-Birke (*B. pendula*), denn *B. platyphylla* und *B. mandshurica* werden in diese Art einbezogen.

Eichen (**Quercus**) kommen nur im Fernen Osten vor. Neben *Q. dentata* werden *Q. mongolica* (Syn. *Q. grosseserrata*) und *Q. crispula* unterschieden, wobei für letztere angegeben wird, dass sie schwer von *Q. mongolica* zu trennen sei.

Eine Gattung **Cornus** sucht man vergeblich, denn der russischen Schule folgend wird die Gattung in mehrere Gattungen (*Botrycarium, Chamaepericlymenum, Swida*) aufgeteilt und *Cornus* s. str. gibt es im asiatischen Russland nicht. Dies ist eine taxonomische Frage, die als Auffassungssache zu akzeptieren ist. Aber völlig unverständlich ist, wie *Cornus sanguinea* als Synonym unter *Swida alba* (= *Cornus alba*) aufgeführt werden kann, denn es sind schwerlich Argumente zu finden, Blutroten und Weißen Hartriegel zu einer Art zusammenzufassen.

In der Gattung **Ledum**, die nicht in *Rhododendron* eingeschlossen wird, werden neben *L. palustre* und *L. hypoleucum* mehrere, bei uns nicht oder kaum bekannte und in ihrer Zuordnung zu den genannten Arten (oder Hybriden zwischen ihnen) zu prüfende Sumpfporst-Arten berücksichtigt: *L. decumbens, L. maximum, L. palustriformis, L. subulatum*. Dagegen wird in der Gattung **Rhododendron** im Gegensatz zu sonstigen russischen Autoren, die 4 Arten unterscheiden, *R. dauricum* so weit gefasst, dass sogar *R. mucronulatum* nicht als eigene Sippe erscheint, was zu hinterfragen ist. Aus meiner Sicht handelt es sich um zwei gut getrennte Arten, wobei bei *R. dauricum* drei Unterarten unterschieden werden können (vgl. meine Darstellung in Beiträge zur Gehölzkunde 2015).

Völlig unbefriedigend ist die Behandlung der Gattung *Thymus*. Es werden lediglich 2 „große Arten" beschrieben und von „über 70 kleinen Rassen" nur Artnamen aufgelistet. Die beiden Arten sind der Steppen-Thymian (unter *T. marschallianus* geführt = *T. pannonicus*) und *T. serpyllum* s.l. Wie von mir vor über 40 Jahren bereits nachgewiesen, ist *T. serpyllum* eine rein europäische Art, die im Ural und in Sibirien durch diverse andere Arten ersetzt wird.

Das Werk von KOROPACHINSKIY ist eine Fundgrube für alle an Gehölzen des asiatischen Russlands Interessierte. Da nicht nur Sibirien mit seiner Tundren-, Taiga-, Steppen- und Gebirgsflora, sondern der russische Ferne Osten mit seinem pazifischen Laub- und Mischwaldgebiet einbezogen sind, enthält es eine Fülle von Informationen zu bei uns kultivierten Arten, aber auch zu vielen bei uns kaum bekannten Gehölzen. Es geht weit über Beschreibungen, Abbildungen und Verbreitungskarten der Arten hinaus, denn es finden sich ebenso Angaben zur Ökologie, Anzucht und Verwendung.

PETER A. SCHMIDT, Coswig OT Sörnewitz

Laubbäume temperierter Klimate mit ihrer Artenvielfalt. Nachschlagewerk mit vergleichenden Originalbildern. Von DIETRICH BÖHLMANN. Berlin – Hannover. Patzer-Verlag. 2015. 592 Seiten, 769 Fotos, 76 Zeichnungen, 266 Tabellen. Format 19×25 cm. Hardcover. ISBN 978-3-87617-134-0. 146,00 €.

Im vorigen Jahrbuch (MDDG 100) wurde mit den „Nadelbäumen temperierter Klimate …" der erste Band der Trilogie von Prof. Dr. D. BÖHLMANN vorgestellt. Jetzt legt der Verfasser mit dem Band Laubbäume den nächsten Band vor. Etwa 670 Laubbaumarten werden behandelt, im Gegensatz zu den Nadelgehölzen fast ausschließlich solche der Nordhemisphäre (Ausnahme z.B. *Nothofagus*).

Die Frage, was das Neue im Vergleich zu anderen Nachschlagewerken oder Bestimmungsbüchern für Laubbäume ist, wurde bereits für den Band Nadelgehölze gestellt und kann ebenso beantwortet werden: Der Autor verzichtet bewusst auf Bestimmungsschlüssel und ausführliche Beschreibungen der Merkmale der Arten. Er wählt einen anderen Weg für sein „Bestimmungsbuch bzw. Nachschlagewerk der häufigsten Laubbäume temperierter Klimate". Die Identifikation soll durch vergleichende Betrachtung von „Originalbildern" von Zweigen, Blättern, Früchten oder Samen ermöglicht werden. Dazu weist das Nachschlagewerk eine durchgängige Illustration der vegetativen und generativen Organe und Tabellen mit kurzgefassten Merkmalsangaben auf. Viele Fotos mit starker Vergrößerung lassen die für die Bestimmung wichtigen Details sehr gut erkennen (z.B. Blattzähne bei den *Tilia*-Arten, hier aber einige Bilder in der Zuordnung zu Arten zu hinterfragen), auch Abbildungen von Trieben mit Knospen oder Rindenbilder sind hervorzuheben.

Die Baumarten werden in „Ähnlichkeitsgruppen" zusammengefasst, „unter anderem nach Größenabstufungen, Blattrand- und Blütenmerkmalen und bei größerer Anzahl nach Kontinentalregionen". Die Gruppierung der beschriebenen Gattungen (Übersicht S. 8–9) ist wenig befriedigend. Unter den „Laubbäumen mit einfachen Blättern" und den „Laubbäumen mit fiederteiligen Blättern" (gemeint ist „gefiederte Blätter", aber bei Einbeziehung von *Aesculus* mit gefingerten Blättern wäre „zusammengesetzte Blätter" richtig) gibt es auch „halbhohe Bäume" (z.B. *Nyssa*, denn nur *N. sinensis*, nicht die größer werdende *N. aquatica*, wird beschrieben) oder gar Sträucher (z.B. *Alnus* und die meisten der behandelten *Salix*-Arten). Unter den „halbhohen Bäumen" wiederum sind solche mit einfachen und zusammengesetzten Blättern sowie auch höherwüchsige Arten. Bei mehreren Gattungen wie *Salix*, *Alnus* oder *Prunus* wurden aber auch Straucharten aufgenommen, obwohl noch ein Band Sträucher angekündigt ist.

Bei den „Systematischen Verweisen" und der „Alphabetischen Abfolge der Gattungen" fällt auf, dass der Verfasser zwar *Aesculus* zur Familie Sapindaceae stellt, jedoch die Familie Aceraceae beibehält, obwohl diese heute ebenfalls in die Sapindaceae eingegliedert wird. Die Gattung *Celtis* ordnet er noch den Ulmengewächsen (Ulmaceae) zu, stellt sie also weder in eine eigene Familie (Celtidaceae) oder gar zu den Cannabaceae, wie heute üblich. Zu hinterfragen ist auch die unterschiedliche Zahl der Gattungen bei der „Alphabetischen Aufstellung der beschriebenen Gattungen" Seiten 8–9 (hier 59 Gattungen) und bei der

„Alphabetischen Abfolge der Gattungen" Seiten 13–17 (47 Gattungen).

„Die Beschreibung der Laubbaum-Gattungen" ab Seite 41 ist vor allem durch die reiche Bebilderung wertvoll, denn sie erlaubt gerade bei Gattungen mit größeren Artenzahlen oder Gattungen mit ähnlichen Arten den Vergleich der charakteristischen Merkmale. Die Auswahl der Arten, die in ein solches Buch aufgenommen werden, wird von Autor zu Autor wohl immer subjektiv sein, aber es sollte ein Auswahlprinzip erkennbar sein. Manch sehr seltene, kaum in Kultur befindliche Art fand Aufnahme, während andere Arten, die man erwarten würde, fehlen. Die Ahorne (*Acer*) sind in ihrer Mannigfaltigkeit fotografisch sehr gut dokumentiert. In manchen Fällen hätte man sich eine andere Gruppierung oder Benachbarung der Bilder gewünscht (z. B. beide Unterarten von *Acer heldreichii* nebeneinander). Im Detail ergäbe sich manche Nachfrage. Von den beiden Beispielen für Ahorne, deren Blattstiele Milchsaft enthalten (S. 41), ist *Acer saccharum* falsch, denn fehlender Milchsaft ist gerade ein Merkmal, dass den Zucker-Ahorn vom Spitz-Ahorn, dessen ähnliche Blätter in ihrem Stiel Milchsaft führen, unterscheidet. Stichproben ergaben auch in anderen Fällen Korrekturbedarf. So kommt *Alnus incana* ssp. *incana* nicht in O-Sibirien, Korea und auf Kamtschatka (Tab. S. 90) vor, das Areal reicht von Europa nur bis W-Sibirien. Zwei Zweige auf dem Bild Seite 95 gehören nicht zu den ausgewiesenen Erlen-Arten, denn *Alnus viridis* (= *A. alnobetula*) hat keine gestielten Knospen, jedoch sind die von *A. glutinosa* gestielt. Die auf Seite 127 in der unteren Leiste dargestellte, *Carpinus orientalis* zugewiesene Frucht gehört nicht zu dieser Art. Auf Seite 144 ist das Bild 5 *Celtis chinensis* zugeordnet, aber in der Tabelle steht *C. sinensis*, im Register nur *C. chinensis* mit dem Autor BUNGE, aber dieser Namen ist ein Synonym von *C. bungeana*, während *C. sinensis* PERS. eine andere Art ist. Einige Abbildungen von Weiden gehören nicht zu den angegebenen Arten (z. B. S. 275 *Salix silesiaca*, S. 289 *S. repens*). Die Baumaralie ist auf S. 456 als *Kalopanax pictus* beschrieben, auf S. 457 als *K. septemlobus* abgebildet, so dass man meinen könnte, es handele sich um zwei Arten, zumal kein Hinweis erfolgt, dass einer der Namen ein Synonym ist.

Die Illustration der Verbreitung der Gattungen durch Arealkarten ist sehr zu begrüßen, wenn die Karten teils auch recht grob sind, gelegentlich kommt die Art im ausgewiesenen Areal nicht vor oder wesentliche Teile des Verbreitungsgebietes fehlen. Letzteres trifft z. B. für die Gattung *Sorbus* zu, denn im russischen Fernen Osten, in Korea, Japan und weiteren Bereichen Chinas kommen ebenfalls *Sorbus*-Arten, die auch in den Tabellen beschrieben werden, vor.

Bei Erstauflagen wird es häufiger sein, dass Schreibfehler auftreten. Beispielhaft seien nur einige mehrfach falsche Schreibweisen wie *Betula* „*allaghanensis*" statt „*alleghaniensis*" (S. 118–121), *Pterocarya* „*rhederiana*" und **Rhe**ders Flügelnuss (S. 430–431), benannt nach dem berühmten Dendrologen Alfred Re**h**der, oder *Celtis* „*tennuifolia*" statt „*tenuifolia*" (S. 143 und 582) genannt. Auf Seite 394 steht in der Tabelle richtig *Fraxinus xanthoxyloides*, auf der folgenden Seite in der Bildunterschrift falsch *F. xanthophylloides*. Diese und andere Schreibfehler sollten in folgenden Auflagen ausgemerzt werden.

Abschließend sei Verfasser und Verlag bescheinigt, dass sie wie bei dem Nadelbaum-Band auch für die Laubbäume ein neuartiges Buch vorgelegt haben. Ein Nachschlagewerk für Laubbäume in dieser Art gibt es noch nicht. Es stellt eine wertvolle Ergänzung dendrologischer Handbücher, Bestimmungsbücher und Enzyklopädien dar, wenn es diese auch nicht ersetzen kann. Es ist bestens dazu geeignet, mit Bestimmungsschlüsseln erzielte Ergebnisse oder eine Ansprache eines Gehölzes auf der Basis eigener Kenntnisse zu überprüfen. Dazu dienen vor allem die Abbildungen, mit deren Hilfe Blätter, Früchte und/oder Samen, in einigen Fällen auch Triebe, Knospen oder Rinden vergleichend analysiert werden können, um die Bestimmung der zu identifizierenden Pflanze zu verifizieren. Merkmalstabellen und Arealkarten bieten zusätzliche Informationen zu der Art.

Das Buch wird allen sich mit Gehölzen befassenden oder an Gehölzen interessierten Personen und Institutionen empfohlen, sei es im Bereich Garten- und Landschaftsbau, Gartengestaltung und Landschaftsplanung, Baumschulwesen, Forstwirtschaft, aber auch dem Gehölzliebhaber, der über die Freude am Baum hinaus mehr erfahren möchte, so auch zur Überprüfung, ob er eine Art (bei ausgewählten Arten auch eine Sorte) richtig angesprochen hat.

PETER A. SCHMIDT, Coswig OT Sörnewitz

Enzyklopädie der Wildobst- und seltenen Obstarten. Von HELMUT PIRC. Graz – Stuttgart. Leopold Stocker Verlag. 2015. 416 Seiten, durchgehend farbig bebildert. Format 17×24,5 cm. Hardcover. ISBN 978-3-7020-1515-0. 39,90 €.

HELMUT PIRC, Abteilungsleiter für Gehölzkunde und Baumschulwesen an einer Höheren Lehr- und Forschungsanstalt für Gartenbau, ist österreichisches Mitglied der DDG und Mitglied des Redaktionsbeirates der MDDG. Nachdem von ihm bereits ein Praxisbuch „Wildobst und seltene Obstarten im Hausgarten" erschien, hat er nun eine Enzyklopädie zu Wildobst und seltenen Obstarten verfasst.

Um es vorwegzunehmen, dieses Buch, das bei dem anhaltenden Trend der Zuwendung zu diesen Obstarten allseits begrüßt werden wird, bietet nicht nur einen ausgesprochenen Fundus an Informationen zu den Arten und unzähligen Sorten, sondern ist dazu reich mit Farbfotos illustriert, sodass es Freude bereitet, in dem Buch zu blättern. Die Orientierung fällt dem Leser jedoch nicht leicht. Geht man davon aus, dass in einer Enzyklopädie der Wissensstoff eines Fachgebietes in alphabetischer oder systematischer Anordnung behandelt wird, so muss man ein solches Prinzip der Anordnung erst aufspüren. Die Arten und Sorten sind nach Familien abgehandelt, dabei sind offensichtlich die in Klammern nach den deutschen Familiennamen stehenden wissenschaftlichen Familiennamen Grundlage für die alphabetische Anordnung der Familien. Allerdings folgt am Ende nach den **So**lanaceae die Familie **Su**machgewächse, so dass diese hier nach ihrem deutschen Namen eingeordnet wurde, wenngleich diese Familie **An**acardiaceae eigentlich an den Anfang (nach **Acti**nidiaceae) gehören würde. Innerhalb der Familien kann sich mir dann kein Ordnungsprinzip erschließen. Die Arten und Sorten werden mit deutschem Namen aufgeführt, aber nicht alphabetisch und kaum systematisch. Die einfachste Orientierung ermöglicht das Register, in dem aber nur die wissenschaftlichen Namen der Arten, einiger Unterarten und Varietäten sowie Bastarde (diese wegen des Bastardzeichens × bei den entsprechenden Gattungen unter dem Buchstaben x eingeordnet) Aufnahme fanden.

Von Interesse ist, was der Autor denn unter „Wildobst und seltenen Obstarten" versteht, zumal es allein für Obst diverse und durchaus voneinander abweichende Definitionen gibt.

In einem einleitende Kapitel legt er dar, dass „Wildobstarten", botanisch betrachtet, züchterisch nicht bearbeitete, durch Samen vermehrte Gehölzarten, deren Früchte gesammelt und vom Menschen genutzt werden, sind. Auslesen daraus, die in Kultur genommen und meist vegetativ vermehrt werden, zählen zu den „seltenen Obstarten". In diesem Kapitel wird immer von Gehölzen gesprochen, aber im Buch werden auch krautige Arten behandelt, so verschiedene Arten und Sorten der Erdbeeren (*Fragaria*) oder nicht verholzte Arten der Gattung *Rubus*.

Nach der knappen Einführung beginnt die Darstellung der Arten mit Angabe von Pflanzenmerkmalen und Verbreitung, Eignung, Fruchtbeschreibung, Verwertung, Standortansprüchen und Pflege, Krankheiten und Schädlingen, Vermehrung, Anzucht und Anbau sowie ausführlicher Behandlung der Sorten. Es ist höchst bemerkens- und anerkennenswert, was der Autor an Fakten und eigenen Erfahrungen zusammengetragen und so aufbereitet hat, dass es nicht nur interessant und gewinnbringend zu lesen ist, sondern staunen lässt, wie viel Arten als Wildobst nutzbar sind und vor allem, welche Vielfalt an Sorten inzwischen existiert. Die Vielzahl der Bilder erhöht nicht nur ganz wesentlich die Anschaulichkeit, sondern erlaubt den Vergleich zwischen den Arten und Sorten, was vor allem bei den Früchten der unzähligen Sorten sehr hilfreich ist.

Es erscheint bei dem lobenswerten Werk fast kleinlich, auf Unkorrektheiten, was wissenschaftliche Benennungen (teils fehlende Autoren, teils Artnamen, die heute Synonyme sind) betrifft, oder kleine Widersprüche einzugehen. So wird der Orientalische Weißdorn unter *Crataegus laciniata* geführt, auf derselben Seite (S. 318) steht jedoch, dass *C. laciniata* Synonym von *C. orientalis* ist (was korrekt ist). Für *Crataegus coccinea* wurde vor einiger Zeit (erfreulicherweise) nachgewiesen, dass es der gültige Namen für den Scharlachdorn ist (*C. pedicellata* damit Synonym). Auf Seite 322 ist *C. ×grignonensis* abgebildet, aber eine Seite vorher wird dieser Weißdorn als Sorte von *C. ×lavallei* beschrieben. Seite 398–399 wird *Schisandra sphenanthera* abgebildet, aber die Art sucht man vergebens im Text. Diese und diverse andere Kleinigkeiten sollten in sehr wünschenswerten weiteren Auflagen korrigiert werden.

Das Buch kann einem breiten Leserkreis

wärmstens empfohlen werden, nicht nur den an der Kultur der Pflanzen und Verwertung der Früchte interessierten Liebhabern von Wildobst und seltenen Obstgehölzen, sondern Allen, die sich beruflich oder in ihrer Freizeit mit Gehölzen beschäftigen, sich an ihnen erfreuen oder zur Erhaltung der Vielfalt an Obstgehölzen beitragen wollen. Viele Arten sind aber zugleich auch bestens als Ziergehölze für Parks und Gärten geeignet.

PETER A. SCHMIDT, Coswig OT Sörnewitz

Blütenökologie. Band 2: Sexualität und Partnerwahl im Pflanzenreich. Von MICHAEL SCHWERDTFEGER und HANS-JOACHIM FLÜGEL. 272 S. mit 334 Farbfotos, 23 Grafiken und 4 Tabellen. Die neue Brehm-Bücherei Bd. 43/2, Verlags-KG Wolf, Magdeburg, 2015. ISBN 978-3-9811412-4-5. Ca. 35 €.

Der vorliegende, von M. SCHWERDTFEGER verfasste Band bildet den zweiten, botanischen Teil des von den beiden genannten Autoren konzipierten Werkes über die Blütenökologie (im 2013 erschienenen Band 1, „Die Partner der Blumen", behandelte der Zoologe H.-J. FLÜGEL bereits die Verhaltensweisen und Anpassungen bei den an der Bestäubung der Blüten beteiligten Tiergruppen). In den mehr als 25 Jahren seiner Tätigkeit als Kustos des sehr artenreichen Alten Botanischen Gartens zu Göttingen sowie auf zahlreichen Forschungsreisen in Europa, der Mediterraneis und Iberoamerika hatte SCHWERDTFEGER Gelegenheit zur direkten Beobachtung der Bestäubungsvorgänge, deren Details inzwischen in einer Sammlung von mehr als 10 000 Farbfotos dokumentiert werden konnten. Dieser Fundus bildet eine wichtige Basis für die anschauliche Darstellung der Bestäubungs-Vorgänge quer durch das gesamte Reich der Blütenpflanzen.

Im Gegensatz zu manchen populären und Fernseh-Berichten zur Blütenökologie, bei denen vorwiegend auf spektakuläre Besonderheiten Wert gelegt wird, ist es das Anliegen des vorliegenden Werkes, dem Leser zunächst die evolutionären und morphologischen Grundlagen verständlich zu machen, auf denen sich die vielfältigen Anpassungen entwickelt haben, die in der zweiten Hälfte des Buches (Kapitel 5–7, S. 125–244) beschrieben werden. Der Schilderung der allgemeinen Voraussetzungen sind die ersten 4 Kapitel des Buches (S. 13–124) gewidmet.

In Kap. 1, **Sexualität bei Pflanzen** (S. 13–36), wird zunächst ein kurzer Überblick über die Evolution der Fortpflanzungs-Modi (vegetativ / generativ) gegeben.

Die als „vegetativ" bezeichnete Fortpflanzung beruht bei den zellulär organisierten Pflanzen (und Tieren) im Prinzip auf der Vermehrung der Zellenzahl durch die „Mitose", eine Teilung, bei der alle wesentlichen Bestandteile der jeweiligen Mutterzelle im Normalfalle identisch redupliziert und dann gleichmäßig auf die Tochterzellen verteilt werden. Bei besonders ursprünglichen, d. h. einzelligen Lebewesen führt jede Mitose direkt zur Vermehrung der Individuen-Zahl. Bei vielzelligen erfolgt die Vermehrung durch Fragmentation, indem Teile des Gesamtkörpers abgetrennt werden und sich als autonome Einheiten verselbständigen. Diese Art der vegetativen Vermehrung (i. e. S.) ist im Pflanzenreich weit verbreitet. Die dabei entstandenen „Nachkommen" sind mit den „Vorfahren" genetisch identisch, d. h., es kommt zu keiner direkt mit der Zellteilung zusammenhängenden Veränderung.

Gegenstand des vorliegenden Textes ist jedoch nur die „generative", durch den Kontakt von 2 genetisch differenzierten Individuen bewirkte „sexuelle" Fortpflanzung. Sie wurde im Zuge der Gesamtentwicklung des Lebens auf der Erde erst seit etwa 1,2 Milliarden Jahren möglich, infolge der Entstehung der „eukaryotischen" Zellen mit ihrem eine festgelegte Zahl von Chromosomen enthaltenden Kern. Dass es die von Mensch und Tier bekannte sexuelle Fortpflanzung auch bei Pflanzen gibt, entdeckte die Wissenschaft allerdings erst nach und nach seit Ende des 17. Jh.

Das Grundprinzip der sexuellen Fortpflanzung ist der sog. Kernphasenwechsel mit den beiden Kardinalpunkten „Befruchtung" und „Reduktionsteilung". Bei der Befruchtung fusionieren zwei sexuell differenzierte Zellen miteinander, und ihre beiden Zellkerne vereinigen sich zu einem. Dieser neue Kern ist nun „diploid", er besitzt doppelt so viele Chromosomen wie die vorherigen, „haploiden" Kerne. Würde dieser Vorgang mehrmals wiederholt, so würde sich der Chromosomensatz ständig weiter verdoppeln. Er muss deshalb vor der nächsten Befruchtung wieder halbiert werden, was mit Hilfe eines besonderen Teilungsmodus, der Reduktionsteilung, geschieht. Diese Teilung, bei der die im Kern befindliche doppelte Chromosomenzahl nach dem Zufallsprinzip auf 2 Tochterkerne verteilt wird, ist die Voraussetzung für einen geregelten Gen-Austausch. Im Normalfalle werden die so entstandenen neuen, wieder haploiden Kerne sofort einer weiteren normalen Mitose unterworfen, so dass insgesamt 4 Tochterzellen entstehen. Diese „erweiterte" Reduktionsteilung wird als „Meiose" bezeichnet.

Damit ist der Sexualzyklus abgeschlossen. „Vermehrung" ist das aber nicht, zum Aufbau eines neuen vielzelligen Körpers sind zahllose weitere Mitosen notwendig. Im Kontext des Kernphasenwechsels können diese sowohl in der haploiden als auch in der diploiden Phase stattfinden. Im Tierreich ist die mitotische Zellvermehrung weitgehend auf die diploide Phase beschränkt, hingegen gibt es im Pflanzenreich meist 2 unterschiedliche Generationen, eine haploide und eine diploide. Dieser Generationswechsel ist auch bei der höchst entwickelten Pflanzengruppe, den Blütenpflanzen (Angiospermen), zwar theoretisch noch vorhanden, aber die haploide Phase ist so stark reduziert, dass sie nur noch mit Hilfe von Präparation und Mikroskop auffindbar ist (die z. T. recht kompliziert erscheinenden Einzelheiten dieser Reduktion sind in Kap. 1.5 in sehr gut verständlicher Form erläutert). Was mit bloßem Auge sichtbar ist, gehört ausschließlich zur diploiden Phase: sowohl der der Photosynthese und dem Wachstum dienende Hauptteil des Pflanzenkörpers als auch die der Fortpflanzung dienende „Blüte" und ihre Derivate.

In Kap. 2, **Was ist eine Blüte?** (S. 37–68), werden die Blüte und ihre Teile morphologisch definiert und näher beschrieben. Die kurze Definition lautet: „Die Blüte ist ein Spross mit begrenztem Wachstum, der spezialisierte Blattorgane trägt, die die Geschlechtsprodukte bilden". Im typischen Fall besitzt die Blüte 3 Sorten von Blattorganen: An der Spitze der Sprossachse stehen die „Fruchtblätter", darunter folgen die „Staubblätter", und ganz unten die „Blütenhüllblätter". Die letzteren, sterilen Organe, die oft noch in „Kronblätter" und „Kelchblätter" differenziert sind, haben meistens eine ± normale Blattgestalt. Hingegen sind die beiden übrigen kaum noch als Blattorgane erkennbar, denn sie sind als Träger der in Hohlräumen befindlichen Geschlechtsprodukte extrem stark abgewandelt. Die Fruchtblätter beherbergen jeweils in einem bis mehreren „Fruchtknoten" eine begrenzte Anzahl von festsitzenden „Samenanlagen", in denen sich die weiblichen Geschlechtszellen befinden. Die Staubblätter bestehen oft aus einem stielartigen unteren Teil, der oben einen sackartigen „Staubbeutel" trägt. Dieser enthält den „Blütenstaub" (Pollen), der aus einer großen Anzahl von „Pollenkörnern" besteht, die bei der Reife nach Öffnung des Staubbeutels frei werden und dann die männlichen Geschlechtszellen bilden können.

Nach diesem normalen Grundbauplan ist die Blüte durch das Vorhandensein von sowohl Fruchtblättern als auch Staubblättern zwittrig. Sie kann aber dadurch eingeschlechtig werden, dass eine der beiden Sorten fehlt: Fehlen die Fruchtblätter, so ist die Blüte männlich definiert, fehlen die Staubblätter, so ist sie weiblich. Es können aber auch beide Sorten fehlen, dann ist die Blüte steril, und andererseits gibt es auch „nackte" Blüten, denen die Blütenhülle fehlt.

Im folgenden Kap. 3 (S. 69–80) geht es nach der morphologischen Beschreibung nun um die **Funktion der Blüte**. Um eine Befruchtung zu erreichen, müssen die Geschlechtsprodukte zueinander kommen, d. h., die beweglichen Pollenkörner müssen zu den fixierten Samenanlagen gelangen. Dieser Vorgang, die „Bestäubung", kann auf verschiedene Weise erreicht werden. Der scheinbar einfachste Weg bestände darin, dass innerhalb der zwittrigen Blüte der frei gewordene Blütenstaub direkt auf das benachbarte Fruchtblatt fällt. Diese „Selbstbestäubung" ist zwar im Prinzip möglich; sie ist aber insofern nachteilig, als sie nicht zum Genaustausch mit anderen Individuen führt. Es gibt daher viele Maßnahmen, die die Selbstbestäubung verhindern, und der Normalfall ist eher der, dass der Pollen zu einer anderen Blüte befördert wird.

Diese Beförderung kann auf unterschiedliche Weise erfolgen: einerseits durch Tiere, andererseits durch abiotische Medien. Dabei ist die Bestäubung durch Tiere (wichtigste Tiergruppen sind Insekten und Vögel) eindeutig nicht nur die häufigste Methode, sondern auch die ursprüngliche, die sich bei der Entstehung und weiteren Evolution der Blütenpflanzen mit diesen zusammen entwickelt hat. Demgegenüber war die abiotische Bestäubung, in der Hauptsache durch Wind, Ergebnis einer sekundären Entwicklung, die mit einer starken Reduktion der typischen Blütenmorphologie einherging (Näheres hierzu in Kap. 8, S. 245–259).

Im Gegensatz zur abiotischen Bestäubung,

deren Erfolg quasi vom Zufall abhängig ist, wird die **Bestäubung durch Tiere** von den Pflanzen durch verschiedenste der Anlockung dienende Angebote ausgelöst (Kap. 4, S. 81–124). Große Bedeutung als nicht konsumierbare, sozusagen psychologische Lockmittel haben die Blütenfarbe und -gestalt sowie Düfte. Die wichtigsten materiellen Angebote sind Nahrungsmittel, vor allem Pollen und Nektar.

Hauptaufgabe des Pollens ist Transport der männlichen Geschlechtszellen. Hierfür werden jedoch nur sehr wenige der in den Pollensäcken meist in großer Menge erzeugten Pollenkörner benötigt. Da die Pollenkörner stets einen relativ großen Vorrat an Proteinen enthalten, sind sie für die Bestäuber ein wertvolles Nahrungsmittel. Der Blütenbesuch dient also aus der Perspektive der Insekten allein der Nahrungsaufnahme; die Bestäubung ist nur ein mengenmäßig minimaler Nebeneffekt.

Das zweite Bestäuber-Nahrungsmittel, der „Nektar", ist hingegen eine Substanz, die die Pflanze allein zur Anlockung produziert. Es handelt sich dabei im Prinzip um eine wässrige Lösung von verschiedenen Zuckerarten, deren Gehalt oft im Bereich von 20 bis 40 % liegt. Sie wird in speziellen „Nektarien" erzeugt, die sich in verschiedensten Teilen der Blüte befinden können. Für die Nektar trinkenden Bestäuber dient der Zuckergehalt teils als Betriebsstoff, teils, so bei den Bienen, der Anlegung von Nahrungsvorräten. Neben den Zuckern kann Nektar u. a. auch Aminosäuren enthalten.

Andere der Anlockung dienende Substanzen sind z. B. Öle (ebenfalls Nahrungsmittel), Harze oder Wachse, in Einzelfällen sogar Rauschmittel wie Alkohol, Nikotin oder Coffein.

Die bisher besprochenen Kapitel 1–4 bilden die Grundlage für das Verständnis der in den darauf folgenden Teilen des Werkes (Kap. 5–7) behandelten konkreten Einzel-Aspekte der **Blütenökologie i. e. S.** Eine grundsätzlich wichtige Unterscheidung muss hier noch betont werden: die Definition der beiden Begriffe „Blüte" und „Blume":

Blüte = die morphologisch definierte Einheit entsprechend Kap. 2,

Blume = die physiognomische Einheit, wie sie von den Bestäubern (und den Menschen) wahrgenommen wird (eine „Blume" ist z. B. die einzelne Blüte von *Rosa canina*, aber auch das aus vielen einzelnen Blüten zusammengesetzte Köpfchen von *Bellis perennis*).

Die detaillierten Beschreibungen in Kap. 5–7, die für sich sprechen, brauchen hier nur in Form der Gliederung des Textes angedeutet zu werden:

Gestalttypen: Scheiben- und Schalenblumen, Trichterblumen, Glockenblumen, Stieltellerblumen, Röhrenblumen, Bürsten- und Pinselblumen, Zygomorphe Blumen, Köpfchenblumen

Blütenökologische Stiltypen: Bienenblumen, Tagfalterblumen, Nachtfalterblumen, Vogelblumen, Fledermausblumen, Käferblumen, Fliegenblumen

Betrug- und Täuschblumen

Spezialfall: Orchideen.

Das wissenschaftlich gut fundierte und mit vielen instruktiven Abbildungen ausgestattete Werk kann jedem Interessierten, sei er nun Wissenschaftler oder engagierter Laie, nachdrücklich empfohlen werden.

FRED-GÜNTER SCHROEDER, Göttingen

Register der botanischen Pflanzennamen

(ausgenommen die Auflistung von Pflanzennamen auf den Seiten 233–240)

×*Chitalpa tashkentensis* 'Pink Dawn' 179
Abies cephalonica 159
Abies fraseri 216
Abies grandis 159, 164
Abies macrocana 191
Abies nebrodensis 173
Abies procera 159, 164
Acacia karroo 192
Acacia mearnsii 188
Acacis tortilis 200
Acacua raddiana 200
Acantholimon fominii 90
Acantholimon schema-chense 90
Acer buergerianum 232
Acer divergens 74
Acer hyrcanum 74
Acer macrophyllum 173
Acer monspessulanum 174, 194
Acer negundo 212
Acer opalus subsp. *granatense* 191
Acer pensylvanicum 220
Acer platanoides 232
Acer pseudoplatanus 'Leopoldii' 178
Acer rubrum 212
Acer saccharum 214
Acer shirasawanum 143
Acer shirasawanum 'Aureum' 143
Acer sosnowskyi 74
Acer spicatum 217
Acer tataricum 174
Actinidia kolomicta 180
Actinostrobus pyramidalis 48
Adelges piceae 224
Adelges tsugae 212
Adenocarpus anagyrifolius 204
Adonis aestivalis 196
Aeonium arboreum 187
Aesculus flava 212, 214
Aethionema pulchellum 81
Aethionema virgatum 81
Agave americana 186
Agave americana 206
Agave angustifolia 206
Agave attenuata 206

Agave macroacantha 206
Agave sisalana 186, 187, 206
Alcea lenkoranica 89
Alcea rugosa 89
Allium 'Ambassador' 140
Allyssum atlanticum 196
Alnus crispa 217
Alnus viridis 217
Alyssum longifolium 81
Alyssum spinosum 191, 201
Amelanchier laevis 214, 220
Ammi visnaga 184
Amygdalus georgica 93
Amygdalus nairica 93
Anabasis aretioides 200
Anacyclus depressus 194
Anacyclus pygmaeus 196
Anacyclus pyrethrum var. *depressus* 194
Anaphylis margaritacea 141
Anchusa aurea 193
Anchusa italica 193
Andrachne colchica 84
Arabis alpina subsp. *caucasica* 191
Aralia spinosa 221
Araucaria heterophylla 186
Arbutus unedo 190
Arctostaphylos caucasica 84
Arctostaphylos uva-ursi subsp. *caucasica* 84
Argania spinosa 204
Aristolochia macrophylla 141, 224
Aronia arbutifolia 123
Aronia melanocarpa 123, 213
Aronia prunifolia 123
Arundo donax 185
Asparagus acutifolius 185
Asparagus albus 192
Asparagus setaceus 187
Asparagus setaceus 207
Asperula abchasica 96
Asperula alpina 96

Asperula intersita 96
Asperula lipskyana 98
Asperula tenella 98
Asphodelus aestivus 193
Asphodelus fistulosus 204
Asphodelus ramosus 204
Asphodelus tenuifolius 200
Asteriscus graveolens 200
Astragalus armatus 204
Astragalus arnacantha 84
Astragalus hyrcanus 84
Astragalus karabaghensis 84
Astragalus karjaginii 84
Athraphaxis angustifolia 90
Atriplex halimus 184, 194
Aucuba japonica 'Crotoniifolia 140

Ballota hirsuta 193
Bauhinia purpurea 187
Bauhinia variegata 187
Beaucarnea recurvata 206
Berberis crataegina 76
Berberis densiflora 77
Berberis hispanica 191
Berberis iberica 76
Berberis integerrima 76
Berberis orientalis 77
Berberis sphaerocarpa 77
Berberis thunbergii 137, 143
Berberis turcomanica 76
Berberis vulgaris 76
Betula alleghaniensis 77
Betula browicziana 79
Betula chinensis 77
Betula dahurica 77
Betula litwinowii 78
Betula lutea 214, 217
Betula medwediewii 77
Betula megrelica 77
Betula pendula 78
Betula platyphylla 174
Betula pubescens 78
Betula pubescens var. *litwinowii* 79
Betula recurvata 79
Biscutella didyma 193

Bismarckia nobilis 206
Bituminaria bituminosa 200
Bombacopsis quinata 155
Bougainvillea glabra 203
Bougainvillea spectabilis 207
Brachychiton populneum 185, 194
Brahea armata 187
Broccia cinerea 200
Bupleurum spinosum 204
Butia capitata 206
Buxus balearica 202
Buxus colchica 81
Buxus hyrcana 81
Buxus sempervirens 81

Caesalpinia gilliesii 203
Calendula meuselii 193
Calicotome villosa 190
Caligonum bakuense 90
Callistemon citrinus 194
Callistemon viminalis 187
Callitris preisii 47
Calocedrus decurrens 17, 21, 160, 180
Calocedrus formosa 21
Calocedrus macrolepis 21
Calocedrus rupestris 21
Calodendrum capense 187
Calotropis procera 200
Campanula erinus 186
Capparis herbacea 82
Capparis spinosa 82, 196
Carduncellus davauxii 200
Carduncellus fruticosus 200, 201
Cardunculus thaponticoides 196
Carpinus betulus 80
Carpinus caucasica 79
Carpinus ×*schuschaensis* 80
Carya ovata 157, 159
Castanea dentata 212
Castanea pumila 212

253

Casuarina cunninghamia 187

Casuarina equisetifolia 186

Cathya argyrophylla 145

Cedrus atlantica 187, 191, 194

Cedrus brevifolia 174

Ceiba pentandra 154

Celtis australis 186

Celtis planchoniana 100

Centaurea pullata 189

Centaurea solsticialis 189

Centaurium erythraea 193

Centranthus calcitrapa 191

Ceratonia siliqua 186

Cercis siliquastrum 194

Cereus repandus 206

Cestrum foetidum 187

Cestrum parqui 187

Chaenomeles cathayensis 179

Chamaecistus caucasicus 85

Chamaecistus colchicus 85

Chamaecyparis formosensis 23

Chamaecyparis funebris 23

Chamaecyparis lawsoniana 23

Chamaecyparis nootkatensis 23

Chamaecyparis obtusa 23

Chamaecyparis obtusa 'Nana Aurea' 140

Chamaecyparis pisifera 23, 159

Chamaecyparis thyoides 159

Chamaerops humilis 185, 188, 190, 294

Chelone glabra 224

Chelone lyonii 218

Chioanthus virginicus 212

Chrysanthemum coronarium 185

Cicer arietinum 188

Cinnamomum camphora 187

Cistus albidus 190, 205

Cistus crispus 190

Cistus incanus 190, 204

Cistus ladanifer subsp. *africanus* 190

Cistus monspeliensis 190, 204, 205

Cistus salvifolius 190, 204, 205

Citrus aurantium 194

Clematis flammula 190

Clematis viorna 215

Clerodendrum trichotomum var. *fargesii* 180

Clethra acuminata 220, 224

Convolvulus althaeoides 185, 189

Convolvulus ruprechtii 82

Convolvulus trabutianus 196, 200

Convolvulus tricolor 189

Cornus alba 'Aurea' 139

Cornus armasia 83

Cornus australis 83

Cornus iberica 83

Cornus koeningii 83

Cornus kousa 173

Cornus meyeri 83

Cornus nuttallii 173

Cornus sanguinea 83

Cornus sanguinea subsp. *australis* 83

Corylus avellana 80

Corylus avellana var. *pontica* 80

Corylus colchica 80

Corylus colurna 80, 159, 215

Corylus ×*colurnoides* 80

Corylus iberica 80

Corylus imeretina 80

Corylus maxima 80

Corylus maxima 'Purpurea' 137

Corylus pontica 80

Cotinus coggygria 'Royal Purple' 137, 173

Cotoneaster armenus 91

Cotoneaster dammeri 137

Cotoneaster dammeri 'Skogholm' 142

Cotoneaster integerrimus 91

Cotoneaster melanocarpus 91

Cotoneaster melanocarpus var. *daghestanicus* 91

Cotoneaster meyeri 91

Cotoneaster morulus 91

Cotoneaster multiflorus 91

Cotoneaster nefedovii 91

Cotoneaster nummularioides 91

Cotoneaster nummularius 194

Cotoneaster racemiflorus 91

Cotoneaster saxatilis 91

Cotoneaster soczavicus 91

Cotoneaster suavis 91

Cotoneaster tomentosus 91

Cotula cinerea 200

Craetegus orientalis subsp. *preslia* 191

Crambe filiformis 204

Crassula arborescens 186

Crassula ovata 187

Crataegus armena 91

Crataegus atrofusca 92

Crataegus atrosanguineum 91

Crataegus caucasia 92

Crataegus daghestanica 92

Crataegus dipyrena 92

Crataegus eriantha 91

Crataegus gabrielianae 91

Crataegus meyeri 92

Crataegus monogyna 194

Crataegus pojarkovae 92

Crataegus ×*razdanica* 91

Crataegus ×*ribinervis* 92

Crataegus stevenii 92

Crataegus susanykleina 91, 92

Crataegus szovitsii 92

Crataegus taurica 92

Crataegus ×*ulotricha* 91

Crataegus zengezura 91

Crimea cretacea 85

Cunninghamia lanceolata 160

Cupressus arizonica 29, 160

Cupressus bakeri 29, 160

Cupressus duclouxiana 29

Cupressus funebris 29

Cupressus nootkatensis 28

Cupressus sempervirens 20, 29

Cycas revoluta 206

Cynara cardunculus 189

Cyperus alternifolius 187

Cyptomeria japonica 160

Cytinus hypocistus 190

Cytisus hirsutus 85

Cytisus linifolius 202

Cytisus ruthenicus 85

Daphne albowiana 99

Daphne axilliflora 100

Daphne baksaniana 99

Daphne caucasica 99

Daphne caucasica subsp. *axiliiflora* 99

Daphne caucasica subsp. *caucasica* 99

Daphne cirassica 99

Daphne glomerata 99, 100

Daphne gnidium 190

Daphne laureola 191, 194

Daphne mezereum 99

Daphne mucronata 99

Daphne oleoides 99

Daphne oleoides subsp. *kurdica* 99

Daphne oleoides subsp. *oleoides* 99

Daphne pontica 99

Daphne pontica subsp. *haematocarpa* 99

Daphne pontica subsp. *pontica* 99

Daphne pseudosericea 99

Daphne sericea 99

Daphne sericea subsp. *pseudosericea* 99

Daphne sericea subsp. *sericea* 99

Daphne woronowii 99

Davidia involucrata 180

Deschampsia flexuosa 218

Diselma archeri 46

Dodonea spinosa 203

Dombeya ×*cayeuxii* 187

Dombeya spectabilis 187

Dombeya walichii 186, 187

Dracea draco 187, 206

Dryoteris dilatata 218

Echinops bovei 200

Echinops fontqueri 193

Echium humile 200

Elaeagnus pungens 'Maculata' 140

Empetrum caucasicum 83

Empetrum hermaphroditum 83

Endothia parasitica 213
Enkianthus campanula-
    tus 173
Enterolobium cyclocar-
    pum 187
Epigaea gaultherioides
    84
Epilobium dodonaei 90
Erica arborea 190
Erodium sebaceum 196,
    204
Erythrina abyssinica 186
Erythrina caffra 187
Euonymus fortunei
    'Variegatus' 140
Euonymus leiophloea 82
Euphorbia aphylla 187
Euphorbia canariensis
    206
Euphorbia grandicornis
    206
Euphorbia guyniana 200
Euphorbia pulcherrima
    187
Euphorbia tirucalli 186,
    187, 206

Fagonia zilloides 200
Fagus grandifolia 214,
    226
Fagus orientalis 85
Fagus orientalis var. den-
    tata 85
Fagus sylvatica 85
Fagus sylvatica 'Cristata'
    180
Farsetia aegyptica 200
Farsetia occidentalis
    200
Ficus benjamina 185
Ficus carica 89
Ficus colchica 89
Ficus elastica 206
Ficus hyrcana 89
Ficus lyrata 206
Ficus macrophylla
    185,187
Ficus pumila 187
Fitzroya cupressoides 45
Fokienia hodginsii 24
Forsythia ×intermedia
    138, 143
Franklinia alatamaha
    224
Fraxinus americana 214
Fraxinus angustifolia
    subsp. angustifolia
    56 ff
Fraxinus angustifolia
    subsp. danubialis 59 ff

Fraxinus angustifolia
    subsp. oxycarpa 56 ff,
    89
Fraxinus angustifolia
    subsp. pannonica 59
Fraxinus angustifolia
    subsp. persica 59 ff
Fraxinus angustifolia
    subsp. syriaca 58 ff
Fraxinus coriariifolia 89
Fraxinus excelsior 64
Fraxinus excelsior subsp.
    excelsior 89
Fraxinus excelsior subsp.
    coriariifolia 89
Fraxinus excelsior subsp.
    oxycarpa 56
Fraxinus excelsior subsp.
    syriaca 58
Fraxinus oxycarpa 56, 89
Fraxinus oxycarpa subsp.
    oligophylla 58
Fraxinus oxycarpa subsp.
    parvifolia 56
Fraxinus oxycarpa subsp.
    syriaca 58
Fraxinus oxycarpa var.
    petiolutata 59
Fraxinus oxyphylla 56
Fraxinus oxyphylla var.
    oligophylla 58
Fraxinus oxyphylla var.
    subintegra 59
Fraxinus parvifolia 56
Fraxinus persica 59
Fraxinus pojarkoviana
    56, 59
Fraxinus ptačovskyi 59
Fraxinus rostrata 56
Fraxinus rotundifolia
    subsp. oxycarpa 56
Fraxinus rotundifolia
    subsp. persica 59
Fraxinus rotundifolia
    subsp. syriaca 58
Fraxinus sogdiana 58
Fraxinus syriaca 58
Fraxinus syriaca var. per-
    sica 59
Fraxinus turkestanica 58
Fredolia aretioides 200
Fusarium oxysporum 198

Galactites tomentosa
    185, 189
Genista abchasica 85
Genista adzharica 85
Genista albida 85
Genista angustifolia 85
Genista linifolia 292

Genista mingrelica 85
Genista quadrifolia 190
Genista suanica 85
Genista tinctoria 85
Geranium sanguineum
    138
Gladiolus italicus 203
Gleditsia triacanthos 173
Grevillea robusta 186,
    187
Gymnocarpus decandrus
    196

Hakonechloa macra 141
Halesia carolina 180
Halesia monticola 226
Haloxylon articulatum
    200
Harpullia pendula 186
Hedera canariensis 207
Hedera caucasigena 76
Hedera chrysocarpa 76
Hedera colchica 76
Hedera helix 76
Hedera helix fo. poeta-
    rum 76
Hedera helix subsp. cau-
    casigena 76
Hedera pastuchovii 76
Helianthemum canum
    82
Helianthemum ciscauca-
    sicum 82
Helianthemum croceum
    196
Helianthemum dagesta-
    nicum 82
Helianthemum georgi-
    cum 82
Helianthemum grandi-
    florum 82
Helianthemum italicum
    82
Helianthemum nitidum
    82
Helianthemum nummu-
    larium 82
Helianthemum ovatum
    82
Hemiptelea davidii 179
Hibiscus syriacus 232
Hieracium pseudopiosella
    196
Hippophae caucasica 83
Hippophae rhamnoides
    83, 122
Hippophae rhamnoides
    subsp. caucasia 83
Holodiscus discolor 139
Holothamnus glaucus 82

Homalocladium platycla-
    dum 187
Hydrangea paniculata
    'Tardiva' 139

Ilex aquifolium 191, 194
Ilex colchica 75
Ilex crenata ‚Golden
    Gem' 141
Ilex stenocarpa 75
Iris foetidissima 187
Isatis tinctoria 204

Jacaranda mimosifolia
    186, 194, 203
Jasminum mesnyi 187
Jasminum polyanthemum
    187
Juglans nigra 'Laciniata'
    179
Juglans regia 87
Juniperus chinensis 29
Juniperus communis 31,
    72
Juniperus communis
    subsp. hemisphaerica
    72
Juniperus communis
    subsp. oblonga 72
Juniperus communis var.
    communis 71
Juniperus communis var.
    saxatilis 71
Juniperus conferta 31
Juniperus deltoides 73
Juniperus depressa 72
Juniperus drupacea 32
Juniperus excelsa 29, 73
Juniperus foetidissima
    71
Juniperus hemisphaerica
    71
Juniperus oblonga 71
Juniperus oxycedrus 32,
    71, 73, 191, 196, 204,
    205
Juniperus phoenicea 29,
    196, 204, 205
Juniperus polycarpos 71
Juniperus pygmaea 72
Juniperus rigida 31
Juniperus rufescens 71
Juniperus sabina 71
Juniperus squamata 29
Juniperus thurifera
    196,205
Juniperus virginiana 29,
    159, 210, 220
Justicia cydoniifolia 187
Justitia adhatoda 186

Kalmia latifolia 218
Kerria japonica 143
Kerria japonica 'Pleni-
flora' 139

Laburnum ×watereri
'Vossii' 137
Lagunaria patersonii 187
Lamarckia aurea 193,
204
Lamuim maculatum
'Aureum' 140
Lantana amara 203
Launaea arborescens
196, 200, 204
Lavandula multifida
192, 204
Lavandula stoechas 190
Leiophyllum buxifolium
220
Lepidozamia peroffsky-
ana 206
Lepium draba 205
Leptopus chinensis 84
Leptopus colchicus 84
Liatris spicata 220
Ligustrum vulgare 139
Lilium michauxii 227
Lilium superbum 216
Limodorum aborlivum
194
Limonium kobstanicum
90
Limonium pruinosum
203
Limonium sinuatum
200, 203
Limonium suffruticosum
90
Linaria ventricosa 200
Linum austriacum 193
Linum austriacum subsp.
mauritanicum 196
Liquidambar styraciflua
173, 229
Liriodendron chinense
160
Lobadium aromaticum
111
Lobelia cardinalis 221
Lonicera iberica 82
Lonicera japonica 207
Lonicera nitida 'Silver
Beauty' 140
Lycianthes rantonnetii
186, 194
Lycium barbarum 167,
168
Lycium chinense 167,
168

Lycium flaccidum 167
Lycium halimifolium
167, 168
Lycium intricatum 204
Lycium rhombifolium
167
Lycium ruthenicum 169
Lycium vulgare 167
Lygeum spartum 200,
203
Lythrum junceum 189

Maclura pomifera 194
Magnolia acuminata
211, 226
Magnolia fraseri 212,
214
Magnolia grandiflora
178
Magnolia hypoleuca 162,
180
Magnolia ×loebneri
'Merrill' 161
Magnolia stellata 143
Magnolia stellata 'Royal
Star' 142
Mahonia aquifolium 139
Majanthemum canadense
218
Malvaviscus arboreus
186, 187
Mandragora autumnalis
190
Mandragora officinalis
190
Marrubium vulgare 202
Medicago anguina 292
Medicago cretacea 85
Melia azedarach 185,
196, 194, 203
Meliosma laurina 111
Metasequoia glyptostro-
boides 160
Microbiota decussata 26
Micromeria fruticosa
subsp. giresunicum
87
Micropetala parvifolia
131
Mitchella repens 226
Monarda didyma 216,
218
Monstera deliciosa 207
Montanoa bipinnatifida
187
Moricandia arvensis 194,
200, 204
Moricandia suffruticosa
196
Morus alba 121, 190

Myoporum acuminatum
184
Myrtus communis 190

Narcissus bulbocodium
205
Neocalitropis pancheri
49
Nerium oleander 196,
203
Nyssa sylvatica 221

Olea europaea 186
Olea europaea subsp.
sylvestris 190
Olea europaea var. -syl-
vestris 10
Ononis antiquorum 85
Ononis arvensis 85
Onois cristata 196
Ononis pusilla 85
Ononis spinosa 85
Onosma caucasica 81
Onosma polyphylla 81
Onosma taurica 82
Ophiostema novo-ulmi
129
Ophiostoma ulmi 129
Ophrys lutea 190
Opuntia maxima 192
Opuntia robusta 206
Opuntia tomentosa 206
Opuntia tunicata 206
Orobanche sanguinea
185
Osmanthus decorus 90
Oxalis acetosella 218
Oxalis montana 218

Pachira quinata 155
Paeonia coriacea 191,
194
Paeonia mascula 173
Parkinsonia aculeata 203
Parrotia persica 173
Pergularia tomentosa
200
Pericallis ×hybrida 187
Petraea volubilis 187
Phagnalon saxatile 193
Philadelphus caucasicus
87
Philadelphus coronarius
86
Philadelphus coronarius
var. coronarius 87
Philadelphus coronarius
var. glabratus 87
Philadelphus coronarius
'Schneesturm' 140

Phillyrea angustifolia
191
Phillyrea latifolia 191
Phoenix canariensis 186
Phoenix dactylifera 186
Physanthillus tetraphylla
193
Phyllostachys aureosul-
cata 206
Phyllostachys decora 138
Physocarpus opulifolius
'Diabolo' 137
Phytolaca dioica 186,
187
Picea abies 232
Pilgerodendron uviferum
43
Pilosella pseudopilosella
196
Pinus carariensis 187
Pinus coulteri 160
Pinus densiflora 174
Pinus halepensis 185,
186, 188, 194
Pinus kochiana 74
Pinus mugo 173
Pinus mugo 'Mops' 141
Pinus nigra 231
Pinus nigra subsp. palla-
siana 73
Pinus pallasiana 74
Pinus palustris 229
Pinus pinaster 191
Pinus pinea 174, 186, 188
Pinus pungens 213
Pinus rigida 220
Pinus sosnowskyi 74
Pinus sylvestris subsp.
hamata 74
Pinus taeda 229
Pistatia lentiscus 190
Pittosporum tobira 187
Planera parvifolia 131
Platanus ×hispanica 159
Platycarya strobilacea
178
Platyclasus orientalis 25
Plumeria rubra 187
Pochota quinnata 155
Podranea riscasoliana
187
Polygala balansae 205
Polygala myrtifolia 185,
186
Polygala rupestris 204
Populus alba 98
Populus ×canescens 98
Populus ×canadensis
'Aigeiros' 164
Populus euphratica 98

Populus gracilis 98
Populus incana 98
Populus nigra 98
Populus nivea 98
Populus sosnovskyi 98
Populus tremula 98
Potentilla fruticosa
  'Abbotswood' 141
Potentilla tridentata 217
Prunus laurocerasus 140
Prunus laurocerasus
  'Otto Lyken' 138
Prunus lusitanica 187,
  191
Prunus nairica 91
Prunus nana 93
Prunus pensylvanica 217
Prunus serotinia 174
Prunus spinosa 177
Prunus tenella 93
Pseudostuga macrocarpa
  160
Pseudotsuga menziesii
  231
Psudobambax ellipticum
  151
Pteridium aquilinum
  191
Ptilotrichum spinosum
  191
Punica granatum 90,
  187, 203
Pyracantha coccinea 141
Pyrus acutiserrata 94
Pyrus boissierana 94
Pyrus browiczii 94
Pyrus caucasica 94
Pyrus complexa 94
Pyrus daralaghezi 94
Pyrus demetri 94
Pyrus elata 94
Pyrus hyrcana 94
Pyrus ketzhovelii 94
Pyrus nutans 94
Pyrus pseudosyriaca 94
Pyrus raddeana 94
Pyrus sosnovskyi 94
Pyrus syriaca 94
Pyrus tamamschianae 94
Pyrus turcomanica 94
Pyrus voronovii 94
Pyrus vsevolodii 94
Pyrus zangezura 94

Quercus alba 173, 211,
  226
Quercus faginea 191,
  194
Quercus ilex 194, 204
Quercus macrocarpa 179

Quercus nigra 229
Quercus petraea subsp.
  dshrochensis 86
Quercus phellos 229
Quercus robur 187
Quercus robur subsp.
  imeritina 86
Quercus rubra 211, 214
Quercus ×turneri 'Pseu-
  doturneri' 141

Raffenaldia primuloides
  196
Raffenaldia primuloides
  subsp. riphaensis 191
Randonia africana 200
Ranunculus paludosus
  194
Reseda alba 193, 200
Retama dasycarpa 204
Retama sphaerocarpa
  196, 202, 204
Rhamnus alaternus 204
Rhamnus cordata 91
Rhamnus depressa 91
Rhamnus pallasii 91
Rhamnus spatulifolius
  91
Rhododendron calendu-
  laceum 212, 227
Rhododendron catawbi-
  ense 212, 213, 218,
  220
Rhododendron caucasi-
  cum 84
Rhododendron ×kessel-
  ringii 84
Rhododendron maxi-
  mum 211, 212
Rhododendron minus
  221
Rhododendron smirnowii
  84
Rhododendron ungernii
  84
Rhodothamnus chamae-
  cistus 84
Rhodothamnus sessilifo-
  lius 84
Rhodotypus scandens
  142
Rhus aromatica 111
Rhus chinensis 111
Rhus chinensis var. rox-
  burghii 111
Rhus ciliata 112
Rhus copallinum 111
Rhus coriaria 108, 111
Rhus potaninii 111
Rhus punjabensis 111

Rhus radicans 211, 224,
  226
Rhus typhina 141
Ribes achurjanii 86
Ribes armenum 86
Ribes aureum 173
Ribes biebersteinii 86
Ribes caucasicum 86
Ribes petraeum 86
Ribes sanguineum 'King
  Edward VII' 138
Ribes uva-crispa 196
Robinia pseudoacacia
  194
Robinia pseudoacacia
  'Tortuosa' 179
Romneya coulteri 186
Romulea bulbocodium
  191, 205
Rosa abutalybovii 96
Rosa afzeliana 95
Rosa agrestis 95
Rosa alexeenkoi 95
Rosa azerbajdzhanica
  95
Rosa boissieri 95
Rosa bracziana 95
Rosa buschiana 95
Rosa canina 95, 141
Rosa corymbifera 95
Rosa ×damascena 102
Rosa didonis 95
Rosa dolichocarpa 95
Rosa doluchanovii 95
Rosa elasmacantha 96
Rosa foetida 95
Rosa gadzhievii 96
Rosa gallica 95
Rosa galushkoi 95
Rosa hemisphaerica 95
Rosa hirtissima 95
Rosa iberica 95
Rosa irysthonica 95
Rosa karjaginii 96
Rosa komarowii 96
Rosa kozlowskyi 95
Rosa majalis 95
Rosa marschalliana 95
Rosa micrantha 95
Rosa mollis 95
Rosa multiflora 141, 143
Rosa nisamii 96
Rosa oplisthes 95
Rosa ossethica 95
Rosa oxycodon 95
Rosa prilipkoana 95
Rosa pulverulenta 95
Rosa rapinii 95
Rosa rugosa 'Alba' 137
Rosa ruprechtii 95

Rosa sempervirens 190,
  191, 192
Rosa sjunikii 95
Rosa sosnovskyana 95
Rosa sosnovskyi 95
Rosa spinosissima 95
Rosa tauriae 95
Rosa tchegemensis 95
Rosa teberdensis 95
Rosa tesquicola 95
Rosa tomentosa 95
Rosa transkaukasica 95
Rosa tschatyrdagi 95
Rosa tsquicola 95
Rosa tuschetica 95
Rosa uniflora 95,
Rosa zakatalensis 96
Rosa zangezura 95
Rosa zaramagensis 95
Rosmarinus officinalis
  194
Rubus adscharicus 96
Rubus canadensis 220
Rubus dolichocarpus 96
Rubus georgicus 96
Rubus hirtus 96
Rubus moschus 96
Rubus woronowii 96
Rubus zakhtadjanii 96
Rubus zangezurus 96
Rudbeckia laciniata 218
Rudbeckia laciniata var.
  humilis 216
Ruscus aculeatus 88, 191
Ruscus hypoglossum 186
Ruscus ponticus 88
Russelia equisetiformis
  187
Ruta montana 204
Ruta tuberculata 200

Salix aegyptica 98
Salix alba 98
Salix bornmuelleri 98
Salix integra 'Hakuro
  Nishiki' 138
Salix kikodseae 98
Salix kusnetzovii 98
Salix pentandrifolia 98
Salix phlomoides 98
Salix pseudomedemii 98
Salix purpurea 98
Salix repens subsp.
  dunensis 141
Salix triandra 98
Salix viminalis 98
Salsola daghestanica 82
Salvia nemorosa 'Mai-
  nacht' 141
Salvia taraxifolia 204

Salvia verbenacea 202
Sambucus canadensis 217
Sambucus canadensis 'Maxima' 138
Sambucus nigra 122, 143, 164
Sambucus pubescens 214
Sambucus tigranii 82
Santolina rosmarinifolia 202
Sassafras albidum 212
Saxifraga granulata 194
Schinus molle 108, 186, 187, 293
Schinus terebinthifolius 186
Scilla peruviana 193
Scolymus hispanicus 185
Scoronera undulata 204
Scrophularia arguta 186
Scutellaria orientalis 87
Searsia batophylla 108, 110, 111
Searsia burchelii 110, 114
Searsia chirindensis 108, 111
Searsia ciliata 111
Searsia divaricata 111, 114
Searsia erosa 111, 112
Searsia gueinzii 111, 114
Searsia incisa 111, 112
Searsia lancea 108, 111, 113
Searsia longispina 111, 114
Searsia montana 111, 114
Searsia nebulosa 111, 114
Searsia pendulina 111, 113
Searsia pentheri 108, 111, 114
Searsia pyroides 108, 111, 114
Searsia tripartita 108
Sequoiadendron giganteum 159, 160, 180
Siderites euxina 88
Silibum marianum 184
Solandra guttata 186, 187
Solanum sodomaeum 200
Sorbaria sorbifolia 141
Sorbus albovii 96

Sorbus americana 96, 220, 213, 217, 224
Sorbus aucuparia 96
Sorbus buschiana 96
Sorbus caucasigena 96
Sorbus colchica 96
Sorbus federovii 96
Sorbus hajastana 96
Sorbus kusnetzovii 96
Sorbus migarica 96
Sorbus persica 96
Sorbus subfusca 96
Sorbus velutina 96
Spathodaea campanulata 187
Spiraea ×arguta 140
Spiraea japonica 'Anthony Waterer' 137
Spiraea ×vanhouttei 137
Stachys osymastrum 189
Stachys puli 88
Staphylea colchica 98
Stenotapharum secundatum 206
Stipa tenasissima 200
Strelitzia alba 186
Strelitzia nicolai 186
Styphnolobium japonicum 173, 194
Swida armasica 83
Swida iberica 83
Swida koeningii 83
Syagrus romazoffianum 185
Symphoricarpos ×chenaultii 142
Symphorocarpos ×doorenbosii ‹Amethst› 137
Syringa vulgaris 'Maximowicz' 139

Tamarix africana 203
Tamarix aphylla 200, 202
Tamarix araratica 99
Tamarix articulata 200
Tamarix hohenackeri 99
Tamarix karelinii 99
Tamarix leptopetala 99
Tamarix rosea 99
Tamarix litwinowii 99
Taxodium distichum 159, 187, 229
Taxus baccata 191
Taxus baccata 'Fastigiata' 142
Taxus baccata 'Fastigiata Robusta' 140

Tecoma stans 186
Tecomaria capensis 186
Tetraclinis articulata 27, 205
Teucrium fruticans 191, 194
Teucrium luteum 204
Thevetia peruviana 186, 207
Thuja koraiensis 22
Thuja occidentalis 22
Thuja orientalis 25
Thuja plicata 22
Thuja standishii 22
Thuja sutchuensis 21
Thujopsis dolabrata 23
Thymus dimorphus 88
Thymus helendzhicus 88
Thymus ladjanuricus 88
Thymus pallasianus 88
Thymus persicus 88
Thymus satureioides 202
Tilia americana 214
Tilia begoniifolia 100
Tilia cordata 100
Tilia dasystyla 100
Tilia dasystyla subsp. caucasica 100
Tilia ×euchlora 100
Tilia platyphyllos 100, 176
Tilia rubra 100
Tilia sabetii 100
Tilia stellata-pilosa 100
Tilia tomentosa 174
Tipuana tipu 186
Torreya nucifera 180
Toxicodendron succedaneum 111
Toxicodendron sylvestre 111
Toxicodendron vernicifluum 111
Trachomitum sarmatiense 75
Trichocereus huascha 206
Trichocereus terscheckii 206
Trifolium stellatum 189
Trifolium tomentosum 193
Trigonella anguina 202
Trigonella cretacea 85
Trillium undulatum 212
Tripodion tetraphyllum 193
Tsuga canadensis 159, 173, 212
Tsuga caroliniana 221, 232

Tsuga heterophylla 178

Ulmus alata 128
Ulmus americana 128, 130
Ulmus campestris 159
Ulmus chinensis 131
Ulmus coreana 131
Ulmus davidiana var. japonica 131
Ulmus effusa 130
Ulmus floridana 130
Ulmus glabra 100, 128, 130
Ulmus ×hollandica 130
Ulmus japonica 128, 130, 131
Ulmus laevis 100, 128, 130, 132
Ulmus minor 100, 128, 130
Ulmus minor ‚Wredei‘ 140
Ulmus parvifolia 128, 130, 131
Ulmus pedunculata 130
Ulmus pumila 130, 131
Ulmus rubra 128
Ulmus serotina 127
Ulmus wallichiana 130, 131
Ulmus-Sorten 132
Umbilicus rupestris 190

Vaccinium constablei 215, 217, 218, 220
Vaccinium erythrocarpum 218
Verbena officinalis 193
Veronica rosea 196
Viburnum alnifolium 217
Viburnum cassinoides 218, 220
Viburnum tinus 190, 191
Vicia faba 188
Vinca herbacea 75
Vinca major subsp. hirsuta 75
Vinca minor 75
Viscum cruciatum 194
Visnaga daucoides 184
Vitis berlanderi 101
Vitis labrusca 101
Vitis riparia 101
Vitis vinifera 101
Vitis vinifera subsp. sylvestris 101
Vitis vinifera subsp. vinifera 101

Washingtonia filifera 185
Washingtonia robusta
  206
Weigelia 'Bristol Ruby'
  138
*Widdringtonia cedarber-
gensis* 45
Widdringtonia nodiflora
  45

Widdringtonia schwarzii
  45
Widdringtonia whytei
  45
Withania adpressa 200
Withania frutescens 192,
  200

Zelkova carpinifolia 101

Zilla spinosa 196, 200,
  204
Ziziphora borzhomica
  88
Ziziphora pushkinii 88
Ziziphora serpyllacea
  88
Ziziphora woronowii
  88

Ziziphus lotus 193, 200,
  202
Zygophyllum gaetum
  200

Hinweise für Autoren

Mitteilungen der Deutschen Dendrologischen Gesellschaft (MDDG)

Die „Mitteilungen der Deutschen Dendrologischen Gesellschaft" (interne Abkürzung MDDG, für das Zitieren nach Empfehlungen des Botanico Periodicum Huntianum für bibliografische Abkürzungen von Zeitschriften: **Mitt. Deutsch. Dendrol. Ges.**) erscheinen in der Regel jährlich in einem Band (Jahrbuch). Es werden Beiträge aus dem Gesamtgebiet der wissenschaftlichen und angewandten Dendrologie in deutscher Sprache aufgenommen. Über die Annahme der Artikel entscheidet die Redaktion nach **Begutachtung der Manuskripte** durch Mitglieder des Redaktionsbeirates und weitere Experten sowie unter Berücksichtigung der Gutachterhinweise, die den Autoren für eine gegebenenfalls als erforderlich angesehene Überarbeitung übergeben werden.

Die Artikel sollen einen **Umfang von 20 Druckseiten** nicht überschreiten (entspricht etwa 30 Manuskriptseiten, ohne Abbildungen). Über die Aufnahme größerer Beiträge entscheidet die Redaktion. Die Artikel können Tabellen, schwarzweiße und farbige Abbildungen enthalten. Längeren Artikeln sind eine Gliederung und eine kurze Zusammenfassung voranzustellen. Um wissenschaftliche Abhandlungen und dendrologische Fachbeiträge über den deutschen Sprachraum hinaus Interessenten zu erschließen, ist diesen Manuskripten eine **Zusammenfassung** (Summary bzw. Abstract) **in englischer Sprache** beizufügen. Für „Dendrologische Kurzbeiträge" bleibt es den Autoren überlassen, sich dem anzuschließen.

Zitierte Literatur, im laufenden Text nur mit Autor und Jahreszahl erscheinend, ist am Schluss des Beitrages in alphabetischer Folge aufzulisten, mit vollständigem Titel der Publikation, bei Büchern mit Angabe von Verlag und Erscheinungsort, bei Zeitschriften mit Band- und Seitenzahlen. Bei Titeln mit ungeläufigen Sprachen sollte möglichst eine deutsche Übersetzung hinzugefügt werden. Titel kyrillisch geschriebener Publikationen sind transliteriert wiederzugeben.

Bitte richten Sie sich bei den **bibliographischen Angaben im Literaturverzeichnis** nach folgenden Beispielen:

Bei Büchern:
ROLOFF, A.; BÄRTELS, A. (2014): Flora der Gehölze. 4. Aufl. Ulmer, Stuttgart.

Bei Aufsätzen aus Zeitschriften (Periodika):
LIESEBACH, M.; SCHMIDT, P.A. (2003): „Internationaler Wald" mit Spenden von DDG-Mitgliedern in Georgien angelegt. Mitt. Deutsch. Dendrol. Ges. 88: 213–216.

Bei Titeln aus Sammelwerken:
SCHMIDT, P. A. (2008): Thymian, Quendel - *Thymus* L. In: JÄGER, E.J.; EBEL, F.; HANELT, P.; MÜLLER, G. K. (Hrsg.): Rothmaler - Exkursionsflora von Deutschland. Bd. 5: Krautige Nutz- und Zierpflanzen. Springer, Berlin-Heidelberg. S. 498–501.

Da die MDDG alljährlich im Juli erscheinen sollen, sind für das jeweils nächste Jahrbuch vorgesehene Arbeiten spätestens **bis zum 1.Oktober** des Vorjahres beim Präsidenten der DDG

Prof. Dr. Peter A. SCHMIDT
Am Wasserwerk 24
01640 Coswig OT Sörnewitz
Tel. 03523-73183
E-Mail: praesident@ddg-web.de

einzureichen.

Mit Computer verfasste **Manuskripte** legen Sie bitte **als CD** vor, möglichst in Word, **und** fügen außerdem einen verbindlichen **Ausdruck** (DIN A4, 1½-zeilig, Schriftgröße 12 pt) hinzu. **Wissenschaftliche Gattungs- und Artnamen** sind *kursiv*, **Autorennamen** in KAPITÄLCHEN zu schreiben. Wichtige Begriffe können im Text **fett** hervorgehoben werden. Verwenden Sie als Auszeichnung **keine Unterstreichungen**. Tabellen und Abbildungs-Unterschriften bitte am Ende des Textes zusammenstellen.

Bilddateien liefern Sie im JPG-Format (ohne Datenkomprimierung). Stellen Sie bei Ihrer Digitalkamera die höchste Auflösung bzw. größte Pixelzahl ein, auch wenn Sie dadurch weniger Bilder speichern können. Es können auch Bilder im TIF- oder EPS-Format verwendet werden. Bitte fügen Sie Ihre **Bilder** nicht in das Word-Dokument ein, sondern liefern Sie uns Ihre Bilddateien **als separate Dateien** und legen Sie einen **farbigen Ausdruck** bei, den Sie mit der Bildnummer und evtl. der Legende beschriften.

Abbildungen, die nicht digital vorliegen, schicken Sie uns bitte als Originale (Dias, Fotoabzüge, keine Film-Negative), Zeichnungen als Reinzeichnungen oder Ausdrucke, bitte keine Originale selbst einscannen, die Qualität Ihres Scanners reicht für den Druck nicht aus.

Die Anschrift des Autors wird am Schluss des Beitrags angegeben.

Der Autor erhält 10 Sonderdrucke seines Beitrags kostenlos. Sofern gewünscht, können weitere Sonderdrucke gegen Erstattung der Kosten geliefert werden. Außerdem stellt der Verlag den Autoren eine PDF-Datei mit ihrem Artikel zur Verfügung.